“十四五”高等职业教育规划教材

管理学基础知识与实训

主编　王社民

中国财经出版传媒集团
中国财政经济出版社

图书在版编目（CIP）数据

管理学基础知识与实训 / 王社民主编. --北京：中国财政经济出版社，2023.2

"十四五"高等职业教育规划教材

ISBN 978-7-5223-1734-2

Ⅰ.①管… Ⅱ.①王… Ⅲ.①管理学-高等职业教育-教材 Ⅳ.①C93

中国版本图书馆 CIP 数据核字（2022）第 198202 号

责任编辑：李 媛 赵天天　　　责任校对：张 凡

封面设计：卜建辰

管理学基础知识与实训

GUANLIXUE JICHU ZHISHI YU SHIXUN

中国财政经济出版社 出版

URL：http：//www.cfeph.cn

E-mail：cfeph@cfeph.cn

社址：北京市海淀区阜成路甲 28 号　邮政编码：100142

营销中心电话：010-88191522　编辑部门电话：010-88190679

天猫网店：中国财政经济出版社旗舰店

网址：https：//zgczjjcbs.tmall.com

北京富生印刷厂印刷　各地新华书店经销

成品尺寸：185mm×260mm　16 开　17.75 印张　412 000 字

2023 年 2 月第 1 版　2023 年 2 月北京第 1 次印刷

定价：45.00 元

ISBN 978-7-5223-1734-2

（图书出现印装问题，本社负责调换，电话：010-88190548）

本社质量投诉电话：010-88190744

打击盗版举报热线：010-88191661　QQ：2242791300

前　言

Preface

实现中国共产党第二十次全国代表大会提出的奋斗目标，必须培养一大批高素质的管理型人才。一切管理工作者都必须学习管理理论，掌握新时代的管理思想。管理学是管理型人才的必修课、入门课。

《管理学基础知识与实训》是本教材编写团队在学习和研究中华传统文化、中国共产党历史、现代管理理论，调查各类社会组织管理实践的基础上，根据高职教育的培养目标要求编写的。教材内容体现了知识性、时代性和实践性要求。既适合教师教学和高职学生学习，也适用于广大管理学爱好者的自学需要。

教材编写遵循《中华人民共和国职业教育法》关于"实施职业教育应当弘扬社会主义核心价值观，对受教育者进行思想政治教育和职业道德教育，培育劳模精神、劳动精神、工匠精神，传授科学文化与专业知识，培养技术技能，进行职业指导，全面提高受教育者的素质"的基本精神。尝试将管理学知识、课程思政、课程实训三个模块相融合，形成新的教材体系，培养学生的管理素质。

《管理学基础知识与实训》教材根据课程标准及其【知识目标】【能力目标】【思政目标】，精心选材、精心编写。每章节插入若干【案例导入】【思政课堂】【实训课堂】专栏，引导学生拓展知识，思考管理问题，提高实训技能等。每小节编写判断、单项选择、多项选择等测试题，学生通过扫描二维码答题，方便学生随时进行学习测试，检验学习成果。教材每章的最后一节为"实训任务"，其内容包括简答与讨论、案例分析与思考和实训建议。目的是帮助学生加深对所学章节内容的理解，提高管理学思维，掌握管理技能和方法。

【思政课堂】【实训课堂】两个栏目中，结合管理学的知识内容编入相关中华传统文化知识、中国共产党历史知识和中国共产党第二十次全国代表大会报告的相关内容，帮助学习者从中华传统文化、中国共产党历史知识和党的二十大报告中，学习和理解管理学知识，提高管理素质，理解新时代管理者在实现中华民族伟大复兴中的责任，坚定理想信念，增强"四个自信"。

本教材由陕西财经职业技术学院王社民担任主编。其他各参编人员的具体分工如下：王社民编写第一、二章；陕西科技大学王思瑶编写第三章；陕西财经职业技术学院雷锋刚编写第四、八章；陕西财经职业技术学院刘振华编写第五章；陕西财经职业技术学院王福荣编写第六、七章。王福荣老师为教材的编写做了大量组织协调工作。

本教材在编写中参阅了多位专家、学者的专著、论文，引用了相关网络资料，得到了中国财政经济出版社、陕西科技大学经济与管理学院、陕西财经职业技术学院数字商务学院等的大力支持，在此表示感谢。

编　者

2022 年 11 月

目 录
Contents

第一章 管理基础知识概述

PPT

知识目标： 全面理解管理的概念和管理特点；了解管理职能和管理机制；认识管理的重要性；理解管理者的角色；了解管理环境的内容和特点，认识管理环境的重要性。

能力目标： 培养学生的管理学思维；掌握管理者的三项技能和SWOT分析方法；掌握成为有效管理者的方法。

思政目标： 提高学习管理学的兴趣，树立正确的管理观。做合理的管理者，提高管理者责任意识，服务意识；认识国情，尊重管理文化，引导学生关心天下大事。

第一节 管理的概念、特点、作用

【案例导入】

小实验，大道理

实验项目：一个瓶子里放着10个小球，每个小球都有一根线穿着，拉这根线可以把小球拉出瓶口，但是，这个瓶口只能同时容得下一个小球进出。

美国小孩子的实验场景：美国小孩子们做这个实验时，每个人都充满着兴奋和期待。实验者一喊开始，大家都争先恐后地往外拉绳子，结果球跟球之间发生拥挤，没有一个球能够出得来。

中国小孩子的实验场景：当实验者向孩子们说明要求之后，孩子们开始嘀咕起来，其中一个年龄稍大一点的孩子说，每个人编一个号：1到10，开始之后，我们就按照号从小到的顺序大一个一个往外拉。实验开始后，孩子们按照这个办法依次行动，10个小球鱼贯而出，在很短的时间内就完成了实验的要求。

实验虽然小，但是蕴含的道理不小。

保持秩序是最有效率的。当几十人、几百人、几千人要通过一个出入口的时候，只要有十个八个人挤在出入口，正常的出入秩序就会被打乱，如果发生拥挤踩踏，后果将不堪设想。

要保持秩序，一是人人有遵守秩序的理念。二是有必要的组织协调。同样是在小球实验当中，如果没有大家的协商，没有某一个相对成熟而被大家认同的孩子站出来说一声，形成一个共识，实验可能失败。

日常生活中，不断有遵循秩序原则的成功和违背秩序原则的失败。

资料来源：根据《北京学习平台》的资料编写 作者：祁金利。

人类的管理活动自古有之。千百年来，无处不在的管理活动，使“管理”成为人类社会热度最高的词汇之一。管理工作也成为天下最有魅力的工作之一。

管理学是一门系统研究管理过程的普遍规律、基本原理和一般方法的学科。经过100多年的发展，管理学已形成了较完整的理论体系。

管理学家海因茨·韦里克说：“凡是在社会组织中工作的人都会从当代管理知识的学习中获益。这些人包括：有朝一日参加工作的在校大学生；雄心勃勃并努力使自己工作更有效的管理人员；以及其他想要增进对自己所工作的组织了解的各类专业人士。”

汤姆·比得斯指出：“卓越管理无止境，只有不断学习、不断留意世界的发展，管理者才有可能不断超越自己，为公司或组织开创美好的未来！”

管理学将为每位学习者开启智慧的大门。

一、管理的概念及特点

（一）管理的概念

我国古代称锁钥为“管”。《左传·僖公三十年》中说“郑人使我掌其北门之管”，引申为管辖、管制之意，体现着权力的归属。“理”的本意是治玉。《韩非子·和氏》中说：“王乃使玉人理其璞，而得宝焉”，引申为治理或处理。从汉字文化解释，“管”是指吹奏的乐器、形状像管的电器件、细长圆筒形的东西，具有看管、管教、担任、过问、保证等意思。“理”是指纹理、道理、办理、处理、整理、理睬、理会、区分、辨别、道理、规律等。“管”“理”二字合用，产生了更多解释。如人们在实际工作中习惯用“指挥”“管辖”“指导”“监督”“领导”“组织”“控制”“协调”“调节”“决策”等替代“管理”一词，有时管理也表示在权力的范围内，对事物的管束和处理过程。但是，没有任何一个词语能够概括“管理”的全部含义。于是，不同时期的众多管理（学）大师们从不同角度对“管理”进行论述，从多个侧面解释管理的内涵。主要观点见表1-1。

表1-1 管理的定义

序号	管理学家	国家	定　义
1	泰罗	美国	管理就是确切知道别人干些什么，并让他们用最好最经济的方法去干。
2	法约尔	法国	管理就是实行“计划、组织、指挥、协调和控制。
3	玛丽·帕克·福莱特	美国	管理是通过他人来完成工作的艺术。管理的本质是寻求合作。

续表

序号	管理学家	国家	定　义
4	斯蒂芬·P·罗宾斯	美国	管理是一个协调工作活动的过程，以便能够有效率和有效果地同别人一起或通过别人实现组织的目标。
5	赫伯特·A·西蒙	美国	管理就是决策，决策贯穿于管理的全过程。
6	理查·M·霍德盖茨	美国	管理就是经由他人去完成一定的工作。
7	基·W·格里芬	美国	管理就是对一个组织拥有的资源——人力资源、金融资源、物资资源和信息情报有效地计划、组织、领导指挥和控制，用最有效的方法去实现组织目标。
8	小詹姆斯 H. 唐纳利	美国	管理就是由一个或更多的人来协调他人的活动，以便收到个人单独活动所不能收到的效果而进行的各种活动。
10	哈罗德·孔茨	美国	管理就是设计和保持一种良好环境，使人在群体里高效率地完成既定目标。
11	彼得·德鲁克	美国	管理是一种以绩效责任为基础的专业职能。
12	成思危	中国	管理是管理者在复杂多变的环境下，设法运用各种资源来达到预定目标的各种活动和全部过程。
13	周三多	中国	为实现组织共同目标，在特定的时空中，对组织成员在目标活动中的行为进行协调的过程。

管理概念的多样性，是因为人们研究管理问题的立场、方法、角度和时代各不相同，说明管理的内涵十分丰富，管理理论研究与时俱进，不断发展。这不但有利于人们更准确、更全面地理解管理的内涵，也有利于更有效地开展管理活动。

综合上述，本教材认为：管理是管理者在复杂多变的内外部环境下，为了提高组织运行效率，实现组织目的，对组织、组织活动及其资源进行决策、组织、领导、控制、创新的一系列社会活动的总称。

（二）管理的特点

1. 管理的普遍性

法约尔认为“管理”具有普遍性。各类社会组织（企业、学校、医院、军队等）及其活动（生产活动、教学活动等）和社会资源（人力、物力、财力、技术、信息、顾客等）都需要管理。在现实生活中，许多词和“管理”一词能组合成一个新词组，从而产生了丰富多彩的管理活动。如生产管理、人员管理、商品管理、交通管理等。只有管理才能使组织活动有序高效地运行。

2. 管理的目的性和组织性

（1）管理是人类有意识、有目的的活动。严格来讲，管理并不存在自己独立的目的或目标。管理就是服务。管理的目的性表现为一种共同目的，即组织目标。通过有效管理提升组织运行效率与效果，使组织以尽量少的资源而尽可能多地完成预期的合乎要求的目标，就是管理的目的。管理目的的实现程度是评价管理效果的重要依据。不同组织的管理目的不同。管理者的一切管理行为应有利于提高组织运行效率，促进组织发展，实现组织目的。

（2）管理是组织行为。组织管理是人类社会的主要形式，管理学研究组织管理。组织是管理的载体。管理者在管理活动中行使管理职能的活动是组织行为，而不是管理者的个人行为。

3. 管理的两重性

管理两重性是指管理具有合理组织生产力的自然属性和体现一定生产关系的社会属性。

（1）管理的自然属性。管理是人类共同劳动的必然要求，它与生产力相联系，反映生产力的属性，体现了不同社会制度、不同时代、不同发展阶段、不同规模、不同地理区域的组织中管理的共同属性、自然属性和普遍性。即人类的一切管理活动具有共同的原理、规律、方法和要求。

（2）管理的社会属性。管理受一定生产关系影响和制约，反映生产关系的属性，是维护和调整生产关系的手段，体现了管理的个性、社会属性和特殊性。社会制度、生产关系、组织规模、行业特点、地理区域、文化环境、发展阶段不同，管理的具体目的、方法和手段、管理的权限以及管理活动的具体原则等都不相同。

坚持管理的自然属性，要求人们在管理实践中广泛学习、借鉴人类社会一切先进管理理论、技术、方法、经验，主动研究、自觉遵循管理活动的普遍规律。坚持管理的社会属性，要求人们在管理实践中，坚持理论联系实际，具体问题具体分析，实事求是，善于分析，认真研究，合理选择，合理借鉴，不断创新，形成自己的管理特色。

4. 管理工作的综合性

任何管理活动的顺利进行都是多人、多部门，运用多种知识、方法、技术，经过有效协调，在解决各种复杂矛盾后，才达到管理系统的协调和管理目标的实现，这就使管理工作具有部门的综合性、知识的综合性、技术和方法的综合性等特点。在数字经济、大数据时代，管理工作综合性的特点更显突出。

5. 管理的本质是协调

管理过程是复杂的社会活动过程。在这一过程中会产生众多人员、机构、工作、事件、数量、时间、内部和外部等的关系及其变化，产生一系列矛盾，影响管理效率。这就需要管理者积极地协调。协调是通过管理职能的有效实施来实现的。

6. 管理是科学性和艺术性的统一

孔茨指出："管理工作，如同医学、作曲、工程设计、会计工作甚至棒球运动等实践活动，是一门艺术。管理是'技巧'，即依据实际情况而行事。运用条理有序的管理学知识，管理人员会把管理工作完成得更好。而也正是这种知识构成了科学。因此，管理实践是一门艺术，而指导这种实践活动的有条理的知识，可以被称为一门科学。"

（1）管理具有科学性。管理学是以心理学、经济学、社会学、法学、数学、互联网、大数据、逻辑学等学科为基础，是由一系列概念、原理、原则、技术和方法构成的科学知识体系，是关于管理实践活动的客观规律的科学。管理者要学习管理学，遵循管理的规律、标准、程序和原则，运用科学方法和工具履行管理职能。

（2）管理具有艺术性。管理的艺术性是指管理具有实践性和创新性，是管理者在复杂多变的管理实践中表现出来的灵活运用管理理论的技巧和能力。一方面管理理论是管理活动应当遵循的普遍的科学规律，而不是解决某个具体问题的具体方法；另一方面，在管理实践中，影响管理的因素复杂多变，这就要求管理者必须有随机应变的能力和灵活管理的艺术，根据具体环境、具体问题采取有针对性的管理策略和方法，做到因人而异，因事而异，因地制宜、因时而异，不断创新。

（3）管理是科学性和艺术性的统一。管理者一旦掌握了科学的管理理论，又善于调查研究实践问题，灵活运用管理理论，具体问题具体分析，就能更有效地履行管理职能，实现管理目的。所以，一切管理者既要学习和掌握管理理论、管理技术，又要善于调查研究，总结管理经验。

二、管理的作用

管理学家戴维·B·赫尔茨说：“管理是由心智所驱使的唯一无处不在的人类活动。”

（一）管理是人类共同劳动的必然要求

共同劳动是人类生存、发展和实现社会事业的必然选择。原始社会，人类为了生存而群居群猎，抵御危险，征服自然；在人类发展中，人们为了实现个体发展目标而加入了不同组织，期望通过组织的力量实现个人力量难以实现的目标；在社会发展中，仅靠个人或少数人的力量也无法完成社会事业，一切社会事业都需要通过群体力量来完成。于是，各类社会组织伴随着共同劳动的需要而产生了。在有效管理下，组织能产生个人力量所不能比拟的优势，它能整合个体力量，帮助个人实现目标，也能实现共同目标。所以，为实现个人目标、组织目标、社会目标，就需要通过管理，集合力量、整合资源、统一目标、统一行动、统一制度、协调关系等。

（二）管理具有十分重要的作用

随着社会的进步和科学技术的发展，社会组织的数量越来越多，规模越来越大，活动也更复杂，因此，管理的作用更加重要。正如彼得·德鲁克所说：“我们这个世界没有真正贫穷的国家，也没有真正愚昧的人，他们之所以贫困，乃是由于管理不当。”法约尔说：“如果管理不当，事业就处于失败的危险中。”中国某企业家说：“管理才是企业第一要务，管理是竞争力。”

1. 管理对个人发展有重要意义

哲学家罗素说：“如果你不会管理，你的生活将是一团糟。”善于管理自己的人，能为个人的生活和工作提出目标，能有效改善个人行为，使自己更乐观自信，更有行动力，更能融入伟大的社会实践中，实现个人价值。

2. 管理是合理利用社会资源的重要手段

资源短缺是制约人类社会可持续发展的重要因素。有效的管理能节约资源，合理配置资源，能充分发挥资源的最大潜能，产生最佳效益。

3. 管理能提高社会组织的竞争力

成思危说：“管理是生产力中的软件，只有通过管理才能把劳动者、劳动对象和劳动工具这三个要素组织起来，优化组合形成生产力。”一定的生产力是竞争的基础。约翰·麦克唐纳说：“竞争的优势归根结底是管理的优势，而管理的优势是通过细节来体现的。”

管理能创建企业内部公平公正的环境，建立企业良好的运行机制，使员工工作更舒心。管理促进组织内部和外部各相关方的利益平衡，使组织内部的人财物产供销各要素相互衔接，从而发挥出最佳效能。

三、管理的基本职能和管理机制

（一）管理的基本职能

管理职能是管理系统所具有的职责和功能，是管理者的日常工作。自法国管理学家法约尔 1916 年在《一般管理与工业管理》中首次提出计划、组织、指挥、控制和协调等管理的五项职能后，许多管理学家也相继提出了不同观点。主要观点见表 1－2。

表 1－2　　部分管理学家关于管理职能的观点

时间（年）	管理学家	管理职能划分										
		1	2	3	4	5	6	7	8	9	10	11
		计划	组织	指挥	协调	控制	激励	人事	调集资源	决策	沟通	创新
1916	法约尔	√	√	√	√	√						
1934	戴维斯	√	√			√						
1937	吉利克	√	√	√	√	√		√			√	
1947	布朗	√	√	√		√			√			
1947	布雷克	√		√	√	√						
1949	厄威克	√	√			√						
1951	纽曼	√	√	√		√			√			
1955	孔茨	√	√	√		√		√				
1964	艾伦	√	√			√						
1964	梅西	√	√			√		√		√		
1964	米	√	√			√				√		√
1966	希克斯	√	√			√					√	
1970	海曼和斯科特	√	√		√	√	√					
1972	特里	√	√		√	√						
1991	巴托尔和马丁	√	√	√		√						
1993	周三多		√	√		√				√		√
1994	杨文士	√	√	√		√		√				
1997	罗宾斯	√	√	√		√						
1997	达夫特	√	√	√		√						

参考资料：王建中．管理学［M］．4 版．成都：西南财经大学出版社，2009.

本教材编者系统研究了上述学者们提出的管理职能，根据现代管理实践的特点，对上述各管理职能经过合并、分解、归类，形成本教材关于管理职能的基本观点。即决策、组织、领导、控制、创新等五项管理职能。

1. 决策职能

决策是管理的首要职能。组织所有管理者都必须从事决策工作。决策和计划密不可分，计划是为决策服务的，是实施决策的工具和保证。

2. 组织职能

组织工作源自人类对合作的需要。组织决策必须依靠组织的保障才能顺利执行。有效的组织使决策执行工作更有力量，产生更高的效率。

3. 领导职能

实现组织目标要依靠组织全体成员的努力。只有在优秀的领导者的领导、指导下，才能激励每个成员自觉地为实现组织目标共同努力。领导职能是一门科学艺术，它贯彻于管理活动过程中。在我国，领导者的概念十分广泛，包括高层领导、中层领导、基层领导。

4. 控制职能

为了保证目标、计划顺利实现，就需要有控制职能。控制的实质就是使执行活动符合计划。每一位管理者都要重视控制职能。

5. 创新职能

创新是管理的重要职能，是各项管理工作卓有成效的源泉。组织发展建立在创新基础上。创新成为提高管理效率的原动力。

管理的五大职能是相互联系的整体，它们在时间上具有连续性和循环性，在空间上具有并存性。任何一项管理职能都不能孤立地发挥作用。即：管理活动中缺少任何一项职能，或某一项职能的作用未得到正常发挥，就会影响管理效率，甚至导致管理失败。

（二）管理机制

在《词海》中，“机制”原指机器的构造和工作原理。在《现代汉语词典》中，“机制”泛指一个系统中，各元素之间的相互作用的过程和功能。“机制”用于自然领域和社会领域，指系统内各要素之间的结构关系和运行方式。因而，“机制”引申到不同领域，产生了不同机制，也具有不同含义。机制在社会学中的内涵是“在正视事物各个部分的存在的前提下，协调各个部分之间关系以更好地发挥作用的具体运行方式。”如市场机制、经济机制、管理机制等。

管理机制是指管理系统的结构及其运行机理。管理机制以管理结构为基础和载体，其本质是管理系统的内在联系、功能及运行原理。它通常由价值链、流程（规则与工具）、组织、能力、管控模式、激励等部分构成。管理机制是决定管理效率的核心问题，有什么样的管理机制就会产生什么样的管理文化和管理行为。建立健全管理机制有利于提高管理效率、效益。管理机制的主要内容如下：

1. 运行机制

运行机制指组织基本职能的活动方式、系统功能和运行原理。它是组织最基本的管理机制。如市场运行机制、竞争运行机制、企业运行机制。

2. 动力机制

动力机制指管理系统动力的产生与运作机理。主要包括利益驱动机制、政令推动机制和社会心理推动机制。

3. 约束机制

约束机制指对管理系统行为进行限定与修正的功能与机理。主要包括权力约束机制、利益约束机制、责任约束机制、社会心理约束机制等。

4. 监督机制

监督机制指对管理系统行为是否符合运行机制、动力机制和约束机制，进行监督的功能与机理。主要包括法律监督机制、行政监督机制、外部相关利益者监督机制、社会舆论监督机制等。

在线测试

第二节 管理者

【案例导入】

改革先锋何享健

何享健，美的控股有限公司董事长。他始终秉承“唯一的不变就是变”的创新变革理念，敢闯敢试，勇于挑战，大力推行企业内部股份制改革，使美的成为我国第一家由乡镇企业改组而成的上市公司。积极实行股东、董事会、经营团队分设的经营模式，开创了民营企业股权改制、股权激励、职业经理人和现代化企业改革等先河。带领美的集团从一个街办塑料生产组，发展壮大为海内外拥有15万名员工、近200家子公司、60多个海外分支机构、市值近3000亿元的科技集团，进入世界500强。创立慈善基金，投入10余亿元，开展扶贫、救灾、养老、教育等公益慈善事业。荣获“全国劳动模范”等称号。

资料来源：学习强国APP。

一、管理者的含义

从一般意义上讲，人人都从事管理工作，人人都是管理者。但是，管理学研究组织管理。组织中的全部工作可以分为管理性工作和非管理性工作。非管理性工作是完成具体业务的工作。如：教师授课、仓库保管发货等；管理性工作是通过决策、组织、领导、控制、创新等活动，带领、指挥他人完成具体业务的工作。如大学的系主任、公司经理等的工作。管理者是主要从事管理性工作的人，是管理的主体。管理学家彼得·德鲁克认为管理者的核心问题是责任，即对组织做出贡献的责任。他说：并不是高级管理人员才是管理者，所有的负责行动和决策而又是有助于提高机构的工作效能的人，都应该像管理者一样工作和思考。德鲁克还认为，每一位知识工作者都是管理者。他们可能没有下属，没有带团队，但是他们的专业知识对于公司的项目和决策有着至关重要的意义，他们是“新型中层管理者”。

总之，管理者是依法取得管理资格和权力，从事管理性工作并对其他人的工作负有责任的人。

在实践中，管理者有时也会从事一些具体的业务性工作。从事非管理工作的人也会从事少量管理性工作。管理者从事少量的与其管理领域相关的业务性工作，有利于提高管理工作效率，改善管理者的形象；非管理者从事与其业务工作相关的管理性工作，有利于提高业务工作质量，也有利于提高自身的管理能力。

【实训课堂 1－1】

子贱做官

孔子的学生子贱奉命担任某地方的官吏。当他到任以后，却时常弹琴自娱，不管政事，可他所管辖的地方却治理得井井有条，民业兴旺。这使那位卸任的官吏百思不得其解，因为他每天起早摸黑，从早忙到晚，也没有把地方治理好。于是他请教子贱：“为什么您能治理得这么好?”子贱说：“您只靠自己的力量去做事，所以十分辛苦，而我却是借助别人的力量来完成任务。”

二、管理者类型

（一）按管理者在组织中所处的地位划分

1. 高层管理者

高层管理者处于组织架构中的最高层，是对整个组织工作负有全面的政治责任、行政责任、法律责任、经济责任和社会责任的决策类管理者。如公司总裁、董事长、首席执行官、大学校长等。高层管理者是组织中关键的少数，权力大，责任最大。高层管理者的主要职责是：制定规划组织的发展目标和战略，培育组织的共同远景；制订组织重大政策和重要制度，建立组织管理机制，主导组织变革，培育组织文化；评价组织业绩；合理配置资源；协调组织内外部关系，处理组织重大问题等。

【实训课堂 1－2】

董事会和董事长

董事会对股东会负责，行使下列职权：召集股东会会议，并向股东会报告工作；执行股东会的决议；决定公司的经营计划和投资方案；制订公司的年度财务预算方案、决算方案；制订公司的利润分配方案和弥补亏损方案；制订公司增加或者减少注册资本以及发行公司债券的方案；制订公司合并、分立、解散或者变更公司形式的方案；决定公司内部管理机构的设置；决定聘任或者解聘公司经理及其报酬事项，并根据经理的提名决定聘任或者解聘公司副经理、财务负责人及其报酬事项；制定公司的基本管理制度；公司章程规定的其他职权。

资料来源：《中华人民共和国公司法》

董事长：董事长应该是董事会的灵魂人物，是沟通能手，负责董事会的协调，负责与股东和总经理的沟通，获得董事们和经理层的尊重和支持；董事长也应是个战略家，有全局和长远战略眼光；董事长还应是个老师，肩负建设学习型董事会的责任，积极创造条件让董事们得到充分的培训和指导，引导全体董事一起把董事会建设成为开放、包容和高效的董事会。

资料来源：宋志平．问道改革［M］．北京：中国财富出版社，2018.

2. 中层管理者

中层管理者处于组织架构中的中间层位置，具有承上启下的作用，是组织重要的中枢系统。如部门或办事处主任、处长或科长、项目经理、分公司经理等。中层管理者受高层管理者的委托管理组织内部某一部门的工作，是高层管理者政策、命令的执行者。他们一般具有某方面的专业知识和能力，是高层管理者的参谋。作为部门负责人，中层管理者又是本部门工作的决策者、监督者、协调者、指导者等。

3. 基层管理者

基层管理者也称前线或一线管理者，是组织架构中最低层次的管理者。如企业中的班组长、小组长等；大学的教研室主任等。基层管理者在组织中有十分重要的作用。基层管理者的主要职责是：给本部门员工分派具体工作任务；直接指挥和监督现场作业活动，控制工作进度，保障各项任务有效完成；解答下属提出的问题，向上级反映下属的要求等。

【思政课堂 1－1】

英雄机长

2018 年 5 月 14 日，载有 119 名旅客的四川航空公司 3U8633 航班在成都区域巡航阶段，驾驶舱右座前挡风玻璃破裂脱落，机组实施紧急下降。瞬间失压一度将副驾驶吸出机外，所幸他系了安全带，在驾驶舱失压，气温迅速降到零下 40 多摄氏度、仪器多数失灵的情况下，机长刘传健凭着过硬的飞行技术和良好的心理素质，在民航各保障单位密切配合下，机组正确处置，飞机于 2018 年 5 月 14 日 07：46 分安全备降成都双流机场，所有乘客平安落地，有序下机并得到妥善安排。事后，刘传健称当时想的最主要的就是安全，操纵好飞机落地，保证旅客的安全和机组的安全。

飞行界一名资深人士表示：此次返航备降成功，确实非常不容易，堪称“世界级”。他表示，这么大的高空事故，对飞行员的生理和心理都是严峻考验。应对成功，说明机长的心理素质非常过硬。

资料来源：360 百科。

4. 操作者

操作者处于组织的最底层（称为作业层），从事具体业务工作，一般不具有管理和监督他人工作的职责。在组织中，操作者直接从事具体业务工作。如汽车装配线上的装配工人，企业推销员，医院内的医生等。优秀的操作者是基层管理者的重要来源。

管理者在组织内部的管理层级决定了他们的地位、职责、权限有明显区别。管理层级不同，管理者履行管理职能的程度和重点也不相同。管理者要随着自己在组织内部管理层级的变化，改变管理方式。不同层次管理者的工作特征和内容见表 1－3。

表 1－3　　不同层次管理者的工作特征和内容

工作性质	操作者	基层管理者	中层管理者	高层管理者
人数	多	较多	适当	少
工作特征	业务性强	最终活动、业务性强	按计划进行、承上启下	决策、政策、战略性强
工作所需信息及特征	组织内部且稳定	组织内部且稳定	组织内部较稳定	组织外部且变化大
经营方针	不重要	不重要	适当考虑	重要
管理目标	重要	重要	重要	适当考虑
管理问题的时间范围	每日	每日	短	较长
工作活动范围	专业化	单项工作职能	全部工作职能	很广泛
复杂程度	简单易行、重复	简单易行	不太复杂	非常复杂，变量较多
工作考核	容易	较易	不困难	困难

（二）按管理工作的性质划分

1. 综合管理者

综合管理者是指负责管理整个组织或组织中某个事业部的全部活动的管理者。综合管理者是一个组织或部门的主管，是某个单位或某个部门的“一把手”。例如：分公司经理、车间主任等。任何组织和组织内的各个机构，都有自己的综合管理者。综合管理者在自己的管辖范围内有一定的决策权和指挥权。

2. 职能管理者

职能管理者是指组织内某一级组织中除领导者之外，担负某方面具体或专业管理工作任务的管理人员。职能管理者一般具有专业特长。他们既是领导者的助手，又是领导者的参谋。例如：财务科长、人事科长等。

三、管理者角色和技能

（一）管理者角色

加拿大著名管理学家亨利·明茨伯格在调查研究基础上，提出了管理者角色理论。他认为管理者扮演着三大类共十种不同角色。管理者的这十类角色是一个相互联结的整体，不能割裂。

1. 人际关系方面的角色

人际关系方面的角色是指管理者履行礼仪性和象征性的义务，与人或组织发生各种联系时所担当的角色。包括：挂名首脑（代表者）、领导者、联络者。

2. 信息方面的角色

信息方面的角色是指管理者在获取、处理和传递各种信息时所担当的角色。包括：监听者、传播者、发言人。

3. 决策方面的角色

决策方面的角色是指管理者在组织决策过程中担当的角色。包括：企业家、障碍处理者、资源分配者、谈判者。

管理者角色的重要性在不同企业中的表现各不相同。在小型企业，管理者是发言人；

在大型企业中，管理者是资源分配者。对于不同层次的管理者，管理者角色的重要性也不同。对于基层管理者，领导者角色比较重要；对于高层管理者，传播者、挂名首脑、谈判者、联络者和发言人角色比较重要。

此外，彼得·德鲁克根据管理者在管理活动中的责任，将管理者分为三个层次的角色。即：管理者的第一个责任是管理一个组织；管理者的第二个责任是管理管理者；管理者的第三个责任是管理工作和员工。管理者角色内涵见表1－4。

表1－4　　管理者角色内涵

管理学家	角色类别	角　色	工作内容
亨利·明茨伯格	人际关系类	挂名首脑	执行仪式或象征性的工作。
		联络者	建立内部和外部的信息网络。
		领导者	指挥协调群体的工作。
	信息类	监听者	搜寻、接收和筛选信息。
		传播者	传递信息给他人。
		发言人	通过演讲、报告、电视、广播等向外部提供信息。
		企业家	制订计划，建立秩序。
	决策类	障碍处理者	解决员工或部门中的各种冲突、问题。
		谈判者	在谈判中代表部门或公司。
		资源分配者	决定资源分配的对象和数量等。
彼得·德鲁克	责任类	管理一个组织	组织是什么？组织目标是什么？怎样实现目标？
		管理管理者	目标管理或自我控制；精心培养下属。
		管理工作和员工	激励组织成员，发挥其创造性和热情。

（二）管理者的技能

管理者成功履行管理职能，扮演不同角色，必须具备相应的素质和技能。

1. 罗伯特·李·卡茨的三种能力理论

美国管理学家罗伯特·李·卡茨在《优秀管理人员的能力》一文中提出了管理人员应具备的三种能力。

（1）技术能力。即管理者处理自己管理范围内的工作所需要的业务、技术和方法的能力。管理者要通晓和熟悉自己管理领域的专业性活动，具备必要的专业知识和工作经验。一切管理者都应该通过学习和锻炼，使自己成为内行式的管理者。在实践中，基层管理者更强调技术能力，他们应当是专业知识和技能方面的专门人才。如：财务科长必须熟悉相应的财务政策、制度、记账方法、预算和决算的编制方法。管理者以自己高超、熟练的技术知识和技能有效地指导下属、组织任务、解决问题。现代管理者要不断学习并掌握新知识、新技术、新业务、新流程。

（2）人际能力。即管理者处理人事关系和与他人沟通的能力。人际能力的主要内容是：联络、处理和协调组织内外人际关系；激励和诱导组织内工作人员的积极性和创造性，正确指导和指挥组织成员开展工作。

团结和带领他人共同工作是管理者的主要职责。这就决定了管理者必须善于团结人、理解人、激励人，与他人共事、同他人沟通、协调内部和外部的人事关系。“在许多公司中，一个管理者失败的原因不是他没有技术技能，而是缺乏人际技能。”管理者必须不断提高自己的人际交往能力，改进人际交往的观念和技巧，使自己具有团结同级、带动下级、说服上级的能力，具有协调外部关系的能力。人际技能对一切管理者都具有同等重要的意义，是一切管理者的必备技能之一。

（3）概念能力。概念能力是一种抽象思维和从全局出发看待问题的能力。即进行判断分析、综合、推理、概括的能力；以整体的观点和发展变化的观点看问题的能力。管理者要高瞻远瞩，善于分析研究，提高对管理环境和管理现象的识别能力。

成功的管理者应当具备上述三种能力。“三种能力”理论是把管理者的能力与其所承担的管理工作和肩负的责任联系起来进行考察。对不同层次的管理者，由于其职责不同，对三种能力的要求也各不相同。一般来说，基层和中层管理者更强调技术能力和人事能力；高层管理者首先必须具备概念能力，其次是人事能力和技术能力。不同层次管理者三种能力的重要性比较见图 1－1。

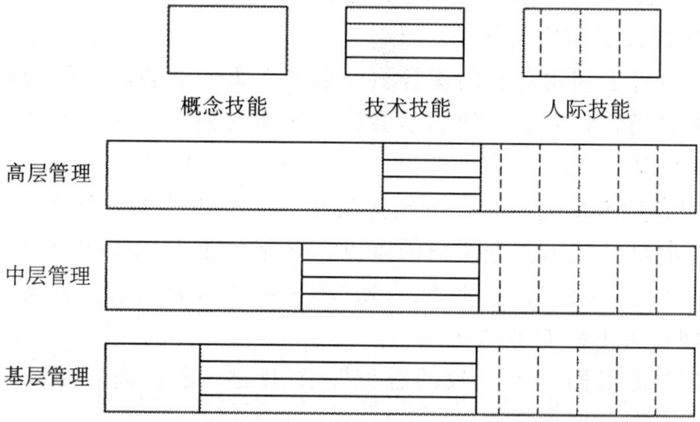

图 1－1　不同层次管理者的三种能力结构比较

资料来源：周三多. 管理学［M］. 7 版. 上海：复旦大学出版社，2021.

关于管理者的其他素质要求，本教材将在第五章结合领导者的素质要求进行全面介绍。

2. 中山谕的管理者技能理论

日本学者中山谕认为，管理者必须具备以下能力：

（1）巧妙地使用部下的能力；

（2）从大局出发判断事物和工作重要性的能力；

（3）判断本身职位与其他职位及业务之间关系的能力；

（4）迅速掌握与自身职务有关的基础知识的理解能力；

（5）判断最佳履行职务的方式或工作组织方法及指导下属的方法的能力；

（6）及时发现问题和提出改善方针的设定能力；

(7) 不畏惧堆积如山的各种复杂问题而能以冷静的态度去积极处理的能力。

四、有效的管理者和管理者团队

(一) 有效的管理者

彼得·德鲁克在《卓有成效的管理者》中提出了“有效的管理者”的概念。德鲁克认为：有效性是管理者的天职，不论作为一个团体的管理者对他人和自己的行为都负有责任，还是作为一个独立的专业探索者只对自己的行为负有责任，都必须以此为天职。如果没有有效性，那么不管我们在工作中花费了多少智力、运用了多少知识，也不管花费了多少时间，都不会有“成绩”。管理者的效率，往往是决定组织工作效率的最关键因素。管理者不经特殊努力学会有效性，将成为无效的管理者。有效的管理者有如下共同特征：

1. 有效的管理者必须懂得如何有效地利用他们的时间

管理者自己掌握支配的时间是很有限的，他们必须要利用这点有限时间进行系统的工作。

2. 有效的管理者重视对外的贡献

有效的管理者要注重外部作用，把力量用在获取成果上，而不是工作本身。

3. 有效的管理者善于利用长处

有效的管理者要善于利用自己的优势、同事和下级的优势。有效的管理者还善于抓住形势提供的机会做他们想做的事，他们不会把工作建立在自己的短处和弱点上，也决不会去做自己做不了的事情。

4. 有效的管理者知道如何将自己的精力集中在一些重要的领域里

有效的管理者给自己定出优先考虑的重点，并坚持重点优先的原则。他们会按照工作的轻重缓急，制订出先后顺序，重要的先做，不重要的事放一放。否则，将一事无成。

5. 有效的管理者善于做有效的决策

有效的决策常常是根据“不一致的意见”作出的判断，而不是建立在“众口一词”的基础上的。

6. 管理者必须要讲工作效率

不管在什么样的机构里工作，作为管理者首先必须按时完成该做的事情，必须要有工作效率。智力、想象力和知识都是重要的资源，但是，只有通过管理者富有成效的工作，才能将这些资源转化为成果。

【思政课堂 1-2】

管理者的“六商”

谈及企业的管理者，美国人更喜欢用“商业领袖”这个词，作为一人“商业领袖”必须有拥有高超的领导力，也必须有很高的“六商”。

德商（MQ）：指领导者的道德水平，包括尊重、容忍、宽容、诚实、负责、忠心、礼貌等美德。国外企业更注重企业家“感召”的作用。

智商（IQ）：指领导者智力高低的指标。有这样一句话：“给智者鞍前马后服侍，不给愚者当主人。”领导是一种仰仗智慧的工作，需要精细的思考，想要成为一个卓越的领导，必须拥有智慧。

情商（EQ）：指领导者处理情绪和处理人际关系的能力。美国前总统小布什大学时成绩拙劣。但他的情商远在平常人之上。他大学时广泛交际，结识了众多智慧超群的人。那些人纷纷走向举足轻重的工作岗位后，为小布什的竞选奠定了成功。

志商（WQ）：指领导者的志向大小和志向的坚持程度。那些功勋辉煌的领导者，无疑都是志向远大和为志向可以牺牲一切的人。作为企业的领导者，如果没有远大的志向，只想安于现状，它的命运只有走向灭亡。

健商（HQ）：指领导者健康水平和健康意识的高低。

财商（FQ）：领导者对财产的态度。在中国，一些领导者想牢牢地控制着企业大部分财产。特别是家族企业，更是把亲信安插到财务主管的岗位，看好每一分钱。

游山玩水，购买奢侈品极尽能事。而在提高员工待遇，改善公司管理环境上却是典型的吝啬鬼。长此以往，企业只能一步步走向困境。

资料来源：童浏义．有六商的人大有出息［M］．北京：北京工业大学出版社，2011.

（二）管理者团队

管理团队是组织内部全部管理人员。“要选几个或一个好的经理和主管并不难，但要组成一个精明强干的、高效、高水平的经理和主管集团却不容易。”一个组织的发展前途，归根到底取决于管理团队的素质。所有成功的企业都与一大批有成就的管理大师为核心所组成的管理团队分不开。一个组织中的管理者团队必须有共同的目标、有上进心，善于学习，有责任感，善于调查研究，团结协作。

【实训课堂 1－3】

优秀管理者的10条法则

“指数基金之父”约翰·博格在《足够：约翰·博格的金钱、商业、人生准则》中阐述了管理者和领导者10条行事准则：

法则一：关怀是组织的灵魂。关怀是一件相互的事情。一是最上级和最下级之间的互相尊重，每个人都应该因这份有价值的工作而被礼貌、坦率、友好、尊敬地对待。二是提供晋升发展、参与创新的机会。不管大家做什么工作，一定要投入全部热情。站在第一线的人比其他人更清楚问题出在哪里，也更清楚应该如何解决问题。此外还有：维护有吸引力、高效的工作环境；提供有意义的交流计划；支付合理的薪酬。

法则二：把“员工”两个字丢掉。“员工”是描述那些按部就班工作、永远闷不作声、领取固定薪水，而且周末必须放假休息的人。“船员”可以让人联想到积极、奋发、忠诚、关怀。船员是团队中的一员，他们愿意为了一段不虚此行的航程团结合作，尽己所能避免成为团队的短板。我想领导的正是这样一群感情深厚、互相依赖的船员。

法则三：设定高标准，明确价值观，并严格坚守它们。船员要拥有“工作的技能；创造所需的想象力；对产品的诚信；对目标的判断力；在危难时刻的勇气；在逆境中的幽默感；在有所成就时的谦卑”。

做到“以人为本”。要将客户和团队成员视作“对上帝诚实、脚踏实地的普通人，他们都有自己的希望、恐惧和财务目标”。在实践中，我们务必竭尽所能为客户服务，要审慎管理客户交给我们的资产，我们希望别人怎样管理我们的资产，我们就要怎样管理别人的资产，要怀有同理心，以公平公正的态度诚信地对待客户。“人”才是先锋领航集团成功的关键。

法则四：反复重申价值观。“领导者”是发起并带领大家按照既定原则执行计划，最终达成目标的人。不管是哪个层级的领导者，都需要激励和说服他人一起努力，朝着一个有价值的目标携手前进。想要建立伟大的组织，必须找到最恰当的能够描述目标、热情和愿景的语言，以传达最好的理念和最崇高的理想。

法则五：行动起来，行胜于言。如果你希望别人信任你，你就要做一个值得信任的人。如果你希望大家努力工作，你就要努力工作。如果你希望同事跟你说实话，你就要跟他们说实话。你需要经常在公司里走动，到各部门、各单位或各小组走走。善于深入基层是领导者必须具备的关键素质之一，你如果一直坐在办公桌后面，就不可能做到这一点。多出去走走，看看那些真正在基层工作的人，如收发室的管理员、保安、程序员、会计、基金经理，还有你的日常工作所依赖的每个人。

法则六：不要过度管理。那些不把同仁的贡献当一回事的公司，永远不可能建立起强大的团队或伟大的组织。

法则七：认可每个人的成就。我们就率先制订了“员工表彰计划”。每个季度，我都会在船员面前亲自给其中的一位颁发“先锋领航集团卓越奖”。颁奖的意义并不在于让获奖人发笔小财，而是为了在表彰获奖人的同时强化一个信念：我们十分重视每个人对组织的贡献。

法则八：忠诚是相互的。很多人只会要求下属向自己效忠，自己却从不对下属忠诚。最优秀的领导者一定会确保自己给予下属等量的忠诚。“仅要求普通员工忠于公司，公司却不做出对等承诺的做法是不正确的。”“双向忠诚”的概念必须成为先锋领航集团的传统。

法则九：用长期视角进行领导和管理。领导者的关键在于尽一切可能专注于长期机会，尽量不要被短期的困难吓倒。我经常提醒我的船员：“一旦你决定了自己是要做长期生意还是短期买卖，大多数正确的决策就很容易做出了。”我们一定要把团队当作长期资产来管理，领导者和管理者也一定要具备长远的眼光。我建议：避免在经济短暂下滑时裁员；在薪酬方面不要过于吝啬；不要因为短期的预算紧张就削减员工福利；永远不要武断地设定不合格人员的比例（在行业中，这被称为末位淘汰制）。如果以长期视角指导实践，你就能创造良好的环境，也能建立伟大的组织。企业品格是企业长期发展的根基。

法则十：勇往直前。世界上没有任何事情比坚持更重要。只有坚持和决心才是无所不能的。“勇往直前”这句口号已经帮助人类解决了很多问题，未来也将如此。不管情况好坏，都要勇往直前。

资料来源：强国号中欧国际工商学院。

在线测试

第三节
管理环境

【案例导入】

我国发展环境面临深刻复杂变化

当前和今后一个时期，我国发展仍然处于重要战略机遇期，但机遇和挑战都有新的发展变化。当今世界正经历百年未有之大变局，新一轮科技革命和产业变革深入发展，国际力量对比深刻调整，和平与发展仍然是时代主题，人类命运共同体理念深入人心，同时国际环境日趋复杂，不稳定性不确定性明显增加，新冠肺炎疫情影响广泛深远，经济全球化遭遇逆流，世界进入动荡变革期，单边主义、保护主义、霸权主义对世界和平与发展构成威胁。我国已转向高质量发展阶段，制度优势显著，治理效能提升，经济长期向好，物质基础雄厚，人力资源丰富，市场空间广阔，发展韧性强劲，社会大局稳定，继续发展具有多方面优势和条件，同时我国发展不平衡不充分问题仍然突出，重点领域关键环节改革任务仍然艰巨，创新能力不适应高质量发展要求，农业基础还不稳固，城乡区域发展和收入分配差距较大，生态环保任重道远，民生保障存在短板，社会治理还有弱项。全党要统筹中华民族伟大复兴战略全局和世界百年未有之大变局，深刻认识我国社会主要矛盾变化带来的新特征新要求，深刻认识错综复杂的国际环境带来的新矛盾新挑战，增强机遇意识和风险意识，立足社会主义初级阶段基本国情，保持战略定力，办好自己的事，认识和把握发展规律，发扬斗争精神，树立底线思维，准确识变、科学应变、主动求变，善于在危机中育先机、于变局中开新局，抓住机遇，应对挑战，趋利避害，奋勇前进。

资料来源：摘自《中共中央关于制定国民经济和社会发展第十四个五年规划和二〇三五年远景目标的建议》。

一、管理环境的概念和内容

环境是指事物存在发展的周围条件和状况。管理环境是指对组织活动产生影响的各种因素、条件和各种力量的总和。管理环境可分为内部环境和外部环境。管理者在内部环境和外部环境共同影响下履行管理职能。

管理者的工作成效通常取决于他们对管理环境的熟悉和掌握程度，取决于他们能否根据管理环境的变化，正确、及时地进行组织变革，并制定出相应战略和策略。

在互联网时代，一切社会组织永远不要把自己当作中心封闭起来，而是需要在开放的环境中认识环境，认识自己，发展自己。

【实训课堂 1-4】

韦尔奇论变化

GE 前总裁韦尔奇说：“当公司内部的变化少于外部市场的变化的时候，离破产已经不远了。”

(一) 外部环境

外部环境是指组织外部的政治法律、经济、自然、社会文化、技术等因素的总和。它是社会组织不能控制的各种因素。外部环境变化所产生的影响力给组织活动带来规范或约束、机会或风险。

1. 政治法律环境

政治环境是指制约或影响组织运行的各种政治要素及其运行所形成的环境系统，包括国内政治环境和国际政治环境。政治环境的具体内容包括：国体和政体、政治体制、政党和政党制度、政治人物、政治性团体、政治方针和政策、政治气氛等。

管理者要提高政治敏感度，关注国内外政治环境的变化，提高对组织的驾驭力。我国政治稳定、社会安定，处在最好的发展时期，这是我国国内各类社会组织稳定发展的最大机遇。

法律环境是指影响组织运行的法律制度。包括法律规范、国家司法和执法机关、法律意识等。其中，法律规范是一个完整的体系，它是最基本、最重要的影响因素。法律环境对组织运行具有强制性影响力。

管理者必须增强法律意识，熟悉相关法律，自觉遵守法律，依法管理，并运用法律维护自身权利。

2. 经济环境

经济环境是指国家经济政策及社会经济状况。国家经济政策是国家履行宏观经济管理职能、控制调整宏观经济水平、结构，实施经济发展战略的指导方针，包括国家经济管理体制、经济政策、财政税收制度、经济发展战略规划、社会经济水平、产业结构、人口、购买力、消费水平、消费结构、价格变动等。社会经济状况包括经济要素的性质、水平、结构、变动趋势等多方面的内容。经济环境与政治法律紧密联系，对组织活动有直接影响。管理者要关注国内外经济环境及其变化。

【思政课堂 1-3】

建设全国统一大市场

主要目标：持续推动国内市场高效畅通和规模拓展；加快营造稳定公平透明可预期的营商环境；进一步降低市场交易成本；促进科技创新和产业升级；培育参与国际竞争合作新优势。

强化市场基础制度规则统一：完善统一的产权保护制度；实行统一的市场准入制度；维护统一的公平竞争制度；健全统一的社会信用制度。

推进市场设施高标准联通：建设现代流通网络；完善市场信息交互渠道；推动交易平台优化升级。

打造统一的要素和资源市场：健全城乡统一的土地和劳动力市场；加快发展统一的资本市场；加快培育统一的技术和数据市场；建设全国统一的能源市场；培育发展全国统一的生态环境市场。

推进商品和服务市场高水平统一：健全商品质量体系；完善标准和计量体系；全面提

升消费服务质量。

推进市场监管公平统一：健全统一市场监管规则；强化统一市场监管执法；全面提升市场监管能力。

进一步规范不当市场竞争和市场干预行为：着力强化反垄断；依法查处不正当竞争行为；破除地方保护和区域壁垒；清理废除妨碍依法平等准入和退出的规定做法；持续清理招标采购领域违反统一市场建设的规定和做法。

资料来源：《中共中央国务院关于加快建设全国统一大市场的意见》。

3. 文化环境

文化环境是指社会环境中由文化诸要素及与之直接相关联的各种社会现象而构成的实际状态。文化环境包括哲学、宗教、道德、语言与文字、教育、生活习俗、风气、价值观等。

文化因国别、地域、民族等不同而有明显的差异性。处在不同文化环境中的社会组织应当熟悉并尊重所处环境的地域文化、民族文化，善于和不同文化环境的人和谐相处。

4. 科技环境

科学技术是第一生产力。科技环境即科学技术环境，是指组织所处的社会环境中的科技要素及与该要素直接相关的各种社会现象的综合。

人类已经进入以信息产业为主导的新阶段，信息产业五大核心技术中，人工智能、量子计算、移动互联、物联网、区块链等改变着社会组织的运行方式及其效率。社会组织必须把握科技发展的趋势，重视新技术在管理活动中的运用，让科学技术成为推动组织发展的重要手段。

5. 自然环境

自然环境是一切直接或间接影响人类的自然形成的物质、能量和现象的总和，是人类赖以生存和发展所必需的自然条件和自然资源的总称，即地球的空间环境、阳光、地磁、空气、气候、水、土壤、岩石、动植物、微生物以及地壳的稳定性等自然因素的总称。自然环境的发展变化对组织发展有重要影响，如气候变暖、资源短缺、环境污染、政府对自然资源管理的干预等。管理者必须分析研究自然环境，保护环境，利用环境。

6. 行业环境

行业环境是对社会组织运行有直接影响的一系列外部因素，主要包括用户、资源供应者、竞争者、主管部门、新闻媒体、其他社会组织或团体等。

【思政课堂 1-4】

二〇三五年基本实现社会主义现代化远景目标

党的十九大对实现第二个百年奋斗目标作出分两个阶段推进的战略安排，即到二〇三五年基本实现社会主义现代化，到21世纪中叶把我国建成富强民主文明和谐美丽的社会主义现代化强国。展望二〇三五年，我国经济实力、科技实力、综合国力将大幅跃升，经济总量和城乡居民人均收入将再迈上新的大台阶，关键核心技术实现重大突破，进入创新型国家前列；基本实现新型工业化、信息化、城镇化、农业现代化，建成现代化经济体系；

基本实现国家治理体系和治理能力现代化，人民平等参与、平等发展权利得到充分保障，基本建成法治国家、法治政府、法治社会；建成文化强国、教育强国、人才强国、体育强国、健康中国，国民素质和社会文明程度达到新高度，国家文化软实力显著增强；广泛形成绿色生产生活方式，碳排放达峰后稳中有降，生态环境根本好转，美丽中国建设目标基本实现；形成对外开放新格局，参与国际经济合作和竞争新优势明显增强；人均国内生产总值达到中等发达国家水平，中等收入群体显著扩大，基本公共服务实现均等化，城乡区域发展差距和居民生活水平差距显著缩小；平安中国建设达到更高水平，基本实现国防和军队现代化；人民生活更加美好，人的全面发展、全体人民共同富裕取得更为明显的实质性进展。

资料来源：摘自《中共中央关于制定国民经济和社会发展第十四个五年规划和二〇三五年远景目标的建议》。

（二）内部环境

内部环境主要指社会组织履行基本职能所需的各种内部资源与条件。它是社会组织运行的必要条件。内部条件是组织可以控制和改变的因素。组织内部条件的优劣及其调整对管理效率有重要影响。内部环境因素（以企业为例）见表1－5。

表1－5　　内部环境因素（以企业为例）

资源要素		管理要素		能力要素	
人力资源	企业人数	计划	决策系统	供应能力	供应组织与人员
	人员质量				资金来源与利率
	人员结构		信息渠道		与供应者的关系
财务资源	资产总值		计划程序的科学性		资金利润率
	资产负债比率		宗旨、目标	生产能力	生产规模
	流动固定比率	组织	组织结构		生产灵活性
物力资源	厂房、土地		组织协调		工艺和流程
	设备等固定资产		集权与分权		劳动生产率
	基础设施	控制	控制标准		库存、成本、质量
技术资源	专利、品牌、诀窍、情报		控制制度	营销能力	市场定位的准确性
	科研、技术设备	人事	人事程序与政策		营销组合的有效性
市场资源	销售渠道		考核晋升奖惩制度		营销组织与人员
	用户关系		职工士气参与程度		销售费用
	商标、商誉	组织文化	价值观		市场占有率
地理资源	公共设施		经营哲学		组织与人员
	地理位置及气候		精神	科研开发能力	开发经费与设施
			职业道德、风貌		已有开发成果

资料来源：刘宁杰，莫相预．管理学［M］．北京：中国财政经济出版社，2005.

二、管理环境的特点

（一）多样性

管理环境按照不同标准可分为内部环境和外部环境；国内环境和国际环境；宏观环境和微观环境。其中，外部环境又具体表现为政治、经济、法律、文化、技术、自然环境等不同形式；各种不同环境因素内部，又包含了许多具体因素。如经济环境包括经济政策、经济发展水平、经济领域的竞争等。

（二）差异性

管理环境的差异性表现在两个方面：其一，不同国家、不同地区在政治、经济、文化、技术、自然等方面具有明显的差异性。其二，不同社会组织的内部条件也存在明显的差异性。总之，不同组织所处的管理环境有明显差异性。

（三）稳定性和动态性

在管理环境中的各具体因素中，有许多相对稳定性的因素，如一定时间的政策和法律、社会文化等。同时有许多因素具有较强的动态性。如市场变化、技术变化等。管理者要把握稳定因素，重视动态因素，及时捕捉其变动状况，并分析研究。

（四）机会性和威胁性

外部管理环境的变化一方面给管理活动带来威胁，另一方面也可能给管理活动创造机会。管理者的任务是分析、识别环境变化的性质，结合本组织的优势和劣势，以便利用机会，规避风险。

（五）不可控制性和可预测性

外部管理环境具有不可控制性，组织只能适应外部环境，不能影响和改变其所处的外部环境。但管理环境又是可以预测的，管理者通过调查、预测、分析，判断环境及其变化的规律性，进而判断环境对组织运行的影响性质和影响程度。

三、环境管理

环境影响组织生存发展，对管理活动有决定与制约作用。这就要求管理者必须重视环境管理，能动地利用环境，适应环境，实现内部环境与外部环境的动态平衡。

（一）重视调查研究，认识、分析与评估环境

“知己知彼，百战不殆。”调查研究是环境管理的基础，是一切管理活动的起点。管理者要重视调查研究，善观天下事，通过各种渠道搜集环境变化的信息，准确把握环境变化的趋势和规律。

管理者要结合组织的内部条件对掌握的大量环境信息及时进行科学的分析评估，以便确定环境变化对组织管理的影响性质、影响程度、影响领域等。具体可以采用 SWOT 分析法。

（二）主动适应环境和选择新环境

一方面，对于不可控制的环境，管理者要“入乡随俗”，通过组织变革，如调整组织机构、进行制度变革、实行分权制、采用新技术、培养人才、改变核心的业务流程等，主动适应环境变化；另一方面，组织可以选择新环境来适应环境的动态性。例如：公司可以

选择新的经营领域，可以进入新市场等。例如：华为的一款数字产品，可以支持数十种语言，把文本通过数字技术转换为手语，让全球 3400 万名听障儿童克服阅读障碍，获得生活中互动的乐趣。

（三）影响环境

管理者可以通过积极有效的管理行为影响管理环境，营造有利于自己生存和发展的管理环境。如通过有效的公共关系活动就能提高组织的知名度、美誉度，改善与各社会组织的关系，从而为组织的发展创造良好的外部环境。

四、SWOT 分析法

（一）SWOT 的概念及 SWOT 分析矩阵

SWOT 分析是环境综合分析的简称，又称态势分析法、优劣势分析法。下面以企业为例介绍这一方法。

它是对企业外部环境与内部环境分析的总结，发现企业外部机会与威胁，熟悉内部优势和劣势，为企业选择管理战略作指导。其中，S（Strength）——优势，W（Weakness）——劣势，O（Opportunity）——机会，T（Threat）——威胁。

1. 优势（S）

优势是指一个企业特有的能力。企业应深入分析自身的优势，并采取相应的措施将拥有的优势保持下去。如企业所处的有利竞争态势、良好的企业形象、过硬的产品质量、超强的技术力量、较大的市场份额等。

2. 劣势（W）

劣势是指相对于整个行业或竞争者而言，可能使企业处于弱势的不足之处。如技术劣势、资产劣势、人力资源劣势、组织体系劣势等。

3. 机会（O）

机会是指可能使企业获得更多盈利的条件或因素。企业领导者应对企业的各种机会进行分析，并选择能够为企业带来最大竞争优势的最佳机会。企业潜在的市场机会可能有以下几方面：企业的技术向新产品、新业务转移，为更大的客户群服务；产品市场进一步细分，客户群有扩大趋势；企业产品向前或向后延伸（如生产加工牛奶的企业向前延伸养殖奶牛，向后延伸加工冰淇淋等奶制品；具有并购竞争者的实力；市场需求快速增长；竞标成功，获得特殊荣誉或指定产品等）。

4. 威胁（T）

威胁是指可能减弱企业的盈利能力或市场地位的条件或因素。企业应及时分析那些对企业未来利益造成威胁的因素，以便采取有效措施减少其对企业的影响。企业面临的威胁可能有以下几个方面：有越来越多的竞争者进入市场；替代品抢占市场份额；主要产品的市场占有率逐渐下降；汇率及外贸政策向着对企业不利的方向变动；社会消费观等的改变不利于企业发展；客户或供应商的谈判能力提高；相关政策法律变化，政局动荡；突发事件等。

根据上述四个因素，可以组合成表 1－6 SWOT 分析矩阵。

（二）选择策略

SWOT 分析矩阵给企业提供了四种策略，企业可以发挥优势因素，克服劣势因素，利用机会因素，化解威胁因素。

表 1－6　SWOT 分析矩阵

SW / OT	S	W
O	SO 策略——增长型策略 利用优势，把握机会	WO 策略——扭转型策略 避开劣势，把握机会
T	ST 策略——多元经营策略 利用优势，避开威胁	WT 策略——防御型策略 避开劣势，避开威胁

1. SO 策略

SO 策略又称增长型策略，是指发展企业内部优势，并利用外部机会的策略，是一种理想化的策略。该策略的适用条件是：企业自身具有一定的竞争优势，而外部环境也有机会让企业发挥这种优势。例如，企业具有市场份额逐渐提高的优势，外部条件是产品市场前景良好、供应商规模扩大、竞争者面临财务危机，则企业可采用 SO 策略，扩大生产规模、收购竞争者。

2. ST 策略

ST 策略又称多元经营策略，是指企业利用自身优势，回避或减轻外部威胁对企业的影响的策略。该策略的适用条件是：企业自身具有一定的竞争优势，且发挥这种优势可以有效地减轻外部威胁对企业的影响。例如，企业拥有充足的资金、熟练的技术工人和较强的产品开发能力等优势，而外部条件是竞争者大幅降低产品价格、供应商材料价格上涨，则企业可采用 ST 策略，开发新工艺，简化生产工艺过程（或开发新技术产品、使用新材料等），提高原材料利用率，从而降低材料消耗和生产成本，回避外部价格竞争的威胁。

3. WO 策略

WO 策略又称扭转型策略，是指利用外部机会来弥补内部弱点，使企业变劣势为优势的策略。该策略的适用条件是：存在外部机会，且抓住外部机会可以有效地弥补企业的劣势。

4. WT 策略

WT 策略又称防御型策略，是一种旨在减少内部劣势，回避外部环境威胁的策略。该策略的适用条件是：企业存在内忧外患，甚至面临生存危机，暂时只求生存，等待有利机会。

在线测试

第四节 实训任务

一、简答题与讨论

1. 怎样理解管理的概念和特点？
2. 根据不同层次管理者的职责，分析不同层级的管理者应具备哪些基本技能？
3. 怎样理解管理者的角色？
4. 管理的职能是什么？各职能间有什么关系？
5. 管理机制的主要类型有哪些？
6. 结合实际谈谈宏观环境对管理的影响。
7. 讨论：管理是科学还是艺术？

二、案例学习与思考

案例一：管理者：杰克·韦尔奇

杰克·韦尔奇 1982 年担任美国通用电气（简称 GE）董事长兼首席执行官，他将 GE 带上了发展快车道，开创了一个辉煌的时代：公司收入从 1981 年的 270 亿美元升至 2000 年的 1300 亿美元，增长了 5 倍。股东总回报增长了 70 倍，是标准普尔 500 大公司指数增长速度的 3 倍多。这得益于他的一系列管理开创。

1. 人：从“人”开始

韦尔奇重视培养优秀人才，他鼓励员工冒险，说出自己的想法。他在 GE 内部推行“无情的精英体制”，即“活力曲线”。为了驯服 GE 臃肿的官僚机构，韦尔奇引入了“等级和解雇”政策，规定以财务和其他量化指标为衡量标准，每年解雇 10% 垫底的管理人员。

活力曲线是 GE 对员工做分类管理的方法。GE 要求旗下每家公司的领导对其团队进行区分：“他们认为哪些人属于最好的 20%，哪些人属于中间的 70%，哪些人是属于最差的 10%……表现最差的员工通常必须走人。”

2. 流程：将无边界组织和流程效率推向极致

为防止大公司因内部倾轧而扼杀创意，韦尔奇提倡建立“无边界组织”。他发起了“GE Work - Out”（群策群力模式）的流程——组织一系列讨论，将不同级别、不同职能、不同地域的人聚集在一起，解决问题，并实时做出决定。

韦尔奇确信，21 世纪全球化和技术创新将以前所未有的速度演进，这要求企业以非常不同的方式工作——与以前的竞争相比，决策周期更短、员工参与度更高、协作更强。群策群力的讨论，让所有相关方都能提出反对意见，可执行的创意也就在此基础之上诞生了。时间快进到今天，韦尔奇开创的这套工作流程，堪称大企业反官僚主义最有效的药方。

韦尔奇还大力推行“六西格玛”。韦尔奇曾表示：“在改进公司运营效率、提高生产率、降低成本等方面，六西格玛所带来的效力是无与伦比的。它改进了设计程序，让产品能更快地走向市场，减少质量缺陷，建立客户忠诚。”

韦尔奇还强调：“六西格玛最大和最未被宣传的好处是它能够帮助建立伟大的领导团队。”在他的发展下，六西格玛从一项单纯的管理技术改良的方法，发展成为包含培训、产品流程设计（DFSS）、客户服务（ACFC）在内的管理机制，成为GE最重要的管理法则。GE因为流程促进了创新，但也同样因为流程阻碍了突破性创新。

3. 目标：数一数二战略

GE一直专注于制造业领域，从生产冰箱到涡轮机。韦尔奇上任后将GE的业务进行了广泛扩展，从产品增加到与产品相关的服务，比如：销售航空公司的飞行时间，而不仅仅是喷气式发动机。

面对GE多业态的现状，韦尔奇提出了明确的管理目标：“要么做到第一，要么做到第二，不然就关闭。”任何部门，如果不能做到细分领域中的第一或第二，要么努力改进让业务能够挺进到前二，要么卖掉或者关掉。

韦尔奇将GE的业务划分为核心制造业、高新技术业以及服务业，把不属于其中的业务“踢开”，然后大规模并购，以提升GE的整体竞争力。在该战略实施的两年里，GE出售了包括矿产业务、家电业务在内的71项业务和生产线。与此同时，GE又完成了多项投资，巩固和强化了优势行业。

不断在更宽阔的舞台竞争，让GE走上了前所未有的发展轨道，也让GE成为了一个成功的业务多元化公司。

4. 利润：绝不放过“时代的馈赠”

在韦尔奇2001年退休时，GE的市值已从他刚上台时的140亿美元升至5750亿美元。韦尔奇长投短贷、资本和实业互补的经营手法，让GE成为当时全球市值第一的公司。在韦尔奇掌舵GE的20年间，公司市值翻了近37倍，平均年复合回报率高达20%。特别是在韦尔奇退休前几年，每年的回报更是高达40%～50%。这得益于韦尔奇结合了20世纪八九十年代的时代特征，开创性地运用了金融工具。

在韦尔奇担任CEO的20年间，GE的金融部门从给白色家电提供消费融资的小部门，发展成了GE的主要“发动机”。自1990年代初以来，GE金融部凭一己之力提升了整个集团的利润、自由现金流和资本回报率。到2000年，它创造了通用电气51%的收入。金融扩张使GE在美国工业集体沦落的年代，交出了漂亮的成绩单。

韦尔奇是一位卓越的管理者。现任首席执行官拉里·卡尔普评价：韦尔奇“改变了我们所知的商业格局”。他开创的一系列管理方法，不仅影响了美国公司，也在世界范围内被不断效仿。（根据《中外管理》2020年第4期，王爽的《韦尔奇宗师级管理术的四大支柱》一文的资料编写。）

根据上述资料，完成下列问题：

在网上搜集韦尔奇、华为的任正非、格力集团的董明珠、吉利集团的李书福等企业家的相关资料，总结他们作为伟大管理者的共同品质。

案例二：赵总经理某一天的工作日记

大地公司现有300名员工，赵某是董事长兼总经理，下设生产、营销、行政三个副总经理。下面是赵总经理某一天的工作日记。

7：00：手机上网，浏览热点新闻，了解最近经济政策和市场形势。

7：30—8：00：到办公室，打扫卫生，开空调，并顺便打扫会议室的卫生，为会议室的热水器加满水。

8：15—9：00：到各办公室检查人员出勤情况，发现人事科的小李、财务科的小王未到岗，销售科小张玩电脑游戏。当即要求相关部门负责人说明原因，并要求通报批评这三位同志。

9：00—11：00：主持会议，研究企业机构改革问题。

11：00—12：00：与客商老黄洽谈购买设备事宜，因为分歧较大，没能签订合同。双方约定改日再谈。

12：00—13：30：陪黄老板在本市高档酒店吃饭。

13：30—14：30：上网浏览国际时事，给办公室主任打了一个电话。休息。

14：30—15：00：批评上午迟到的小王和小李，二人接受了批评。

15：00—15：40：听财务科长汇报近期财务状况，了解到上个月多家单位欠本公司货款达300万元。另外还发现公司两位副总经理出差借款5万元至今未报账。并要求财务科长尽快催促。

15：40—16：40：与马副总经理研究销售问题。与伙食科长研究职工反映的伙食方问题。

16：40—17：00：去公司仓库帮助保管员老李将一批货搬入仓库，顺便查看了仓库管理情况。在与老李交谈中，了解到他家的困难。

17：10—18：00：根据上午会议精神，起草公司机构改革方案。

18：00：下班回家。顺便通知保卫科长，派人检查公司各部门的安全问题。门是否关好？灯是否关了？电脑是否关了？

18：30：吃饭。

19：00—19：50：看中央电视台的新闻联播和焦点访谈节目。

20：00—21：00：给儿子辅导作业。儿子最近要期终考试。

21：00—22：00：看了两份文件，给公司几位负责人打电话，通知他们明天上午8点10分在会议室开会。

22：00：休息。

根据上述资料回答下列问题：

1. 你认为赵总经理是一个什么样的人？

2. 请你评价赵总经理的工作方式。

3. 你对赵总经理的工作方式有什么建议？

案例三：福特公司的管理者

20世纪20年代初期，福特公司占有2/3的美国汽车市场。在第二次世界大战爆发前，福特的市场占有率却滑落至20%。为什么福特公司会陷入如此严重的危机呢？美国管理界很熟悉老福特秘密警察式的管理和唯我独尊的独裁统治。

老福特在经营10亿美元的庞大事业时，有系统且刻意地排除管理者的角色。他派遣秘密警察监视公司所有主管，每当主管企图自作主张时，秘密警察就向老福特打小报告。每当主管打算行使他们在管理上的权责时，就会被炒鱿鱼。而完全缺乏管理者所需的经验和能力的贝内特却成为公司权力最大的主管。

从福特汽车公司早期，福特就拒绝让任何人担负管理重任。他每隔几年就将第一线领班降级，免得他们自以为了不起，忘了自己的饭碗全要拜福特先生之赐。老福特愿意付高薪聘请技术人员，但是身为公司老板，“管理”却是他独享的职权。

创业之初，他决定不要和任何人分享公司所有权，也不和任何人分享经营权。公司主管全都是他的私人助理，只能听命行事；顶多能执行命令，绝对不能实际管理。

福特公司中没有几个管理者（除了销售部门），大多数人才不是被开除，就是早已离开；美国在历经10年的经济萧条后，第二次世界大战开创了大量的就业机会，也吸引了大批福特主管另谋他就。少数留下来的主管多半是因为不够优秀，找不到其他工作机会。几年后，当福特公司重整旗鼓时，这群老臣大都无法胜任中高层管理的工作了。

资料来源：[美] 彼得·德鲁克. 管理的实践 [M]. 北京：机械工业出版社，2006.

根据上述资料，分析福特公司衰败的原因。

三、实训建议

1. 阅读

（1）彼得·德鲁克《卓有成效的管理者》。

（2）李荣融《我的管理心得》。

2. 采访不同类型的管理者（校长、经理、科长等），请他讲述自己的岗位职责、工作方法及从事管理工作的体会。

3. 结合自己的见闻，分组讨论管理的重要性和必要性。

第二章 管理思想与管理原理

PPT

知识目标：了解中国传统管理思想的基本内容；理解泰罗的科学管理理论、法约尔的一般管理理论、韦伯的行政组织理论；掌握人际关系学说；了解企业再造理论、学习型组织理论的主要观点；理解人本原理和系统管理的基本思想、特点。

能力目标：培养学生学习中华传统文化的兴趣，引导学生正确认识管理中的人性；增强学习的自觉性，提高学习能力；掌握人本原理和系统原理的基本方法；提高系统思维能力。

思政目标：学习中华传统文化，坚定中华文化自信；学习管理学家们求真务实，善于调查研究的科学精神；引导学生做学习型的人。树立为人民服务的管理思想；树立全局观念，整体意识，坚持国家利益、社会利益、团体利益至上的思想。

第一节 中国传统管理思想概要

【案例导入】

一个问题，三种答案

下面是孔子与学生子贡的对话。

子贡："从前齐君问您应如何治国，您说治国在于节省财力。"孔子："是啊。"

子贡："鲁君问您应如何治国，您说治国在于了解大臣。"孔子："是啊。"

子贡："叶公问您应如何治国，您说治国在于使近处者高兴，使远处者来依附。"孔子："没错。我是这样回答的。"

子贡："三个人的问题相同，您的回答却不同，难道治国有不同方法吗？"

孔子："因为各国的情况不同啊。齐君建造楼台水榭，修筑园林宫殿，歌舞升平，一刻也没停止过，有时一天赏赐三个千乘之家。所以我说治国在于节省财力。"

子贡："嗯，的确应该如此。"

孔子："鲁君有三个大臣，在朝中愚弄国君，在朝外排斥诸侯，遮蔽鲁君的目光，所以我说为政在于了解大臣。"

子贡："是的。"

孔子："楚国国土辽阔而都城狭小，民众不想住在都城，想离开那里。所以我说治国在于使近处者高兴，使远处者来依附。这三个国家状况不同，所以施政方针也不同。"

子贡："是的，老师。"

……

资料来源：《仁者的微笑》。

一、中国传统管理思想的研究成果

中国是历史悠久的文明古国。在5000年的历史岁月中，中国先贤们创造了丰富多彩的中华优秀传统文化。博大精深的中国传统管理思想是中华优秀传统文化的重要组成部分。

中国传统管理思想涵盖了政治、经济、军事、人才、技术、运输、农业、商业等诸多领域，体现了中国先贤们在国家管理、行政管理、工程管理、人才管理、经济管理、军事管理等方面的智慧。这些伟大思想广泛记载于《孙子兵法》《周礼》《论语》《左传》《管子》《老子》《墨子》《韩非子》《贞观政要》《资治通鉴》《三国演义》《红楼梦》和《二十四史》等诸子百家和其他古典名著中，流淌在中华民族的血脉中，使中华文明生生不息。

中国传统管理思想的研究是中国管理学家的责任。许多学者在中国传统管理思想的研究中取得了丰硕的成果。本教材简要介绍李雪峰和周三多的研究成果。

（一）李雪峰的中国传统管理思想研究

国家行政学院李雪峰教授的《中国管理学——融通古今的管理智慧》将中华传统管理思想的内容分为国家社会治理、竞争斗争谋略和生产经营管理三个模块，又划分为原理层次和应用层次进行研究。

1. 原理层次

原理层级包括德治、道治、权治、智治等四种治理模式。

（1）德治。这是以道德为基础的治理模式，强调仁、义、礼等道德信条的教化与实践是良好的治理基础。

（2）道治。这是以普适的规律为基础的治理模式，强调良好的治理要以遵循宇宙大道为根本原则。

（3）权治。这是以权力为基础的治理模式，强调领导者要以法、术、势等手段进行强有力的治理。

（4）智治。这是以谋略为基础的治理模式。强调利用形势、时机、奇正等机智的治理模式。

2. 应用层次

应用层次包括治身、治事、治才、治众等四种治理方法。

（1）治身。这是对自我特别是领导者的自我管理。

（2）治才。这是对人才特别是管理人才的管理。

（3）治众。这是对组织成员，对国家或地区民众的管理。

（4）治事。这是对事业、事情、事件的管理。

治身、治事、治才、治众要以德治、道治、权治、智治为指导。

（二）周三多的中国传统管理思想研究

复旦大学周三多教授的《管理学——原理与方法》将中华传统管理思想分为宏观管理的治国学和微观管理的治生学。

1. 治国学

治国学适应中央集权的封建国家的需要，包括财政赋税管理、人口田制管理、市场管理、货币管理、漕运驿递管理、国家行政管理等方面。

2. 治生学

治生学是在生产发展和经济运行的基础上通过官、民的实践逐步积累起来，包括农副业、手工业、运输、建筑工程、市场经营等方面的学问。

在上述理论的基础上，结合其他学者的研究，周三多将中国传统管理思想概括为九大要点。分别是：顺道、重人、求和、守信、利器、求实、对策、节俭、法治等。

【思政课堂 2－1】

文化自信

文化是民族的血脉，是人民的精神家园。文化自信是更基本、更深层、更持久的力量。中华文化独一无二的理念、智慧、气度、神韵，增添了中国人民和中华民族内心深处的自信和自豪。

实施中华优秀传统文化传承发展工程，是建设社会主义文化强国的重大战略任务，对于传承中华文脉、全面提升人民群众文化素养、维护国家文化安全、增强国家文化软实力、推进国家治理体系和治理能力现代化，具有重要意义。

资料来源：《关于实施中华优秀传统文化传承发展工程的意见》。

增强中华文明传播力影响力

增强中华文明传播力影响力。坚守中华文化立场，提炼展示中华文明的精神标识和文化精髓，加快构建中国话语和中国叙事体系，讲好中国故事、传播好中国声音，展现可信、可爱、可敬的中国形象。加强国际传播能力建设，全面提升国际传播效能，形成同我国综合国力和国际地位相匹配的国际话语权。深化文明交流互鉴，推动中华文化更好走向世界。

资料来源：《习近平在中国共产党第二十次全国代表大会上的报告》。

二、中国古代管理实践举例

中国古代故事中蕴含着丰富的管理思想。举例见表 2－1。

表 2－1 中国古代管理实例

管理项目	内　　容
管理机构	中国古代，朝廷中设有百官（政务官、宗教官、事务官）辅佐国王治理国家。周朝时，中央设“三公（太师、太傅、太保）”“六卿（太宰、太宗、太史、太祝、太士、太卜）”，分管朝廷中的政务、宗族谱系、起草文书、编写史书、策命大夫、祭祀、卜筮等。“五官”（司徒、司马、司空、司士、司寇）分别掌管土地、军赋、工程、群臣爵禄、刑罚等；秦朝实行三公九卿，废除分封制，代以郡县制……
信息管理	信息传递方式：烽火台、飞鸽、暗号、手语、书信、旗帜。 设立驿站制度，形成全国性的信息网络和运输系统，建立了世界上最早的管理信息系统……
工程管理	万里长城、秦兵马俑、大运河、都江堰、故宫、丁谓修皇宫……
创新管理	商鞅变法、北魏孝文帝改革、秦朝书同文，车同轨，统一度量衡……
智谋管理	隆中对、田忌赛马、三十六计、合纵连横……
人才管理	秦昭王五跪得范雎、燕昭王筑黄金台、登坛拜将、三顾茅庐、房谋杜断……

三、中国传统管理思想介绍

（一）以人为本

中国古代先贤们认识到人在管理中的重要性，提出了人才管理、人和管理、激励管理等人本管理思想。

1. 人的重要性

人是管理的重心，管理者必须以人为本，“爱人贵民”，管理的成败在于用人。

中国古代以儒家为主流的诸子百家，强调以人为本的重要性。孔子说：“民以君为心，君以民为本。”《太平御览》载，孔子的学生子夏将君民关系喻为鱼水，提醒执政者不要脱离民众：“鱼失水则死，水失鱼犹为水也。”《管子》：“夫霸王之所以开始也，以人为本，本治则国固，本乱则国危”“凡治国之道，必先富民”“政之所兴，在顺民心；政之所废，在逆民心”“争天下者，必先争人。”老子《道德经》：“城中有四大（‘四大’指道、天、地、人），而人居其一焉。”庄子：“应之以人事，顺之以天理。”孟子：“民为贵社稷次之，君为轻。”《史记》：“得人者兴，失人者崩。”唐太宗：“天地之大，黎元为先。”管理中要认识人的行为规律，正如孙武说“人情之理，不可不察。”《六韬》：“天下非一人之天下也，乃天下人之天下也。同天下之利者则得天下，擅天下之利者则失天下。天有时，地有财，能与人共之者，仁也。仁之所在，天下归之。”

2. 修身

中国传统管理思想重视个人修养，提出了“修身、齐家、治国、平天下”“厚德载物”“修身养性”“明德自律”“刚健有为”的思想。主要思想如下：

《论语》：“为政以德，譬如北辰居其所，而众星拱之。”子路连续三次问君子的德行时，孔子说：“修己以敬人”“修己以安人”“修己以安百姓。”

《礼记·大学》：“古之欲明德于天下者，先治其国；欲治其国者，先齐其家；欲齐其家者，先修其身；欲修其身者，先正其心；欲正其心者，先诚其意；欲诚其意者，先致其知，致知在格物。物格而后知至，知至而后意诚，意诚而后心正，心正而后身修，身修而后家齐，家齐而后国治，国治而后天下平”“自天子以至庶人，壹是皆以修身为本。”

《老子》：“修之身，其德乃真。修之家，其德有余。修之乡，其德乃长。修之国，其德乃夆。修之天下，其德乃博。”

《孟子》：“故天将降大任于是人也，必先苦其心志，劳其筋骨，饿其体肤，空乏其身，行拂乱其所为，所以动心忍性，曾益其所不能。”说明艰苦磨炼对人的修身、成才的重要性。

3. 人才管理

中华传统管理思想中关于发现人才、培养人才、选拔人才、使用人才、激励人才等思想极其丰富。“求贤若渴、唯才是举、礼贤下士”就是这一思想的集中体现。

【实训课堂 2－1】

刘邦论人才

“夫运筹帷幄之中，决胜于千里之外，吾不如子房。镇国家，抚百姓，给馈饷，不绝粮道，吾不如萧何。连百万之军，战必胜，攻必取，吾不如韩信。此三者，皆人杰也，吾能用之，此吾所以取天下也。项羽有一范增而不能用，此其所以为我擒也。”

（1）孔子的人才管理思想。孔子十分重视人才在管理国家中的作用。他说：“其人存，则其政举，其人亡，则其政息，故为政在人”“众恶之，必察焉，众好之，必察焉。”“视其所以，观其所由，察其所安。人焉瘦哉？”孔子说：“尊贤为大”，要求管理者尊重有贤德有才能的人。

（2）墨子的人才管理思想。墨子提出要“察其所能而慎予官”“不辨贫富、贵贱、远近、亲疏、贤者举而尚之，不肖才抑而废之”。墨子明确提出了“贤人”的三条标准：一是道德品行标准，叫“厚乎德行”；二是交际能力标准，叫“辩乎言谈”；三是知识标准，叫“博乎道术”。墨子还列举了崇尚贤人的四条原则：一是“富之”，即让贤人在经济上有好处；二是“贵之”，即要给贤人以相应的地位和权益；三是“敬之”，即要使人们尊敬贤人；四是“誉之”，即要制造舆论，要给贤人以荣誉。墨子又提出了举贤的三条基本原则：“举义不避贫贱”“举义不避亲疏”“举义不避远近”。

（3）其他先贤们的人才管理思想。《管子》：“君之所审者三：一曰德不当其位，二曰功不当其禄，三曰能不当其官。此三本者，治乱之原也。”汉代王符指出：“德不称其任，其祸必酷；能不称其位，其殃必大。”《孙子兵法》：“将者，智、信、仁、勇、严也”“夫将者，国之辅也，辅周则国必强，辅隙则国必弱。”荀子说：“无私人以官职事业”，任人唯贤，唯才是举。他强调要用人所长：“农精于田，而不可以为田师；贾精于市，而不可以为市师；工精于器，而不可以为器师。”司马光指出：“才者，德之资也；德者，才之帅也”“才德全尽谓之圣人，才德兼亡谓之愚人，德胜才谓之君子，才胜德谓之小人。”王安石：“国以任贤使能而兴，弃贤专己而衰。”曹操：“唯才是举”。《晏子春秋》认为“贤而不知”“知而不用”“用而不任”是国家的三不祥。

【实训课堂 2－2】

汉武帝和唐太宗的人才思想

汉武帝曾下令郡国每年都必须把“明当时之务”的人才上报朝廷，并把推荐人才带到中央考核，量才录用。军事家卫青、霍去病，思想家董仲舒，史学家司马迁，外交家张骞，文学家司马相如，农学家赵过等就是那个时代的杰出人才。史称“汉之得人，于滋为盛”。

唐太宗不计旧仇，重用曾经的政敌魏征，经常与他讨论国家大事。直言敢谏魏征去世，太宗痛心地说：“夫以铜为镜，可以正衣冠；以史为镜，可以知兴替；以人为镜，可以明得失。魏征没，朕亡一镜矣！”唐太宗对忙于政务的房玄龄、杜如晦说：“公为仆射，当广求贤者。”右仆射封德彝长时间未推荐人才，唐太宗对他说，求人才不能求全责备，不能要求人人当姜子牙，“何代无贤，但患遗而不知耳”。御史中丞万纪建议开发银矿，说每年可获数百万缗。唐太宗说：“与其多得数百万缗，何如得一贤才。”

资料来源：陈华新．中国历代帝王大观［M］．广州：广东人民出版社，1990.

（4）人才鉴别思想。古人有许多鉴别人才的智慧。

八征之法：《六韬·龙韬·选将》中指出，将帅是国家辅佐之臣，任命将帅必须慎重考察。考察外在表现和真实思想，就有八种方法。即“八征之法”。一曰问之以言，以观其详；二曰穷之以辞，以观其变；三曰与之以间谍，以观其诚；四曰明白显问，以观其德；五曰使之以财，以观其廉；六曰试之以色，以观其贞；七曰告之以难，以观其勇；八曰醉之以酒，以观其态。

诸葛亮的人才鉴别法：诸葛亮总结出识别人才的七种方法：知人之道有七焉：一曰间之以是非，而观其志；二曰穷之以辞辩，而观其变；三曰咨之以计谋，而观其识；四曰告之以祸难，而观其勇；五曰醉之以酒，而观其性；六曰临之以利，而观其廉；七曰期之以事，而观其信。

“六观法”：这是唐朝魏征提出的考察人才的方法：贵则观其所举，富则观其所养，居则观其所好，习则观其所言，穷则观其所不受，贱则观其所不为。

【实训课堂 2－3】

李斯《谏逐客书》［节选］

臣闻吏议逐客，窃以为过矣。昔穆公求士，西取由余于戎，东得百里奚于宛，迎蹇叔于宋，来邳豹、公孙支于晋。此五子者，不产于秦，而穆公用之，并国二十，遂霸西戎。孝公用商鞅之法，移风易俗，民以殷盛，国以富强，百姓乐用，诸侯亲服，获楚、魏之师，举地千里，至今治强。惠王用张仪之计，拔三川之地，西并巴、蜀，北收上郡，南取汉中，包九夷，制鄢、郢，东据成皋之险，割膏腴之壤，遂散六国之众，使之西面事秦，功施到今。昭王得范雎，废穰侯，逐华阳，强公室，杜私门，蚕食诸侯，使秦成帝业。此四君者，皆以客之功。由此观之，客何负于秦哉！向使四君却客而不内，疏士而不用，是使国无富利之实，而秦无强大之名也。

（二）激励思想

“水不激不扬，人不激不奋”是我国古代典型的激励思想。

1. 情感激励

“仁”在《论语》中先后出现109次。“仁”是孔子人本主义哲学的核心概念。孔子主张“施仁政”，强调管理者要爱护、尊重下属。“上好礼，则民易使也”“君使臣以礼，臣事君以忠”“圣人无常心，以百姓心为心”“善者，吾善之；不善者，吾亦善之。”唐太宗“每夜恒思百姓事。”范仲淹“先天下之忧而忧，后天下之乐而乐”。《孙子兵法》：“视卒如婴儿，故可以与之赴深溪；视卒如爱子，故可以与之俱死。”岳飞和士兵同食同睡，为士卒调药、吸毒疮，经常身先士卒打头阵。所以才会有“撼山易，撼岳家军难易”。孟子：“行仁政而王，莫之能御也”。贾谊说：“仁义不施而攻守之势异也。”关怀病者、吊唁死者、抚恤丧家是管理者对人的情感投入。东汉光武帝刘秀说“臣疾君视，臣卒君吊”，结果是“群下感动，莫不自励”。

【实训课堂2－4】

曹操祭典韦

大将典韦、长子曹昂、侄曹安民战死。曹操“设祭祭典韦，操亲自哭而奠之，顾谓诸将曰：‘吾折长子、爱侄，俱无深痛；独号泣典韦也！’”

“曹操至许都，思慕典韦，立祀祭之；封其子典满为中郎，收养在府。”“操军缓缓而行，至襄城，到淯水，操忽于马上放声大哭。众惊问其故，操曰：‘吾思去年于此地折了吾大将典韦，不由不哭耳！’因即下令屯住军马，大设祭筵，吊奠典韦亡魂。操亲自拈香哭拜，三军无不感叹。祭典韦毕，方祭侄曹安民及长子曹昂，并祭阵亡军士；连那匹射死的大宛马，也都致祭。”

资料来源：《三国演义》。

2. 表率激励

身先士卒，以上率下，以身作则是重要且十分有效的表率激励法。孔子说：“欲政之速行也，莫善乎以身先之；欲民之速服也，莫善乎以道御之。”他指出：“其身正，不令而行；其身不正，虽令不从。”《淮南子》：“非淡薄无以明德，非宁静无以致远，非宽大无以兼覆，非慈厚无以怀众，非平正无以判断。”《资治通鉴》：“玄感每战，身先士卒，所向摧陷。”《东周列国志》：“乐毅身先士卒，四国兵将，无不贾勇争奋……”

【思政课堂2－2】

镇南关大捷

1885年，法军从越南边境进攻中国，老将冯子材奉命率军驻守镇南关，面对装备精良的法军，冯子材毫不畏惧，积极备战，誓与镇南关共存亡。他手持长矛冲出营垒，带领两个儿子投入战斗。众将士见年余七十冯子材冲锋陷阵，深受感动，个个英勇作战，打败了法军。取得镇南关大捷，收复了被侵占的土地。镇南关大捷是中国近代史上反侵略战争中取得的一次胜利。

（三）和为贵

“和为贵”是中国千百年来处理人际关系、民族关系、社会关系的基本原则。它包含着自然和谐、人与自然和谐、人与人和谐以及自我身心和谐。我国历来把天时、地利、人和当作事业成功的三要素。

孔子说：“礼之用，和为贵。”孟子说：“天时不如地利，地利不如人和。”《管子》说：“上下不和，虽安必危。”《孙膑兵法》列举用兵得胜的五条“得主未制，胜。知道，胜。得众，胜。左右和，胜。量敌计险，胜。”他把取得下级兵将的支持和兵将和睦团结，作为用兵取胜五个条件中的两个。“上下同欲者胜，将能而君不御者胜，知可以战与不可以战者胜……”战国时赵国的将相和故事更是妇孺皆知。这些思想都说明了消除内部冲突和矛盾，取得内部团结的重要性。

构成中国传统文化有机部分的其他流派，如佛、道、墨诸家，也主张人与人之间、族群与族群之间的“和”。

（四）诚信思想

《说文解字》认为“人言为信”“诚，信也”。诚信被儒家视为进德修业之本、立人之本、立政之本。我国自古代有“一诺千金”之说。

《左传》指出：“信，国之宝也。”孔子说：“君子信而后劳其民”，他对弟子注重“四教：文、行、忠、信”。孟子说：“诚者，天之道也；思诚者，人之道也。”《管子》十分强调取信于民，提出国家行政应遵循一条重要原则：“不行不可复。”人们只能被欺骗一次，第二次就不信你了，“不行不可复”者，“不欺其民也”。“言而不可复者，君不言也；行而不可再者，君不行也。凡言而不可复，行而不可再者，有国者之大禁也。”

【思政课堂 2－3】

诚信原则

《中华人民共和国民法典》第七条：“民事主体从事民事活动，应当遵循诚信原则，秉持诚实，恪守承诺。”

《中华人民共和国公司法》第五条：“公司从事经营活动，必须遵守法律、行政法规，遵守社会公德、商业道德，诚实守信，接受政府和社会公众的监督，承担社会责任。”

《中华人民共和国反不正当竞争法》第二条：“经营者在生产经营活动中，应当遵循自愿、平等、公平、诚信的原则，遵守法律和商业道德。”

《中共中央 国务院关于营造企业家健康成长环境弘扬优秀企业家精神更好发挥企业家作用的意见》：“健全企业家诚信经营激励约束机制。坚守契约精神，强化企业家信用宣传，实施企业诚信承诺制度，督促企业家自觉诚信守法、以信立业，依法依规生产经营。利用全国信用信息共享平台和国家企业信用信息公示系统，整合在工商、财税、金融、司法、环保、安监、行业协会、商会等部门和领域的企业及企业家信息，建立企业家个人信用记录和诚信档案，实行守信联合激励和失信联合惩戒。”

【思政课堂 2-4】

半个世纪高贵的沉默

1939 年，朱庆澜将军重修法门寺时，发现一个地宫的入口。修缮过程中，陆续出土了红白珊瑚宝石、水晶珠、佛像铜器等宝物。朱庆澜将军下令："所有宝物原塔封存。"所有参与者都意识到，如果继续往下挖，会出现何等令人心动的宝藏。当时，战火正炽，日本侵略者的飞机轰炸西安。为确保地宫安全，朱庆澜将军立即召集所有知情人，要求他们必须立誓保守此秘密，绝不让外人，尤其是不能让贪婪的日本人知道，否则就是中华民族的千古罪人。当时的维修委员会，有县长，有乡绅；参与维修的，有普通乡亲，有工人。这批人，被无情地裹挟进时代的浪潮中，战乱、分合、天灾、洪水、瘟疫、死亡……

然而，直到 1987 年，法门寺地宫被发掘，考古人员发现唐代佛像装于铁皮盒中，还有 1939 年修缮时留下的字样，才有当年的知情者出来讲述。法门寺唐代地宫被发掘后，震惊中外。4 枚佛祖释迦牟尼真身指骨舍利，其中包括 1 枚灵骨、3 枚影骨，是目前世界上仅存的佛指舍利。地宫中，稀世珍宝、绝代珍器更是数不胜数。

将近半个世纪的时间里，竟没有一个人泄露过秘密。这群人，在长达近半个世纪的时间里，于人世间各样苦难、各种流沛、各种欲望中，隐藏着巨大的秘密，近身于倾城财富，故作不知。

资料来源：读者．情感读本·道德篇［J］. 2021（7）.

【实训课堂 2-5】

胡庆余堂"堂规"

戒欺，凡百贸易均着不得欺字，药业关系性命，尤为万不可欺。余存心济世，誓不以劣品弋取厚利，惟愿诸君心余之心，采办务真，修制务精，不至欺予以欺世人，是则造福冥冥，谓诸君之善为余谋也可，谓诸君之善自为谋也亦可。光绪四年戊寅四月雪记主人跋。

（五）中庸之道

中庸又称中行、中道，它是孔子和儒家管理思想的重要内容。孔子说："中庸之为德也，其至矣乎！民鲜久矣！"其意是指中庸作为实现道德的法则，是最正确的，但是人们缺乏它已经很久了。中庸是君子应当努力追求的境界。他又说，中庸就是"过犹不及"，是指观察、思考、分析一切事物、行动都要恰如其分，恰到好处。《论语》讲"惠而不费，劳而不怨，欲而不贪，泰而不骄，威而不猛"。《礼记·中庸》中对中庸的解释是"执其两端，用其中于民"。程颐认为中庸是"不偏之谓中，不易之谓庸"。朱熹认为："中者，无过无不及之名也；庸，平常也。"也有人解释"中庸"就是"合理""恰到好处"、掌握平衡。

中庸之道运用于管理中的要求：一是做事要适度。中庸之道主张任何事情要遵循一个适当的"度"，不走极端；二是坚持原则，守规矩；三是讲究灵活性，具体情况具体分析；四是讲和谐。

（六）决策思想

决策是关系事业成败的重要活动。司马迁说："安危在出令"；张居正、唐甄指出，高层领导者的"一举一措乃天下向背所系"。多谋善断是领导者重要的素质和职责。

"决策"一词最早见于《韩非子·孤愤》"智者决策于愚人，贤士程行于不肖，则贤智之士羞而人主之论悖矣"。在《六韬》《管子》《老子》《左传》《孙子兵法》《三十六计》《资治通鉴》《二十四史》等古代经典文献中包含了丰富的决策思想。

1. 实事求是

墨子提出"三表"决策思想，即："有本之者，有原之者，有用之者。于本之？上本之于古者圣王之事；于何原之？下原察百姓耳目之实；于何用之？废（发）以为刑政，观其中国家、百姓、人民之利，此所谓言有三表也"。其意思是指判断一件事是否可行时，一要考察历史，分析其是否符合古代圣王的遗训；二要听取百姓意见，分析其看是否符合民心；三要分析是否有利于国家民众。"三表"决策思想是实事求是的科学态度。

2. 凡事预则立，不预则废

决策者要预先对决策环境进行分析、判断。《孙子兵法》指出："故经之以五事，校之以计而索其情：一曰道，二曰天，三曰地，四曰将，五曰法……凡此五者，将莫不闻，知之者胜，不知者不胜。""多算胜，少算不胜，而况于无算乎？"《中庸》："凡事预则立，不预则废。"《九唐书》："先谋后事者逸，先事后谋者失。"全面深入地了解各方面情况，掌握基本的信息是谋划的前提。《孙子兵法》强调："知己知彼，百战不殆。"领导者要重视信息在决策中的作用，注重信息的收集、整理、分析、研究和利用。《管子》主张"以备待时""事无备则废"。

3. 兼听则明，偏听则暗

领导者知识、经验、智慧有限，只有兼听广纳，博采众议，集思广益，才能防止决策失误。《管子》强调决策要集中天下人的智慧。他说："以天下之目视，则无不见也；以天下之耳听，则无不听也；以天下之心虑，则无不知也。"清代思想家唐甄说："以众人之明为一明，以众人之聪为一聪。"领导既要博采众长，兼容并蓄，又必须有主见，善决断。辛弃疾说："谋贵众，断贵独。"《六韬》："勿妄而许，勿逆而拒。许之则失守，拒之则闭塞。高山仰止，不可及也；深渊度之，不可测也。神明之德，正静其极。"其意思是：决策时，管理者应该充分听取员工意见和建议，以公正无私地执行和落实各项决策。

4. 谋划（略）

谋略是一种为获取利益和优势的积极的思维过程，人们在政治和军事斗争中历来主张智取，其目的是以最小的代价赢得最大的胜利。《史记》中"夫运筹策帷幄之中，决胜于千里之外"的格言，说明在治军、治国等一切竞争和对抗的活动中，都必须统筹谋划，研究对策，以智取胜。辛弃疾说："事未至而预图，则处之常有余；事既至而后计，则应之常不足。"《三十六计》和《孙子兵法》都是关于智谋的重要典籍。如："上兵伐谋，其次伐交，其次伐兵，其下攻城。"决策者要有战略眼光，《论语》讲："人无远虑，必有近忧。"《三国演义》更是一部谋略巨著。

在中国古代，诸葛亮、刘伯温、张良等都是一代智谋大师，他们在其军事、政治活动中，运用其高超的智慧战胜了强敌，取得了成功。

（七）法治思想

我国的法治思想源远流长，形成一整套法制体系，包括田土法制、财税法制、军事法制、人才法制、行政管理法制、市场法制等。历史上涌现出韩非子等法家人才。

《韩非子》："小智者治事、大智者治人、睿智者治法。"法律制度是人类理性精神的结晶。依靠法律力量治理国家，管理社会事务是中华传统管理思想的重要内容。墨子说："天下从事者，不可以无法仪，无法仪而其事能成者，无有也""法也者，官之所以师也""释法术而任心治，尧不能正一国。"意思是说，放弃法制，凭个人智慧和才能，即使像英明的君主尧那样贤能，也不能匡正是非，治理好国家。管仲认为："法者，天下之程式，万事之仪表。"无论是管理一个国家还是一个组织，都需要有法律。

实行"明法"，让民众知法学法。商鞅认为"使天下之吏民无不知法者"。《韩非子》："法者，王之者也""法者，编著之图籍，设之于官府，而布之于百姓也。"我国周朝时期规定，每年正月，大司徒都要对乡大夫进行法律教育，乡大夫回乡后召集百姓学习朝廷的法律制度。

提倡重法严刑。《韩非子》强调必须用暴力进行威慑，"峭其法而严其刑""法莫如重，使民畏之"。最后达到"以刑止刑"，天下大治。重视法制队伍建设。"吏不良，有法而莫守""奉法者强则国强，奉法者弱则国弱。"《元史》"夫治天下，难则难于登天，易则易于反掌。盖有法度则治……无法度则乱"。

法治的核心是依靠严峻刑法来达到国家大治。主要观点和特点是：人性本恶，"民固骄于爱而听于威"，用说服教育的方法使人向善是不可能的，只有靠严刑峻法才能治理好国家。《韩非子》认为要严格执法，厚赏重刑，"法重者得人情，禁轻者失事情"。要"厚其禄以尽其能，重其刑罚以禁奸邪"。执法要一视同仁，主张"一断于法"。《韩非子》主张"诚有功，则虽疏必赏；诚有过，则近爱必诛"。诸葛亮指出"诛罚不避亲戚，赏赐不避仇怨"。《六韬》指出"将以诛大为威，以赏小为明，以罚审为禁止而令行。故杀一人而三军震者，杀之；赏一人而万人说者，赏之。杀贵大，赏贵小。杀及当路贵重之臣，是刑上极也；赏下通，是将威之所行也"。

（八）经营管理思想

1. 管仲的经营管理思想

管仲是春秋初期的政治家、思想家。他辅佐齐桓公成为春秋五霸。其著作《管子》被称为"治国平天下的大经大法"。《管子》中阐述了许多重要的经营管理思想。

经营管理要遵循事物的客观规律；和气生财，处理好人际关系，他认为"上下不和，虽安必危"；讲信誉，"不欺其民也""言而不可复者，君不言也；行而不可再者，君不行也，凡言而不可复，行而不可再者，有国者之大禁也"从实际出发，量力而行。他认为"动必量力，举必量技""不为不可成，不求不可得"；统筹谋划。办事情要统筹安排，精于谋划。提出"事无备则废""以备待时"。

2. 范蠡的经营管理思想

范蠡是春秋末期的政治家、军事家、谋略家，扶助越王勾践复国，功成身退。他是中国早期商业理论家，被后人尊称为"商圣"。因为范蠡号陶朱公，又因孔子的学生端木善经商，所以，后世把经商称为"端木生涯""陶朱事业"。范蠡的经营思想主要是：

“水则资车，旱则资舟”即“待乏”原则。选择经商环境，把握有利时机，运用规律，做事有准备，不盲目。“知斗则修备，时用则知物，二者形则万货之情可得而观已。”

积著之理。要合理地贮存商品，加速资金周转，保证货物质量，“务完物，无息币。以物相贸易，腐败而食之货勿留。论其有余不足，则知贵贱。贵上极则贱，贱下极则反贵。贵出如粪土，贱取如珠玉。财币欲其行如流水。”

薄利多销，不求暴利。

3. 白圭的经营管理思想

白圭是战国时期的大商人，被奉为“治生之祖”。他的主要经营思想是：经营商业要“乐观时变”，观察农业生产收成对市场变化的影响，把商情预测作为经营决策的基础，坚持“人弃我取，人取我与”的经营原则；经营活动要“趋时若猛兽挚鸟之发”，当机立断，不坐失良机，精于谋划；薄利多销，“欲长钱，取下谷”；重视商品的质量，“长石斗，取上种”；商人要具备智、勇、仁、强四个条件。

4. 儒商的“义利观”

义利观是一种经济伦理思想。“义”即商人在从事商业活动中应尊重和满足合作者的利益；“利”指物质利益。中国传统管理思想提倡“义利并重”的经营理念。《国语》说：“义以生利”“废义则利不生”。孔子说，“君子义以为上”“富与贵，是人之所欲也，不以其道得之，不处也；贫与贱，是人之所恶也，不以其道得之，不去也”。孟子主张“生亦我所欲也，义，亦我所欲也。二者不可得兼，舍生而取义者也”“君子爱财，取之有道”。

【实训课堂 2－6】

治大国若烹小鲜

“治大国若烹小鲜”出自老子《道德经》第六十章。《韩非子》：“事大众而数摇之，则少成功；藏大器而数徙之，则多败伤；烹小鲜而数扰之，则贼其泽；治大国而数变法，则民苦之。是以有道之君贵静，不重变法。故曰：‘治大国者若烹小鲜’。”《后汉书》也有注：“理大国者若烹小鲜也。”古时烹饪小鱼一般不轻易翻动，若多次翻搅，鱼就会被搅碎。烹饪时的火候控制、加入佐料的顺序和数量都很重要，掌握到位才能烹饪出一道美味。

中国古代先贤的智慧穿透寰宇，对现代管理具有重要启示：一是管理必须设定明确的长期目标以彰显组织的使命、价值，实现愿景；二是实现目标要重视流程的设计和管控，不断优化和精简工作流程，使每个环节衔接得当，井然有序；三是选贤任能，培养和发展人力资源。开发、培养、储备人才，正如烹饪小鱼，切不可操之过急，要循序渐进地帮助员工成长。四是无为而为。在顺乎事物自身规律的前提下有所作为。

资料来源：根据《企业管理》（2020－08）及网络资料编写。

在线测试

第二节

西方管理理论

【案例导入】

员工关心什么？

员工是否知道工作对他（她）的要求？
员工有做好本职工作所需要的材料和设备吗？
员工每天有时间做其最擅长的事吗？
在过去的一周里，员工是否因工作出色受到表扬？
员工是否觉得领导或同事关心他（她）的个人情况？
公司内领导或同事鼓励员工的发展吗？
公司是否重视员工的意见？
员工的同事们致力于高质量的工作吗？
员工在公司内有最好的朋友吗？
员工了解公司的使命目标吗？
员工是否觉得他（她）的工作对公司使命很重要？
在过去的半年内，公司领导和员工谈及他（她）的进步吗？
过去一年里，员工在工作中有机会学习和成长吗？

一、人性假设理论

人是管理的主体，又是管理的客体。人性假设是指管理者对人的本质属性的基本看法。管理者是根据对人的认识来制定管理制度和政策，实施管理方法。不同的人性假设应当采取不同的管理方式。中国传统管理思想认为“人之初，性本善”。西方管理理论主要有四种人性假设理论。

（一）“经济人”假设

“经济人”假设理论也称为 X 理论。“古典经济学之父”亚当·斯密、“科学管理理论之父”泰罗以及道格拉斯·麦格雷戈等是这一理论的主要代表人物。该理论认为，人的行为是为了最大限度地满足自己的私利，争取最大的经济利益，获得经济报酬是人的工作动机。正如亚当·斯密说：“人是有理性的、追求自身利益最大化的人。”

1. “经济人”的特点

懒惰，好逸恶劳，尽可能减少工作，对安全有较高需求；缺乏雄心壮志，不愿承担责任，愿意被人领导；以自我为中心，不关心组织，个人目标与组织目标相矛盾；缺乏理智，不能自制，易受他人影响；工作是为了满足自己基本需要，只有金钱和地位才能鼓励他们工作；反对变革。

2. 对“经济人”的管理模式

麦格雷戈指出，根据“经济人”假设，管理者对人“实行以处罚为手段的严格管理，奖赏为手段的温和管理，以及以二者的结合折中为特征的以‘蜜糖’为诱饵，或以‘皮鞭’相威胁等外力刺激来提高人的工作热情”。具体方式是：以经济报酬使人们服从和努力工作，充分利用金钱刺激人；制定各种制度、标准、规范、定额，并严格控制、监督、惩罚，强迫人为组织目标而努力。

（二）“社会人”假设

“社会人”假设理论的主要代表是人际关系学说理论的创立者梅奥。该理论认为，“社会人”不但有物质需求，更重要的是人具有社会和心理方面的需求。调动人的积极性，就要满足人的社会需求和心理需求。

1. “社会人”的特点

除了金钱等物质因素，社会需求也能引起人的工作动机，人们通过与同事的关系而获得认同感；人只能从工作中的社会关系去寻求意义；人们更重视同事之间的相互社会影响力，而不是组织所给予的经济报酬和严格的管理控制；社会需求的满足能改变人的工作态度及效率。

2. 对“社会人”的管理模式

管理者要关心人，满足人的社会需要；关注人们之间的关系，培养人的归属感、认同感，激励人的奉献精神；重视非正式组织的作用；应当提倡集体奖励制度，以增进组织凝聚力；管理者应当成为工人和上级之间的联系人；实行参与式管理，让工人参与组织决策。

（三）“自我实现人”假设

“自我实现人”假设理论的主要代表人是马斯洛。该理论认为，“自我实现人”就是使人的潜能现实化。自我实现是人需要发挥潜力，表现自己的才能。只有人的潜力发挥出来，人才会感到满足。

1. “自我实现人”的特点

工作是人的自然需要；外部的控制力量和惩罚不是人们为组织目标而努力工作的唯一手段；人们是在为承诺的目标服务的过程中，实现社会和心理需求；对目标的参与能满足人的社会需要，使个人目标与组织目标统一起来；在适当的情况下，人不仅会接受某种任务，还会主动承担责任；每个人都有想象力和创造力；现代社会条件下，一般人只发挥了他自己的部分智能潜力。

2. 对“自我实现人”的管理模式

管理者要创造适当的工作条件和工作环境，减少和消除人们实现自我的各种障碍，让人们充分发挥其潜力和才能；让人从事有意义、多种且具有挑战性的工作，满足他们实现自我需要；让工人参与管理，充分体现组织对工人的重视、尊重、信任，使工人产生强烈的责任感和成就感；实行目标管理（本教材第三章 将讲述“目标管理”）。

（四）“复杂人”假设

“复杂人”假设理论的代表人物是埃德加·沙因、莫尔斯、洛希等。一般称为“超Y理论”。该理论认为：人是复杂的，他们不是纯粹的“经济人”“社会人”“自我实现人”，人的个性因人而异，人的需要在不同情况下的表现也不同，而且这些特性是变化。

1. “复杂人”的特点

人的需要不是天生的，而是在后天环境影响下形成的；人的需要具有多样性，人在同一时间内有各种需要和动机，这些需要和动机会发生相互作用并结合为统一的整体，形成错综复杂的动机模式；人的需要有差别性和层次性，有追求金钱者，有追求权力和社会地位者，有愿意承担责任者等；随着工作和生活条件的变化，人的需要也发生变化，同时会产生新的需要和动机，人在不同单位或同一单位的不同部门工作，会产生不同的需求。

2. 对“复杂人”的管理模式

坚持权变观念，根据组织所处环境的变化，确定不同的组织形式；调查研究，善于发现人们的个性、需要和动机、能力、兴趣等方面的差异及其变化，因人、因事、因时、因地制宜地采取差异化、灵活性，针对性强的管理方式与奖酬方式；管理措施不能过于简单化、一般化，一刀切，要根据组织的不同情况，采用弹性化、随机应变的管理方式。

二、古典管理理论

（一）泰罗科学管理理论

美国人弗雷德里克·温斯洛·泰罗（也可译为“泰勒”）（1856—1915）系统地把科学研究方法引入管理实践，创立了系统化的科学管理理论，被称为“科学管理之父”。他的著作主要有《计件工资制》《工厂管理》《科学管理原理》和《在美国国会的证词》。泰罗所倡导的科学管理，被称为“泰罗制”。

【实训课堂 2－7】

数字时代，泰罗依然年轻

我们今天的数字时代依然需要泰罗制。

泰罗贡献了划时代的科学劳动方法——泰罗制。泰罗制使生产效率奇迹般地提高。

在数字时代，要把自动化、数字化、网络化和智能化的工具与手段纳入科学的、细颗粒的科学管理范畴。在实践中，什么情况下，需要运用什么软件，需要借助什么平台，这也要有规定。而且，这种规定要随着技术的变化而变化。当前，信息技术日新月异，这样的变化还将非常之快。

数字化的东西本身是最科学的事，它的运营当然也要有一整套的科学方法。在数字化时代提倡泰罗制，其实就是提倡运用科学方法去管理数字化的新生事物。

在实践中，很多企业都建立起基于数字化的管理体系，建立起数字化时代的新的效率，在一般产品的传统制造中取得了不一般的效率和效益。

在数字化时代，要取得不负时代的成就，不仅需要数字化的技术，而且需要严谨的、细颗粒的、归根结底是大科学的管理。

资料来源：强国号《决策杂志》作者：潘峰。

泰罗认为科学管理的根本目的是提高劳动生产率。

泰罗在美国米德维尔钢铁厂工作期间，发现因管理者不懂科学管理，工人在生产活动中“磨洋工”，导致企业劳动效率普遍低下。泰罗说：“所有的日常活动中不注意效率的行为都在使整个国家资源遭受巨大损失，而补救低效能的办法不在于寻求某些出众或是非凡的人，而在于科学的管理。”

必须用科学管理替代经验管理和传统管理。实行科学管理就要制定各项工作条例、标准，使管理过程和劳动过程科学化、标准化和制度化。为此，泰罗在米德维尔钢铁厂进行了“金属切削试验”，在伯利恒钢铁公司进行了“搬运生铁块试验”和“铁锹实验”，创造性地提出提高劳动生产率的一系列管理制度。

1. 制定“合理的日工作量”（劳动定额）

通过对熟练工人的劳动过程的观察，泰罗归纳出一套去除了“错误的”“缓慢的”“无用的”动作，用最短时间完成每项工作的最优工作方法，然后，在对动作和时间研究基础上制定出合理的工作定额。

2. 标准化管理

在科学管理的情况下，实行工具标准化、操作标准化、劳动动作标准化、劳动环境标准化等标准化管理。管理人员的首要责任是把传统知识、技能和诀窍集中、记录、编成表格，概括为规律和守则，在全厂实行。只有实现标准化，才能使工人在标准设备、标准条件下工作，才能对其工作成绩进行公正合理地衡量。

【实训课堂 2-8】

动作研究

机械师杰布蕾斯和他的妻子、心理学者莉莲·杰布蕾斯两人以进行动作研究而著称。他们开始是在建筑行业分析研究用哪种姿势砌砖省力、舒适、效率高。经过试验，制定出了一套砌砖的标准作业方法，可使每人每日砌砖量增加两倍。他们还在其他行业进行过动作研究，并把工人劳动时手和臂的活动分解成17项基本动作，并制定出标准的操作程序。他们的动作研究比泰罗的研究更为细致和广泛。

美国的福特对如何提高整个生产过程的生产效率进行了研究。他充分考虑了大量生产的优点，规定了各个工序的标准时间，使整个生产过程在时间上协调起来，创造了第一条流水生产线——汽车流水生产线，从而提高了整个企业的生产效率，并使成本明显降低。福特为了利于企业向大量生产发展，进行了多方面的标准化工作，包括：产品系列化（减少产品类型，以便实行大量生产）；零件规格化（以利提高零件的互换性）；工厂专业化（不同的零件分别由专门的工厂或车间制造）；机器及工具专用化（以提高工作效率，并为自动化打下基础）；作业专门化（使各工种的工人反复地进行同一种简单的作业）。

资料来源：周三多，陈传明．管理学——原理与方法［M］．7版．上海：复旦大学出版，2021.

3. 实行有差别的计件工资制

泰罗经过调查研究认为，当时企业普遍实行的日工资制和传统的计件工资制不能充分调动工人的积极性，不利于提高劳动效率。日工资制易产生平均主义，传统的计件工资制，厂方可能降低工资率，导致工人故意“磨洋工”。泰罗提出了“差别工资制”方案。

他说：差别计件工资制“对工人士气影响的效果是显著的。当工人们感觉受到公正的待遇时，就会更加英勇、更加坦率和更加诚实，他们会更加愉快地工作，在工人之间和工人与雇主之间建立互相帮助的关系”。差别计件工资制的主要内容是：

(1) 设立专门的制定定额部门。该部门的主要任务是通过计件和工时的研究，进行科学的测量和计算，制定出一个标准制度，以确定合理的劳动定额和恰当的工资率，改变以估计和经验为依据的方法。

(2) 制定差别工资率。按照工人是否完成定额而采用不同的工资率。如果工人能够保质保量地完成定额，就按高的工资率付酬，以资鼓励；如果工人的生产没有达到定额，就将全部工作量按低的工资率付给，并给以警告，如不改进，就要被解雇。

(3) 按工人的技能和劳动付出计算工资。对工人上班、出勤率、诚实、快捷、技能及准确程度方面做出系统和细微的记录，根据这些记录不断调整工资。

4. 必须挑选和培训“第一流的工人”

“挑选第一流工人”是对任何管理都普遍适用的原则。每年都要科学地选择与培训工人。

应当以第一流的工人为标准，按照每个工人的能力和体力，分配最适宜的工作。根据工作要求对工人进行培训和教育，让他们掌握标准的操作方法，使他们在工作中逐步成长，最大限度发挥他们的能力。

泰罗认为，每个人都有不同的天赋和才能，只要工作适合于他，他就能成为一流的工人。

泰罗指出：“管理人员的责任是细致地研究每一个工人的性格、脾气和工作表现，找出他们的能力。”“发现每一个工人向前发展的可能性，并且逐步地系统地训练，帮助和指导每个工人，为他们提供上进的机会。”

5. 把计划职能同执行职能分开

“计划职能同执行职能分开”理论是第一次将分工理论拓展到管理领域。

计划职能与执行职能分开，实际是把管理职能与执行职能分开。在企业设立专门的计划机构。计划部门要从事全部的计划工作并对工人发布命令，其主要任务是：进行调查研究并以此作为确定定额和操作方法的依据；制定科学的定额和标准化的操作方法和工具；拟订计划并发布指令和命令；把标准和实际情况进行比较，以便进行有效的控制等工作。在现场，工人或工头则从事执行的职能，按照计划部门制定的操作方法的指示，使用规定的标准工具，从事实际操作，不能自作主张、自行其是。

6. 科学管理的核心是在管理人员和工人间实行伟大的“心理革命”

“心理革命”或称“精神革命”，是科学管理的实质。

泰罗认为：“科学管理在实质上包含着要求在任何一个具体机构或工业中工作的工人进行一场全面心理革命。要求他们在对待工作、同伴和雇主的义务上进行一种全面的心理革命。科学管理也要求管理部门的人（工长、监工、企业所有人，董事会）进行一场全面的心理革命，要求他们在对管理部门的同事、对他们的工人和所有日常问题的责任上进行一场全面的心理革命。没有双方的这种全面的心理革命，科学管理就不能存在。”“劳资双方在思想上要发生的大革命就是：双方不再把注意力放在盈余分配上”“他们将注意力转向增加盈余的数量上”。

7. 实行例外性管理

规模较大的企业不能只依据职能原则来组织和管理，而必须应用例外原则。例外原则是企业的高级主管人员把处理一般事务的权限下放给下级管理人员，自己只保留对例外事项的决策和监督权。

对科学管理理论作出过贡献的还有亨利·甘特、弗兰克·杰布雷斯夫妇、福特、亨利·法约尔等，他们都是与泰罗同时代的企业家或工程师。

【实训课堂 2－9】

“四分钱”创造的奇迹

1979 年的蛇口，是改革开放的前沿阵地。当时，600 米的顺岸码头工程成为蛇口第一批基础设施。通过公开招标，项目由原交通部四航局承建。按合同约定，如果工期推迟一天，按照工程总造价的 1% 罚款。提前竣工，有奖励。

当时工人收入主要靠工资，奖金采用平均主义奖励办法，即每月在工人中评定一、二、三等奖，按等级分别发给 7 元、6 元、5 元奖金。

建码头要炸山填海，大量的土石方需要转运。工期紧迫，但吃惯“大锅饭”的工人们却在“磨洋工”，上厕所、车抛锚、迟到早退……施工队每天每辆车只能拉 20 多车土石，影响了施工进度。为了调动工人的积极性，提高工作效率，四航局工程处决定实行超产奖励。

经核算每辆车跑 28 趟保本。新奖励办法规定每辆车日劳动定额为 55 车，完成定额后每车奖 2 分钱，超出定额部分每超一车奖 4 分钱。实行新的超产奖励后，工人劳动积极性大涨，每人每天能够运八九十车，甚至每天可领奖金 4.14 元。

但是，这一奖金制度引起了一些质疑。1980 年 4 月，上级有关部门以“纠正滥发奖金的偏向”为由，勒令四航局停止实行这一奖金制度。

工人们的积极性直线下降。当月开始，车队工人每人日均运泥数量又下降到 20 多车。热火朝天的施工场面不见了，施工的进度也急剧慢下来。

后来，在中央的支持下。四航局二处蛇口工区宣布重新实行定额超产奖 4 分钱奖励制度，又将这一奖励制度完善为“定额超产奖励制度”。

这个制度按照完成任务、质量、安全、节约、劳动态度和出勤六个项目逐项评分，综合总分评定班组和个人奖励等级；机械队实行计件奖，工人每人每个工作日劳动定额为运泥 55 车，完成定额者每车奖 2 分钱，超过定额者每车奖 4 分钱。制度重新实施的当天，人均运泥车数跃升到 100 车以上，干劲最大的一位工人曾创下一天运泥 131 车的记录，单日奖金达 4.14 元，一个月下来，每个工人能“多得”100 多元。而在“4 分钱奖励”之前，月奖金最高的一等奖是 7 元。

把 4 分钱奖励制度加以推广和延伸，工人的积极性更加高涨，工程比原计划提前一个月完成，也为国家节省 130 万元资金。

（二）法约尔的一般管理理论

法国人亨利·法约尔（1841—1925）担任法国最大的矿冶公司总经理达30年，被誉为“现代经营管理之父”。法约尔1916年发表的《工业管理和一般管理》是其关于组织管理理论的代表作。他对管理理论有多方面的贡献，丰富了科学管理理论。

1. 管理是企业经营的六项职能之一

法约尔认为企业经营有六项职能，即：技术活动、商业活动、财务活动、安全活动、会计活动和管理活动。管理是经营的六种职能活动中的一种。只有认识到管理是一种普遍存在于各种组织中的活动，人们才有可能通过对组织管理活动规律性的认识和研究，探讨管理的内在规律性，才有可能形成科学的管理理论，这个理论才有可能指导管理的实践活动。具体见图2－1。

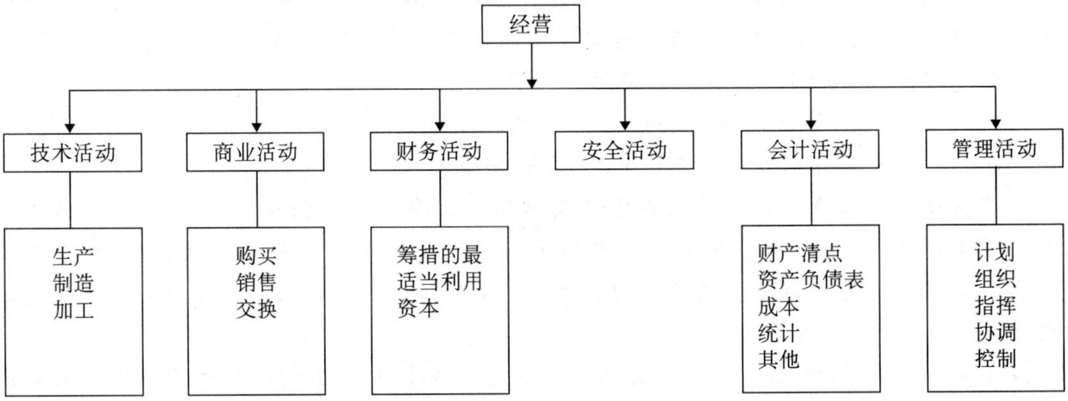

图2－1 企业经营活动图

2. 管理有五大基本职能

法约尔认为管理是管理人员履行计划、组织、指挥、协调、控制五项职能的过程。他认为管理不是企业经理或企业领导人独有的特权和个人责任，管理是企业所有成员都要参与履行的职能。其中包括工人。人们的职位越高，其管理责任越大。

（1）计划。管理人员要预测企业未来的各种事态，确定企业的目标和完成目标的步骤，制订企业长远的指导计划和短期的行动计划。

（2）组织。确定执行工作任务和管理职能的机构，由管理机构进一步确定完成任务所必需的机器、物资和人员。

（3）指挥。管理人员指导下属的活动，使企业的各项活动互相协调配合。管理人员要为下属树立榜样，了解职工的情况、与下属人员经常交往并进行考核，解雇不称职者。管理人员依据管理的需要随时调整和改组组织结构。

（4）协调。协调企业各部门及员工的活动，指导他们为一个共同目标而努力。

（5）控制。确保实际工作与规定的计划、标准相符合。

3. 全面深入地进行管理教育

“普及管理教育要像普及技术教育那样引起人们的重视”。法约尔认为管理人员应具备身体、智力、品德、一般文化知识、专业知识、经验等多方面的素质。他强调教育的重要性。“管理能力可以通过教育来获得”。要通过教育提高管理水平。

4. 管理应遵循14项原则

法约尔在总结实践经验的基础上，提出了适用于所有管理领域的14项管理原则。具体见表2－2。

表2－2　14项管理原则

序号	原则	释　义
1	分工	劳动分工是自然规律。分工不只适用于技术工作，也适用于管理工作，应该通过分工提高管理效率。
2	权力和责任	权力和责任要相符。有权力的地方，就有责任，责任是权力的孪生物，是权力的当然结果和必要的补充。出色的领导人应该具有承担责任的勇气。
3	纪律	纪律是企业兴旺的关键。没有纪律的约束企业不可能兴旺繁荣。“无论哪个社会组织，其纪律状况都主要取决于领导人的道德状况。”高层领导和普通工人都必须受纪律的约束。组织应通过有效的奖罚制度来维护组织纪律。
4	统一领导	在设置组织机构时，一个下级只能有一个直接上级。
5	统一指挥	统一指挥以统一领导为前提。“无论哪一件工作，一个下级只能接受一个领导人的命令……这是一项普遍的、永久的准则。”否则“准则受到破坏，权力将受到损害，纪律将受到危害，秩序将受到扰乱，稳定将受到威胁……”
6	报酬	报酬应该公平合理，其一，报酬要考虑维持工人最低的生活消费和企业的基本经营状况。其二，报酬要考虑工人的劳动贡献、地位、才能。其三，报酬不仅只有工资一种方式，各种奖金以及任何一种能鼓舞各级工人热情的报酬方式，都应受到领导的注意。
7	集中	集中是一个必然现象。集中和分散是一个简单的尺度问题，要找到适合于企业的最适度。不管是集中或分散，都是为了实现最高效率。小型企业权力较集中，大型企业权力较分散。领导者的权力和领导者对发挥下级积极性的态度是影响企业权力集中和分散的重要因素。
8	公平	指领导者对下属要公平。公平就是“公道＋善意”。领导者要保持善意，主持公道，努力使公平感深入各级工人的内心。
9	等级制度	等级制度原则要求在组织中建立不中断的等级链。等级链表明了组织中各环节之间的权力关系，表明了组织中信息传递的路线。贯彻等级制度的原则，有利于加强统一指挥，保证组织内部信息联系的畅通。
10	秩序	包括物品的秩序和人的社会秩序。把每件物品都放在应该放的位置上。每个人都有他的长处和短处，把合适的人放在合适的工作岗位上。
11	人员稳定	要保持企业领导人员的稳定。繁荣的企业，领导人员是稳定的，那些运气不佳的企业，领导人员是经常变动的。使一个人的能力充分发挥，就要他在一个岗位上相对稳定地工作一定时间，熟悉工作，了解环境，获得别人的信任。
12	首创精神	企业工人有无首创精神是能否办好企业的重大问题。发挥每一个工作人员的首创精神，是明智的领导者最关注的问题。领导者要有勇气激发工人的首创精神。
13	人员团结	企业工人之间的和谐和团结是办好企业的巨大力量。
14	个人利益服从整体利益	“个人利益不能置于企业利益之上。”国家利益应高于一切，组织利益高于个人利益。

法约尔认为："原则是灵活的，是可以适应于一切需要的，问题是要懂得使用它。这是一门很难掌握的艺术。它要求智慧、经验、判断和尺度。由机智和经验合成的掌握尺度的能力是一个管理者的主要才能之一。"

【思政课堂 2－5】

严守纪律

1952 年 10 月，为打击盘踞在上甘岭的敌人，中国人民志愿军战士邱少云被选派参加潜伏部队。12 日上午，敌机向他所在的潜伏区进行低空扫射并投掷燃烧弹。火势蔓延到他身上，为了不暴露潜伏目标，他严守纪律，咬紧牙关，双手深深插进泥土中，以钢铁般的毅力忍受着剧痛，一声不吭、一动不动，直至壮烈牺牲。2009 年 9 月 14 日，他被评为 100 位新中国成立以来感动中国人物之一。

（三）韦伯的行政组织理论

德国著名的社会学大师马克斯·韦伯（1864—1920）的《官僚组织理论》为社会发展提供了一种高效率、合乎理性的管理体制，对后世产生了巨大影响。韦伯的管理理论又称行政组织理论、"科层组织论""官僚模式理论"。韦伯被誉为"组织理论之父"。他认为高度集中的、正式的、非人格化的理想的行政管理体制能提高工作效率，在精确性、稳定性、纪律性和可靠性方面优于其他组织体系。

1. 法定权力是行政组织的基础

为实现组织目标，任何组织都必须以某种形式的权力作为基础。人类社会存在三种权力：传统权力、超凡权力、法定权力。

（1）传统权力。传统权力是以古老的、传统的、不可侵犯的和执行这种权力的人们的地位的正统性为依据的。对传统权力的服从是在习惯义务领域内的个人忠诚，是依靠传统惯例或世袭得来。

（2）超凡权力（神受权力）。超凡权力是建立在对个人崇拜和迷信基础上的。这是一种非理性的权力。

（3）法定权力。法定权力指依法任命、并赋予行政命令的权力，对法定权力的服从是依法建立的一套等级制度，对确认的职务或职位的权力的服从。这是一种理性的权力。

传统权力和超凡权力都不宜作为官僚组织体系的基础。法定权力才官僚组织体系的基础。

2. 行政组织的一般特征

（1）目标。机构是根据明文规定的制度形成的，有明确的目标。为实现目标，人员的一切活动都要遵守一定程序。

（2）明确分工。为达到目标，组织必须分工。组织内部的每个职位都有明确的权利和义务，组织的每个环节，都由专家负责。

（3）权力体系。组织内部的各种职位和职务是按等级制度的体系划分，并形成指挥链。下级要服从上级，每一级的人员都必须接受其上级的控制和监督，也要为自己的行为负责。人们之间是由职位权力决定而形成的指挥和服从的关系。个人之间的关系不能影响到工作关系。

（4）建立人员录用制度。组织各职位的人员必须称职。人员必须经过考试和培训，接受教育获得资格。管理人员实行委任制。他们是组织的管理者但不是所有者。

（5）考核与晋升。培养组织成员的团队精神。对管理人员实行严格的考核制度、升迁制度、固定薪金。这是一种职业的管理人员。

（6）遵守规则。管理人员要遵守组织的法规和纪律，这个规则不受个人感情影响。组织要明确规定各职权和协作范围，使其正确地行使职权，减少内部的冲突和矛盾。

（四）巴纳德的一般组织管理理论

美国管理学家切斯特·Z. 巴纳德（1886—1961）是“现代管理理论之父”。其代表作是1938年出版的《经理人员的职能》。主要观点如下：

1. 组织是一个协作系统

巴纳德认为“组织是2人或2人以上，用人类意识加以协调的活动或力量系统”，在组织内，经理是最主要的因素，只有依靠经理的协调，才能维持一个“努力合作”的系统。经理有三个基本职责。即：制订并维持一套信息传递系统，这是经理的基本工作；促使组织中每个人都能做出重要贡献，包括选聘工作和合理的激励方式；阐明并制订本组织的目标。

2. 组织存在的三要素

（1）明确的目标。一个组织必须有明确的目标，这个目标必须为组织的成员所理解和接受，否则，就无法统一行动和决策。若目标不明确，组织成员就不知道努力方向，也不知道协作会给他们个人带来哪些满足，他们的协作意愿就无从发生。组织要存在和发展，必须适应环境的变化。

（2）协作的意愿。协作的意愿是指组织成员对组织目标作出贡献的意愿。有协作的意愿，就需要自我克制，放弃部分个人的行为控制权，服从组织。若无协作意愿，组织目标就无法达成。

（3）良好的沟通。组织的共同目标和个人的协作意愿只有通过有效沟通，将二者联系和统一起来才具有意义和效果。有组织目标而无良好的沟通，将无法统一和协调组织成员为实现组织目标所采取的合理行动。

3. 组织效力原则与组织效率原则

组织效力是指组织实现其目标的能力或实现其目标的程度。组织协作有效，组织目标就能实现，这个组织就是有效力的。组织具有较高的效力是组织存在的必要前提。

组织效率就是组织的生存能力。组织效率是指组织在实现其目标的过程中满足其成员个人目标的能力和程度。组织若不能满足其成员的个人目标，组织成员就会失去协作的意愿，组织成员也不愿意为实现组织目标做出贡献。

4. 权威接受论

巴纳德认为，管理者的权威并不是来自上级的授予，而是来自由下而上的认可。管理者权威的大小和指挥权力的有无取决于下级人员接受其命令的程度。单凭职权发号施令是不可取的，更重要的是取得下级的同意、支持和合作。个人承认指令的权威性并乐于接受指令有四个条件，即：个人能够真正理解指令；个人相信指令与组织的宗旨是一致的；个人认为指令与其个人利益不矛盾；个人在体力上精神上是胜任的。

5. 组织平衡

组织提供的诱因能满足组织成员的个人目标，激发他们为组织作出合理贡献，诱因与贡献平衡称为组织平衡。组织平衡有以下三个特点，即：个人与组织整体平衡；组织与环境的平衡；组织平衡是动态平衡。

6. 管理的职能

巴纳德认为，管理就是维持组织的能力。管理的职能包括：确定组织目标，并设法使其实现；提供适当的诱因，以满足组织成员的动机，确保组织成员对组织的贡献；确定组织的信息传递系统，并使命令具有权威性。

三、梅奥的人际关系理论

乔治·埃尔顿·梅奥（1880—1949）是美国哈佛大学教授。

泰罗的科学管理理论实施后，企业劳动效率大幅提升，但也产生了许多矛盾。为此，从1924—1932年，梅奥领导了在美国西方电器公司下属的霍桑工厂进行的关于人群关系运动的实验研究——“霍桑实验”。该实验分为四个阶段：

第一阶段：1924—1927年，车间照明实验；

第二阶段：1927—1928年，继电器装配实验——福利实验；

第三阶段：1928—1931年，大规模的访谈计划——访谈实验；

第四阶段：1931—1932年，继电器绕线组的工作室实验——群体实验。

通过反复实验，梅奥发现不同的工作条件对生产率的影响不明显。而集体的融洽性和安全感却能对职工产生重大影响，由此推动了对人口因素的研究。梅奥1933年发表了《工业文明中的人性问题》。在梅奥的倡导下，逐步形成了一种新的管理思想——人际关系学说。其主要论点是：

（一）人是“社会人”，而不是单纯的“经济人”

人生活在一定的社会环境中，既有作为“经济人”的物质追求，又有作为“社会人”的心理需求。如友情、安全感、归属感、受尊重等方面的社会心理欲望。人不是单纯地追求金钱收入，金钱并非刺激工人积极性的唯一动力。提高劳动效率，调动工人的积极性，不能单纯考虑技术和物质因素，而应该满足工人的社会和心理方面的需求。例如：让工人体会到成功的喜悦；对工人进行精神及物质奖励；让工人感到自己重要；要乐于捍卫部属的利益；鼓励一定要真诚；关心别人；关心工人的成长；同工人交朋友；不当不受欢迎的老板；激发工人的积极性；协调与下属的关系；了解下属之间的矛盾；让部下尽心供职。因此，必须从社会、心理方面来鼓励工人提高劳动生产率。

（二）企业中除了“正式组织”之外，还存在着“非正式组织”

“正式组织”是为了有效地实现企业目标而规定企业中各成员之间相互关系和职责范围的一定组织体系。正式组织以成本和效率为主要标准，要求成员为提高效率，降低成本而工作。

“非正式组织”是企业成员在共同生活、工作过程中，因共同感情而形成的非正式团体。非正式组织以感情为标准，要求成员遵守其自然形成的规范或惯例，它往往通过感情、爱情、业余活动等，对成员发生影响。非正式组织对生产效率、工作满意有强大的影响。

“正式组织”和“非正式组织”相互依存。协调正式组织与正式组织的关系是管理者的根本问题。

(三) 提高工人士气

工作条件、报酬不是决定生产效率的首要因素。工人士气才是首要因素。士气与工人的满足度有关。新型的领导能力在于提高工人的满足度和士气，从而提高劳动生产率。决定工作满意度的六个主要因素是：报酬、工作本身、提升、管理、工作组织、工作条件。

(四) 管理者必须善于处理人际关系

人是有感情的，“人的问题要求人性的解决”。管理人员必须具有诊断企业内部人群心理状态的技能，具有处理人事技术的能力。促使下属成员相互了解和合作；使领导被下属接受；使组织成为一个“有效率的合作体系”。

四、管理理论的发展

(一) 学习型组织理论

1. 学习型组织的概念

美国管理学家彼得·圣吉在《第五项修炼——学习型组织的艺术与实务》一书中提出了要建立学习型组织的理论。随着《第五项修炼·实践篇》《变革之舞》著作的发表，标志着学习型组织理论框架基本形成。

学习型组织理论认为，在新的经济背景下，企业要持续发展，必须增强企业的整体能力，提高整体素质。企业的发展不能再只靠像福特、斯隆、沃森那样伟大的领导者一夫当关、运筹帷幄、指挥全局，未来真正出色的企业将是能够设法使各阶层人员全心投入并有能力不断学习的组织——学习型组织。彼得·圣吉认为：21 世纪最有生命力的组织将是学习型组织。

学习型组织是指通过培养弥漫于整个组织的学习气氛、充分发挥员工的创造性思维能力而建立起来的一种有机的、高度柔性的、扁平的，符合人性的、能持续发展的组织。

美国学者迈克尔·J. 马奎特认为：知识和学习日益成为企业最重要的资产。只有那些根据环境变化及时捕捉新知识，掌握新技能，并调整自己行为的组织，才能更好地生存，这样的组织就是学习型组织。新型的组织必须有更多的知识，更大的弹性，更快的速度，更大的能力以及更强的学习能力，才能更好地适应日新月异的环境变化，满足更加苛刻的客户的需求和更聪明员工、知识型员工的需要。组织不但要从资金上支持员工学习，而且必须找到将学习与组织方面的生活系统地整合起来的方法。

2. 学习型组织的特征

(1) 组织成员拥有一个共同的愿景。它是组织员工共同愿望的景象，是他们的共同理想。

(2) 组织由多个创造性团体组成。团体是最基本的学习单位，团体成员是互相协作的工作团队。

(3) 善于不断学习。组织成员要有终身学习、全员学习、全过程学习的思想和行为。

（4）建立“地方为主”的扁平式结构。学习型组织是扁平型的组织结构。扁平型组织结构是实行决策权下移，让下层机构拥有充分的自决权，并对结果负责，从而形成以“地方为主”的扁平化组织结构。

（5）自主管理。组织成员要边工作边学习，通过自主管理，组织成员自己发现工作中的问题，自己选择伙伴组成团队，自己选定改革、进取的目标，自己进行现状调查，自己分析原因，自己制定对策，自己组织实施，自己检查效果，自己评定总结。团队成员在“自主管理”的过程中，能形成共同愿景，能以开放求实的心态互相切磋，不断学习新知识，不断进行创新，从而增加组织快速应变、创造未来的能量。

（6）组织的边界将被重新界定。学习型组织的边界界定，建立在组织要素与外部环境要素互动关系的基础上，超越了传统的根据职能或部门划分的“法定”边界。

（7）员工家庭与事业的平衡。学习型组织努力使员工丰富的家庭生活与充实的工作生活相得益彰。达到家庭与事业之间的平衡。

（8）领导者的新角色。在学习型组织中，领导者是设计师、仆人和教师。

3. 建立学习型组织的作用和意义

（1）学习是为了保证企业生存，使企业组织具备不断改进的能力，提高企业组织的竞争力；

（2）学习更是为了实现个人与工作的真正融合，使人们在工作中活出生命的意义；

（3）建立学习型组织不是最终目的，重要的是通过迈向学习型组织的种种努力，引导出一种不断创新、不断进步的新观念，从而使组织日新月异，不断创造未来。

4. 建立学习型组织的五项修炼

（1）超越自我。超越自我是学习型组织的精神基础。它使每个人不断理清并加深个人的真正愿望，集中精力，培养耐心，并客观地观察现实。具有这种能力的人（组织），能居安思危，能全身心投入、不断创造和超越自我，是一种真正的终身学习。高度自我超越的人（组织）永不停止学习。管理者的基本工作是“提供员工追求充实生活的工作环境”。

（2）改善心智模式。心智模式是根深蒂固于心中，影响我们如何了解这个世界，以及如何采取行动的许多假设、成见甚至图像、印象。改善心智模式就是改善认知模式，它要求组织能够不断随着外部环境的变化适时调整、革新组织内部的习惯、方法。只有人的思想和逻辑改变，才能使行为发生根本改变。培养组织运用心智模式的能力，必须学习新的技巧，推动组织方面的革新，以便这些技巧能够经常练习与应用。

（3）共同愿景。共同愿景是组织中人们共同持有的意向或景象，它创造出一种共识和认同感，并遍布到组织活动的各个方面，使各种不同的活动融为一体。共同愿景为学习提供了焦点和能量。企业要鼓励个人愿景，塑造整体图像。如果没有共同愿景，就不会有学习型组织。

（4）团队学习。团体智慧高于个人智慧。团体拥有整体搭配的行动能力。当团体真正学习的时候，不仅团体整体产生出色的成果，个别成员成长的速度也比其他人的学习方式快。

（5）系统思考。系统思考是将各个独立的、片段的事件联系起来，以发现其内在的互动关系的思考方式。系统思考是为了看清事物的整体。它要求人们用系统的观点观察问题、分析问题，从而决定自己的行动。

《第五项修炼》的核心是强调以系统思考代替机械思考和静止思考，并通过了解动态复杂性等问题，找出解决问题的高“杠杆解”。系统思考高于其他四项修炼。没有系统思考，就无法探究各项修炼之间如何互动。系统思考强化其他每一项修炼，并不断地提醒我们，融合整体能得到大于各部分加总的效力；自我超越是不断反照个人对周遭影响的一面镜子，自我超越层次越高，誓愿越高，工作责任感强，学习也更快；共同愿景培养成员对团体的长期承诺；改善心智专注于开放的方式，体认我们认知方面的缺失；团体学习是发展团体力量，使团体力量超乎个人力量的加总的技术。

（二）企业再造理论

企业再造理论是美国管理学家迈克尔·哈默和詹姆斯·钱匹在《公司再造》一书中提出的重要理论。

企业再造也称为“公司再造”“再造工程”，是指“为了飞越性地改善成本、质量、服务、速度等重大的现代企业的运营基准，对工作流程进行根本性重新思考并彻底改革”，也就是说，“从头改变，重新设计”。为了能够适应新的世界竞争环境，企业必须摒弃已成惯例的运营模式和工作方法，以工作流程为中心，重新设计企业的经营、管理及运营方式。简单地说就是以工作流程为中心，重新设计企业的经营、管理及运作方式。

企业再造的重点是选定对企业经营极为重要的几项企业程序加以重新规划，从业务流程上保证企业能以最小的成本、高质量的产品和优质的服务参与市场竞争。

1. 企业再造的核心

面向顾客满意度的业务流程，其核心思想是要打破企业按职能设置部门的管理方式，代之以业务流程为中心，重新设计企业管理过程，从整体上确认企业的作业流程，追求全局最优。

2. 企业再造的程序

企业再造的程序一般有下列过程：

（1）对原有流程进行全面的功能和效率分析，发现其存在问题。

（2）设计新的流程方案。

（3）制定与流程改进方案相配套的组织结构、人力资源配置和业务规范等方面的改进规划，形成系统的企业再造方案。

（4）组织实施与持续改善。

在社会发展日益加快的时代，企业不断面临新挑战，这就要求对企业再造方案不断进行改进，以适应新形势的需要。

（三）管理理论学派

自管理学产生以来，许多学者、企业家等不同人士在各自领域中研究管理理论，提出了不同的管理思想，推动了管理学研究的发展，形成了不同的管理理论学派。美国管理学家哈罗德·孔茨在其《再论管理理论的丛林》中分析了不同管理学派。主要有：社会系统学派、决策理论学派、系统管理学派、现代管理学派、管理理论丛林、经验主义学派、管理科学学派、管理过程学派、权变理论学派、经理角色学派。表 2－3 为西方管理思想发展与时代背景。

表 2－3　　西方管理思想发展与时代背景

时代		时间	时代特征	主要管理思想	代表人和著作
第一次工业革命	蒸汽时代	18世纪60年代至20世纪初	使用能源：煤 使用动力：蒸汽机 生产工具：天轴传动的机器 运输工具：蒸汽火车、蒸汽轮船 通信工具：有线电话、邮局 社会经济状态：工业化初期、资本原始积累、劳资矛盾激化	工厂制代替 手工作坊 劳动分工能 提高生产率 科学管理 一般行政管理	亚当·斯密《国富论》1776 年 查尔斯·巴贝奇《论机器和制造业的经济》1832 年 泰罗《科学管理原理》1911 年 法约尔《一般管理与工业管理》1916 年
第二次工业革命	电气时代	20世纪初至20世纪中	使用能源：煤、石油 使用动力：发电机产生电力 生产工具：电动机传动的机器 运输工具：电气火车、内燃机火车、汽车、螺旋桨飞机 通信工具：无线电报、有线电话 社会经济状态：工业化中期，资本大量集中、形成垄断经济	机械化 电气化 流水生产 行为管理	梅奥《工业文明中人的问题》1933 年 麦格雷戈《企业的人性面》1960 年
	电子时代	20世纪中至20世纪末	使用能源：煤、石油、核能、水电 使用动力：电力、高压输电网 生产工具：电子计算机、数控机床 运输工具：高速公路、高速铁路、喷气式飞机、大型海运船 通信工具：电话、传真、电视 社会经济状态：工业化后期，经济繁荣，市场经济与计划经济两大体系并存	过程管理 系统管理 权变管理 全面质量管理 精益生产 大规模定制生产	哈罗德·孔茨《管理的丛林》1965 年 弗雷德·菲德勒《权变管理》1974 年 系统管理学会《经营管理》1975 年 大田耐一《丰田的生产系统》1978 年 威廉·大内《Z 理论》1980 年 迈克尔·波特《竞争战略》1980 年 迈克尔·波特《竞争优势》1985 年
第三次工业革命	信息时代	20世纪末以来	使用能源：化石能源向清洁能源转化 使用动力：超高压电网、长距离输送电力 生产工具：智能电子计算机、智能化机器 运输工具：高速公路网、高速铁路网、大型超音速飞机、超大型海运船 通信工具：互联网、电子计算机、智能手机、高清电视、云计算、QQ、微信、FaceTime 社会经济状态：经济全球化、资源配置市场化、电子商务普及化	流程再造 ERP CRM MRM 虚拟组织 学习型组织 全球供应链 业务外包 大数据 SaaS	威廉·戴维陶、麦克·马隆《虚拟企业》1992 年 迈克尔·哈默《公司再造》1994 年 彼得·圣吉《第五项修炼》1994 年 普瑞斯·戈德爱·内格尔《敏捷竞争者与虚拟组织》1995 年 托马斯·弗里德曼《世界是平的》2005 年 维克托·迈尔舍恩伯格·肯尼思·库克耶《大数据时代》2012 年 冯啟思《数据统治世界》2013 年 涂子沛《大数据》2013 年

资料来源：周三多，陈传明．管理学——原理与方法［M］．7 版．上海：复旦大学出版，2021.

【实训课堂 2－10】

学习新技术，迎接管理变革

拿破仑的军队和威灵顿的联军提前在滑铁卢相遇，双方激战，旗鼓相当。这时只要一方有援军，就可以包围另一方，从而取得决定性胜利。由于格鲁希固守拿破仑的命令，准备追击布吕歇尔，所以没有及时救援拿破仑，结果拿破仑兵败滑铁卢。

此前格鲁希立下过无数战功，是一位常胜将军，仅仅因为一次致命的决策失误，就葬送了整个战争。如果在拿破仑和格鲁希之间有一部电话，那么战争的历史就会被改写，这种错误也就可以避免了。

科特勒认为，无论是军队作战、企业管理、产品销售、政府管理，还是公共事业、公益组织的管理，都有很多相似之处。所有的管理之中，对信息的收集、分析、加工、传达等都占有很大的比重。

所以，信息技术的变化势必影响管理变革。但实际上，只有很少的行业、很少的管理者意识到信息技术对管理、选人、用人的巨大影响，并做出相应的调整。大部分企业，无论是组织方式，还是管理理念，都还停留在前互联网时代。

资料来源：发现网《信息社会的用将之道》。

在线测试

第三节 管理原理

【案例导入】

全心全意为人民服务

“全心全意为人民服务”是中国共产党始终坚持的根本宗旨。中国共产党从成立之初就担负起了为中国人民谋幸福、为中华民族谋复兴的历史使命。在此后的革命历程中，党始终坚持开展斗争为人民、依靠人民闹革命，在人民的帮助、支持下，才能够一次次化险为夷、绝境逢生，从弱小走向壮大。进入抗日战争时期，毛泽东在总结中国革命经验教训的基础上，充分论述了人民对于革命战争的重要性，提出了“全心全意为人民服务”的思想，并在党的七大上将其正式写入党章，成为党和人民军队必须坚守的宗旨。践行全心全意为人民服务的宗旨，就要在任何时候都必须把人民利益放在第一位，把实现好、维护好、发展好最广大人民根本利益作为一切工作的出发点和落脚点。

资料来源：《百年党史关键词》。

原理是指带有普遍性的、最基本的，能作为其他规律的基本规律，是具有普遍意义的道理。管理原理即管理的基本规律，是对管理实践的客观规律进行分析和总结而形成的具有普遍意义的道理，对一切管理活动都具有指导意义。

一、人本原理

人本原理是建立在中华传统人本管理文化和现代西方人本管理理论基础上的科学。人本原理认为人是社会活动的主体和最重要的社会资源，是一切物质财富的创造者。人类的劳动创造，推动了科技、经济、文化的发展，促进了人类自身的发展和社会进步。所以，“一切社会经济系统的运行都离不开人的努力、人的劳动与人的管理”。

人本管理不同于“只见物不见人”或把人作为工具、手段的传统管理思想。它是在认识人的重要性的基础上，突出人在管理中的主体地位，实现以人为中心的管理。其主要内容是：管理活动必须以人为中心，依靠人，激发人的积极性、主动性、创造性，满足人的合理要求，实现人的根本利益和人的全面发展，推动人、组织、社会共同发展。

以人为本就是以人为根本，它是一种战略管理思想而不是权宜之计；是知行合一的具体的管理实践，而不是一种口号和形式。

（一）人本原理的内容

1. 依靠人

“人民群众是真正的英雄”。人是最重要的社会资源，是生产力中最活跃的因素。管理者只有依靠人，调动人的积极性，尊重人的主人翁地位，增强人的主动精神，才能形成人人关心组织，人人为组织奉献的组织氛围。

【实训课堂 2-11】

依靠人是成功企业家的共识

联想集团的人本观所说：“人是比资金、产品更重要的资源；办公司就是办人；小公司做事，大公司做人；能经营好人才的企业是最大的赢家。”

霍华德·舒尔茨在提及自己的成功之道时说：“星巴克的成功，是因为有一群对工作全情投入并引以为傲的人。星巴克只做一件事，就是投资于人。”他说：“作为管理者和领导者，我们的义务和责任就是不断满足员工的期望，并与他们建立一种相互信任的关系，这样他们才能不断满足并超越顾客的期待。”

海信集团董事长周厚健认为，管理要素中，不管任何组织，人是第一位。选人和激励人是最重要的。

基本要求是：建立民主管理制度，让员工参与组织决策、日常管理和监督；加强人才管理，为人才服务，知人善用，人尽其才，成就人才；帮助组织成员实现其合理利益；提高人的自主管理意识和能力。

2. 尊重人

《荀子》：“仁者必敬人”。西方企业家如卡耐基认为：“对别人的意见要表示尊重。千万别说‘你错了’。”杰克·韦尔奇说：“尊重人才，培养人才，是通用电气长久不败的法宝。”

每个人都具有独立人格、尊严和权利。管理活动中应当维护和尊重人的权利；不侮辱人格，不损害人权；平等待人，不歧视人。尊重人的个性化发展。组织要形成尊重人的风尚，不能以职位高低、权力大小、财富多少、学历高低、生理特点、地域特点等作为是否尊重人的标准。一切在自己岗位上兢兢业业工作与劳动的人都应当受到尊重、关心。让每个员工都感觉到他们是重要的和有价值的。

【实训课堂 2－12】

美国的大企业是怎样奖励自己的明星的呢?

IBM 公司邀请员工协同配偶在夏威夷的日光下休假 3 天。这些员工是 IBM 公司全国市场部的明星，他们掌握着公司的全部生产线，由于他们都超额完成了全年的销售指标，被吸收到金环俱乐部中。

佛拉西斯基伊·罗杰斯是市场部的副经理和 IBM 公司最受欢迎的发言人。他说："我认为 IBM 所拥有的最大财富是人，我们就是要让他们在市场部中成为最出色的人物，正是由于他们的努力，我们的工作才能够做好，所以我们认为他们在全部的工作中起着良好的作用，如果给他们目标、条件及奖励，那么几乎所有的目标都是能够达到的。这个金环俱乐部的第二个想法是我们希望人们愿意再来，这就成了他们不断做出成绩的动力。"

罗杰斯 20 多年来一直这样讲："公司强调对员工的多方面给予尊重，哪怕你干得不出色，当你处于低潮时，公司也和你在一起。现在，公司已经使之成为一种传统、一种向其雇员传达观念和价值的主要渠道。"员工们感慨地说："我感到只要他们坚持尊重个人的原则和发扬他们的高尚品德，公司就会办好，他们所提供的一切技术和其他，只不过是让个人很好地合作的副产品。"

3. 关心人

关心每一个人的生活、健康、工作、学习和进步。

【思政课堂 2－6】

香山电报故事
——殷殷关切战友情

"我们的干部要关心每一个战士，一切革命队伍的人都要互相关心，互相爱护，互相帮助。"这是毛泽东在《为人民服务》演讲中的一句话，他一生也是如此践行的。

1949 年中共中央进驻北平香山后，毛泽东即便在忙于指挥解放全中国和筹建中华人民共和国的关键时期，他都不忘对革命同志们和老友给予关怀，对带病工作的战友们尤其关心其治愈过程及身体康复情况，施以具体温暖的关爱和呵护。

从中国工农红军创立到中华人民共和国诞生，徐向前从军 22 年，即使负伤和生病，都没有离开过战场和指挥部。解放战争中，他抱病从延安到了晋冀鲁豫军区，在病中指挥部队，克临汾、扫晋中、战太原，终因顶不住疾病的一次次袭击，在太原前线，肋膜炎严重复发，连续高烧不退，不得不休养治病。1949 年 4 月 25 日，毛泽东心系徐向前的病情和身体健康并致电："中央决定徐向前同志必须继续休养，养病时期工作由周士第同志代理。病愈后工作及任职到时再定。”5月3日，又专门为中共中央起草了让徐向前“去海边适当地点作较长时期之休养”的电报。6月，徐向前偕夫人、孩子和几个警卫人员到青岛休养。

毛泽东关心关爱前线将士，对部队中的伤病情况非常挂念，多次通过电报询问野战军病员情况及解决办法。7月24日，发电指示：“目前天气极热，可令四野主力缓缓前进，每天走四五十里，走两天三天休息一天两天。”26日发电：“盛暑行军病员大增，极为悬念。你们已改为旅次行军及三伏休整，当可使情况改善。”8月22日发电：“入新疆部队至少休整一个月，必要时酌量增加休整时间，好作充分准备。”29日发电：“野司转来四十三军病员情况的电报已阅悉，甚为怀念。未知其他各军是否也有相似的情形。你们是否已采取统一的办法克服这个困难，即是说是否需要推迟进军的时间，以便使部队多得休息，及是否需要普遍增加伙食费，使战士恢复体力，请将你们的意见电告。”

这些电报，寄托着毛泽东与战友们的深情厚谊以及对前线广大将士的殷殷关切，细微之处显真情，体现了毛泽东情深意长的伟人情怀。

资料来源：北京学习平台　作者：尤曼卿。

4. 培养人

培养高素质的员工队伍是实现组织目标的基础。提高人的素质就是提高组织的生命力和发展力。每个组织都应把培育人、提高人的整体素质，作为日常性工作和组织的发展战略。

5. 凝聚人

“军民团结如一人，试看天下谁能敌。”一个有竞争力的社会组织，应当是齐心合力、配合默契、协同作战的团队。管理者要研究如何提高组织成员的凝聚力与向心力，把全体人员团结起来，形成集体的力量。

6. 为了人

坚持“为人民服务”。人类创造财富的目的是人类自己。有效的管理既要保证组织目标的全面实现，也要保证组织内个人目标的实现。管理者应当了解人们的需求，为创造财富的人提供良好的工作条件和生活条件，满足他们不断变化和增长的物质和文化需求。这既是管理的目的，同时也是实现管理目的的手段。

【思政课堂2-7】

江山就是人民，人民就是江山

江山就是人民，人民就是江山。中国共产党领导人民打江山、守江山，守的是人民的心。治国有常，利民为本。为民造福是立党为公、执政为民的本质要求。必须坚持在发展中保障和改善民生，鼓励共同奋斗创造美好生活，不断实现人民对美好生活的向往。

我们要实现好、维护好、发展好最广大人民根本利益，紧紧抓住人民最关心最直接最现实的利益问题，坚持尽力而为、量力而行，深入群众、深入基层，采取更多惠民生、暖民心举措，着力解决好人民群众急难愁盼问题，健全基本公共服务体系，提高公共服务水平，增强均衡性和可及性，扎实推进共同富裕。

资料来源：《习近平在中国共产党第二十次全国代表大会上的报告》。

7. 激励人

员工的激情和奉献是组织的第一竞争力。有效的激励能点燃员工的激情，强化他们的工作动机，实现调动人积极性、主动性和创造性的目标。

依靠人、尊重人、关心人、培养人、凝聚人、为了人、激励人是相互联系的整体。

【思政课堂 2-8】

维护人民生命安全和身体健康

来自人民、依靠人民、为了人民，是100年来中国共产党的发展逻辑和胜利密码。

把人民放在心中最高位置。中国共产党是为人民奋斗的政党，始终把人民放在第一位，坚持尊重社会发展规律和尊重人民历史主体地位的一致性，坚持为崇高理想奋斗和为最广大人民谋利益的一致性，坚持完成党的各项工作和实现人民利益的一致性，不断把为人民造福事业推向前进。

依靠人民不断取得胜利。中国共产党是为人民服务的政党，始终相信和依靠人民，最广泛地发动和组织人民为着自己的利益而奋斗。党创立和坚持一切为了群众，一切依靠群众，从群众中来，到群众中去的群众路线，与人民有福同享、有难同当，有盐同咸、无盐同淡，紧紧依靠人民战胜一个又一个困难、取得一个又一个胜利。

实现人民当家作主。人民当家作主是中国共产党矢志不渝的奋斗目标。

让人民过上好日子。中国共产党干革命、搞建设、谋发展，都是为了让人民过上幸福生活。

新冠肺炎疫情发生后，中国共产党和中国政府坚持人民至上、生命至上，迅速开展患者救治、全员检测、接种疫苗，不遗漏一个感染者，不放弃每一位病患，不惜一切代价维护人民生命安全和身体健康。

实施患者免费救治。对新冠肺炎患者（包括确认和疑似患者）发生的医疗费用，在基本医保、大病保险、医疗求助等按规定支付后，个人负担部分由财政给予补助。截至2021年6月底，全国确认住院患者结算总医疗费用28.37亿元，医保负担16.31亿元；确诊患者人均医疗费用约2万元，其中，重症患者人均治疗费用超过15万元，一些危重症患者治疗费用几十万元甚至上百万元，全部由国家承担。

开展大规模免费核酸检测和疫苗接种。截至2021年7月25日，全国医疗卫生机构累计检测新冠病毒核酸样本逾22亿人份，接种新冠病毒疫苗155026.8万剂次，费用全部由国家承担。

资料来源：《中国共产党的历史使命与行动价值》。

（二）人本原理管理的原则

1. 人力资源开发的原则

人力资源开发是组织通过教育培训、激发鼓励、科学管理等手段，增加员工知识、提高员工技能、激发员工创造潜能，改变员工的态度和行为，使个人素质和组织竞争力得到提升的管理活动。人力资源开发有利于实现组织目标和员工个人发展目标。

2. 人际关系的原则

组织是众多人的集合体。组织内部人和人的关系程度影响组织活动的效率和效益。管理活动中，必须营造组织内部全体人员和各部门的团结、信任、平等、互助的人际关系环境。

3. 民主管理的原则

民主管理是鼓励组织成员，尤其是基层人员参与组织管理活动。民主管理又是一种群众参与下的多数人管理多数人的管理。民主管理有利于唤醒人的主人翁意识，弘扬主人翁精神，发挥人的主体能力，提高人的积极性，提高管理的有效性。

【实训课堂2－13】

民主管理

正是由于企业全体职工的共同努力，才使企业各项资源（包括劳动力本身）得到最合理的利用，才使企业创造出产品、利润和财富。所以，企业全体职工都有权参与企业管理。企业中的一部分职工（经营者和管理人员）的职业就是管理。所以，要特别重视非专职管理的职工（普通工人、职员和技术人员）参与企业管理的问题。具体的途径和形式是多种多样的，但有三种形式应当是最基本的。

通过职工代表大会选举代表参加企业的最高决策机构——管理委员会或董事会。职工代表在管委会和董事会中应占有一定比例，并享有与其他代表同等的权利和义务。

由职工代表大会选举代表参加企业的最高监督机构——监事会。职工代表在监事会中应占有较多名额，并与其他监事一样，享有监督企业生产经营活动的职权。

广泛参加日常生产管理活动（如质量管理、设备管理、成本管理、现场管理等）。由于劳动者最了解自己直接参与的那部分生产经营活动的实际情况，因此，他们在参与日常生产管理活动时应有更大的发言权，并且一定能取得更好的效果。

资料来源：周三多，陈传明．管理学——原理与方法［M］．7版．上海：复旦大学出版，2021.

【实训课堂2－14】

打破员工沉默，激发他们的参与热情

公司最大的危机，就是大多数人都沉默！管理者必须掌握让员工参与管理的技巧。

营造气氛，倾听员工声音。管理者应当欢迎员工参与管理，建立公平公正的反馈机制，认真考虑各方面意见。有意识地营造对事不对人的工作氛围，与员工交谈，倾听他们的意见建议，肯定员工对公司的忠诚和贡献。也可利用非正式组织的作用了解员工的心声。

鼓励参与部门规划与决策。可以采用部门会议、内部讨论，或下属与领导间的一对一交流等形式，让员工参与规划与决策。鼓励员工的合理化建议，让他们能更好地认识自我，充分调动其积极性与主人翁精神，为部门工作献言献策。凡是正确的建议就要采纳并积极实施。如果员工提出合理建议而管理者只是流于形式上的认同，这将会极大挫伤他们的积极性。

将员工建议纳入考核中。将员工在部门规划与决策中所起的作用与所提出的建议纳入对员工的综合考核之中，优秀者给予奖励，也可以将之作为员工晋升的一个衡量因素。激励强化员工的沟通意识和参与意识，从而激发他们发表意见的欲望，培养个人对企业的责

任感。

积分制管理。用奖分和扣分来记录和考核人的综合表现。积分制管理用奖分培养员工的好习惯，注重员工的成长，让员工随着积分的累计逐渐实现个人价值。员工提合理化建议、主动工作、主动学习等正能量行为都会得到积分的奖励，通过这样的激励方式，让员工不再沉默！

资料来源：李荣．中国积分制管理［M］．武汉：长江出版社，2014.

4. 组织文化建设的原则

通过组织文化建设，培育全体人员的共同价值观、组织精神和组织行为。提高全体人员的自我约束力、凝聚力。提高组织内的和谐度，降低管理成本，提升组织形象。

5. 动力原则

现代管理的核心是发挥和调动人的积极性、创造性。动力原则要求在管理活动中发挥和保持人的能动性，促进管理活动持续而有效地运行，实现组织整体功能。一般来说，在管理中有三种不同而又相互联系的动力。管理实践中，要求综合运用，发挥三种动力的合力。

（1）物质动力。物质动力是指利用货币、实物等物质手段，调动人和组织的积极性，推动管理活动的发展。物质刺激是最原始、最基本的手段。

（2）精神动力。精神动力是通过培育组织的观念、理想、目标、道德规范、行为准则等，对组织成员产生推动和约束力量。精神动力不仅可以补偿物质动力的不足，而且在特定情况下，可以成为决定性的动力。思想政治工作是精神动力的重要内容。

（3）信息动力。信息是组织活动的神经和重要资源。信息也能影响人的工作态度及积极性。人和社会组织通过信息分析能发现自身的差距、确立自己的努力方向，从而产生巨大的动力。

【实训课堂 2－15】

我的动力是对于我所做的事的热情

美国 VIACKM 公司董事长萨姆·莱德斯通说："实际上，钱从来不是我的动力，我的动力是对于我所做的事的热情。我喜欢娱乐业，喜欢我的公司。我有一种愿望，要实现生活中最高价值，尽可能地实现。"

二、系统原理

（一）系统

任何事物都是系统。自然界和人类社会存在着各种各样的系统。如企业系统、教育系统、人体系统、生物系统等。系统是由若干相互作用、相互依赖的若干要素结合成的具有特定功能的有机整体。通常把构成系统的各"要素"称为"子系统"。一切系统都有从属于它的多个子系统。例如：企业作为一个系统，就是由其内部的行政系统、生产系统、销售系统、科研系统、后勤系统等子系统构成。其中，每一个子系统又可分为若干个子系统。可见，系统是一系列要素的集合。

系统按其形成可分为自然系统（如太阳系）和人造系统（如学校）；按其功能发挥与外界的关系可分为开放性系统和封闭性系统。社会组织属于开放型的人造系统。

【思政课堂 2-9】

航天系统

我国神舟号飞船系统包括：航天员系统、飞船应用系统、运载火箭系统、发射场系统、测控通信系统、着陆场系统等。其中，飞船是采用三舱一段，即由返回舱、轨道舱、推进舱和附加段构成，由13个分系统组成。这是一个宏大的系统工程。全国数百个单位、上万名科研人员和其他各方面的人员参与完成的伟大壮举。体现了“特别能吃苦、特别能战斗、特别能攻关、特别能奉献”的航天精神。

任何社会组织都是由人、财、物、信息等要素组成的系统，管理者可以把一切管理对象看成是特定的系统。因而，对组织的管理实际上就是对系统的管理。恩格斯说：“我们所面对着的整个自然界形成一个体系，即各种物体相互联系的总体”。这是对普遍联系和系统观念经典的哲学表达。

（二）系统原理

系统原理是从系统论的角度认识和处理管理问题的理论和方法。它要求管理从组织整体出发，按照系统特征的要求从整体上把握系统运行的规律，对管理问题进行系统分析和系统优化，并依照组织活动的效果和社会环境的变化，及时调整和控制组织运行，实现组织目标。即：从系统的观点出发，以最优化方法求得系统整体的最优的综合化的组织、管理、技术和方法的总称，是一种具有普遍意义的科学管理原理。

在管理实践中，系统原理可以具体为五个原则。坚持系统原理，树立系统观念，进行系统思考就要坚持系统的目的性原则、整体性原则、层次性原则、相关性原则和动态性原则。

1. 目的性原则

任何系统都有一定的目的，不同系统有不同的目的。系统的结构和功能应当有利于其目的的实现。目的性原则要求系统的运行必须以实现目的为中心。

（1）明确系统目的。目的性是区别不同系统的标志。管理者必须明确系统的目的性，并为系统设置正确性和可行性目标。

（2）综合平衡子系统目标。系统内部的各子系统有各自的目标，有多少个子系统，就有多少个具体目标。多个目标之间相互支持或相互冲突。因此，在规划和拟定系统方案时，要统筹兼顾，兼顾多个目标的要求。

（3）实现总目标。系统内部有明确的分工。子系统的目标是其母系统目标的一部分，它是实现母系统目标的手段。所以，系统内部各个子系统的目标，必须服从系统总目标的要求。子系统的设立、运行及其目标设定，必须以实现系统的总目标为目的。只有这样，系统内部才可能形成一个以目标为支点的有机体系，构成一个以实现总目标为目的的目标体系。

2. 整体性原则

整体性也称为集合性。整体性是系统最基本的特征。系统的目的性与整体性紧密联系，若干要素的集合是为了实现一定的目的，没有目的就没有要素的集合。所以，系统是由两个以上的要素（子系统）为实现系统的目的而组成的整体。系统设计和系统分析要保证系统整体功能的最大化。即“整体大于部分之和”。

（1）整体观念。整体观念是系统管理的核心思想。整体性原则要求管理者在处理问题时，首先要着眼于系统的整体功能和整体利益，从系统的总目标和功能的角度分析各子系统的关系，从整体出发协调好子系统的相互关系。

（2）全局观念。整体性思想要求管理者善于把握全局，从组织的全局来观察问题、分析问题，统筹兼顾，协调各方，达到整体最优化。即要树立整体观念。在管理活动中坚持个人服从集体、局部服从全局。

（3）长远观念。整体性原理要求管理者具有战略思想，从长远利益出发，处理好当前利益与长远利益的关系。

3. 层次性原则

系统是由若干个子系统构成的整体。系统内部各子系统不是孤立地存在着，每个子系是根据其功能和作用的不同，按照一定规律处于系统中的一定位置，有秩序地排列组合形成整体。

在任何一个系统中，如果子系统的排列不符合层次性要求，即使子系统的性能好，也不能保证系统的整体性能好，子系统功能的发挥也不能保证整个系统功能的正常发挥。所以，系统的功能不等于子系统功能的简单相加，只有从整个系统的目的性出发，设计各子系统的性能和功能，并使各子系统按一定的规律进行排列，形成一定的层次性，使各子系统在发挥各自功能时，既能与其他子系统联系，又服从整体的要求，才能实现整体功能最优。

在管理工作中，一要分清层次，明确系统内部各子系统之间的层级关系。二要建立相应的工作规则和信息沟通规则，明确各层级的责、权、利关系。

【实训课堂 2-16】

石墨和金刚石

石墨和金刚石都属于碳单质，由于二者中碳原子的排列不同。所以，金刚石和石墨是由相同元素构成的同素异形体。金刚石是自然界中最坚硬的物质，石墨是其中一种最软的矿物。两种物质的性质和用途不相同。

4. 相关性原则

系统的相关性即组成系统的各子系统之间客观上存在着相互作用、相互联系、相互影响的关系。在系统内部，任何一个子系统的状态发生变化，必然会影响其他子系统和整个系统的运行及其功能的发挥。管理活动必须清楚构成系统的各子系统的状态、变化及各子系统之间的关系。必须对构成系统的各子系统及其相互联系进行全面分析，按整体性要求协调好各子系统的相互关系。

5. 动态管理原则

环境是一个系统所属的更大的系统，属于母系统。任何系统都处在一定的环境中，系统功能的发挥必须与不断变化的环境进行物质、能量、信息的交换。系统功能只有在与环境的动态适应过程中才能实现。

系统是在与环境的相互作用中实现动态平衡的。因此，系统运行必须持续地接收环境信息，管理者必须高度重视系统对外部环境的适应性。及时进行系统内外部环境的调查，关注其变化，提高预见性，主动调整系统要素，实现动态平衡，发挥系统功能，实现系统的目的。

【实训课堂 2－17】

《智囊》故事：丁谓重建皇宫

祥符年间，宋真宗的寝宫突发火灾，损失惨重。宰相丁谓全权主持宫室的修复重建工作。由于建筑用的泥土材料从郊外运来费时费工，而工期又太紧，丁谓想出了一个超常规的办法。

他首先吩咐民工在皇宫外面直接挖土，为修建皇宫之用。挖土后，形成一条大渠。这条大渠不仅又宽又深，一头连接城内的汴河，一头直接通到皇宫里面的街道上。他让民工将开封城内的汴河挖开，引水入渠。这样，外地采购的建筑材料就可以走水路，从汴河进入大渠，然后运到建筑工地。

寝宫修复重建完毕，皇宫也整饬一新，丁谓让民工先坝住汴河，将渠水用尽，再将土石瓦砾、断梁残柱等建筑垃圾倾倒进大渠，夯实抹平，恢复原来的平地，栽上树木，形成景观园区。

丁谓这个超常规的设想，节省了人力、物力和财力，提高了劳动效率，保证了施工质量。最终工程结算，节省了亿万两银子。

这是系统思想的运用。

三、反馈原理

反馈原理是系统原理的组成部分。

反馈是由控制系统把信息输送出去，又把其作用结果返送回来，并对信息的再输出发生影响，起到控制作用，以达到预定目标。原因产生结果，结果构成新的原因，反馈就是原因和结果的桥梁。

反馈原理是指系统管理中心根据反馈信息，通过与原有目标的比较、分析、判断，重新决策、计划，再发出新信息，不断循环往复及时调整、控制系统的运动，使系统的内部条件适应外部环境的变化，以实现系统目标。

（一）建立多渠道，高效的信息反馈机制

信息量大、信息源多、信息复杂多变是信息化时代的特征。社会组织必须建立广泛的信息渠道和高效的信息反馈机制，及时获取更多信息。所以，社会组织重视信息投入，既要重视技术、资金的投入，也要重视信息工作人员的培养。

管理者也可通过建立下级工作汇报机制、领导热线电话、顾客热线电话、网络交流平台、管理者亲自调查研究、鼓励组织成员参与信息反馈、大数据等方式，多渠道收集相关信息。

(二) 信息的要求

反馈的信息必须全面、及时、准确、安全、适用。

四、封闭原理

封闭原理是指任何一个系统内的管理职能和管理手段必须构成一个连续封闭的回路，形成有效的管理运动。

(一) 建立完善的政策和法规

建立规章制度是贯彻封闭原理的前提和重要手段。组织制定本系统的全面的规章制度，明确系统内部人、部门、岗位的目标、权力和责任等，同时要提高组织成员的法律意识和责任意识。

(二) 强化封闭管理

建立和健全组织决策、执行、监督和信息反馈机构，使各机构、各管理环节，均受到相应的牵制。即在任何一个系统内部的各管理机构之间、各种管理制度之间、各种管理环节之间、各个管理运行机制之间、各种管理方法和手段之间，都必须具有相互制约的关系。只有系统内部的机构、制度、权力、方法、手段、环节和运行机制之间建立了相互制约、互相监督关系，才能形成有效的封闭管理。例如：一些生产企业实行的“下道工序是用户”的理念和方法就符合封闭管理的要求。

(三) 理顺封闭渠道

组织在运行中要不断健全组织机构，重视信息反馈，进行组织变革，完善法律制度，加强责任制度，提高人员素质，重视思想教育和文化建设等。

【实训课堂 2－18】

股份公司的机构设置

股东大会：股东大会是公司的权力机构，依照本法行使职权。股东大会应当对所议事项的决定作成会议记录，主持人、出席会议的董事应当在会议记录上签名。会议记录应当与出席股东的签名册及代理出席的委托书一并保存。

股份有限公司设董事会，其成员为五人至十九人。董事会应当对会议所议事项的决定作成会议记录，出席会议的董事应当在会议记录上签名。董事应当对董事会的决议承担责任。董事会的决议违反法律、行政法规或者公司章程、股东大会决议，致使公司遭受严重损失的，参与决议的董事对公司负赔偿责任。但经证明在表决时曾表明异议并记载于会议记录的，该董事可以免除责任。

股份有限公司设经理，由董事会决定聘任或者解聘。经理对董事会负责。

股份有限公司设监事会，其成员不得少于三人。董事、高级管理人员不得兼任监事。监事会应当对所议事项的决定作成会议记录，出席会议的监事应当在会议记录上签名。

法律责任（略）

资料来源：《中华人民共和国公司法》。

五、能级原理

“能”和“级”均是物理上的名词。能级是指原子、分子、原子核等在不同状态下运动所具有的能量值，这些能量级象台阶一样，故称为能级。组织系统中的各要素（人员、机构、制度、方法等）客观上存在能力或能量大小，从而形成管理中的能级效应。

能级原理是指在组织内部建立合理的能级结构，使组织的各要素处于相应的能级中，以达到最佳的管理效率和效益。这也是系统原理中层次性原则的要求。

（一）建立合理稳定的管理能级

组织是由不同能量的人组成，要使这些能量大小不同的人组合起来，形成稳定、团结、和谐的团队，就必须进行合理的分级，使不同能量级的人处于相应的能级中。实现人尽其才。如：依据一般的能级分类标准，可将管理能级分为若干层次。如决策层、执行层、操作层。也可将业务能级分为若干层次。如工程师、高级工程师等。建立合理的能级既是对不同人才能力的认可，发挥不同人才的作用，也有利于激发人们奋发向上的积极性。

（二）实现各能级责、权、利的有机统一

组织确定了合理的能级结构，就要在不同层级上配备符合要求的人员，赋予相应的权力、责任、利益。实现能级与责权利相互对应。实现能级与责权利协调一致性也符合封闭管理思想。

（三）建立动态相适应的能级

一方面，组织内部每个人的知识、观念、能力等素质是变化的；另一方面，随着社会发展，各工作岗位对人在知识、技能等方面提出更新、更高的要求。这就要求保持能级的动态性。以便使不同层级的工作岗位始终由合适的人履职。

美国学者劳伦斯·彼得认为：“在一个等级制度中，每个职工趋向于上升到他所不能胜任的地位。”要破解“彼得原理”现象，就要坚持能级的动态性，建立相应制度，做到能上能下，能进能出。

管理活动中，既要根据人的素质变动状态调整他们的工作岗位、权责等，使能者上，庸者下。又要根据岗位变化对人才在知识、能力等方面提出的新要求，对人员进行培训。只有保持能量与能级的动态对应，才能促进人不断进步，发挥每个人的作用，提高各管理层的管理效率。避免陷入“彼得原理”的陷阱。

六、责任原理

管理必须追求效率和效益。这就要求在管理过程中不断挖掘人的潜能，在合理分工的基础上，明确规定组织内部各部门和个人的工作任务和相应责任。

（一）分工明确，职责到人

一般来说，分工越明确，职责越明确。职责是在合理分工的基础上确定每个人的职位，具体规定各职位应担负的责任。职责通常是由法律、制度、计划等规定的工作数量、质量、时间、效益等方面的行为规范。职责要落实到个人，做到事事有人负责。没有分工或分工不明确的共同负责，实际上是职责不清、无人负责，这必然导致管理混乱和效率低下。在分工的基础上还必须明确各部门、各岗位的协作关系。

（二）人尽其才，授予权限和利益

列宁说：“管理的基本原则是：一定的人对所管的一定的工作完全负责。”这要求在

管理工作中处理好以下三个因素。

1. 权限

授予下级完成相应职责所必须的权力。在管理工作中，如果没有一定的人、物、财等方面的支配权力，就难以履行管理工作，也不可能完成相应职责。如果下级有责无权或责大权小，就必须事事向上级请示、汇报，这样既不利于发挥下级的能力、激发积极性，也会影响管理效率。正确的做法是：把下级完成职责所必需的权限全部授予下级，由其决策和执行，上级只在必要时给予适当的指导和支持。

2. 利益

利益是对努力工作者的奖赏。给予勇于承担责任的管理者相应的物质利益和精神利益，有利于更好地调动他们的积极性，发挥创造性。

3. 能力

人尽其才，把工作交给有相应能力的人来完成，这是管理的基本要求。只有具备一定素质的管理者才具有完成一定工作的能力和承担一定责任的心理素质。

管理学家认为，职责和权限、利益、能力之间的关系应遵守等边三角形定理，见图 2－2。职责、权限、利益是三角形的三个边，能力是等边三角形的高。职责、权限、利益是相等的，而能力可以略小于职责、权限、利益。即，对管理者或其他完成任务的人安排具有挑战性的工作任务，有利于他们在工作中挖掘自身潜力，主动学习，主动请教，发扬民主，发挥团队的作用，促使其慎重用权，促进其不断成长。

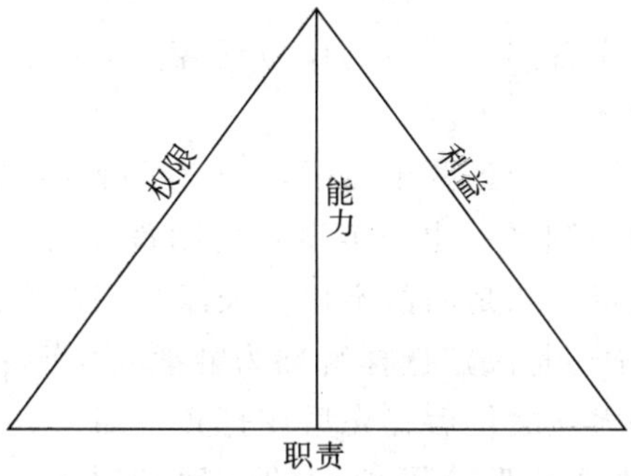

图 2－2　职责、权限、利益、能力的关系

（三）奖惩结合

奖惩结合是奖励与惩罚的合称。合理用权，实现管理目的，给予奖励；滥用权力，给工作造成损失，追究管理者的责任。公正、及时的奖惩，有助于提高人的积极性，挖掘其潜力，提高管理成效，使人们努力为组织做贡献。

在线测试

第四节 实训任务

一、简答题与讨论

1. 中国传统管理思想的主要内容是什么？
2. 泰罗的科学管理理论的基本观点有哪些？
3. 简要解释法约尔的十四项管理原则。
4. 人际关系学说的主要思想是什么？
5. 什么是学习型组织？怎样理解学习型组织的五项修炼？
6. 简述系统和系统原理。
7. 简述人本原理的含义及在管理中的应用。
8. 讨论：人是“社会人”还是“经济人”？

二、案例学习与思考

案例一：智瑶的灭亡

春秋战国时期，中原霸主晋国，国君的权力衰落，实权最终落入智、赵、韩、魏四大家族中，其中，智氏家族的势力最大。

晋国卿大夫智宣子有智宵、智瑶两个儿子。智宣子晚年决定传位给智瑶，其同族智果认为“瑶之贤于人者五，其不逮者一也。美鬓长大则贤，射御足力则贤，技艺毕给则贤，巧文辩慧则贤，强毅果敢则贤，如是而甚不仁，夫以其五贤凌人，而以不仁行之，其谁能待之?”在反对声中，智宣子还是决定选择智瑶为继承人。智果无奈另立门户。

智瑶在继承了晋国的卿大夫之位后，先后攻打齐、郑、卫，并联合晋国的韩、魏两家灭掉了范氏和中行氏两大家族，瓜分了他们的土地和财产。智氏成为了晋国的第一大家族。

一次，智瑶宴请韩康子和魏桓子，在席间调侃侮辱韩康子和他的相国段规，其谋士智国劝智瑶，不要随意得罪人，否则灾祸就会不期而遇。智瑶不以为意，说：“难将由我，我不为难，谁敢兴之?”

智瑶为了扩大自己的势力，削弱其他家族的势力，他提议当时包括他在内的四大家族向当时的晋国国君进献土地，他还带头献地，韩、魏两家惧怕智瑶的势力，无奈献地，赵襄子却坚决不献，于是，公元前455年，智瑶就联合韩魏两家攻打赵氏，赵氏退守晋阳。

有一天，智瑶在巡视的过程中发现可以利用水淹晋阳的办法打败赵氏，便派人筑堤拦水并且当着韩康子和魏桓子的面说“用水也可以灭国啊!”韩、魏二人听后忧心忡忡，他们都害怕智瑶在灭了赵氏之后用同样的办法灭了他们。赵襄子在万分危急的时刻派谋士张孟谈秘密约会韩康子和魏桓子，说我们赵氏被灭，下一个该轮到你们了，韩、魏二人想起以前智瑶的种种不仁行为，决定联合赵襄子一起攻打智瑶，在三家合力下，打败了智瑶，并且杀了智瑶和智氏家族所有人，只有独立出去的智果一支幸免于难。

此后，赵韩魏三家瓜分了智氏的领地。这就是历史上著名的韩、赵、魏三国。它们和当时的秦、齐、楚、燕四个大国，并称为“战国七雄”。

讨论：智瑶失败的原因。

案例二：处罚约翰

1764年的某天深夜，哈佛大学哈佛楼被一场大火烧成灰烬。哈佛楼里珍藏着哈佛去世后捐赠给哈佛大学的图书，这些图书是哈佛大学的镇校之宝。如今却毁于一场大火。实在令人痛心。

说来也巧，发生大火的当天下午，17岁的约翰在哈佛楼里读一本书，因喜欢书的内容，他就想看完这本书后再归还，便偷偷把书带出哈佛楼。显然，大火后，这本书作为哈佛楼的唯一“幸存者”，便成为稀世珍宝。说出来，还是隐瞒？约翰陷入到了巨大的道德诘难中。

最后，17岁的约翰勇敢走进校长霍里厄克的办公室，把这个孤本还给他。霍里厄克校长听完约翰的话，用颤抖的双手接过图书，眼睛里闪动着泪花说：“谢谢你为学校保留了这份宝贵的遗产，你回去听候安排吧。”

两天后，哈佛张贴处理告示：约翰同学因违反学校规定，勒令其退学。所有人包括约翰都无法接受。更多人都为约翰求情：约翰毕竟保存了哈佛先生赠送图书的孤本，给他一次机会吧。

霍里厄克校长表情凝重，对提出异议的人说：“首先我要感谢约翰，他很诚实地把图书返还给学校，我赞赏他的态度，但我又不得不遗憾地说，我要开除约翰，因为他违反了校规，我要对学校的制度负责。”

约翰被赶出哈佛后，并没有仇恨哈佛，反而感恩哈佛。他于第二年考入哥伦比亚大学，最后成为美国一流的大律师。美国独立战争开始后，他加入托马斯·杰斐逊的团队，直接参与了杰斐逊起草的《独立宣言》，把自己的名字写在了美国历史之上。

资料来源：中国管理科学研究院摘录《契约与文明——哈佛大火救出孤本图书的学生为何受惩处？》

讨论：1. 你认为学校对约翰同学的处理有无道理？为什么？

2. 你阅读这个故事后有何启示？

案例三：张某贪污

某市不动产登记中心工作人员张某贪污近7000万元。

他的方式非常简单，就是虚开凭证：买房人将房款交到资金托管机构，进入资金池，经审核交易手续完备，再从资金池放款到卖房人账户。收款、审核、办理凭证，全是一个人操作。

如果有人查验，用半小时就能发现漏洞。然而，在张某“暗箱操作”的三年里，不论是科室会计，还是各级负有管理职责的人员，连基本的对账都没有认真做过；房产交易管理科的副科长、科长，不动产登记中心分管副主任三级审核、三级签字，但实际也变成了只签字不审核。

张某陈述，虽然他只是一个小小的基层人员，但在科室，除了他和另一个人，其他全是领导，是“不参与具体干活”的。

于是，大错铸成。

分析产生上述问题的原因是什么？怎样才能防范这类问题的发生？

案例四：从古诗词中，感悟管理思想

1. 古诗云“骏马能历险，力田不如牛；坚车能载重，渡河不如舟；舍长以就短，智者难为谋；生材贵适用，慎勿多苛求”。

2. 横看成岭侧成峰，远近高低各不同。

要求：请思考上古述诗词中蕴含的管理思想。

三、实训建议

（一）阅读

1. 杨玉成、王千阁《坚持系统观念》。
2. 泰罗《科学管理原理》。
3. 彼得·德鲁克《管理的实践》。
4. 蔡一《华夏管理文化精粹》。
5. 中国企协古代管理思想研究会《传统文化与现代管理》。
6. 谭力文、刘林青、包玉泽《改革开放以来中国管理学的发展研究》。
7. ［美］彼得·圣吉《第五项修炼》，张成林译。

（二）中华成语中的管理学

成语是中华传统文化的重要内容和传承方式。中华成语中隐藏着无数动人的故事，体现了中华民族的智慧。许多成语中还蕴含着丰富的管理思想。包括组织管理、人力资源、市场营销、公共关系、危机管理、领导者素质、企业战略和创新管理等。请学习下列成语故事，分组讨论这些成语中包含的中华管理思想。

攻心为上；道不同，不相为谋；任人唯贤；量才录用；求贤若渴；不拘一格；人尽其才；管鲍之交；约法三章；赏罚分明；一诺千金；一言九鼎；集思广益；独断专行；穷则变，变则通；广开言路；博采众议；毛遂自荐；八仙过海，各显神通；同舟共济；求同存异；群策群力；曲突徙薪；当机立断；论功行赏；兵贵神速；战战兢兢，如履薄冰；楚材晋用；工欲善其事，必先利其器；他山之石，可以攻玉。

（三）调查与讨论

1. 搜集国内著名企业的管理案例；
2. 走访本地企业、学校等社会组织，调查其管理状况；
3. 运用学过的管理理论分析所搜集的案例和调查资料，并写出报告；
4. 搜集泰罗、法约尔、韦伯等管理学家的个人资料。说说现代管理者应学习他们哪些优秀品质？

第三章 决策职能

PPT

知识目标：理解决策的概念、地位、作用；了解影响决策的因素；理解决策的原则；熟悉决策过程；了解计划的特点和程序；理解目标管理的概念、特点，熟悉目标管理的程序。

能力目标：掌握定量决策和定性决策的主要方法；掌握滚动计划技术和目标管理的方法。

思政目标：讲述中国共产党百年历史中的重大决策事件，引导学生坚定理想自信；介绍国家“十四五”规划，引导学生了解国家发展战略，明确当代大学生的历史使命。

第一节 决策职能概述

【案例导入】

联想集团的决策

1984年11月1日联想集团的前身，中国科学院计算机研究所新技术发展公司成立。当时只有11个人，20万元，20平方米的小房子。在创业初期，联想人卖彩电、卖萝卜、卖旱冰鞋、卖电子表等。1985年，联想人冷静下来讨论、思考，“我们该做什么？”“能做什么？”当时，一些公司依靠从国外进口电脑，加价后卖出，实现了高额利润。联想人没有走这条路。柳传志决定，公司开展计算机服务，主要是验机、服务、维修。计算机服务第一年公司实现70万元收入。根据当时国内计算机西方化的市场状况，公司又决定进行西文汉化的研究。公司将70万元全部投入到“联想汉卡”的开发上，推出了第一个重要产品——联想汉字系统。此后，联想集团根据市场变化不断进行变革，逐步实现了技工贸一体化，开拓国外市场等。一系列正确的决策使联想集团不断发展壮大，成为国内外知名的企业集团。而当初靠倒卖电脑的公司许多早已销声匿迹。

2020 年联想控股综合营业额 4175.67 亿元人民币。

一、决策的概念和作用

(一) 决策的概念

在汉语中，“决”有决定、断定之意；“策”有计策、计谋或主意之意。决策作为现代管理学的重要术语出自美国。在管理学的发展史上，关于决策的概念，学者们提出了上百种观点。主要定义如下：

“决策是指从两个或两个以上的可行方案中选择一个合理方案的分析判断过程。”

“决策是组织的决策者以其知识、经验、掌握的信息为依据，遵循决策的原理原则，采用科学的方法，确定组织未来的行动目标，并从两个以上可能实现目标的行动方案中选择一个较为满意的方案的分析决断过程。”

“决策是为了达到某一特定的目标而从若干个可行方案中选择一个满意方案的分析判断和选择的过程。”

海因茨·韦里克和哈罗德·孔茨认为：决策是指从备选方案中选择行动步骤。

赫伯特·西蒙说：“管理就是决策。”

周三多、陈传明等认为：“所谓决策，是指组织或个人为实现某种目标而对未来一定时期内的有关活动的方向、内容及方式的选择或调整过程”“决策是管理者识别并解决问题以及利用机会的过程。”

通过对以上决策概念的综合分析可知，管理决策包括下列六个基本要素：

1. 决策者

决策者是决策主体。决策主体是依法享有决策权的个人或组织。

2. 决策目标

决策目标是决策主体期望实施决策达到的成果或价值。决策目标是衡量决策成效的重要依据。

3. 自然状态

自然状态是影响决策过程及决策执行的外部环境。即：国内和国外的政治、法律、经济、社会、文化、技术、自然等因素及条件。

4. 备选方案

备选方案是可供决策活动选择的各种可行方案，是实现决策目标的不同路径。

5. 决策后果

决策后果是决策及其执行所引起的变化或结果。决策者必须对决策的变化和后果有预见性，并为决策结果承担相应责任。

6. 决策准则

决策准则是决策所应达到的标准和应该遵循的规则。

决策是社会组织和个人普遍存在的一种行为，决策活动也是管理活动中经常发生的行为。管理学主要研究社会组织的决策问题。

【实训课堂3-1】

司马光砸缸

据《宋史》载："光生七岁……群儿戏于庭，一儿登瓮，足跌没水中，众皆弃去，光持石击瓮破之，水迸，儿得活。"根据这段文字，我们可以作几种设想，演义出一个简单的决策过程（见表3-1）。

表3-1

目的	拟定备选方案		可行性分析评价	决策
救人	方案1	呼喊大人来救小孩	附近无大人，呼喊无人应答。	方案不可行
救人	方案2	小司马光亲自把小孩抱出水缸	年龄小，抱不动小孩或自己抱小孩风险大。	方案不可行
救人	方案3	小司马光用力把瓮推倒	年龄小，力量小，推不动瓮。	方案不可行
救人	方案4	小司马光寻找大人求救	附近无大人，到别处找大人，时间来不及。	方案不可行
救人	方案5	小司马光取石头砸破水缸	缸破，水失，小孩得救。	满意方案

（二）决策在管理中的地位和作用

1. 决策是管理的核心，决策贯穿于组织活动全过程

管理就是决策。管理过程是由一系列决策组成的系统。管理五项职能的实施过程中的每一个环节都存在决策问题。创建组织、机构设置、人员配备、权责划分等，是组织职能中的决策问题；选拔使用人才、发布命令、如何指挥、如何激励、如何沟通等，是领导职能中的决策问题；建立信息反馈系统、建立调节监督制度、对监督结果的处理等，是控制职能中的决策问题；组织的创新战略、创新机制建设等，是创新职能中的决策问题；确定组织战略、计划、目标、政策等是决策职能中的决策问题。在企业中还存在一系列决策问题。如：生产决策、营销决策、财务决策、技术决策、人事决策等。可见，一切管理工作、执行工作都离不开决策。决策是行动的前提，没有决策就没有组织的活动，也就没有执行。决策为执行确定了方向、原则、步骤和方法等。

2. 决策关系组织事业的兴衰成败

古今中外，一切国家、组织和个人的成功首先是决策的成功。而一切失败往往是决策的失败。决策规定了组织全局的发展方向和道路，提出了组织一定时期的奋斗目标和实现目标的措施，明确了组织的方针和策略。这些具有重要意义的决策问题都是关系组织兴衰成败的重大问题，是决策者必须高度关注的问题。

【实训课堂3-2】

王安公司决策失误

20世纪70年代末，美国一些公司根据消费者市场变化开始生产个人电脑。王安公司有不少人向董事长王安建议研制个人电脑。王安却认为搞个人电脑是"闻所未闻的荒唐事。"他坚信更多的利润来自"在自己熟悉的领域走自己熟悉的方向。"面对市场对个人电脑需求不断增长的趋势，王安却要求自己公司内出色的技术人才继续研究曾经给自己带

来辉煌的小型机和字处理设备的新一代产品。1985 年面对市场变化的压力，王安终于推出了个人电脑。但由于这种电脑兼容性差，很多软件无法在它上面运行，消费者不能接受。1985 年第四季度王安公司宣布亏损 1 亿零 900 万美元。这是王安公司 10 年内的第一次亏损。王安公司错过了个人电脑的浪潮，1992 年申请破产。

3. 决策是管理的首要职能，决策工作是管理者的主要职责

美国学者马文在调查时，向一些公司的高层管理者提出了三个问题：你认为你每天最重要的事情是什么？你每天在哪些方面花的时间最多？你在履行你的职责时感到最困难的是什么事？90% 以上的高层管理者回答是“决策”。美国通用电气集团 CEO 杰克·韦尔奇说“我整天没有做几件事，但有一件事是做不完的。那就是规划未来”。可见，在组织活动中，决策工作是管理者最主要的日常工作。不同层级和不同部门的管理者做出一系列决策，推动组织工作的全面进行。管理者在组织中的地位越高，责任越大，决策越重要。

4. 决策能力是评价管理者综合素质的重要依据

对管理者的评价不仅要看他处理日常事务的能力，更要评价其决策能力。组织内各部门、各环节所有活动都从决策中产生，又受决策影响。决策能力自然就成为管理者最主要的能力。没有决策能力的人，不适合从事管理工作。

二、决策的特点

（一）目的性

决策是为实现一定目的所进行的选择。所以，确定目的是决策的首要问题。目的是决策方案拟定、比较、选择、执行及效果检查的标准和依据。目的达成程度体现组织管理水平和竞争力。

（二）选择性

从国家的大政方针到老百姓的日常生活的决策，无一不是行动方案的选择过程。决策过程就是在对两个或两个以上方案的分析比较中进行的一种选择。在选择中，决策者要避免陷入“霍布森选择”——英国剑桥商人霍布森做马匹生意，霍布森的马圈很大，马匹也很多。他对前来买马的人说，你们可以随便买马或租马，价格便宜。但霍布森的马圈只有一个小门，高头大马出不去，只有瘦马、劣等马、小马可以出去。而且霍布森只允许人们在马圈的出口处选马。这样，买马的人只能在门口少量的马群里挑选瘦马、劣等马。其结果是，人人都选不到好马。“霍布森选择”的实质是小选择、假选择、形式主义的选择，它是一个陷阱。

（三）过程性

赫伯特·西蒙说：“决策制定是一个过程而不是简单地选择方案的行为。”决策过程包括了发现问题、确定目标、拟定可行方案、分析评价方案、选择方案、实施方案及跟踪反馈等。每一个阶段又分为若干个具体的工作环节和内容。这些阶段、环节相互联系、相互影响，对决策结果有重大影响。坚持决策过程的完整性有利于降低决策风险，提高决策质量。另外，决策者必须严格遵守法律、条例规定的决策程序。

（四）主观性

科学决策虽然有一定的科学程序、原则、方法。但决策过程受决策者的知识、经验、能力和价值观、道德等的影响。相同环境下，不同决策者可能做出不同决策。所以，决策又是决策者主观意志的体现。降低决策者个人的主观性对决策的不利影响，一是遵循科学理论、程序、原则、方法；二是提高决策者的综合素质；三是建立科学决策机制。例如：决策咨询机构、民主决策机制、决策执行机构、决策监督机构等。

（五）动态性

决策是一个不断循环的动态过程，没有真正的起点和终点。不断变化的组织内外部环境，影响决策及决策执行。决策者要密切关注环境变化对决策的影响，并及时修订决策方案或重新决策。

（六）风险性

一切决策都有风险性。不同类型的决策，其风险程度也不相同。一般地，长期决策、不确定型决策、风险型决策、例外决策的风险性大于短期决策、确定型决策和常规决策的风险性。在决策实践中，风险和机会是共生的，有风险必有机会。风险有继发性，机会也有继发性。决策者要有风险意识和识别风险的能力。在对环境的评估中发现机会，利用机会，敢于决策，敢于创新，勇于负责，积极决策，科学决策，降低风险。

管理者在决策中要重视风险管理，必须做好风险预测、风险评估，坚持底线思维。正如党的二十大报告指出，“我们必须增强忧患意识，坚持底线思维，做到居安思危、未雨绸缪，准备经受风高浪急甚至惊涛骇浪的重大考验。”

此外，大数据时代，决策呈现出许多新特点：决策主体的构成变化；决策系统的规模空前扩大；决策活动的频率加快；决策活动包含的信息量猛增；决策的智能化和操作化水平提升等。

【思政课堂 3－1】

居安思危，未雨绸缪

居安思危、未雨绸缪，是毛泽东坚持底线思维的有力支撑。毛泽东在七大前后认真考虑到各种“最坏”状况，宁可把形势想得更复杂一点，把挑战看得更严峻一些，把困难估计得更充分一些，力争对可能出现的最坏情形做好充分的预判和准备。

在党的七大结论报告中，毛泽东列出了中国共产党接下来可能遇到的17条困难，即17个方面的“最坏局面”：“外国大骂”“国内大骂”“准备被他们占去几大块根据地”“被他们消灭若干万军队”“伪军欢迎蒋介石”“爆发内战”“出了斯科比，中国变成希腊”“我们得不到承认”“跑掉、散掉若干万党员”“党内出现悲观心理、疲劳情绪”“天灾流行，赤地千里”“经济困难”“敌人兵力集中华北”“国民党实行暗杀阴谋”“党的领导机关发生意见分歧”“国际无产阶级长期不援助我们”“其他意想不到的事”。他希望全党尤其是“我们的高级负责干部”，“要透彻地想好”“准备对付非常的困难，对付非常的不利情况”。

资料来源：中共中央党史和文献研究院《毛泽东在中共七大前后是怎样坚持底线思维谋划和推动工作的》。

三、决策的类型

分析研究决策类别，能帮助决策者认识不同类型决策的特征，掌握不同类型决策的规律和方法，有利于科学决策。在实践中，通常按不同标准将决策问题分为若干类型。

（一）按照决策需要解决的问题，将决策分为初始决策和追踪决策

1. 初始决策

初始决策是零起点决策。它是组织对将要从事的工作、活动或及方案的初次选择。其特点是：一是有关活动尚未进行，对环境尚未产生影响；二是有的初始决策缺少必要的信息或经验，有的初始决策是决策者面临的新问题，这些增添了决策的风险性。

2. 追踪决策

追踪决策是在初始决策基础上对组织活动的方向、目标、方针及方案的重新调整。在初始决策执行中，可能发生内外部环境变化、决策者的认识发生变化等问题，从而影响初始决策目标的实现。因而，必须根据新变化重新决策。追踪决策是非零起点决策，它不是原决策的重复，而是对原决策的修正、补充和完善。

（二）按照决策的主体，将决策分为个人决策和组织决策

1. 个人决策

个人决策是单个人所做的决策。个人决策效率高、责任明确，但决策失误多。

2. 组织决策

组织决策一般是由组织内部的集体或个人依据组织章程、制度赋予的权限，为了实现组织利益所做出的决策。管理学主要研究组织决策。组织决策的优点是：多个人参与决策，群策群力，集思广益，有利于科学决策；多个人参与决策，体现组织成员的主人翁地位，有利于决策执行；组织成员共同参与决策，能降低和分散决策风险。组织决策的缺点是：决策时间长，费用高，决策效率低；组织决策责任的分散性，决策结果的折衷性，降低了决策质量。

（三）按照决策的重要程度，将决策分为战略决策、战术决策和业务决策

1. 战略决策

战略决策是组织最重要的决策。是关于组织发展方向和远景规划等重大问题的决策。如：确定组织目标、设置与调整机构、决定重大投资项目、产品更新换代等。战略决策的特点是：时间长，范围广，对组织的生存和发展有全局性、长远性影响。由于战略决策的重点是解决组织与外部环境的关系问题，它要求决策者不但有丰富的知识、经验、胆识，而且要高度关注外部环境变化，提高预见性，树立系统观念，把握全局，善于创新等。战略决策是高层管理者的职责。有时，组织还需要借助外部的智力资源对其战略决策问题进行分析研究。

【思政课堂 3-2】

“两个一百年”奋斗目标

党的十八大报告提出“两个一百年”奋斗目标：第一个一百年，是到中国共产党成立100年时（2021年）全面建成小康社会；第二个一百年，是到新中国成立100年时

(2049 年) 建成富强、民主、文明、和谐、美丽的社会主义现代化强国。“两个一百年”奋斗目标，与中国梦一起，成为引领中国前行的时代号召。

党的十九大报告清晰擘画全面建成社会主义现代化强国的时间表、路线图。在 2020 年全面建成小康社会、实现第一个百年奋斗目标的基础上，再奋斗 15 年，在 2035 年基本实现社会主义现代化。从 2035 年到本世纪中叶，在基本实现现代化的基础上，再奋斗 15 年，把我国建成富强民主文明和谐美丽的社会主义现代化强国。

2. 战术决策

战术决策也称为管理决策。它是为实现近期目标，保证战略目标实现而做出的决策。如：资源分配、绩效评估、产品定价、资金筹措等决策问题。战术决策的特点是：时间较短，决策问题较具体，局部化，多数战术决策问题可以定量化或有借鉴性资料、经验。战术决策的重点是利用组织内部条件，解决组织内部问题。决策过程要服从战略性决策的要求，保证战略目标的实现。战术决策通常是组织中层管理者的职责。

3. 业务决策

业务决策又称执行性决策或作业决策。如生产任务和进度安排、车间班组、科室岗位责任的落实等。业务决策的特点是：决策问题简单明确，随机性强，决策频率高。这类决策一般是基层管理者的职责。

(四) 按照决策的重复性程度，将决策分为程序化决策和非程序化决策

1. 程序化决策

程序化决策又称例行性决策或常规性决策。是日常工作中重复出现、性质相同或相类似的决策问题。即“用以解决规律性或日常问题”的决策。组织内大多数业务问题都是程序化决策问题。如编制作业计划、人员请假、一般的会计事务等。程序化决策问题的特点是：决策问题重复出现，稳定性强，风险小，有章可循。决策者可以依据以往的权限、原则、程序、方法，运用自己的知识、经验进行决策。在实践中，许多程序性决策问题可以预先建立数学模型，编成计算机处理程序，由计算机辅助做出决策。

2. 非程序化决策

非程序化决策又称非常规决策或例外决策，是工作中偶然遇到的，随机发生，很少重复的决策问题。即“用于对非规律性、新颖和没有明确定义的、非重复性的情况”的决策。如组织战略决策、重大人事变动、企业重要投资、组织变革等。非程序化决策的特点是：决策没有现成的解决方案、决策步骤和方法难以程序化、标准化，决策风险较大、创新性强等。内外部条件变化、决策者的智慧、经验、知识、洞察力和直觉、价值观等因素对非程序化决策影响大。

(五) 按照决策信息的充分程度，将决策分为确定型决策、风险型决策和非确定型决策

1. 确定型决策

确定型决策是在稳定条件下进行的决策。确定型决策问题的条件：有一个明确的决策目标；只有一个确定的自然状态；有两个或两个以上的备选方案；不同备选方案在确定的自然状态下的损益值可以计算出来。在决策中，决策者可以根据确定的条件，计算比较或建立相应的数学模型进行运算做出决策。

2. 风险型决策

风险型决策问题的条件：有一个明确的决策目标；有两个或两个以上的自然状态；各自然状态的概率事先能预测出来；有两个或两个以上的备选方案；各备选方案在各自然状态下的损益值可以测算出来。通常通过计算各方案的数学期望值进行决策。

3. 非确定型决策

非确定型决策是在不稳定条件下进行的决策。非确定型决策问题的条件：有一个明确的决策目标；有两个或两个以上的自然状态；各自然状态的概率事先不能预测；有两个或两个以上的备选方案；各备选方案在各自然状态下的损益值可以测算出来。

（六）按决策问题的可计量性，将决策分为定性决策和定量决策

1. 定性决策

定性决策又称主观决策法，指在决策中主要依靠决策者、专家或专业人士的经验、智慧所做的决策，这是一种决策“软技术”。定性决策的特点是：决策问题缺少必要的数据，决策过程主要依靠个人智慧和经验进行综合分析等。

2. 定量决策

定量决策也称计量决策。决策者能把搜集到的信息以数量的形式表示出来，借助数学方法进行决策。定量决策的特点是：决策问题有大量数据，决策过程需要对数据进行分析、计算，能用数学方法并借助计算机技术等得出最优方案。

现代决策需要采取定性决策和定量决策相结合的模式。

此外，还可以把决策问题分为：人事决策、营销决策、生产决策、价格决策、产品决策、财务决策、投资决策等。

在线测试

第二节

决策的因素、原则和过程

【案例导入】

建立井冈山革命根据地的决策

1927年10月，毛泽东率领秋收起义军余部向井冈山进军，建立革命根据地，开创了中国革命农村包围城市的道路。毛泽东决策进军井冈山，建立井冈山革命根据地的有利条件如下：

群众基础比较好；有部分旧式农民武装，愿意同工农革命军联合；地势险要，易守难攻；周围各县有自给自足的农业经济，便于部队筹款筹粮；距离国民党统治中心比较远；湘赣两省军阀之间有矛盾，对这个地区的控制力量比较薄弱。

一、影响决策的因素

（一）环境

本教材第一章讲述了管理环境对管理活动的影响。组织内外部环境对组织决策和决策执行具有客观性、全面性和持续性的影响。决策者必须高度重视环境信息，及时、准确、全面地搜集、分析环境信息，为科学决策提供依据。

【思政课堂 3-3】

百年未有之大变局（一）

从生产力发展来看，当今世界迎来了新一轮科技革命和产业变革浪潮，以人工智能、量子信息、移动通信、物联网、区块链等为代表的新一代信息技术正在广泛而深入地渗透到经济社会发展各个领域，与传统产业融合的速度不断加快，新技术、新产业、新业态、新模式不断涌现，全球创新版图与经济结构正在重构，人类社会处于生产力大变革、大发展、大跃升的新阶段。

生产力的国际分布结构已经发生变化，以中国为代表的新兴市场国家和发展中国家在全球产业链价值链中的位置正快速提高。

生产力发展水平的突破和提升，生产力国际分布结构的变化，必然带来国际生产关系的变革。

资料来源：《人民日报》2019 年 05 月 23 日 09 版。

百年未有之大变局（二）

中国改革开放的快速发展改变了世界经济的版图，而世界百年未有之大变局有赖中国的继续发展，才能够进入到一个新的、和平的、稳定的格局。

面对世界百年未有之大变局，我们拥有全世界供应链最完整的实体经济，在传统产业上有后来者优势，还可以利用引进消化吸收作为再创新的来源。在第四次工业革命与人工智能、大数据、互联网为特征的新经济背景下，产品技术研发周期缩短，投入以人力资本为主，而中国有世界上最丰富的人力资本，也有全世界最大的单一市场，因此在新经济上具有换道超车的优势。

在新发展格局之下，需要企业家抓住中国后来者优势与换道超车的优势，并把这个优势变成现实，不仅能够贡献中华民族伟大复兴和世界和平格局的重建，还会给企业带来巨大的发展商机。

资料来源：林毅夫《百年未有之大变局下中国经济未来的发展》。

（二）决策者

决策者个人的智慧、知识、经验、心理、价值观、风险意识、概念能力、创新精神等所形成的决策素质对组织决策有重要且持久的影响力。提高决策质量就必须提高决策者的综合素质。

决策者要善于学习人类在长期管理活动中积累形成的智慧、知识、经验，而不仅是依靠决策者个人或少数人的知识和经验。同时决策者还必须善于纳谏。

【思政课堂 3-4】

毛泽东决策抗美援朝

1950 年 10 月，毛泽东和中共中央经历了艰难的 18 天，反复权衡利弊得失，最终作出“抗美援朝，保家卫国”的决策。

美国是世界头号强国，工业发达，经济实力雄厚。1950 年，美国的钢产量为 8772 万吨，我国的钢产量仅有 60 万吨，不及美国一个零头；美国的工农业总产值是 2800 亿美元，我国的工农业总产值为 100 亿美元，相差 28 倍。美国拥有包括原子弹在内的大量先进武器和现代化后勤保障，而我军基本还处于“小米加步枪”水平。敌我力量如此悬殊，出兵参战，能否打赢？军情紧急，压力巨大，决策异常艰难，毛泽东思之再三，夜不能寐。中央政治局扩大会议经过充分讨论，权衡了利弊，分析研究了参战的困难和有利条件后，在民主集中的基础上形成共识，最终作出了抗美援朝、保家卫国的重大战略决策。

抗美援朝、保家卫国的重大战略决策，反映了毛泽东和党中央无比的胆略和气魄，以及超凡的决断力和高效的组织力。

资料来源：杨晴，中国共产党新闻网，《毛泽东决策抗美援朝》。

（三）过去的决策和他人的决策

在组织决策中，有许多决策是在过去决策基础上进行的追踪型决策，有的决策是在借鉴吸收其他组织、部门或其他人的过去决策经验的基础上的决策。决策者既要权衡过去决策方案对组织现在和未来的影响，也要评价其他组织、部门或其他人的决策经验，还要考虑决策者与过去决策的关系。在决策中，继承还是变革？抛弃还是借鉴？照搬还是创新？这些都对将要进行的决策有重要影响。

在许多竞争类决策中，如果决策者熟悉对手在过去决策中的思维轨迹、习惯等，就有可能制定出有针对性的竞争性决策。

（四）组织文化

组织文化对决策者和组织成员的价值观和行为有直接影响。变革式组织文化有利于决策的创新，保守式组织文化抵制变革，不利于创新。集权式的组织文化和分权式的组织文化对决策也有重大影响力。

（五）决策的时间

美国学者威廉·R. 金和大卫·I. 克里兰把决策划分为时间敏感型决策和知识敏感型决策。

1. 时间敏感决策

机不可失，时不再来。时间敏感决策是指必须迅速做出的决策。时间敏感决策对时间的要求比较严格，它要求“及时”“马上”“现在”“果断”决策，而对于决策质量要求不太严格。美籍华裔企业家王安说：“犹豫不决固然可以免去一些做错事的机会，但也失去了成功的机遇。”

2. 知识敏感决策

知识敏感决策是对时间要求不十分严格的决策。这类决策的执行效果主要取决于其质量，而不是速度。它要求决策者充分利用调查资料、知识，并进行必要的论证，做出尽可能正确的选择。战略性决策一般属于知识敏感决策。

二、科学决策的原则

决策过程中必须遵守以下原则：

（一）知识性原则

现代决策具有知识密集性特点。在许多决策中，不但涉及政治、经济、法律、自然、社会、技术、文化等一般知识，而且不同行业的决策问题还涉及相关行业的专业知识。如：工业、农业、医学、教育、气候等专业知识。参与决策的人必须熟悉与决策相关的知识、技术。同时，应当让相关行业的专业人员参与决策。

（二）信息性原则

信息是决策的依据。决策过程就是收集信息、分析、加工信息的过程。信息的全面性、准确性、时效性，信息的数量以及决策者对信息的态度和处理能力影响决策质量。决策者掌握了充分的信息，就能够减少对事物的不可知性，把握事物发展变化规律，提高决策质量。

决策的全过程都必须坚持信息性原则。一是重视调查研究，利用大数据等现代技术手段搜集国内外、组织内外、现在和过去的相关信息等；二是加强对各种来源信息的鉴别，核实信息的准确性、有效性、适用性；三是重视对信息进行综合分析；四是重视信息反馈，建立快速、灵敏的信息反馈系统。

（三）系统性原则

“一切源于系统思考”。坚持系统原则是指在决策中按照系统原理的要求进行决策。一是要全面分析影响决策的各种内外部条件，利用机会，扬长避（补）短；二是要熟悉内部情况，正确评估组织的优势和劣势；三是通过决策，实现组织整体目标，协调好全局利益、部门利益、员工利益和社会利益的关系、处理好当前利益和长远利效益关系、重大问题的决策和具体问题的决策、决策的经济效益和社会效益等关系。系统原理的相关原则本教材第二章已讲述。

（四）民主性原则

“三个臭皮匠，顶一个诸葛亮”。一般来说，成功的决策是集体智慧的结晶，集体决策是实现民主决策的中心环节，是决策成功的保证。

坚持决策的民主性原则，是指在决策中让更多的人参与决策过程。一是现代社会，决策过程是综合运用多种知识、技术和信息的过程。让更多的人参与决策过程，就是凝聚各方智慧，对决策方案分析评价的过程，这样能弥补个人或少数人在知识、经验、技术、智力等方面的不足，有利于全面评价各种方案，也有利于创新。二是一些决策涉及各方面的矛盾和利益，让代表不同利益的团体或个人参与决策，既是对他们利益的尊重，也有利于在相互讨论中协调各方利益和矛盾，有利于决策执行；三是坚持决策的民主性原则能防止少数人利用权力作不良决策；四是坚持决策的民主性原则能激发人们的创造性，增强主人翁精神。

（五）可行性

决策的可行性是决策方案具备了执行的内外部条件。决策及其执行是建立在内外部条件基础上的科学。决策的可行性原则有以下含义：一是决策方案整体可行；二是方案目标具有可行性；三是方案实施的内部条件和外部环境可行；四是方案实施中的各种影响因素能够进行定性或定量分析；五是决策具有弹性。在决策中，如果缺乏必要的内部条件（人力、物力、财力）和外部条件（政治、经济、法律、技术、自然、文化等）中的任何一个方面，理论上十分完善的方案也难以实施。因此，在决策过程中，决策者不仅要考虑采取某种行动的必要性，而且要注意决策实施的限制性条件。

决策者必须进行决策的可行性分析，善于发现机会、积极创造条件、充分利用条件和机会，提高决策的可行性。

（六）满意性原则

满意性原则就是寻找使决策者感到满意的决策方案的原则。对于各种决策方案，决策者不是去探索能实现最优效果的方案，而是如果有了能满足实现目标要求的方案就确定下来，不再继续进行其他探索活动。专家认为："满意化原则"是比"最优化原则"更为现实合理的决策原则。

决策者希望追求最佳方案，获得最好结果。但是，一是由于影响决策的因素具有复杂性、多样性、动态性特点，决策中要寻求最优方案就必须花费大量人力、财力、时间、精力；二是决策者的知识、经验、时间、技术和分析问题的能力等，客观上存在差异性和有限性；三是人们对客观世界的认识是有限的，在决策期间，尚有不可知的事物及变化；四是决策所涉及的各方面利益存在矛盾。所以，在实践中不可能做出最优方案。即使能做出最优方案，在绝大多数情况下，所谓的最优方案可能是不经济的或难以执行的，因而也是不必要的。现实的做法是不追求最优方案，而是制订出一个切实可行而又比较满意的方案。

正如赫伯特·西蒙所说：其一，人不可能是完全理性的，决策者很难正确预测每个方案将要产生的结果，相反，决策者常常要在缺乏完全了解的情况下，根据主观判断进行决策；其二，决策者不可能将每一个方案都列出来，也由于人们的能力和决策过程成本限制，决策结果不可能是最好的，而是已知方案中比较满意的。所以，决策者不能坚持最理想的解答，只能满足于"足够好的"或"令人满意的"决策。因为人们没有求得"最优"的才智和条件，所以，只能满足于"令人满意"。孙子兵法指出"用兵之害，犹豫最大，三军之害，生于狐疑"。莎士比亚说："多余的考虑是叛徒，它让我们的经营因为害怕而失去赢的机会。"

【实训课堂 3-3】

决策中的信息

在知识爆炸时代，人类知识总量成倍增长，如今一份《纽约时报》的信息量要比17世纪一个普通英国人一生的经验还多。在今后15年，人类需要研究和发表的知识相当于自亚里士多德以来2000年的知识总和，面对过量的信息和知识数据，决策者有时必须未经充分准备就要做出决策，否则，会失去机会。

资料来源：［美］R. A. 罗宾斯. 决策陷阱［M］. 袁汝涛，译. 吉林：吉林文史出版社，2004.

（七）职责权限原则

决策者必须遵守决策权限。分工是管理的重要原则。决策者的权力是组织制度赋予的，决策者应依法履行职责。无论是一人决策或集体决策、上级决策或下级决策，只有分工明确，依法履职，才能保证组织的统一、效率与和谐，也能够锻炼不同管理者的决策能力，培养人才。

三、科学决策的过程

决策是一项复杂的循环活动过程，需要遵循科学的决策程序。一般来说，决策过程大致包括七个基本步骤。如图 3－1 所示。

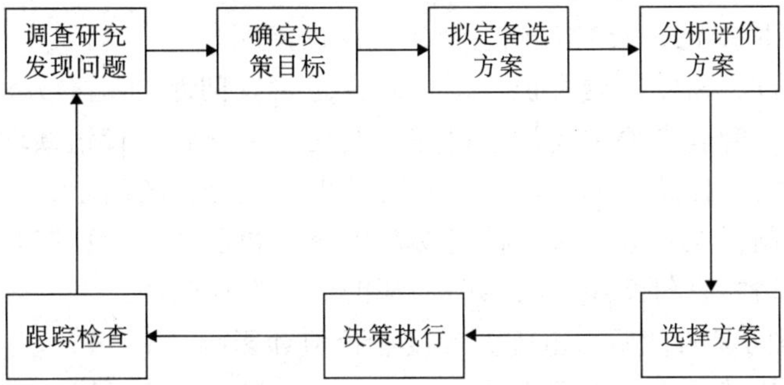

图 3－1　决策的基本过程

【思政课堂 3－5】

兴建三峡工程的决策

三峡工程是当今世界上最大的水利枢纽工程，具有防洪、发电、航运、水资源利用等巨大的综合效益。

兴建三峡工程、治理长江水患是中华民族的百年梦想。1919 年，孙中山先生就提出了开发三峡的宏伟设想。中华人民共和国成立后，毛泽东等历届党和国家领导人高度重视和关心三峡工程论证工作。

1990 年 7 月，国务院召开了三峡工程论证汇报会，决定将重新编制的《长江三峡工程可行性研究报告》提交国务院三峡工程审查委员会审查。

审查工作自 1990 年 12 月开始，1991 年 8 月结束，共召开了三次会议，并组织专家赴现场进行了实地考察。在审查期间，专门针对地质与地震，水文与防洪，发电与电力系统，航运与泥沙，机电设备，工程规模、枢纽建筑物与施工、移民、生态与环境、投资估算、经济评价与资金筹措、综合 10 个专题，组织 163 名专家进行预审，提出预审意见。在此基础上，形成审查意见。

审查意见的主要结论是：兴建三峡工程的效益是巨大的，特别是对防御长江荆江河段的洪水灾害是十分必要和迫切的；技术上是可行的，经济上是合理的；我国国力是能够承担的，资金是可以筹措的；无论是从发挥三峡工程巨大的综合效益，还是从投资费用和移民工程的需要来看，早建都比晚建有利。

1993 年 9 月 27 日，为建设三峡工程、开发治理长江，经国务院批准，中国长江三峡工程开发总公司正式成立。

资料来源：中国长江三峡集团公司网站。

（一）调查研究，发现问题——解决什么问题？

决策是从寻找和发现问题开始的。

问题就是矛盾，是组织期望目标与现状的差距。问题既是组织发展的障碍，也是组织创新和发展的起点与动力。组织是在不断预见机会、发现问题，解决问题的过程中发展的。组织应有问题意识，通过分析内外部环境变化及时预见和发现问题，寻找解决问题和创新的突破口。这一阶段的要求是：

1. 关注内外环境变化，及时发现组织运行中的问题

组织要居安思危，树立问题意识。调查研究是发现问题的基本方法。一是不同层级、不同部门的决策者、管理者要主动调查研究，发现自己领导、管辖领域的问题；二是鼓励组织成员以主人翁的责任感，调查研究，及时发现组织存在的问题；三是建立组织内部的学习、沟通交流机制，在有效学习、沟通交流中分析和发现问题；四是聘请社会上的咨询机构、研究所，邀请专家对组织进行诊断，帮助组织发现问题。

2. 识别、判断问题的性质、范围、程度、价值和影响

决策中的问题从其性质上表现为需求、机会、挑战、竞争、困难、愿望、差距等；从内容上表现为人事、财务、制度、机构、生产、营销、分配、技术等；从层级上表现为高层决策问题、中层决策问题、基层决策问题等。决策者要分析问题的各种表现，区分问题的不同类型。如全局性问题或局部性问题；战略性问题或战术性问题；长远性问题或当前性问题；显性问题或隐性（潜在）问题；当前能够解决的问题或暂时无条件解决的问题等。决策者还要分析问题之间的相关性、层次性等，认识其状态趋势和特点。对问题进行归纳、筛选和提炼，善于抓住有价值的问题，把握其关键实质和方向。

3. 分析问题产生的原因

分析问题产生的主观原因和客观原因，主要因素与次要因素，直接原因与间接原因等。实事求是地对这些问题及原因进行纵向分析和横向分析。

【思政课堂 3-6】

决策科学中的问题

在领导工作中，绝大多数决策是因为碰到了问题，并为了解决问题而产生的。决策科学中的问题是指“实际状态同期望状态之间存在的需要缩小或消灭的差距”。实际状态是指现有的客观状态以及可预计可预测的未来状态；期望状态也被简称为“标准”或“目标”，是决策者在一定环境和条件下，主观上所期望和想要达到的一种结果；差距也叫偏差，是实际状态与期望状态之间的距离。只有找准了问题和问题发生的原因，才能有针对性地确定目标，提出解决问题、实现决策目标的方案、措施或办法。因此，发现并分析问题是整个决策过程的基础，是做出科学决策的前提条件。

为了弄清楚问题，就要对其进行确认、界定和分析。少部分决策的问题是比较直观和

显而易见的，也比较便于把握，而绝大部分的决策问题是比较复杂的。要想真正弄清楚问题的实质和根本，就要求领导者必须具有入木三分的好眼力，具备“一叶落而知天下秋”的洞察力，要比一般人看得深、看得远、看得透。善于在错综复杂的现象中抓住根本的问题，善于在风平浪静时看出潜在的巨浪，善于在别人趋之若鹜处看到危机。总之，要有明察秋毫的洞察力，这是确认、界定和分析问题的基本要求。

在确认问题时，要深刻把握问题发生的背景，只有全面分析，看透其背景，方能准确透彻地把握它。要以全面的眼光看待问题，力戒主观片面性和随意性。在界定问题时，要正确定位问题的性质，发生的时间、地点以及范围和程度。既不能把问题放大，也不能把问题看小，关键是看透这个差距（问题）的可能走势，如果某个问题暂时不是太严重，但看其趋势会越来越大，那就是值得重视的大问题。“蚂蚁之穴，可决大堤”说的就是这个道理。因此，我们要“防微杜渐”，在分析问题产生的原因时，要注意抓住根本和深层次的原因，不要被表象和浅因迷惑。

资料来源：冯秋婷．党员干部要提高科学决策能力［M］．北京：人民日报出版社．

（二）确定目标——达到什么目的？

将决策问题转化为简洁的目标。

提出解决问题的目标是决策的起点，它是制订方案、选择方案、实施控制、分配组织资源、协调各种力量的依据和标准。在《卓有成效的管理者》中，彼得·德鲁克通过一个案例论述了目标对决策的重要性：

“1965 年 11 月间，美国整个东北部地区，从圣罗伦斯到华盛顿一带，发生过一次美国历史上最严重的全面停电事件。在大停电的那天早上，纽约市所有的报纸都没有出版，只有《纽约时报》出版了。原来在那天停电时，《纽约时报》当即决定把报纸改在赫德逊河对岸还没有停电的纽华克印刷。但虽有此英明决策。发行 100 多万份的《纽约时报》也只印刷了不到半数。其中有个原因：据说正好《纽约时报》上了印刷机之后，时报总编辑忽然跟他的三个助手发生了争论。争论的问题只是某一个英文单词如何分节。争论持续了 48 分钟。恰好占去了该报仅有的印刷时间的一半。争论的理由是时报订有一个英文写作的标准：印出的时报绝不允许有任何文法的错误。由于总编辑心目中的目标只是不允许有任何文法错误，使他在出现大停电的意外情况时，认识不到保证时报每天发行的份数已成为更紧迫的目标，从而造成决策失误。”

“确定目标”这一问题将在本章第五节“目标管理”中重点讲述。

（三）拟定备选方案——实现目标的途径有哪些？

这是在对大量信息进行整理、分析的基础上，探索解决问题，拟定各种备选方案的过程。是具有创新性的决策阶段。

各备选方案描述了组织为实现目标，拟采取的各种对策的具体措施和主要步骤。通常情况下，实现同一目标往往有多种方案。“如果事情似乎只有一种方法去做，那么这种方法通常是错误的，也是危险的。”所以，在这一阶段，决策者要寻找、征集、列举一切可行方案。

制订备选方案应遵循三个原则：一是整体详尽性。即：备选方案应当尽可能多些，以避免漏掉最优方案；二是相互排斥性。即：不同备选方案之间必须有原则性区别，相互排斥；三是方案具有创新性。在制订方案时，要尽可能设想出一些新颖方案。根据上述原则提出的各种备选方案，一般要经过两个阶段：

1. 大胆寻找方案

采取多角度、多种途径，设计出多种可行性方案。制订备选方案要求决策者解放思想、有丰富的想象力和创新力，还需要决策者发扬民主，积极动员组织成员献计献策，或请专家为组织出谋划策。例如：2020 年 1 月 2 日《科技部关于开展国家重点研发计划“十四五”重大研发需求征集工作的通知》；2021 年 8 月 3 日中央文化体制改革和发展工作领导小组办公室《关于公开征集文化强国建设意见建议的公告》等。这些都是大胆寻找方案的好形式。

【思政课堂 3－7】

建言“十四五”

2019 年 8 月 16 日一大早，人民日报、新华社、中央广播电视总台所属官网、新闻客户端及“学习强国”学习平台同步推出了新专栏——建言“十四五”。

通过互联网就“十四五”规划编制向全社会征求意见和建议，这在我国五年计划和规划编制史上是第一次。开门问策、集思广益，亿万网友的议政热情被充分点燃。短短两周时间里，累计收到超过 101.8 万条建言，其中对民生保障、社会治理、经济发展、生态环境、党的建设、乡村振兴等方面的意见建议最为集中，为文件起草工作提供了有益参考。

资源来源：历史交汇点上的宏伟蓝图——《中共中央关于制定国民经济和社会发展第十四个五年规划和二〇三五年远景目标的建议》诞生记。

2. 精心设计阶段

精心设计方案要求决策者具有专业素养、逻辑性思维、综合判断、冷静的头脑、坚毅的精神和责任意识。要求决策者对每个方案的具体细节和方案执行的后果进行计算、论证、推敲，权衡利弊。保证备选方案的质量，为决策创造条件。一是确定方案细节，包括人员素质、组织作业、日程安排、资金落实、部门配合等。二是估计方案实施的后果，必须预计到影响决策目标的全部后果，对方案执行后果的正反两个方面都应有充分的估计，并提出应对方案。

（四）分析评价方案——各备选方案的优点和缺点是什么？

“智者之虑，必杂于利害”。评价方案的目的是选择一个最有利于实现组织目标的方案。决策必须对每一个方案以科学的态度和方法认真分析评价。其实，在拟订方案时，方案的设计人员或方案的提出者对各自的方案已经作了分析评价，基本明确了各方案的利弊，但这只是对方案的纵向评价。分析评价方案阶段的要求是：在对各方案纵向评价的基础上，重点对不同方案进行横向评价；评价方案要确定科学的评价标准，采用定量分析与定性分析相结合的方法。

1. 方案评价人员

根据方案的内容、专业性和重要程度，由领导、专家、群众或社会专业机构参与方案评价。参与决策方案的评价人员选择不当，会导致决策失败。国内某大型企业，曾经是所在行业的一面旗帜。由于乱投资、乱扩张、管理粗放等，使公司困难重重。此时，公司聘请了一些“算命大师”组成公司的智囊团。公司的决策权基本上由“算命大师”掌握。甚至公司的人事任免、投资决策、领导出差的方向、办公室门的朝向等都要由“算命大师”看吉凶。

2. 评价内容

方案评价一般可从三个方面进行。一是社会效益标准，即：方案是否符合国家政策、法律法规、管理伦理，能否产生社会利益；二是价值标准，即通过制订合理的价值指标体系，评价备选方案。以衡量备选方案对实现决策目标的作用和效果，发现更有利于实现决策目标的方案。同时要考虑备选方案的可行性，处理好当前利益与长远利益、局部利益与整体利益的关系。三是风险标准。方案实施中可能遇到哪些风险？如何应对？

在决策方案评价中，一方面要统筹兼顾，保持决策的连续性，处理好决策过程中的内外关系，分析各方案的可行性；另一方面要听取不同意见，反对意见对决策者有启发性，对其他决策方案有弥补性，反对意见也可能是正确的决策方案。

（五）选择方案——选择满意方案还是最佳方案？

这一阶段是从备选方案中选择或优化一个最可能解决问题的方案，是决策者对方案进行“拍板定案”的工作。

这是决策过程的关键步骤，是指在各种备选方案中权衡利弊，选取其中一个或将多个方案经过优化组合成一个满意方案的过程。在这一阶段，决策者应坚持满意性标准而不是最优标准。在决策方式上，要依据相关法律和组织制度规定的程序和权限，采取领导者一人决策或集体决策。如公司法规定了股东大会、董事会、总经理的决策职权。

（六）决策执行——谁执行？怎样执行？

贯彻决策方案，提高执行力。

决策必须执行，即贯彻、落实、推行、实施。执行是实现决策目标的唯一途径。执行较之于决策更具有经常性和现实性。决策执行的基本要求是：

1. 执行准备

执行准备主要表现在下列方面：一是建立有效的执行力管理组织。明确各执行部门的职责范围和各执行人员的职责权限；合理授权；健全各项规章制度。二是培训人员。为了保证决策有效执行，对参与决策执行的人员进行政策、技术、制度和其他相关知识的专门培训。三是制订执行方案。尤其要制订详细的执行计划。四是宣传教育。通过各种宣传，使组织全体成员了解和理解决策方案的内容、目的和意义，以获得大家的支持。

2. 高层管理者重视和支持

高层管理者在组织中有举足轻重的作用。执行工作是高层管理者的分内之责。组织要建立一个以“务实”为导向的高层管理团队。一是全面执行决策；二是积极主动解决决策执行中的人事、资金、资源、技术、制度等问题；三是协调决策执行中的各种关系；四是指导下属执行决策。

3. 提高决策的执行力

执行力通常是指组织的中层、基层管理人员或内部员工贯彻决策者战略思路、方针政策和方案计划的操作能力和实践能力。一个优秀的执行部门和执行者能够弥补决策方案的不足。提高决策的执行力主要是提高各级管理人员的能力。合格的执行者需要具有全局观，有领悟能力、计划能力、指挥能力、控制能力、协调能力、授权能力、判断能力、创新能力、应变能力和责任感等。

（七）跟踪检查——决策及其执行的效果如何？

决策执行过程和跟踪检查过程是同时进行的。跟踪检查的重点：一是在执行中检验决策是否正确、科学，是否符合客观实际；二是建立决策执行过程中的巡察制度和报告制度，及时发现决策执行中可能出现的偏差，以便及时纠正；三是发现执行中的好经验、好方法，及时推广；四是关注环境变化，为修订决策提供依据。

【思政课堂3-8】

毛泽东论述决策过程

指挥员的正确的部署来源于正确的决心，正确的决心来源于正确的判断，正确的判断来源于周到的和必要的侦察，以及对于各种侦察材料的连贯起来的思索。指挥员使用一切可能的和必要侦察手段，将侦察得来的敌方情况的各种材料加以去粗取精、去伪存真、由此及彼、由表及里的思索，然后将自己方面的情况加上去，研究双方的对比和相互的关系，因而构成判断，定下决心，作出计划——这是军事家在作出每一个战略、战役或战斗的计划之前的一个整个的认识情况的过程。

认识情况的过程，不但存在于军事计划建立之前，而且存在于军事计划建立之后。当执行某一计划时，从开始执行时，到战局终止，这是又一个认识情况的过程，即实行的过程。此时，第一个过程中的东西是否符合于实况，而要重新加以检查。如果计划和实际情况不符合，或者不完全符合，就必须依照新的认识，构成新的判断，定下新的决心，把已定计划加以改变，使之适合于新的情况。

在线测试

第三节 决策方法

【案例导入】

铱星：陨落的流星

铱星计划：摩托罗拉的工程师巴里·伯蒂格的妻子在加勒比海度假时抱怨说她无法用手机联系到她的客户。伯蒂格突发奇想："如果世界上有一种能供任何人在任何地方，任何时间与任何人进行任何方式的通信工具，一定能横扫天下。"伯蒂格将这个想法告诉了摩托罗拉管理层，当时的公司董事长加尔文很感兴趣，决心付诸实施。巴里和摩托罗拉在亚利桑那州工作的卫星通信小组的另外两名工程师想到了一种铱星解决方案：由77颗近地卫星组成的星群，让用户在世界上任何地方都可以打电话。由于金属元素铱有77个电子，这项计划就被称为铱星计划（实际卫星的总数降到了66个）。

成功运营：这些卫星可以覆盖全球，用户用手持话机直接接通卫星进行通信，而无需几米直径的抛物面天线就可以进行全球范围内的通话了。1998年5月，布星任务全部完成，11月1日，正式开通了全球通信业务。轨道低，传输速度快，信息损耗小，通信质量大大提高，每部移动电话都可以与卫星联络，这就使地球上人迹罕至的不毛之地，通信落后的边远地区，自然灾害现场都变得畅通无阻。铱星系统开始了个人卫星通信的新时代。人类在地球上任何能见到的地方都可以相互联系，实现了5个“任何”——任何人在任何地方，任何时间与任何人采用任何方式进行通信。

公司认为，由于建成后铱星技术先进，即使价格高一点，也不会成为障碍。人们愿意为“一个号码能全球”而付出一点高价的。公司将用户定位为高层次的国际商务旅行人员，称他们是“付钱不看账单的一群人”。

铱星失败：当摩托罗拉公司在1998年11月1日正式将铱星系统投入使用时，传统的手机已经完全占领了市场，由于无法形成稳定的客户群，使铱星公司亏损巨大，连借款利息都偿还不起，摩托罗拉公司不得不将曾一度辉煌的铱星公司申请破产保护，在回天无力的情况下，只好宣布即将终止铱星服务。1999年3月17日铱星公司正式宣布破产。从正式宣布投入使用到终止使用不足半年时间。

铱星失败的原因是多方面的：

决策：铱星的管理决策架构使其根本不可能进行有效管理。董事会28个成员说的是多国语言，每次开会就像是出席一次小型联合国会议，人人必须戴着耳塞，收听5种语言的同步翻译。

市场运营：公司的基本组织结构是一个联合体（合伙人结构），由世界15个地区性的“闸口（gateways）”组成。铱星运营总部，不能过多地向地方“闸口”施压，因为“闸口”的主人都是董事会成员。在运营的过程中，铱星的行销计划受到了地区闸口的质疑，因而也就难以指望获得很好地配合。

市场机会：过去10年里地面移动通信发展迅猛，夺走了铱星公司的目标市场，相对地面移动通信，尤其是移动电话领域，铱星计划在时间维上已失去了市场机会。

本身不足：相对地面移动电话系统，铱星系统本身也存在许多不足，手机个头笨重（400克），运行不稳定，价格昂贵（售价3000美元，国际通话费7美元每分钟），不能在室内和车内使用等。整个世界通信系统的趋势却是手机越做越小，商家为了赚取通话费，甚至无偿赠送手机。而且这些普通手机不存在上述问题。

商业运营：由于手机缺乏，销售力量不足，价格昂贵，开业的前两个季度，在全球只发展了1万用户，到申请破产为止，这个耗资50亿美元建立的通信网只有5.5万用户（在中国只有900个用户），而分析家估计该公司要实现盈利平衡至少需要65万用户。要建立一个忠诚的用户基础，所费的时间远远超过铱星的估计和许诺，而且服务质量无法保证。而且，系统每年的维护费用就要几亿美元。

铱星计划的失败值得企业的经营者深入地思考。

资料来源：根据360百科与《败者为王——铱星：陨落的流星》资料编写。

一、定性决策方法

（一）群体决策

群体决策是多个人参与的决策。群体决策的优点是：参与决策的人较多，能提供更完整的信息和知识，产生更多方案，提高决策的公开性、公正性和合法性，激发组织成员的积极性。群体决策是处理重大定性决策问题的有力工具。

1. 一般规划

少数服从多数是群体决策中应用最为普遍的重要方法。群体决策一般有下列规则：

（1）简单多数规划。这是群体决策时最常用的方法。也是运用最早的群体决策方法。当有多个备选方案时，参与决策的每个成员每人只有一票，以无记名投票方式投给自己认为满意的备选方案。按得票多少，票数最多的方案为最终决策方案。

（2）过半数规划。当群体成员采用过半数规划在两个以上的备选方案中进行决策时，规定只有获得超过半数选票的备选方案为最终决策方案。

2. 群思陷阱

北京大学张维迎教授认为“群思陷阱”指在群体决策中，群体成员追求“和谐一致”的愿望导致的非理性决策。为了和谐的愿望，决策成员们不惜一切代价达成一致，每个人以团体的立场为自己的立场，不同意见被隐藏起来或者被置之不理，使群体表现出高度一致。

在群体决策中，个体不愿意表达自己的真实想法的主要原因是：一是个体渴望被群体成员接受，不想成为另类，不想成为团结的破坏者；二是个体不能确定自己的意见是否正确，不愿在同事面前暴露自己的“无知”和“固执”；三是没有人愿意承担责任，既然决策是大家的意见，即使错了，自己也不需要对此负责。耶鲁大学心理学家埃文·詹尼斯认为最容易陷入群思陷阱的组织有下列特征：

（1）高度追求和谐团结和团队精神；

（2）不重视个体的表达自由，不鼓励创新；

（3）领导人行事专断，自以为是；

（4）群体成员由提拔任命，背景和信仰过于同质化；

（5）成员之间信息交流不畅，个体处于孤立状态；

（6）决策缺少程序规范；

（7）面临强大的外部压力特别是外部威胁，决策要解决的问题既复杂又紧急；

（8）近期决策失误多，降低了个人的自尊。

【实训课堂 3-4】

《中华人民共和国公司法》

股东出席股东大会会议，所持每一股份有一表决权。但是，公司持有的本公司股份没有表决权。

股东大会作出决议，必须经出席会议的股东所持表决权过半数通过。但是，股东大会作出修改公司章程、增加或者减少注册资本的决议，以及公司合并、分立、解散或者变更公司形式的决议，必须经出席会议的股东所持表决权的2/3以上通过。

董事会会议应有过半数的董事出席方可举行。董事会作出决议，必须经全体董事的过半数通过。董事会决议的表决，实行一人一票。

（二）德尔菲法

“德尔菲”是古希腊地名。德尔菲法（Delphi Method）也称专家意见法、专家调查法。它是指按固定的程序，采用函询的方式或电话、网络方式，由专家成员背靠背分析、判断，并充分表达意见，经过多次征询及反馈，使专家意见趋于一致的决策方法。运用德尔菲法进行决策的基本步骤和要求如下：

1. 德尔菲决策法的基本步骤

（1）确定决策问题。决策者根据组织内外部需要，发现并确定需要决策的问题。

（2）选择专家。选择专家是德尔菲法的重要环节。选择专家的基本要求见表 3－2。

表 3－2 专家的基本要求

序号	依据	要求
1	人数	一般选择 10～15 位专家，对重大决策问题，可适当增加专家人数。
2	专家背景	专家精通与决策问题相关的专业、技术，具有权威性和代表性，具备一定的边缘科学知识，经验丰富。
3	来源	聘请组织内部或外部专家，若决策问题与专家有利益关系，专家应当避嫌。若决策问题涉及组织内部机密，外部专家应当避嫌或与决策方签订保密协议。
4	年龄	适当考虑专家的年龄结构等，以发挥不同年龄专家的优势。

（3）制定调查表。把决策问题项目有次序地排列成表格形式。调查表项目应少而精。调查表应该满足三个条件：一是问题的含义要明确，二是问题具有独立性，三是回答问题的方法要统一。只有满足这三个条件，才便于专家们对问题发表看法，也方便后续对专家意见进行统计整理。

（4）决策过程。德尔菲决策法的过程是反复征询专家意见的过程。一般分四轮。具体见表 3－3。

表 3－3 德尔菲法决策过程

序号	过程	内容
1	第一轮	把调查表发给各专家。调查表只提出决策主题，让各专家提出决策的事件，并在规定的时间内通过适当方式收回调查表。
2	第二轮	决策者把第一轮调查表综合整理，归并同类事件，排除次要事件，设计出第二轮调查表再返给各专家，由各专家对第二轮调查表所列事件作出评价，阐明自己的意见。
3	第三轮	决策者对第二轮的结果进行统计整理后再次反馈给每个专家，以便其重新考虑自己的意见并充分陈述理由。尤其是要求持不同意见的专家充分阐述理由。
4	第四轮	在第三轮基础上，让专家们再进行分析、预测。

（5）决策。经过多次反馈后，当专家意见渐趋一致，或对立的意见已十分明显时，可把资料整理出来，作出决策结论。

2. 德尔菲决策法的要求

（1）德尔菲法是定性决策方法，决策者对专家的意见要采用统计方法进行定量处理。

（2）德尔菲法是匿名性决策方法。在决策过程中，专家只和决策组织联系，专家之间互不联系。采用匿名函询征求专家意见，一是为了克服专家之间因名望、权力等心理因素对决策的影响；二是为了避免专家之间事先沟通、讨论。

（三）头脑风暴法

又称智力激励法、BS法、自由思考法，是一种激励性思维方法，这是美国心理学家奥斯本提出的决策方法。“头脑风暴”原意是形容精神病人发病时理智失控、无所顾虑、胡言乱语。美国人奥斯本将这一词用于决策，称为“头脑风暴”决策方法。

所谓的头脑风暴，就是指在短时间内产生大量想法、办法和观点的方法。其目的是产生新观念或激发新设想。“头脑风暴”决策法是通过会议进行决策的方法，是最实用的一种集体式创造性解决问题的方法。头脑风暴决策法的规则如下：

1. 会议时间

会议时间一般以20~60分钟为宜。

2. 参会人员

“头脑风暴”决策法对参会人员的基本要求见表3-4。

表3-4 “头脑风暴”决策法对参会人员的要求

序号	项目	要求
1	人数	参会人员一般以10~15人为宜。
2	来源	参会人员可以是专家，也可以是其他熟悉、关心决策问题的人。包括内部和外部人员。
3	职位	如果参会人员相互认识，要从同一职位（职称或级别）的人员中选取，领导人员不应参加，否则可能对参加者造成某种压力。
		如果参会人员互不认识，可从不同职位（职称或级别）的人员中选取，但不应宣布参会人员职称、职务。
4	主持人	了解决策问题的背景，熟悉头脑风暴法的处理程序和处理方法，有民主作风。

3. 会议发言

“头脑风暴”决策法会议发言的要求见表3-5。

表3-5 “头脑风暴”决策法对会议发言的要求

序号	要求
1	会议主持人向参会人员报告决策的目的、要求，说明决策问题的背景，并提供相关参考资料，做好会议服务。
2	每个参会人员有平等的发言机会，参会人员围绕决策问题，各抒己见。
3	广开思路，激发参会人员提出各种意见、建议，参会人员的发言要精炼，不必详细论述。
4	鼓励独立思考，除提出个人意见外，鼓励参会人员对他人已经提出的设想进行补充、改进和综合。但不能批评、否定或赞美他人的意见。
5	领导者不得打击、批评提出不同意见的人。

4. 庭外判决原则

必须有专人记录会议内容。会议结束后，决策者根据会议记录的内容进行决策。

“头脑风暴”决策法在决策中能够对所讨论的问题进行全面、连续地分析，能产生切实可行的决策方案，尤其是当组织决策缺少足够的统计数据和没有类似经验可借鉴时，能够起到良好的效果。

（四）哥顿法

这是美国人哥顿提出的决策方法。该方法与头脑风暴法相类似。其步骤和要求是：

（1）会议主持人向参会人员笼统地介绍决策问题。

（2）参会人员自由发言，各抒己见，讨论解决方案。

（3）会议进行到适当时机，决策者将决策的具体问题展示给会议成员，使讨论进一步深化。

（4）决策者吸收讨论结果，进行决策。

（五）淘汰法

在决策中，决策者先根据一定的条件和标准，对全部备选方案进行筛选，淘汰不符合条件和标准的方案，以缩小选择范围。该方法的要求是：

1. 规定最低条件

决策者制订最低条件，通过对比分析，淘汰未达到最低条件的方案。

2. 规定约束条件

决策中，淘汰不符合约束条件的备选方案。如人员招聘中的规定年龄、专业等其他约束条件。决策问题不同，约束条件也不同。

3. 根据目标主次筛选方案

在多目标决策情况下，各目标的重要程度不同，决策者可根据目标的重要程度，淘汰与主要目标关系不大的方案。

此外，还有直觉决策法。直觉是客观事物在人们头脑中留下的第一印象。直觉过程是人脑高速分析、提炼、浓缩、组合、反馈、判别、决断的过程，体现为敏锐的洞察力。直觉决策法是基于决策者的经验、能力，以及积累的判断的一种潜意识的决策过程。

直觉决策一般有五种方法：基于经验的直觉决策、基于认知的直觉决策、基于价值观或道德的直觉决策、基于感觉或情绪的直觉决策、基于潜意识的直觉决策。

优秀的决策者重视直觉，但并不依赖直觉。在组织决策中，遇到复杂的决策问题时，决策者不能只凭直觉办事，而是需要更全面的信息，提出比较多的方案和措施，进行系统分析。

【实训课堂 3-5】

决策经验谈

杰克·韦尔奇：“商业活动的精髓之一就是学会如何利用别人的智慧。”

安迪·格鲁夫：“要想预测今后 10 年会发生什么事情，就要回顾过去 10 年发生的事情。”

二、定量决策方法

定量决策法有多种类型。本教材以企业生产经营决策为例，介绍几种主要的定量决策方法。

（一）确定型决策

确定型决策问题是企业经营活动中常见的短期性、程序化决策问题。其决策方法是根据已知的确定条件，或建立相应的数学模型，经过计算，做出决策。常用的方法有：表格法、图解法、经济进货批量法、盈亏分析法等。本教材介绍盈亏分析法和经济进货批量法两种方法。

1. 盈亏分析法

盈亏分析法也称为量本利分析法，它是建立在成本基础上，揭示企业产量（销售量）、成本、利润三者之间相互关系的一种数学分析方法。该方法广泛应用于企业经营决策。

利用该方法可以计算出企业经营的盈亏平衡点（又称保本点、盈亏临界点、损益分歧点、收益转折点等）。其基本原理是：当销售收入和总成本相等时，企业既不盈利也不亏损，这时的产量称为“盈亏平衡点”产量，即利润等于零。销售收入高于“盈亏平衡点”，企业盈利，反之则亏损。计算公式如下：

公式一：

盈亏平衡点销售量 = 固定成本 ÷（单位售价 - 单位变动成本）

= 固定成本 ÷ 单位边际贡献

公式二：

目标利润销售量 =（固定成本 + 目标利润）÷（单位售价 - 单位变动成本）

【实训题 3-1】 某公司计划生产一种产品，该产品单价为 18 元/件，单位变动成本为 10 元/件，全年固定成本为 3000 元，预计当年的市场销售量为 2000 件。问该企业是否要生产该产品？如果企业希望实现利润 5000 元，至少需要销售多少件？

运用上述公式计如下：

盈亏平衡点销售量 = 3000 ÷（18 - 10）= 375（件）

目标利润销售量 =（3000 + 5000）÷（18 - 10）= 1000（件）

通过上述计算可知，该产品的盈亏平衡点销售量为 375 件，低于市场预测销售量 2000 件。所以，企业应该生产该产品。若要实现利润 5000 元，则需完成销售量 1000 件。

2. 经济进货批量法

经济进货批量是指当一定时期存货的相关总成本达到最低点时的进货批量。决定经济进货批量的成本因素主要包括变动性进货费用（简称“进货费用”）、变动性储存成本（简称“储存成本”）以及允许缺货时的缺货成本。不同成本项目与进货批量呈现不同的变动关系，因此存在一个最佳的进货批量，使总成本保持最低水平。经济进货批量模型见图 3-2。

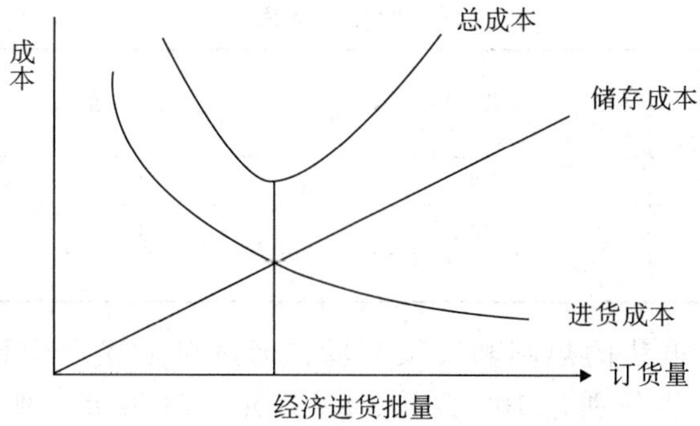

图 3－2　经济进货批量模型

公式：

经济进货批量（Q）$=\sqrt{(2D\times I)\div J}$

式中：Q 表示经济进货批量；D 表示全年需求量；I 表示每次订货成本；J 表示储存成本。

【实训题 3－2】某公司计划采购某产品 20000 件，该产品的单价为 16 元，每次订货成本为 200 元，每件产品的年储存成本为 12.5 元，该企业应当如何确定产品的进货批量，才能节约成本？

经济进货批量（Q）$=\sqrt{(2\times 20000\times 200)\div 12.5}=800$（件）

经计算可知，企业的进货批量为 800 件时，节约成本。

（二）非确定型决策

根据非确定型决策的条件，非确定型决策是决策者对未来事件是否发生及其发生概率均无法准确判断的情况下进行的决策。这种决策有较大的主观随意性，决策者的经验、心理及对风险的态度对决策过程、决策方法的选择及其决策结果起重要作用。非确定型决策常用的决策方法介绍如下：

1. 乐观决策法

乐观决策法又称“大中取大法”或最大最大原则法。其特点是，决策者对未来的自然状态持乐观态度，认为未来肯定会出现最好的自然状态，无论采取何种方案，都能获得该方案下的最大收益。所以，决策者以最大收益值作为评价备选方案的标准。乐观决策法的规则和决策步骤如下：

第一，根据资料，计算各方案在各自然状态下的收益值；

第二，经过比较，选择各备选方案中的最大收益值；

第三，在被选的最大收益值中再选出一个最大值；

第四，决策。最大收益值所对应的方案即为决策方案。

【实训题 3－3】某公司计划生产一种新产品，经调查分析，该产品未来有三种市场需求状况：需求量高、需求量一般、需求量低。三种市场需求状况的概率无法统计分析。公司制定了三种方案——甲：改进原设备；乙：购进新设备；丙：购进部分关键设备。据测算，三种方案在三种市场状态下的损益值见表 3－6。

表 3-6　　各方案损益值表　　单位：万元

方案 \ 损益值 \ 状态	需求量高	需求量一般	需求量低
甲：改进原设备	100	75	-18
乙：购进新设备	82	58	9
丙：购进关键设备	78	50	12

决策：按照乐观决策法的规则和决策步骤，通过对上述表中数据的分析可知：甲、乙、丙三个方案的最大值分别是 100 万元、82 万元、78 万元。所以，选其中的最大值 100 万元所对应的甲方案作为决策方案。

运用乐观决策法进行决策有较大风险。一般来说，在下列情况下，决策者可以谨慎采用这一方法：一是决策成功率高；二是决策过程和决策执行期间环境稳定，可变因素少，且容易控制；三是如果决策失误，造成的损失小或没有损失。

2. 悲观决策法

悲观决策法又称“小中取大法”或称最大最小原则法。其特点是：决策者对未来的自然状态持悲观态度，认为未来会出现最不利的自然状态，决策者期望在最不利的情况下，获得满意的收益。所以，决策者保守，不愿冒险，而以最小的收益值作为评价备选方案的标准。悲观决策法的规则和决策步骤如下：

第一，根据资料，计算各方案在各自然状态下的收益值；

第二，经过比较，选出各备选方案的最小收益值；

第三，在被选的最小的收益值中选出一个最大值；

第四，决策。最大收益值所对应的方案即为决策方案。

【实训题 3-4】 在【实训题 3-3】中：

决策：按照悲观决策法的规则和决策步骤，甲、乙、丙三个方案的最小值分别是 -18 万元、9 万元、12 万元。所以，选其中的最大值 12 万元所对应的丙方案作为决策方案。

运用悲观决策法进行决策可能会丧失有利机会。一般来说，在下列情况下，决策者可以谨慎采用这一方法：一是决策成功率小；二是决策过程和决策执行期间环境稳定性差，可变因素较多，难以控制；三是如果决策失误，可能造成较大损失。

3. 折衷分析决策法

折衷分析决策法又称适度乐观决策法。乐观决策法和悲观决策法是两种较极端性的决策方法。折衷分析决策法介于两者之间，决策者综合分析决策环境的有利因素和不利因素，并确定乐观系数 α，用乐观系数计算出各方案的折衷值，作为评价备选方案的标准。这一方法是 L·赫威茨提出的，所以，折衷分析决策法也称为赫威茨准则。

确定折衷系数 α 的值是折衷分析决策法成功的关键。α 的取值通常是 $0 \leqslant \alpha \leqslant 1$。$\alpha$ 值一般由决策者或权威人士确定。当决策者对决策问题较乐观时，α 取值趋向于 1；反之，当决策者对决策问题较悲观时，α 取值趋向于 0。若设 X 为某方案的最大收益值，Y 为该方案的最小收益值。则：

折衷值 $=\alpha X+(1-\alpha)\ Y$

折衷分析决策法的规则和决策步骤如下：

第一，根据资料，计算各方案在各自然状态下的收益值；

第二，计算各备选方案的折衷值；

第三，比较各方案的折衷值；

第四，决策。选折衷值最大的方案为决策方案。

【实训题 3-5】 在【实训题 3-3】中：

决策：假定决策者对未来的市场需求状况比较乐观，取 $\alpha=0.7$，则各方案的折衷值计算如下：

甲方案的折衷值 $=100\times0.7+(1-0.7)\times(-18)=64.6$（万元）

乙方案的折衷值 $=82\times0.7+(1-0.7)\times9=60.1$（万元）

丙方案的折衷值 $=78\times0.7+(1-0.7)\times12=58.2$（万元）

计算可知，甲方案的折衷值 64.6 万元为最大，所以，该公司可选择甲方案。

4. 等概率决策法

等概率决策法又称“一视同仁法”。其特点是：决策者认为决策中，各自然状态发生的概率相同，机会均等。该方法是拉普拉斯提出的，所以，等概率决策法也称为拉普拉斯准则。等概率决策法的规则和决策步骤如下：

第一，根据资料，计算各方案在各自然状态下的收益值；

第二，将各方案在各自然状态的收益值相加，除以自然状态的个数，求得各方案的平均收益值；

第三，比较各方案平均收益值的大小；

第四，决策。最大平均收益值所对应的方案即为决策方案。

【实训题 3-6】 在【实训题 3-3】中有三种自然状态，根据等概率分析法，各自然状态发生概率为 $\frac{1}{3}$。

甲方案的平均收益值 $=(100+75-18)\times\frac{1}{3}=52.33$（万元）

乙方案的平均收益值 $=(82+58+9)\times\frac{1}{3}=49.67$（万元）

丙方案的平均收益值 $=(78+50+12)\times\frac{1}{3}=46.67$（万元）

由计算可知，甲方案的折衷值 52.33 万元为最大，所以，该公司可选择甲方案。

5. 后悔值决策法

后悔值决策法又称最小后悔值法。决策过程中，当某一自然状态发生时，决策者希望选择该自然状态下的最大收益值对应的方案，若决策者因失误而未选择这一方案，自然不能获得最大收益，所以，决策者会后悔。后悔值是指因决策失误而造成的损失的价值，它是在同一自然状态下，各备选方案中最大收益值与其他方案的收益值的差额。这一方法是 L·J. 萨凡奇提出的，所以，后悔值决策法也称为萨凡奇准则。其特点是：决策者以最小后悔值作为评价备选方案的标准。后悔值决策法规则和决策步骤如下：

第一，根据资料，计算各方案在各自然状态下的收益值；

第二，经比较分析，选出各自然状态下的最大收益值；

第三，计算同一自然状态下各备选方案的后悔值；

后悔值 = 最大收益值 - 该状态下其他方案的收益值

第四，选出各备选方案的最大后悔值；

第五，决策。在已经确定的最大后悔值中，选择最小后悔值，这个最小后悔值所对应的方案即为决策方案。

【实训题 3 -7】 在【实训题 3 -3】中：

决策：需求量高、需求量一般、需求量低三种销售状态下的最大收益值分别是 100 万元、75 万元、12 万元。则计算同一自然状态下各方案的后悔值及每一个方案的最大后悔值，见表 3 -7。

表 3 -7　　后悔值和最大后悔值表　　单位：万元

后悔值 / 状态 / 方案	需求量高	需求量一般	需求量低	最大后悔值
甲方案	100 - 100 = 0	75 - 75 = 0	12 - （-18） = 30	30
乙方案	100 - 82 = 18	75 - 58 = 17	12 - 9 = 3	18
丙方案	100 - 78 = 22	75 - 50 = 25	12 - 12 = 0	25

按照后悔值决策法规则和决策步骤，从表 3 -6 计算结果比较可知，三个最大后悔值中，最小后悔值 18 万元所对应的乙方案为决策方案。

从以上几个决策方法中发现，同一个决策问题，用不同方法或准则进行决策，决策结果不同。这一点与实践是一致的。因为不同心理的决策者，对同一问题的处理原则不同。在实践中，需要决策者对有关决策问题进行定性分析，在征求各方面意见的基础上进行决策。

还有的决策者认为，运用上述四种方法计算分析后，将被选中次数最多的方案作为决策方案。据此，在上述问题中，甲方案被选中次数最多，所以，甲方案可以作为该公司的最优方案。

（三）风险型决策法

风险型决策问题主要根据决策者掌握的各种自然状态出现的概率来决策。一般是通过计算各方案的数学期望值进行决策。有多种决策方法，本教材主要介绍决策树分析法。

决策树分析法是在决策中运用树状图形来分析和选择方案的一种决策方法。决策树能将决策过程中的各种自然状态和有关方案及其后果的信息清晰地表达出来，并可据此进行运算，选择最优方案。该方法特别适用于较复杂的决策问题，其优点是在多层次问题决策时，直观且不易出错。决策树的一般模式如图 3 -3 所示。

图 3 -3 中符号说明：□表示决策点；由决策点引出的若干直线“—”是方案枝；○表示自然状态点，也称节点；由状态点引出的若干直线“—”是概率枝；△表示损益值；//表示剪枝，即表示舍弃此方案。

决策树分析法的决策规则和步骤如下：

1. 画决策树形图

画决策树的过程就是拟定各种方案的过程，也是决策者对未来情况的周密思考过程。画决策树图形的步骤和方法见表 3 -8。

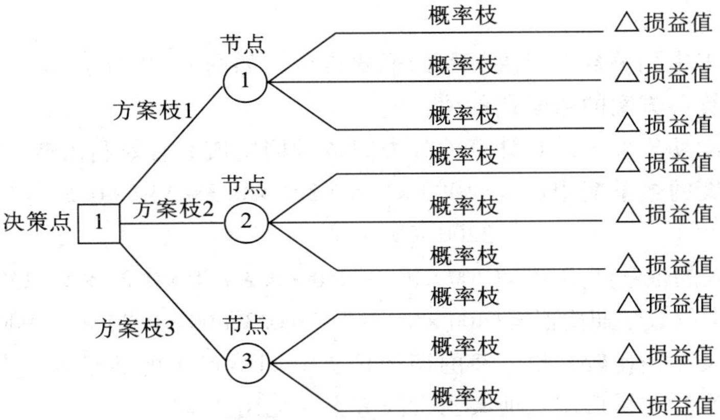

图 3－3　决策树形图

表 3－8　画决策树图形的步骤和方法

序号	规则与步骤	要　求
1	规则	从左向右画；
2	第一步	画决策点；
3	第二步	根据决策方案的数量，从决策点引出相应数量的方案枝；
4	第三步	在各方案枝的端点画方案节点；
5	第四步	由方案节点，按自然状态的数量，引出相应数量的自然状态枝，并在每个状态分枝上标注自然状态名称和出现的概率；
6	第五步	在每个状态分枝末梢画上△，即结果节点，并在其旁标注各方案在不同自然状态下的收益值。

2. 计算期望值

从决策树的最右端开始，将各状态下的损益值乘以相应的自然状态的概率，各状态期望值之和就是该方案的期望值。

某方案的数学期望值 = Σ（各自然状态下的收益值 × 概率）

3. 决策并剪枝

各备选方案中，期望值最大的方案为决策方案，将其余方案的方案枝在图上剪去。并在方案枝上划上“//”符号表示。最后留下一根树枝，这就是决策的最优方案。

【实训题 3－8】 某企业开发某产品，有甲、乙、丙三个方案。三个方案的投资分别为 1800 万元、1300 万元和 900 万元。三个方案的有效利用期均为 5 年。根据市场分析，该产品未来的市场需求状态分：需求量高、需求量一般、需求量低。三种市场需求状态的概率分别为 0.5、0.3、0.2。各方案的收益价值见表 3－9。请用决策树分析，选择哪一方案最好。

表 3－9　三种方案的相关数值　　单位：万元

收益值 状态 / 方案	需求量高	需求量一般	需求量低
	0.5	0.3	0.2
甲方案	1000	380	130
乙方案	700	260	90
丙方案	400	180	60

决策：

第一步：将表中相关数据以决策树的形式表示，如图 3－4 所示：

第二步：计算各方案的数学期望值：

各方案的数学期望值＝结点计算的各方案数学期望值×有效利用期－投资总额

结点②甲方案的数学期望值＝$(1000\times0.5+380\times0.3+130\times0.2)\times5-1000$

$=2200$（万元）

结点③乙方案的数学期望值＝$(700\times0.5+260\times0.3+90\times0.2)\times5-1300=930$（万元）

结点④丙方案的数学期望值＝$(400\times0.5+180\times0.3+60\times0.2)\times5-900=430$（万元）

第三步，决策。经比较，甲方案的期望值大，则结点①的数学期望价值为 2200。该决策应选择甲方案。在树形图上剪去乙、丙方案，见图 3－4。

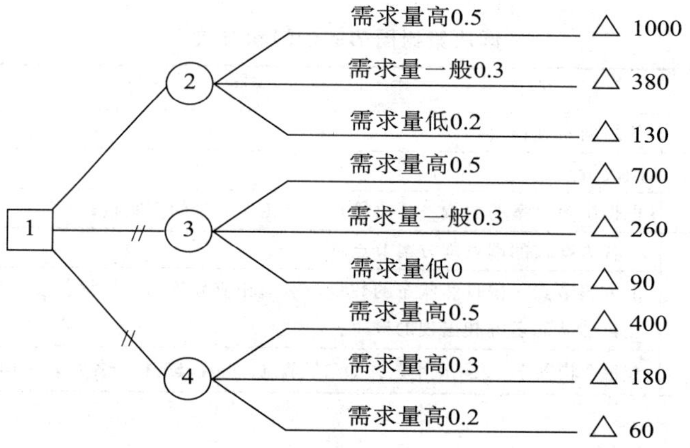

图 3－4　决策树图

上边只介绍了单级决策树法。在实践中，还有更复杂的多级决策树法。

在线测试

第四节　计　划

【案例导入】

2035 年远景目标

展望 2035 年，我国将基本实现社会主义现代化。经济实力、科技实力、综合国力将大幅跃升，经济总量和城乡居民人均收入将再迈上新的大台阶，关键核心技术实现重大突破，进入创新型国家前列。基本实现新型工业化、信息化、城镇化、农业现代化，建成现代化经济体系。基本实现国家治理体系和治理能力现代化，人民平等参与、平等发展权利得到充分保障，基本建成法治国家、法治政府、法治社会。建成文化强国、教育强国、人才强国、体育强国、健康中国，国民素质和社会文明程度达到新高度，国家文化软实力显著增强。广泛形成绿色生产生活方式，碳排放达峰后稳中有降，生态环境根本好转，美丽中国建设目标基本实现。形成对外开放新格局，参与国际经济合作和竞争新优势明显增强。人均国内生产总值达到中等发达国家水平，中等收入群体显著扩大，基本公共服务实现均等化，城乡区域发展差距和居民生活水平差距显著缩小。平安中国建设达到更高水平，基本实现国防和军队现代化。人民生活更加美好，人的全面发展、全体人民共同富裕取得更为明显的实质性进展。

资料来源：《中华人民共和国国民经济和社会发展第十四个五年规划和2035年远景目标纲要》。

一、计划与决策

（一）计划的概念

"计划"作为名词，指用文字、图表和指标等形式所表述的，在未来一定时期内组织活动的行动目标、方向、任务、时间安排的纲领性文件，是计划工作的结果。如：生产计划、销售计划等；"计划"作为动词，指计划工作、计划管理。它是组织为实现决策目标，进行的各项工作、活动等的具体安排。管理学主要研究作为动词的计划工作。正如孔茨所说："计划工作是一种桥梁，它把我们所处的这岸和我们要去的对岸连接起来，以克服这一天堑。"

（二）计划和决策的关系

关于计划和决策的关系，在学术界有不同观点。以法约尔为代表的学者认为计划是管理的首要职能，决策是计划职能中的一项活动。以西蒙为代表的学者认为决策是管理的核心，计划是决策职能的一个阶段性的工作。多数学者认为决策和计划是两个相互区别，又相互联系的概念。

1. 计划和决策有明显区别

决策是关于组织活动方向、内容以及方式的选择，是管理的首要职能。计划则是对组织内部各部门、成员在一定时期行动任务的具体安排，它详细规定了不同部门和成员在这一时期的工作内容、活动路线和要求。

从管理层级上看，高层管理者更强调决策职能，中层和基层管理者更强调计划工作。

2. 计划和决策有必然联系

决策是计划的前提，计划是决策的逻辑延续。没有计划工作，决策将无法执行。决策和计划都需要对组织内部和外部环境进行调查和研究分析。在实际工作中，决策与计划是相互渗透。编制计划的过程需要作一系列决策，同时也是决策的落实过程。

二、计划的类型、内容和形式

（一）计划的类型

计划可以根据不同标准划分为多个类型。具体见表3-10。

表 3-10 计划类型

分类标志	分类结果	内容说明
计划重要性	战略计划	建立组织长期性的全局目标，一般是长期计划
	战术计划	如何实现战略计划的具体计划，一般是短期计划
计划期限	长期计划	五年期以上的计划
	短期计划	一年或短于一年的计划
	中期计划	介于长期计划和短期计划的年限之间的计划
使用频率	一次性计划	为满足特定情况需要而设计的仅使用一次的计划
	持续性计划	可重复使用的计划，如政策、规则和程序
计划内容	综合计划	对组织活动所做出的整体安排
	专项计划	为完成某一特定任务而拟订的计划
计划功能	生产计划	生产组织计划、品种和质量计划、作业进度安排等
	人力资源计划	人员招聘、培训、使用、考评、激励等方面的计划
	营销计划	产品或服务如何有效传递至消费者的计划
	财务计划	如何筹措资金和有效利用资金的计划

（二）计划的内容

组织计划的内容通常用6W1H表示。具体如下：

1. 做什么？（What to do it）

即预先明确活动的目标和内容。如企业生产计划就要明确生产产品的种类、数量、进度、费用等。

2. 为什么做？（Why to do it）

明确计划工作的目的和原因。让计划执行者了解、理解、接受和支持计划。有利于充分发挥执行者积极性、主动性和创造性，实现预期目标。

3. 谁去做？（Who to do it）

即明确实施计划的部门或人员。划分各部门和组织的任务，规定实施计划的部门和人员，包括每一阶段的责任者、协助者等。有利于明确职责，协调关系。

4. 何地做？（Where to do it）

规定计划实施的地点，了解计划实施的环境条件和限制，以便合理安排计划实施的空间。

5. 何时做？（When to do it）

明确计划中各项工作的开始时间和结束时间，利于各执行者的时间协调和资源平衡。

6. 怎样做？（How to do it）

实施计划所采用的方式、手段。制定实现计划的措施以及相应的政策、规则，对资源合理分配或集中使用，生产能力平衡，各种引申计划的综合平衡等。

（三）计划的表现形式

一个完整的计划通常以宗旨、目标、战略、政策、程序、规则、规划、预算等形式表示。具体见表3-11。

表 3-11 计划的表现形式

序号	要素	内容
1	宗旨或使命	宗旨或使命是社会赋予组织的基本职能，它概括说明组织存在的价值和意义，是区别不同组织的标志。组织的宗旨描述组织存在的原因，回答“组织为什么而存在的问题”？
2	目标	目标是在目的或使命指导下，提出整个组织所要达到的具体结果。是目的的具体化和数量化。计划管理应当制订目标体系。
3	战略	战略是组织为全面实现目标确定的发展方向、行动方针、原则和资源分配的总体谋划，是组织发展全局的方案和谋略。
4	政策	政策是引导管理者思考和行动的指南，是指组织在决策或处理问题时用来指导以及沟通思想活动的方针和一般规定。政策通常用指导性、模糊性语言进行描述。组织的政策应当保持连续性，稳定性。
5	程序	程序是工作的时间顺序、步骤和方法。管理者要把日常工作中反复出现的工作及流程编制成程序。管理工作一旦有了程序与规则，就使工作规范化、简单化，既减少摩擦，又提高效率。对于例外问题，需要管理者设计新的工作程序。
6	规则	明确告诉管理者能做什么和不能做什么。规则要具体、明确。
7	规划	包括目标、策略、政策、程序、规则、措施等的综合性计划。其中，“措施”是针对某种未来实施方案时可能会遇到的问题而采取的处理办法。措施可能包括应变措施、预防措施、强制措施或者非常措施等。
8	预算	也被称为数字化的计划。它是有关于财务活动的计划。编制预算是计划管理工作的重要内容。

三、计划工作的特点、要求和任务

（一）计划工作特点和要求

1. 目的性

目的是通过一系列目标体现的。目标是全部计划工作的核心。任何组织或个人制定计划都是为了更好地实现目标。组织内的每个人和部门必须围绕实现组织目标开展计划工作。

2. 普遍性

一切个人、组织、部门的任何工作都必须有计划地进行，计划工作贯穿于组织活动的始终，是全部管理工作的基础。所有管理人员，无论高层管理者还是中层管理者、基层管理者都要从事计划工作，实施计划管理。

3. 主导性

计划是经过一定程序制订的具有法律效力的重要文件，是指导组织未来一定时期各项工作的纲领。计划对组织内所有工作具有主导性。组织各部门、人员的各项工作应以组织的总计划为依据，开展相应的活动，并以计划为依据评价他们的工作业绩。

4. 系统性

组织的任务计划都不是孤立的。一是组织或活动都必须有总计划，在各部门、各工作环节，在总计划的基础上必须制订执行性的分计划，总计划与各分计划之间有必然联系，形成组织的计划体系，反映了计划的整体性；二是计划要求前后连续，形成动态体系。这就要求本期计划与上期计划相衔接，下期计划与本期计划相衔接。这样形成计划的滚动性和连续性，使计划工作真正成为推动组织发展的重要手段。三是各部门、各岗位的计划在时间和空间上必须相互协调、衔接。

5. 效率性

计划工作不仅能保证目标实现，而且有利于协调关系。通过计划工作达到“做正确的事”和“正确地做事”的目的。使组织内部的所有人、部门、工作环节按计划开展岗位工作，能步调一致，减少矛盾，提高工作效率，节约社会资源。

6. 创新性

计划工作是针对环境变化而实施的管理性工作，因而，计划是一个创造性的管理过程。只有不断创新，才能有效应对环境变化，实现计划目标。

（二）计划工作的任务

1. 确定目标

确定目标是计划工作的首要任务。组织应当在调查研究的基础上，制订组织的总目标，细分分目标等。使目标具体、明确、先进、可行。

2. 分配资源

完成计划目标，必须有一定的人力、物力、财力、技术等资源作保障。计划管理部门要根据总目标、分目标的要求，合理配置组织、部门、个人完成计划任务所必需的上述资源。确保计划目标与所需资源的平衡。同时，明确组织内部的权力划分，确保完成目标所必须的权力。

3. 组织业务活动

在计划执行中，管理者的任务是学习熟悉计划、培训人员、鼓舞士气；协调计划执行中的各种内外部矛盾；收集计划执行中的信息，分析原因，及时调整计划、调节资源等。

四、计划工作的程序

（一）调查研究，估量机会，明确编制计划的依据

1. 学习、调查、收集资料

编制计划必须首先学习、调查、收集信息。学习国家、地方政府和上级部门的政策、规划等。调查和收集组织内部及外部环境信息，为编制计划提供科学依据。

2. 分析研究，估量机会

综合分析信息和资料，科学评价，分析编制计划的有利和不利条件。清醒认识组织自身的优势、劣势，对组织进行准确定位。把可能的机会与自身的条件结合起来，实事求是地说明组织未来做什么？怎么做？

（二）目标或任务分解

确定目标或任务分解的任务是：将组织总体目标分解落实到各部门、各活动环节；将长期目标分解为阶段性分目标。目标或任务分解后形成组织的目标结构。包括目标的时间结构和空间结构。目标结构描述了组织中较高层次的目标与较低层次目标、个人目标与各阶段目标相互间的指导与保证的关系。

(三) 目标结构分析

高层次目标的实现是建立在低层次目标实现的基础上。各分目标的实现程度影响其他部门目标实现和高层次目标的实现。组织内部各目标的这种相关性决定了目标结构分析的重要意义。目标结构分析就是研究较低层次目标对较高层次目标实现的保证能力和保证程度。

目标结构分析的内容：目标的重要程度、目标指标值、目标执行者的条件等；具体目标的实现程度对长期目标实现的影响程度；具体目标的实现程度对较高层次目标实现的影响程度；对影响目标实现的因素能否采取补救措施；能否调整较高层次目标要求；目标分解是否合理；是否需要重新决策等。

(四) 综合平衡

综合平衡法是编制计划的最基本方法。它是“单项平衡”的对称。是指在计划编制过程中，遵循系统原理，全面分析组织要素和资源，经过统筹安排，使其比例适当，协调运行的一种方法。

组织是一个系统，各部门、各环节、各要素之间客观上是相互依存、相互制约的关系。一旦失去平衡，就会破坏组织内部正常的协作关系，并产生一系列矛盾，导致组织活动难以有效开展，计划指标难以实现。所以，按综合平衡法的要求，管理者要坚持客观规律，坚持从全局出发，对计划中的各种指标进行精心分析、设计、调节，使总体指标与各部门的指标之间、上级目标与下级目标之间、各部门的指标之间、组织的计划指标与其他相关部门的计划指标之间，保持协调和合理的比例关系。

实现综合平衡，要求在编制计划的过程中，从上到下，从下到上，上下结合，坚持民主集中制。

(五) 编制并下达执行计划

在综合平衡的基础上，形成组织的总体计划，然后通过法定形式形成决议，计划就具有法律效力。组织即可为各部门（如业务、人事、财务、供应）编制各个时段（长期、年度、季、月等）的行动计划，并正式下达执行。

五、现代计划方法

计划编制方法较多，本教材简单介绍滚动计划技术、甘特图计划技术。

(一) 滚动计划技术

滚动计划法（简称 RP）是采取“近细远粗”不断根据外部环境变化和计划执行情况，调整、修订下一期的计划，并逐步向前移动（滚动）的一种动态计划技术。

滚动计划法的优点是：使计划与实际紧密结合，提高了计划的准确性，能更好地发挥其指导作用；提高了计划的弹性，增强了计划对环境的适应能力；使长期计划、中期计划、短期计划相互衔接。

1. 滚动计划技术编制方法

(1) 编制长期计划。在长期计划中确定一定时期的计划任务，对计划项目与指标采取近细远粗、边执行边调整的方式进行修订，每期调整一次，并将计划向前延伸一期制订出新的长期计划。本期计划作为执行计划，下期计划作为准备计划。

（2）编制短期计划。短期计划也可以采取这种方法。在编制某年的年度计划时，先具体制订第一季度的计划，第一季度的计划再按月细分，其计划具体、细致、操作性强。其他三个季度的计划可粗略制订。在第一季度结束时，再将第二季度的计划按月细分……如此不断继续下去。

2. 滚动计划技术方法举例

以某企业制订 2021 年计划为例。具体过程及方法见图 3－5。

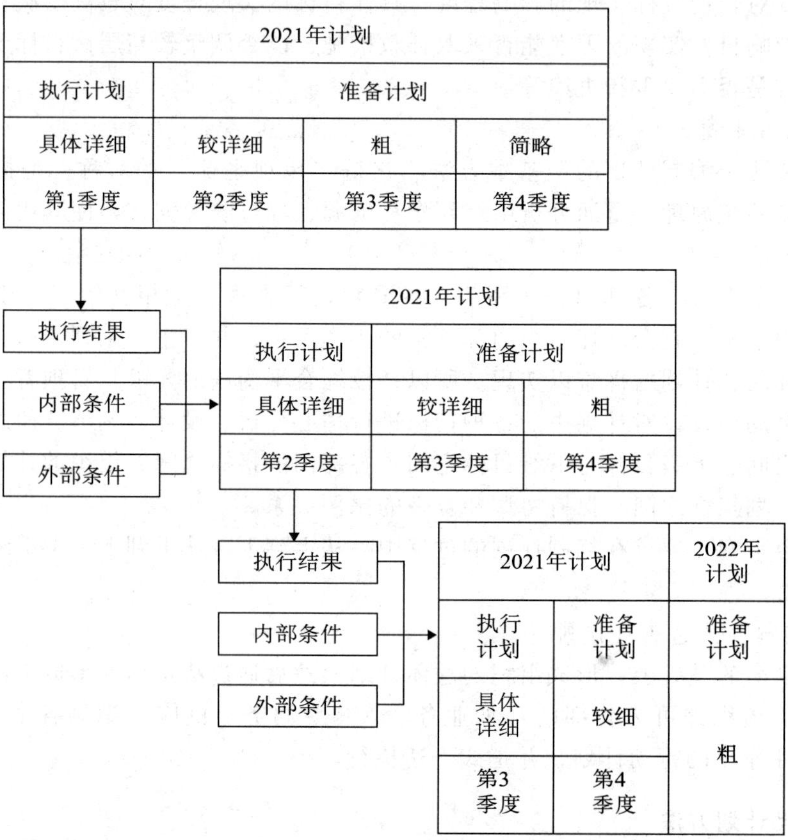

图 3－5　滚动计划编制方法图

【实训课堂 3－6】

松下的计划

1937 年，日本经营之神松下幸之助在创业 1 周年纪念日，向全体员工宣布：松下电器要在 250 年后，生产出大量物美价廉的生活用品。他把这个远期规划分为 10 个阶段，每个阶段 25 年，再把每个阶段的 25 年分为三个时期：第一期 10 年是建设期，第二期 10 年是活动期；第三期 5 年是为社会服务期。第一期计划十分详细、明确，越往后计划越大纲化。第一个 10 年最关键，为了使员工共同追求这个目标，他踏实、认真地迈出了第一步，实行第一期的工作，随着计划步步落实，员工的信念也渐渐增强，也极大地调动了员工的积极性，松下电器最终成为当今的国际性大公司。

（二）甘特图

亨利·劳伦斯·甘特是科学管理运动的先驱者之一。以其名字命名的这种计划方法称为甘特图。又称为横道图、条状图（Bar chart）。其通过条状图来显示项目、进度和其他时间相关的系统进展的内在关系随着时间进展的情况。

在图中，横轴表示时间，纵轴表示项目，线条表示期间计划和实际完成情况。甘特图简单、醒目、便于编制，在管理中被广泛应用。见图3-6。

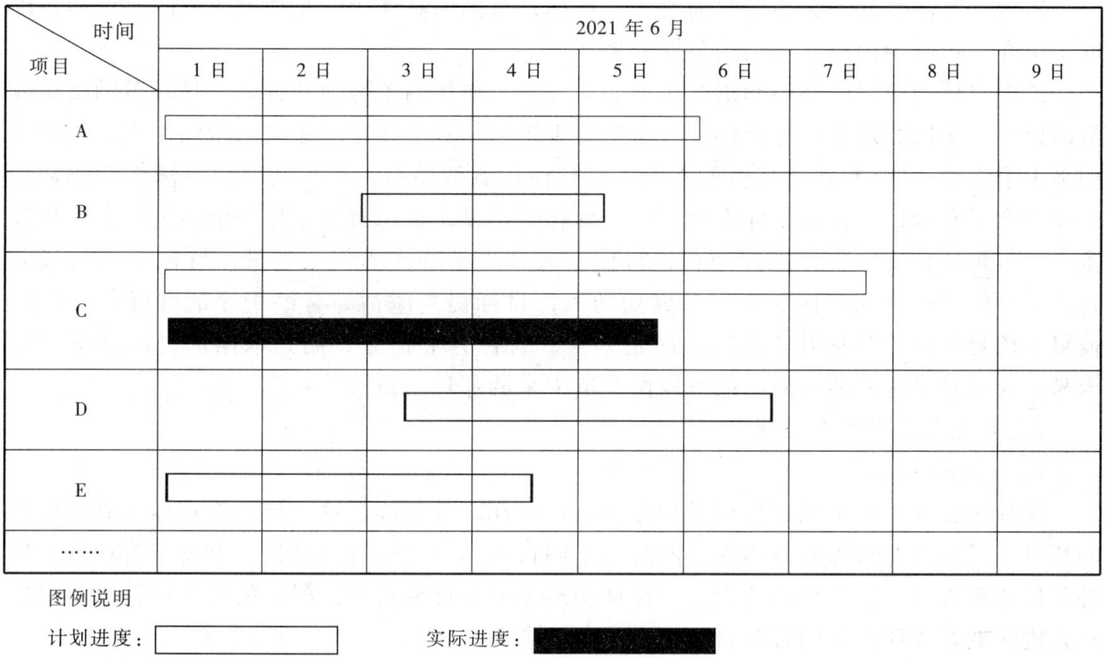

图3-6　甘特图

在线测试

第五节

目标管理

【案例导入】

全运会女子跳高决赛冠军诞生

2021年9月21日上午，在西安奥体中心进行的第十四届全运会田径比赛中，上海选手陆佳雯以1.92米的个人最好成绩获得女子跳高冠军。

比赛中，各省多名运动员经过了1.80米、1.84米、1.87米争夺之后，进入1.90米争夺，河北队运动员成功跃过！陆佳雯两次不过，于是她改变策略，放弃1.90米的争夺，把第三跳（最后一跳）压在1.92米上，陆佳雯1.92米神勇一次过！锁定冠军！

这是她此前从未征服过的高度。

一、目标

（一）目标的概念

组织的目的、任务必须转化为目标。目标是目的的具体化。是根据组织的宗旨而提出的组织在一定时期内所要达到的预期成果。

组织目标为组织各部门和组织成员的学习、工作指明了努力的方向，具有激励组织成员的作用。美国管理学家理查德·波斯丁将组织目标对全体组织成员的激励作用，概括为如下十个方面："目标产生积极的心态；目标使你看清使命、产生动力；目标使你感觉到生存的意义和价值；目标使你把重点从过程转到结果；目标有助于你分清轻重缓急，把握重点；目标使你集中精力把握现在；目标使人产生信心、勇气、胆量；目标使人自我完善、永不停步；目标使你成为一个成功的人；目标提高激情，有助于评估进展"。所以，彼得·德鲁克说"目标并非命运，而是方向。目标并非命令，而是承诺。目标并不决定未来，而是动员企业的资源与能源以便塑造未来的那种手段"。

（二）目标的特点和要求

1. 目标的多样性

管理过程要求对组织总目标进行分解，形成众多分目标，这就使组织目标具有多样性的特点。了解组织目标的多样性，同时对不同目标的重要性进行评估，有助于管理者根据各目标的重要性，实施分类管理，以保证实现主要目标和重要目标。彼得·德鲁克提出的经营成功的企业所包括的各种目标见表3-12。

表3-12　　彼得·德鲁克提出的经营成功的企业所包括的各种目标

目标性质	目标内容
市场方面	应表明本公司希望达到的市场占有率或在竞争中应占据的地位
技术改进与发展方面	对改进和发展新产品，提供新型服务内容的认识与具体措施
提高生产力方面	有效地提高原材料的利用，最大限度地提高产品的数量和质量
物质和金融资源方面	获得物资和金融资源的渠道及有效的利用
利润方面	用一个或几个经济指标表明希望达到的利润率
人力资源方面	人力资源的获得、培训和发展，管理人员的培养及个人才能的发挥
员工积极性发挥方面	发挥员工在工作中的积极作用，激励和报酬等措施
社会责任方面	注意本公司对社会产生的影响，说明对社会应尽的责任

2. 目标的层次性与网络性

管理过程对总目标进行分解，形成一系列层次分明的纵向目标和横向目标。横向目标和纵向目标相联系，形成了目标的网络性，即：目标体系。目标的网络性和层次性体现了各目标之间的相互联系。

3. 平均先进性

即目标的挑战性。组织总目标、各分目标、各层级目标都应当具有平均先进性。如果目标太高，难以实现，将导致工作效率低下、士气低落和资源浪费；如果目标过低，无法体现目标的激励性，不利于挖掘组织潜力，影响组织竞争力。

4. 明确性

目标的明确性是指目标的数量明确、质量明确、期限明确、责任人明确、执行目标的措施和规则明确等。数量和质量明确是指目标要尽可能数量化；期限明确包含两层含义：一是指目标应有完成的时间限制；二是指组织目标应随着时间的变化做相应调整；责任人明确是指执行目标的人或部门要具体。目标越明确越有利于实施目标管理。

5. 可衡量性

衡量目标是否有效的标准是：目标是否概括了该项职务的主要特点？所定目标的数目是否太多？能否把有些目标合并起来？目标能否考核？目标是否明确（数量、质量、时间、费用）？目标是否能激励人们去争取完成，是否切实可行？是否规定了各个目标的主次轻重？目标是否包括了改进工作的目标和个人发展目标？目标是否与别的经理和组织所定的目标相协调？是否与上级主管人员、部门、公司的目标相吻合？目标是否已向需要知道的所有人传达了？短期目标是否与长期目标相吻合？据以拟订目标的一些设想是否都已清楚指明了？目标是否清楚地或以文字表明了？目标是否适时地提供反馈信息，从而能够采取一切必要的纠正措施？现有的资源和职权是否足以去实现目标？是否提供了机会，期望人们去实现目标，让他们提出自己的目标来？人们是否掌握了委派给他们负责的那些方面的工作？（资料来源：《二十八位最伟大的现代管理学家》第 251 页）。表 3 - 13 是一些可衡量的目标和不可衡量的目标的对照。

表 3 - 13　可衡量的目标与不可衡量的目标

不可衡量的目标	可衡量的目标
获得较高的利润； 提高生产部门的生产率； 保证产品的质量； 主管人员增加与下属的沟通； 维持电脑网络系统的稳定性。	在本年末实现利润 15%； 在不增加费用和保持现有质量水平的情况下，本季度的生产率比上季度增长 10%；产品抽查的不合格率低于 3‰； 主管人员每周花费在与每个下属人员沟通的时间不少于 2 个小时； 由于技术问题，网络中断的次数每季度不超过 1 次，每次能够在 1 小时之内恢复正常。

二、目标管理的概念及特点

（一）目标管理的概念

目标管理（简写为 MBO）是美国管理学家彼得·德鲁克 1954 年在《管理实践》中首先使用的概念。此后，通用电气公司、麦克雷戈、爱德华·施莱对目标管理理论的发展做出了贡献。德鲁克认为，并不是有了工作才有目标，而是相反，有了目标才能确定每个人的工作。所以“企业的使命和任务必须转化为目标”。如果一个领域没有目标，这个领域的工作必然被忽视。因此，管理者必须通过目标对下级进行管理，当组织最高管理者确定了组织目标后，必须对其进行有效分解，转变成各部门以及各个人的分目标，管理者根据分目标的完成情况对下级进行考核、评价和奖惩。

目标管理也称“成果管理”。它是依据外部环境和内部条件的综合平衡，确定组织在一定时期总目标，以目标为导向，以人为中心，以成果为标准，实现组织和个人取得最佳业绩的现代管理方法。

（二）目标管理的特点

目标管理体现了系统论和控制论的思想。它有以下特点。

1. 目标管理是一种系统管理

组织目标的多样性、层次性和网络性形成了组织的目标体系。在目标体系中，各目标相互联系，每一个目标的实现程度必然影响其他目标和总目标的实现程度。可见，目标管理无论从目标体系还是从管理过程看，都是一个完整的系统，具有系统的各种特征。所以，目标管理具有系统管理的特点，必须坚持用系统原理的思想开展目标管理。所以，孔茨说：“目标管理是一个全面的管理系统，它用系统的方法，使许多关键管理活动结合起来，并且有意识地瞄准有效地和高效地实现组织目标和个人目标。”

2. 目标管理是一种民主管理

按目标管理思想的要求，组织全体成员应当参与目标的制订、分解、执行、考评等全过程工作。所以，目标管理是全员全过程参与的民主管理方式。这种参与式民主管理不仅提高了目标的科学性和合理性，有利于目标的宣传、理解，而且有利于激发组织成员的主人翁精神和参与意识，使人们既关心个人目标又关心组织目标，形成良好的组织文化氛围。

3. 目标管理是一种授权式管理

目标就是责任，责任到人，权力也应到人。目标管理要求各级管理人员必须明确自己的管理目标和责任。上级要根据目标管理的需要，授予下级部门和个人必要的权力，下级部门和个人才能在目标管理中充分发挥自己的聪明才智。因此，授权是实现目标管理的关键。实行目标管理，管理者必须善于授权。

4. 目标管理是一种自我管理

实行目标管理后，组织内部人人有目标，人人自觉地用目标约束自己的行为，为完成各自的目标而努力。德鲁克认为，员工是愿意负责的，愿意在工作中发挥自己的聪明才智和创造性，应该用“自我控制”的管理代替“压制性的管理”。目标实施过程中，各部门及成员随时对照目标，控制自己的行为，根据需要不断学习，提高技术和效率，实现目标。

5. 目标管理是一种激励性管理

目标的联系性实质是利益的联系性。目标管理有一套具体、明确、公平、公正的评价体系和考核办法。它要求将个人利益和组织利益紧密联系起来，将目标的完成程度与个人利益联系，让执行者明确实现目标后的报酬和奖惩制度。这有利于激励人们努力工作、重视协作。

6. 目标管理是一种成果管理

目标管理有一套完整的目标考核体系，能够对组织成员的实际贡献和业绩大小进行评价，从而克服了凭印象、主观判断等传统管理方式的不足。

目标管理的不足是：实施目标管理容易产生上层管理者以目标下达代替管理，淡化了管理者与员工之间在目标实现过程中的沟通；有些目标难以量化和具体化，因而责任也难以明确；目标管理是建立在“Y 理论”基础上的，而实际并不是组织内所有人都具有责任感和上进心，他们会在分解目标时讨价还价或在执行过程中弄虚作假；如果评价实施结果不公平时，会影响人们的积极性。

三、目标管理的程序与方法

目标管理的程序分为四个步骤：

（一）制定总目标

组织的总目标是在高层管理者领导下，由中下层管理者、员工代表和内外部专家共同参与，经过充分发挥群体智慧制订的。它是组织的使命、实力、竞争力的集中体现。

（二）目标分解

目标分解是将组织的总目标进行纵向层层分解和横向分解，落实到组织内部各个部门、环节、岗位、小组和个人，即制定一系列分目标，形成目标体系。见图 3－7。

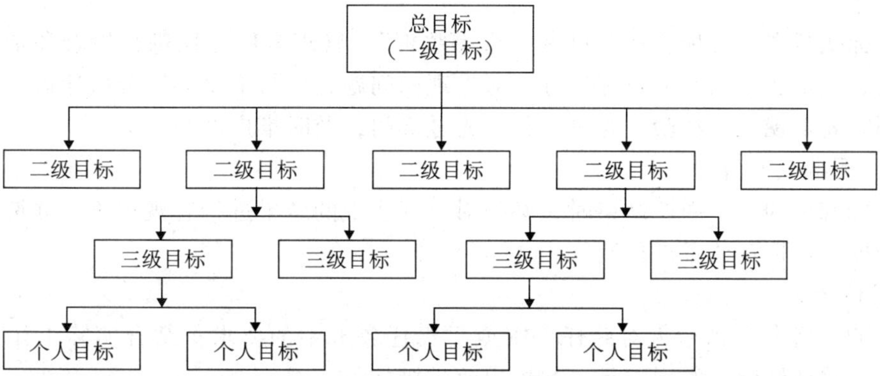

图 3－7　企业目标分解图

1. 目标分解的原则

（1）充分沟通，分解目标。在目标分解过程中，组织应当与各目标责任部门、人员充分协商。一是让下级了解目标结构（数量、质量、时限和任务要求），使下属理解实现目标对社会、组织和个人的意义；二是考察目标完成者的态度和能力；三是根据下属承担的目标和任务，配置资源（如人员、资金、设备等），同时，授予必要的权力和责任；四是管理者为下级完成目标提供必要条件和支持，满足目标责任人的合理要求。

（2）分解目标要具体、明确。

（3）优先重要目标。目标分解过程中，优先保证重要目标和主要目标的落实和完成。对于一般目标或与总目标无关的目标，可以不分解。相应地，资源配置也应当确保重要目标。

（4）目标协调。在目标分解过程中必须协调好下列关系：总目标与分目标的关系；目标在时间、进度上的关系；各分目标之间的平衡关系等。

2. 目标分解的一般方式

目标分解的方式有多种。例如：按部门分解目标；按时间分解目标；按层级分解目标；按人员分解目标；按地区分解目标等。

（三）目标控制——目标实施与检查

经过目标分解形成了目标体系，也建立了自下而上的保证体系。至此，整个组织已经具备了实施目标的条件。各目标责任者就要按要求组织实施。这是目标管理的关键环节。

1. 制订实施方案

各目标责任者要制定目标实施的具体措施，包括途径、方法、进度以及其他具体要求。并将这些内容制定成任务书，以表格或卡片形式表示出来。

2. 人员培训

目标分解后，要对目标责任者进行必要的培训、指导和帮助，让他们领会和理解与目标管理相关的知识、技术、政策、制度、考核和评价办法、报酬和奖惩标准等。

3. 重视沟通

在目标实施过程中，目标的执行者要与相关目标执行者、管理者等保持沟通，互相支持，相互学习，实现有效协作。

4. 检查

在目标执行中，管理者切不可做"甩手掌柜"。管理者应定期进行检查和指导，督促下属保质、保量、按期完成目标任务。对发现的问题，应与下属共同分析原因，寻求解决办法。同时要发现先进经验、先进人物、先进部门，及时推广经验。

（四）目标成果评价

当目标管理的一个周期结束时，必须对目标实现的结果进行客观评价，并按事先制订的考核制度对目标责任者进行奖惩。

1. 评价者

（1）自我评价。由个人对照任务书或目标任务卡中的要求，结合实际工作成绩进行自我评价。总结经验，发现不足，并提出改进措施。

（2）民主评价。由本部门员工或部门之间以民主讨论方式互评。大家在相互讨论中，共同总结并交流经验，发现不足及原因，找出解决问题的办法。

（3）领导评价。由上级对下级的目标执行情况进行评价。

2. 综合评价的内容和方法

目标成果的综合评价是对每一个分目标和各层级目标，按目标的达到程度、目标的复杂程度、完成目标的努力程度等三个要求评定。

（1）目标的达到程度。这是实际绩效与目标价值之比。一般分为三个等级。A 级为超额完成绩效；B 级为完成绩效；C 级为未完成绩效。一般来说，该项指标在综合评价中占 50%。

（2）目标的复杂程度。在目标分解中，组织适当考虑了每个目标责任人的能力差异。所以，将目标按重要程度等因素划分为 A、B、C 三个等级。分别分配给相应能力的人或部门。把目标的复杂程度作为评价目标完成者的综合绩效的指标之一，能体现目标管理的公正性。一般来说，该项指标在综合评价中占30%。

（3）完成目标的努力程度。考核中，要关注目标执行者在完成目标过程中积极努力、克服困难、勇于创新等表现。将完成目标的努力程度划分为A、B、C三个等级。一般来说，该项指标在综合评价中占20%。

在目标评价中，出现的非本人的原因而影响目标实现的情况，在考核过程中可以适当修正上述指标。

（4）综合评价。综合评价 = 目标达到程度 ×50% + 目标复杂程度 ×30% + 完成目标的努力程度 ×20%

根据综合评价结果，按制度对目标执行者进行奖励或惩罚。

在线测试

第六节 实训任务

一、简答题与讨论

1. 什么是决策？怎样评价决策的地位和作用？
2. 怎样理解决策的主要特点？
3. 决策过程应当遵循哪些原则和程序？
4. 影响决策的主要因素有哪些？
5. 计划工作的程序是什么？
6. 目标管理的特点和基本程序是什么？
7. 讨论：决策与计划的关系。

二、案例学习与思考

案例一：“野马”正式上市

1960年，爱奥库卡任美国福特公司副总裁兼总经理，他发现当时以青年人为代表的社会革新力量将对美国社会、经济产生难以估量的影响。爱奥库卡认为，设计新车型时，应该把青年人的需求放在第一位。在他的组织下，1962年年底这种被命名为“野马”的新车型最后定型。“野马”看起来像一部运动车，满足了青年人喜欢运动和刺激的心理。这种车只有2500美元左右，一般青年人能买得起。1964年4月纽约世界博览会期间，“野马”正式上市。“野马”销售比最乐观的预测还要好，在汽车投放之初，公司预计年销量在10万辆左右，但头一天就收到了22000份订单，在头12个月销量竟达到了令人吃惊的41.9万辆，创下全美国汽车制造业的最高纪录。到1966年3月售出了100万辆。爱奥库卡也因此荣升福特公司总裁。

资料来源：MBA智库·百科等。

根据上述资料，分析爱奥库卡决策成功的原因和决策的重要性。

案例二：大数据与决策

数据是人类社会发展的忠实记录者，它的获取、处理与应用在人类社会发展中一直扮演着重要角色。互联网快速发展带来无处不在的信息技术应用，海量数据随着这一进程不断产生，蕴含着巨大的社会、经济、科研价值，成为继物质、能源之后的第三大战略资源，急需重新审视和发展。信息技术的发展为数据处理提供了自动化方法和手段，"大数据"概念应运而生。

大数据技术本质是提供一种人类认识复杂系统的新思维和新手段。大数据时代的到来，标志信息化跨越以单机应用为特征的数字化阶段、以互联网应用为特征的网络化阶段，正式进入以数据深度挖掘与融合应用为特征的智慧化阶段。

大数据开启的信息化新阶段，代表新一代信息技术的全新应用，孕育出以数据为主要生产要素、继农业经济和工业经济之后更高级的经济形态——数字经济，全球加速步入数字社会。

一般来说，各类大数据分析应用可分为三个层次。

第一层是描述性分析应用，是指从大数据中总结、抽取相关信息和知识，帮助人们分析发生了什么，并呈现事物发展历程。比如，新冠肺炎疫情防控中的大数据应用基本上都属于这一类：社区管控有"健康码"，基层防控有"密切接触者测量仪"，复工复产有"三色码"，还有移动通信运营商14天机主活动轨迹数据查询等。可以说，大数据技术成为新冠肺炎疫情防控重要科技手段之一。

第二层是预测性分析应用，是指从大数据中分析事物之间关联关系、发展模式等，并据此预测事物发展趋势。仍以新冠肺炎疫情防控为例，通过融合运营商和互联网公司位置数据，可以定量支持人口流向趋势分析与研判，便于预测发展趋势、分析区域风险、实现精准防控。

第三层是决策性分析应用，是指在前两个层次基础上，分析不同决策的效果，并对决策进行指导和优化。决策性分析强调因果关系，不仅要"知其然"，还要"知其所以然"。例如，大数据与流行病学有机结合，在宏观的、总体趋势的研判基础上，进一步精准预估高风险区域、高风险人员数量，为医疗资源、物资、防控措施等提供更为科学、精准的决策依据。

大数据是全球数字化、网络化与智能化浪潮的重要代表性技术之一。我们的工作方式、生活方式、连接方式、协作方式或将被改变、被优化、被完善，我们每一个人都将成为其中一分子，成为数字社会的亲历者、见证者和建设者。

资料来源：摘录《大数据——释放数据价值 畅享智能生活》部分内容，《人民日报》2020年04月03日 作者：黄罡，北京大学人工智能研究院教授。

讨论：根据上述资料并结合自己搜集的资料，谈谈大数据对现代决策观念、决策方法会产生哪些影响？

案例三：林肯的决策

美国总统林肯，有一次将六个幕僚召集在一起开会。林肯提出了一个重要法案，幕僚们的看法不统一，相互争论起来。林肯在认真地听取其他六个人的意见后，仍感到自己是正确的。在最后决策的时候，六个幕僚一致反对林肯的意见，林肯仍固执己见，他说："虽然只有我一个人赞成，但我仍要宣布这个法案通过了。"

表面上看，林肯这种忽视多数人意见的做法似乎过于独断专行。其实，林肯已经仔细地了解了其他六个人的看法并经过深思熟虑，认定自己的方案最为合理。而其他六个人持反对意见，只是一个条件反射，有的人甚至是人云亦云，根本就没有认真考虑过这个方案。既然如此，自然应该力排众议，坚持己见。因为，所谓讨论，无非就是从各种不同的意见中选择出一个最合理的。既然自己是对的，那还有什么可犹豫的呢？

讨论：林肯的做法对吗？为什么？

案例四：黄霸——从基层到高层

黄霸是西汉名臣，在地方为政时政绩突出。他关心百姓生活，亲自制定安民条款，规劝黎民遵章守法，就连家常琐事也考虑得周到得体。"细小之事，起初极为繁多"，而黄霸正是一个善做具体工作的人。一番治理之下，工作很快见了成效，当地"路不拾遗，夜不闭户"。

汉宣帝见黄霸将地方治理得如此之好，认为让他只在地方任职实在大材小用，便动了提拔之念。于是，他先征召黄霸担任太子太傅，后迁升他为御史大夫，直到丞相、封建成侯。那么，黄霸受提拔后政绩如何？他当上丞相后，依然像在地方任职一样，关注琐碎事务，比如男女不同路、子弟当尽孝等。一个丞相理当掌管国家大事，而非时时为小事操心。如此思路之下，他在丞相任上自然政绩平平。《资治通鉴》评价他："霸材长于治民，及为丞相，功名损于治郡。"

资料来源：《北京日报》。

问题：黄霸任丞相后为什么政绩平平？

三、决策训练

（一）定性决策问题——德尔菲决策法

1. 实训准备：

（1）全班选出13名学生代表；

（2）计算工具；

（3）两瓶黄豆。大玻璃瓶黄豆若干和一小玻璃瓶黄豆。

2. 实训过程

（1）教师将小瓶黄豆的数量告诉13名学生代表，并让学生仔细观察装满黄豆的小玻璃瓶，使学生取得初步认识和经验；

（2）让选出的13名学生代表仔细观察装满黄豆的大玻璃瓶（黄豆数量不能让学生知道）；

（3）让选出的13名学生代表分别估计大瓶中黄豆的数量。

（4）选出的13名学生代表将自己估计的黄豆数量写在小纸条上，交给老师。

（5）计算出13名学生代表估计值的平均数、中间数和频数分布，并将结果告诉大家。

（6）将上述过程重复3次。

（7）教师宣布正确答案。

3. 训练与讨论

（1）全班同学分为若干组，每组5—7人，分组重复上述活动。

（2）个人原先的估计值与重复3遍后的最终结果，哪个更准确？为什么？

（二）定量决策问题

1. 某企业生产某型产品A，销售单价7000元/件，单位变动成本2000元/件，固定成本2000000元。该企业销售量达到多少时，才不亏损？如果企业明年计划实现利润1000000元，需要怎样制订销售计划？

2. 某企业拟向A、B、C、D四个市场推销某产品。估计各市场分别有三种销售状态。其概率无法事前预测。各市场的收益值（单位：万元）见表3-14。试问企业应选择哪个市场推销该产品，才能取得最大收益？请用你学过的决策方法进行分析选择。

表3-14

损益值 \ 状态 / 市场	销售量高	销售量一般	销售量低
A市场	100	82	-20
B市场	85	63	-7
C市场	200	90	-38
D市场	70	33	7

四、实训建议

（一）阅读

1. 美R·A. 罗宾斯 著；袁汝涛 译《决策陷阱》。

2. 韩江《败者为王——世界失败管理名案》。

3. 王树增《解放战争》中三大战役的内容，分析三大战役中的一系列决策，学习老一辈革命家的决策智慧。

（二）走访调查，向企业学习计划管理和目标管理

1. 将全班同学分成若干组，每组5—7人，指定一名负责人。每组分别走访一家企业；

2. 和所走访企业的管理人员进行座谈，了解该企业的计划编制和管理情况；

3. 获取企业一份计划书，对该计划进行分析，判断并分析计划的类型、内容，了解计划的编制前景和执行情况；

4. 邀请企业负责人介绍企业目标管理问题；

5. 写出自己的调查体会并组织全班同学进行讨论、交流。

第四章 组织职能

PPT

知识目标： 理解组织概念、职能和作用；了解组织职能的内容；理解组织机构设计的原则，了解组织内部的职权关系；了解管理人员配备的任务，理解管理人员配备的原则；理解组织文化的概念，了解组织文化的层次、功能和内容。

能力目标： 掌握组织机构设计的一般方法；掌握培育组织文化的程序和方法。

思政目标： 结合党的百年历史，讲述中国共产党在争取民族独立、国家解放、国家建设发展中的作用。结合国家机构改革，说明机构改革在推进中国治理体制建设中的作用，让学生了解中国改革开放史，坚定理想自信。宣传新时代企业家精神、工匠精神等，学习新时代企业家精神，引导学生树立正确的价值观。

第一节 组织职能概述

【案例导入】

小米的扁平化组织架构

成立于2010年4月的小米公司，是一家专注于智能产品自主研发的移动互联网公司。小米的产品理念是“为发烧而生”，它首创了用互联网模式开发手机操作系统、发烧友参与开发改进的模式，并且不断刷新中国互联网的成长速度。2014年10月30日，小米公司一跃成为全球第三大智能手机生产商。

小米的成功和它扁平化的组织管理密切相关。

小米公司一直坚信，要想激发大家的积极性和创新思维，就要实行扁平化的组织架构。因此小米研发层级结构基本有三级：员工层、核心主管层、合伙人层。研发部门也不设正经理、副经理，人员晋升的唯一奖励就是涨薪。小米公司没有森严的等级，每一位员工都是平等的，每一位同事都是自己的伙伴。不管你在别的公司做总监还是经理，在小米都是工程师，级别都一样。表现好就加薪，但是没有晋升。雷军说："整个公司就是一个项目组，我就是项目组组长，里面有5—6个拿主意的人，1—2天对一次话，有想法就立刻拍板、立即执行。"

对互联网公司来说，这种扁平化的组织架构减少了层级之间互相汇报浪费的时间，公司成立三年多，七个合伙人只开过三次集体大会，他们把所有的精力都放在产品上；同时，这种扁平化结构使得员工与领导之间权力距离减小，公司同事之间的讨论和分享增加，更有利于创新想法的产生和实施，使得小米系统以及小米手机越来越完善和好用。

小米组织结构扁平化是基于小米相信优秀的人本身就有很强的驱动力。

资料来源：龙立荣.《组织行为学》. 大连：东北财经大学出版社，2016.

一、组织和组织职能的概念

在我国古代，"组织"一词的含义是编织，将丝麻织成布帛。如《诗经·鄘风·干旄》："素丝组之，良马五之。"唐人孔颖达首先把"组织"一词延伸到社会管理中，他认为组织就是把事物的构成部分组合为整体。我国《辞海》把组织定义为："按照一定的目的、任务和形式加以编制"。

"组织"有名词和动词两种含义。作为名词，"组织"也称为团体，是一群人的集合，它是为实现某一共同目标，由两个以上的人按一定程序、原则建立起来的系统。如企业、学校、军队、医院等。其中，企业是现代社会最重要、最普遍的社会组织形式。国际上对企业的定义是："企业就是指各种生产要素所有者为追求自身利益，通过契约方式而组成的经济组织。"

作为动词，"组织"具有安排、动员、统筹、负责、管理、召集、牵头等含义，通常指组织工作。

组织工作是管理者履行组织职能的工作，是为实现组织目标而协调人群活动的一切工作的总称。管理学家哈罗德·孔茨说："为了使人们能为实现目标而有效地工作，就必须设计和维持一种职能结构，这就是组织管理职能的目的。"

构成组织的基本要素主要有：组织使命、组织章程及制度、人员、信息、资金、设施等。

【思政课堂4-1】

中国共产党的目标

中国共产党是中国工人阶级的先锋队，同时是中国人民和中华民族的先锋队，是中国特色社会主义事业的领导核心，代表中国先进生产力的发展要求，代表中国先进文化的前进方向，代表中国最广大人民的根本利益。党的最高理想和最终目标是实现共产主义。

资料来源：《中国共产党章程》。

中国共产党的中心任务

从现在起，中国共产党的中心任务就是团结带领全国各族人民全面建成社会主义现代化强国、实现第二个百年奋斗目标，以中国式现代化全面推进中华民族伟大复兴。

资料来源：《中国共产党第二十次全国代表大会上的报告》。

【实训课堂4-1】

公司章程

股份有限公司章程应当载明下列事项：公司名称和住所；公司经营范围；公司设立方式；公司股份总数、每股金额和注册资本；发起人的姓名或者名称、认购的股份数、出资方式和出资时间；董事会的组成、职权和议事规则；公司法定代表人；监事会的组成、职权和议事规则；公司利润分配办法；公司的解散事由与清算办法；公司的通知和公告办法；股东大会会议认为需要规定的其他事项。

资料来源：《中华人民共和国公司法》。

二、组织的作用

（一）集合的作用

组织能根据其需要，有效地集合分散于社会上的人力、物力、财力等资源，并通过组织职能，使人尽其才，物尽其用，产生“集体的力量大于部分的总和”，发挥组织的整体功能。

（二）满足组织成员的心理需要

人们为实现个体需要而参加了不同组织。理想的组织不但能给人归属感、安全感、尊重感、自豪感、荣誉感，而且能帮助组织成员实现其利益。

（三）协调内外关系的作用

组织通过自身完善的系统能有效地协调各种关系，在复杂多变的环境中生存和发展。

三、组织职能的任务

（一）设计并建立组织机构

根据组织环境变化和组织一定时期的任务，设计并建立组织的内部机构，形成合理的组织结构。一是按照不同业务，把整个组织划分为若干单位或部门；二是对管理性工作进行分工，设立管理层级和各种专业化管理机构；三是明确规定各层级、各部门之间的纵向的隶属关系或横向的协作关系。其中，明确组织内部的隶属关系，是设计和建立组织机构的重点。

（二）划分职责和权力

职责是完成任务所必须承担的工作，权力是完成任务所必要的手段。按权责一致的原则，明确规定组织内部各层级、各管理岗位的任务和权力，是确保组织运行，提高组织工作效率的前提。

（三）设计信息沟通渠道

组织必须建立畅通无阻的信息沟通渠道，通过信息沟通把组织各部门、各成员及外部系统联系在一起，实现共同目标。建立组织机构、划分职责和权力的过程中，必须同时设计组织内部、内部与外部的信息沟通渠道和沟通手段，建立信息沟通与管理的各项制度。

（四）调配组织资源

组织运行过程，既是信息沟通过程，也是合理使用组织资源的过程。根据组织任务，运用组织力量，合理调配各种资源，发挥各资源的作用是组织工作的重要内容。

（五）进行组织创新

组织创新是指组织根据其内部、外部环境的变化，对组织的原有状态进行改变，以适应未来组织发展要求的活动。组织变革包括了组织目标、组织行为、组织结构、组织制度、组织成员和组织文化等的变革。变革能力是组织存在和发展的基本能力。

【思政课堂 4 -2】

西咸新区及各新城职能和机构优化调整

2022 年 2 月 16 日，《西咸新区及各新城职能和机构优化调整实施方案》公布。

新区这次改革最核心内容是调整优化新区、新城、街镇的职能划分，按照“新区抓全面、新城强经济、街镇强治理”的思路，将新区原有的“新区—新城—街镇”三级管理模式，调整优化为“新区—新城”+“新区—街镇”两级管理模式，实现行政管理层级减少、行政管理效能提升的目标。

新区深入贯彻“大部制”和扁平化的管理原则，在全面承接辖区各项行政和社会管理职能的情况下，新区本级仅设置内设机构 20 个。各新城聚焦经济建设主责主业，差异化设置特色产业部门，社会事务管理机构统一撤并或上收新区管理。改革后，机构编制数量大幅压缩，节约了行政管理成本，极大提高了社会治理效能。新区及 5 个新城管委会内设机构共减少 80 个、减少 54.1%，企业化管理的下属管理服务机构共减少 46 个，人员编制共减少 537 名，分别减少 30.5%、32.7%。特别是在新城，内设机构从平均 25 个左右优化精简至 10 个左右，压减比例达 62.5%。此次改革不是简单地做“减法”，仅仅精简部门和压缩人员，而是将“瘦身”与“健身”相结合，通过进一步梳理优化部门职责职能，确保了内部管理机构权责清晰、高效运转。

在线测试

第二节 组织结构

【案例导入】

《圣经》中的故事

西方管理学著作中有关管理幅度的最早记述之一，是《圣经》描写摩西带领以色列人出走埃及的故事。《出走埃及》第十八章中描述了摩西的岳父杰思罗如何观察摩西花了一整天时间，倾听他的人民的诉苦的情况，之后，杰思罗告诉摩西，他一个人不能管事太多，杰思罗建议：你做的事情效果不好。你和跟随你的百姓都会累垮的，因为这些工作对你来说负担太重。你不可能单独一人来完成这些工作。现在请听我的话。我建议你……应该从百姓中挑出有能力的人来……然后千人一长、百人一长、五十人一长和十人一长分别安排在百姓中间，让他们协助你审理百姓的事情，那就是所有的大事提交给你，所有的小事他们都审理了，这样你自己可以轻松一些，而他们又分担了做饭的负担。只要你这样做的话，但愿上帝指引你这样做，你就能坚持到底，而百姓也会平安地到达目的地。

杰思罗的建议中包含了两个重要的管理思想：一是设置组织层次，分级管理，并且指出了每个领导者所管理的下级的数量；二是分权管理，遵循“例外原则”。

一、组织结构图

组织结构是组织为实现其目标，进行层级化、部门化，设置管理岗位，划分职责权限，形成的网络性体系。组织结构主要涉及组织部门构成、岗位设置、权责关系、业务流程、管理流程及组织内部协调与控制机制等。组织结构是实现组织宗旨的平台，它直接影响着组织内部的组织行为效果和效率，从而影响组织宗旨的实现。

（一）设计组织结构需要回答的6个问题

设计组织结构需要考虑6个问题。具体见表4－1。

表4－1　设计组织结构需要回答的6个问题

序号	问　题	答　案
1	对工作进行分组的基础是什么？	部门化
2	把任务分解成各自独立的工作应细化到什么程度？	工作专门化
3	一个管理者可以有效地指导多少个员工？	管理幅度
4	员工个人和工作群体向谁汇报工作？	命令链
5	决策权应该放在哪一级？	集权与分权
6	应该如何利用规章制度约束人的行为？	正规化和标准化

（二）组织结构图

组织结构图是用图形直观表示组织内部的部门、机构、岗位、人员设置及相互关系的图。图4－1是某公司的组织结构图。

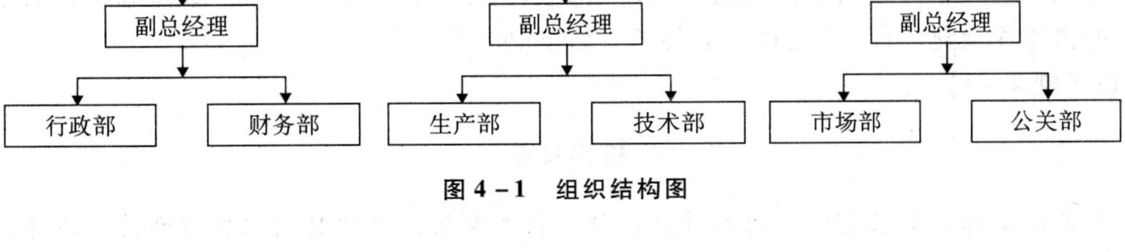

图4－1　组织结构图

从组织结构图中可以了解一个组织与机构的下列信息：组织中的部门划分及组成，岗位设置；组织中的部门职能与工作职责划分情况；部门、岗位与人员等在组织中的位置及相互关系；组织中的业务流程及信息沟通渠道等。

【实训课堂 4－2】

苏宁集团组织架构图（2014 年）。见图 4－2。

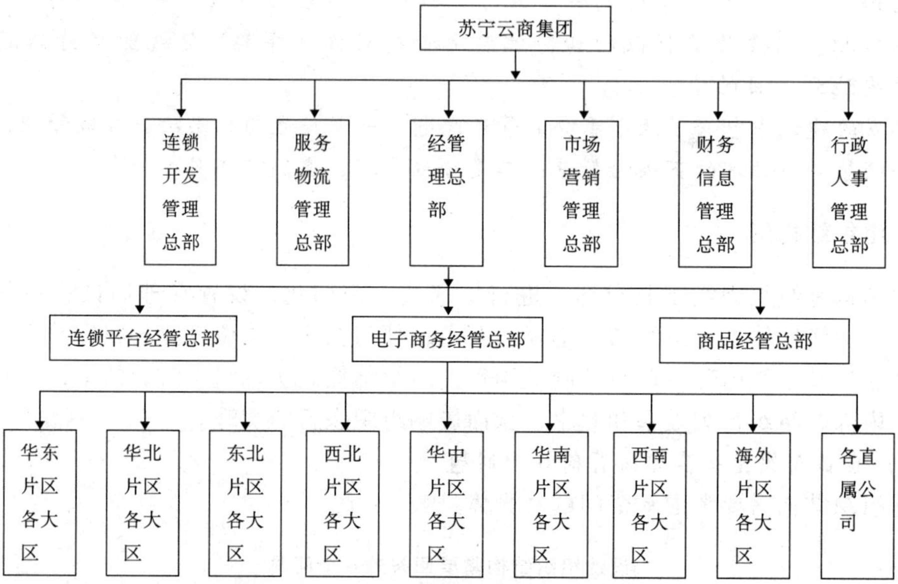

图 4－2 苏宁集团组织架构图

二、设计组织结构的原则

（一）目标性原则

组织是为实现一定目标而建立的系统。因此，组织内部机构设置及其组织结构的形成、任务分配、权力划分、信息沟通、人员配备等，必须有利于实现组织目标。组织结构设置还必须符合组织相关法律和上级部门的相关制度要求。如：股份公司的机构设置必须符合公司法的原则要求。

在组织结构设计时，还应关注组织的发展战略和长远目标，充分考虑组织未来所要从事的行业特点、组织规模、组织技术以及人力资源配置等。

（二）精简原则

“精”是指精干、精华之意，主要强调质量，即素质。“简”是指简化、少的意思，主要强调数量。精简是指在保证组织活动需要的前提下，使组织的人员数量和机构数量最少，办事程序简化。即：“去掉不必要的，留下必要的”。

【实训课堂 4－3】

机构精简

苛希纳定律：如果实际管理人员比最佳人数多两倍，工作时间就要多两倍，工作成本就要多 4 倍；如果实际管理人员比最佳人员多 3 倍，工作时间就要多 3 倍，工作成本就要多 6 倍。

沃尔玛公司创始人山姆·沃尔顿说：“没有人希望裁掉自己的员工，但作为企业高层管理者，却需要经常考虑这个问题。否则，就会影响企业的发展前景。”沃尔顿反对管理人员为显示自己地位的重要，而在自己周围安排许多工作人员。他认为“工作人员的唯一职责，是为顾客服务，而不是为管理者服务。”凡是一切与为顾客服务无关的工作人员，都是多余的，都应该裁撤。“精简的机构和人员是企业良好运作的根本”。

建立精简型机构需要确定有效的管理幅度，建立合理的管理层次。

1. 确定有效管理幅度

管理幅度是指一名管理者直接管理下属的人员（机构）的数量。管理者能够有效地管理的下级人员数量称为有效管理幅度。

组织规模一定，管理幅度大，则管理者数量少，管理机构少，机构就精简；反之，如果管理幅度小，则管理者数量多，管理机构增加，机构不精简。所以，保持合理的管理幅度是实现组织精简的重要手段。

由于管理者的时间、精力、知识等的有限性，其管理幅度也必然是有限度的，超过这个限度就不能具体、高效、正确、及时地实施管理。因此必须建立有效的管理幅度。

建立有效的管理幅度必须考虑多种因素。具体见表 4－2。

表 4－2　确定管理幅度的因素

序号	1		2		3		4		5		6		7	
因素	管理者素质		下属素质		管理层次		工作性质		计划与制度		信息化水平		工作环境	
特点	高	低	高	低	高层	基层	复杂	简单	完善	不完善	高	低	稳定	多变
管理幅度	大	小	大	小	小	大	小	大	大	小	小	大	大	小

2. 减少管理层次

管理层次是指组织内部从最高管理层到基层管理层之间的隶属关系的数量。一般来说，管理层次多必然导致机构和人员多，不利于精简。同时，过多的管理层次会增加组织的管理费用，影响信息沟通的速度，降低了高层管理者对基层的控制能力。

见图 4－3，管理层次和管理幅度成反比例，管理层次多，则管理幅度小，组织机构呈锥形式结构；管理层次少，则管理幅度大，组织机构呈扁平结构。建立扁平化组织结构是现代管理的趋势。

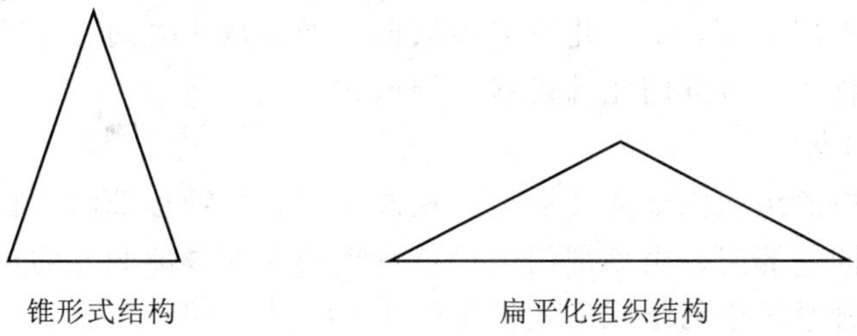

图 4－3　扁平化组织结构和锥形式结构

(三) 统一原则

社会组织是一个统一的有机整体。为了实现组织的总目标，组织内部各部门、各层级必须步调统一、协调一致。实现组织目标统一、指挥命令统一、重要的规章制度统一、行动统一等。

(1) 明确组织内部的隶属关系，确保一个下级只能同时接受一个上级的领导，既要避免多头领导，又要确保从最高层到基层的指挥链不中断；

(2) 通常情况下，禁止上级组织或管理者的越权指挥和越级指挥；

(3) 各职能部门未经授权，不能向该职能部门以外的任何组织或个人下达命令或行使指挥权；

(4) 如果出现两个或两个以上的管理者或部门对下级组织进行管理或指挥时，就要明确多个上级的管辖范围或多个上级之间事前进行必要的沟通和协调。

(四) 职责权一致原则

组织机构设置过程中，要坚持职务、职权、职责三者的统一，使组织的每个管理者有职、有权、有责，并做到职责权相称。明确规定组织成员的职务、职权、职责，保证权力清晰、责任分明。组织要建立严格的考核、奖惩等监督制度，规范和监督成员的工作，使组织高效运转。

(五) 弹性原则

弹性原则是指组织按照内外部环境的变化，调整组织目标、组织结构的形式、部门的职权划分、管理者的岗位、权限等。

(六) 决策权、执行权、监督权分设原则

决策权、执行权、监督权分设于不同部门，由不同的人行使不同权力，以保证科学决策，严格执行，有效监督，形成既相互制约又相互协调的关系。如公司的董事会与监事会分设；质量监督、财务管理、安全监督等和生产部门分设。

此外，组织设计还必须符合国家法律法规的要求。如：国家宪法、组织法、编制法及相关的法律法规、公司法等。确保组织设计的规范化和制度化，增强组织的稳定性和权威性。

三、部门化

组织设计的实质是将组织内部的管理工作进行横向和纵向分工。纵向分工确定合理的管理层级，实现层级化，并规定不同层级管理岗位相应的权责；横向分工是将组织的工作分为若干岗位或部门，即部门化。具体来说，部门化是将整个管理系统分解和再分解成若干相互依存的基本管理单位。部门化有多种依据，如人数、时间、工艺等。在企业，职能部门化、产品部门化、区域部门化等是基本的形式。

(一) 职能部门化

职能部门化是按照组织内部业务活动的相似性来设立管理部门。在组织内部，把同一性质的工作都置于同一部门，由该部门全权负责组织内部该项职能的执行。它是一种传统的、普遍存在于各种系统中的组织形式。见图 4 - 4。

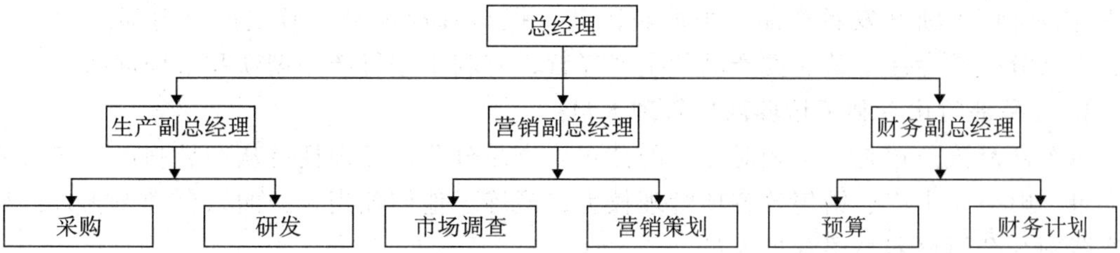

图 4－4　职能部门化

1. 职能部门化的优点

有利于提高组织最高管理层的权威，维护组织的统一性；有利于工作人员的培训、学习和交流，有利于提高管理人员的业务水平和管理水平，长期在某一职能部门工作的人，通过努力能成为某一方面的专家型人才。

2. 职能部门化的缺点

以企业为例：若同一产品的生产和销售分设不同部门，就难以衡量各部门的业绩，影响了生产和销售的衔接，易产生部门之间活动的不协调，不利于调整产品结构，影响组织整体目标的实现；管理人员长期从事某一专业领域的工作，不利于培养高层管理人才；职能部门化对环境的适应能力差，缺乏应变力。

职能部门化是企业发展初期、品种单纯、规模较小时的组织形式。

（二）产品部门化

按产品划分部门，是一些大中型企业通常采用的部门化形式。它是把某种产品或产品系列的设计、制造、销售等相关活动及管理工作划归一个部门形成产品分公司，然后在产品分公司内部再按职能进一步组建具体部门。见图 4－5。

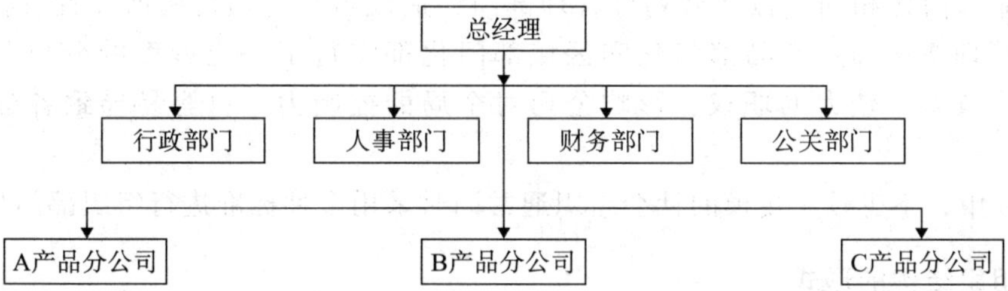

图 4－5　产品部门化

1. 产品部门化实现了公司多元化经营与分公司专业化经营的结合

公司设立多个产品分公司后，各个产品分公司只生产经营某一种或某一类产品，事实上形成了公司的多角化经营和分公司的专业化经营，公司因多种经营而分散并降低了经营风险，又因各分公司的专业化经营而提高了效率、降低了成本。

2. 产品部门化有利于考核各部门的绩效

产品部门化形式是以产品分公司为利润中心。有利于公司对各产品分公司进行成本、利润和绩效的核算和评价；有利于公司按照测评结果结合市场变化调整产品结构。

3. 产品部门化促进了公司内部的竞争

各产品分公司实行独立核算、自负盈亏，有利于调动各产品分公司的积极性，促进公司内部各部门不断开发新产品、采取新工艺，提高管理水平，形成公司内部的竞争。同时，产品分公司专注于某一类产品的生产经营，有利于进行产品创新和市场创新。

4. 产品部门化有利于培养高层管理人员

每个产品分公司是一个相对完全的公司。产品分公司经理拥有从产品制造到产品销售的人事、财务、生产、销售等各项管理权力，锻炼了他们独当一面的综合管理能力，利于在实践中为公司培养高层管理人员。

（三）区域部门化

区域部门化是按照地理因素来设立管理部门。组织把处在同一区域的经营业务和职责划分为同一部门，并归该区域经理管理，形成区域分公司。区域部门化的原因是：一是由于组织规模扩大而且分散于不同地区；二是处在不同区域的各分公司所处的政治法律、社会文化、市场等环境不同，需要采取与之相适应的管理理念、管理方式等。区域部门化实现了生产企业就地取材、就地销售，有利于节约生产经营成本，有利于各部门因地制宜，制定政策，提高了管理的适应性和有效性，同时也有利于培养高层管理人员。见图 4－6。

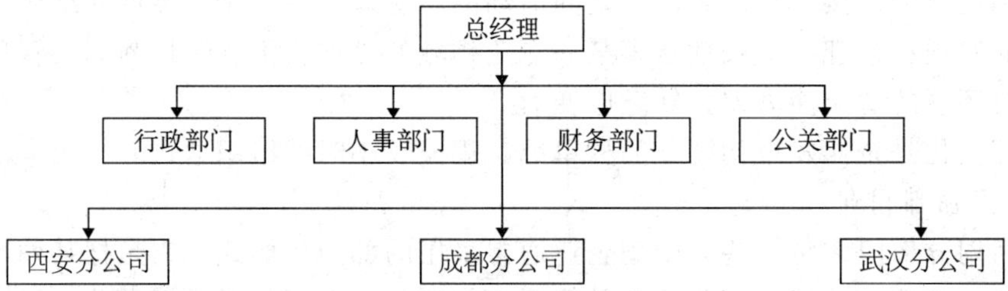

图 4－6 区域部门化

和产品部门化相同，按区域划分管理部门，造成组织管理机构增多且重叠、人员编制扩大，管理费增加；产品部门化和区域部门化都实行了一定程度的分权制管理，各分公司拥有较多、较大的职权，影响公司对全局的控制力，也容易导致各分公司的本位主义。

在实践中，不少较大规模的社会组织通常同时采用多种标准进行组织部门化。

四、组织结构的形式

（一）直线制

直线制也称简单结构，它最早产生于军事组织中，是一种金字塔型结构。

1. 直线制的特点

组织内部不设专门的职能管理机构，所有管理权力都集中于管理者一人。组织内部形成自上而下的垂直领导，下属只服从一个直接上级指挥。上下级是“命令执行”和“指挥服从”关系，同一级的机构和成员间没有领导关系。见图 4－7。

2. 直线制的优点

组织规模小，实行单一领导，机构简单，管理人员少，权力集中，命令统一，权责明确，沟通效率高，行动迅速，管理成本低。

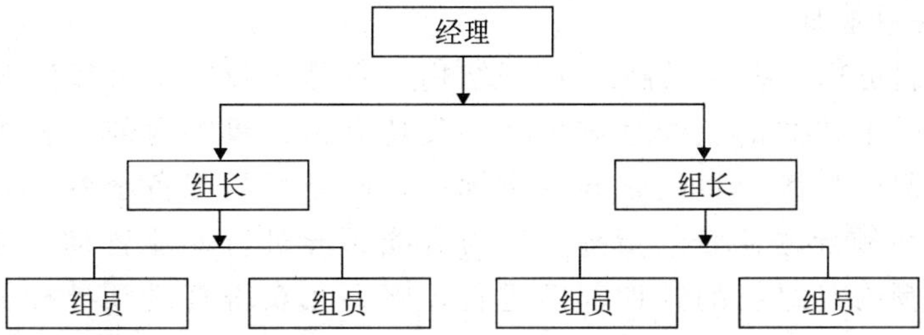

图 4－7 直线制组织结构图

3. 直线制的缺点

组织内部缺少专业化分工，管理者必须知识全面，精通业务，熟悉全面情况，有能力亲自处理组织内的每个具体事务；由于权力集中，管理粗放，管理者负担较重，容易形成忙、累、乱，不利于组织发展；无专业化分工，不利于提高专业化管理水平。

直线制适用于产品单一、工艺简单的小型企业。一些新建立的小微企业在其发展初期一般采取这一结构。

（二）职能制

除了直线领导外，组织内部按专业分工设置了若干职能管理部门，各部门在其业务范围内有权向下级发布命令，下达指示，下级既要服从直线领导的指挥又必须服从各管理部门的指挥。见图 4－8。

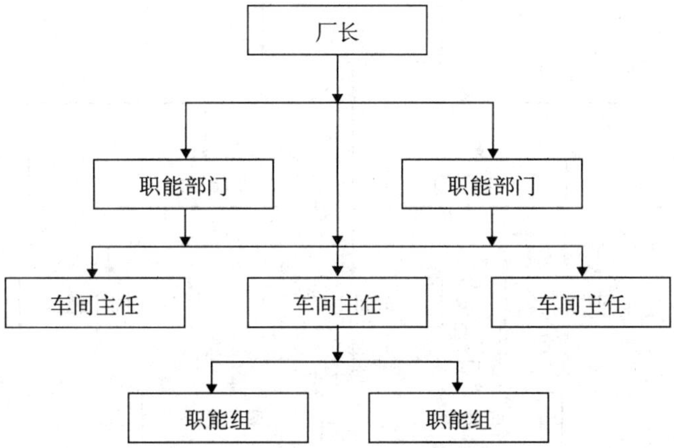

图 4－8 职能制组织结构图

1. 职能制的优点

管理职能专业化，有利于提高专业化管理水平，弥补直线领导者知识和能力的不足，减轻直线领导者的工作压力，使其集中精力于组织战略规划、决策方面的工作。

2. 职能制的缺点

职能制形成了事实上的多头领导，使组织内部产生多个权力中心，不符合领导、命令统一性原则，易产生政出多门，使下级无所适从，产生混乱、矛盾和无序现象，发生权力争夺，相互推卸责任，不利于建立健全责任制。

（三）直线—职能制

直线—职能制也称直线参谋制或 U 型结构。它是在吸收了直线制与职能制两种类型组织优点的基础上建立的组织系统模式。其特点是，组织内部设置若干业务部门和职能部门，业务部门只接受直线领导的指挥；各职能部门配备了专业管理人员，这些职能人员接受直线领导的命令、指挥，又为直线领导进行专业咨询、参谋；职能人员在自己的业务范围内对组织的其他部门进行监督，在获得直线领导授权后可以向其他部门下达命令等。

1. 直线—职能制结构的优点

结构分工细，任务明确。发挥了直线制和职能制两种类型的优点，摒弃了两种类型的缺点。既保证了组织内部领导的统一性，又发挥了职能部门在专业管理方面的作用，弥补了直线领导者素质的不足，减轻了直线领导者的工作压力，提高决策质量。

2. 直线—职能制结构的缺点

各职能部门自成体系，易忽视工作中的横向联系，增加了直线领导的协调性工作；各职能部门权力有限，影响其工作积极性；若授予职能部门权力过大，会干扰直线领导的工作；职能部门工作的专业性不利于培养综合型管理人才等。若组织规模扩大，必然会增加直线领导的工作负担，影响管理效率。

直线职能制是一种普遍适用的组织形式。目前，我国许多社会组织采用了这一形式。见图 4－9。

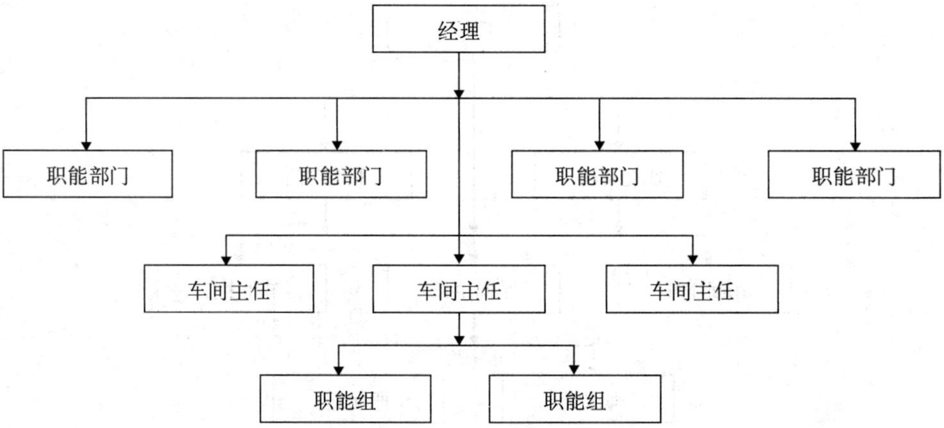

图 4－9　直线—职能制组织结构图

（四）事业部制

事业部制又称联邦分权制或 M 型结构。它是国内外大型公司普遍采用的一种高度分权的组织形式。见图 4－10。它是在总公司下按产品、区域或同时按产品和区域等标准分设若干事业部，即分公司。事业部是总公司内部相对独立的单位，有一套完整的组织机构，具有独立的产品市场，是产品责任或市场责任单位，实行独立核算，是一个利益责任单位，所以，事业部被称为企业中的“企业”。总公司只保留战略决策、重要人事决策、预算控制等重大权力，利用利润指标对事业部进行控制。

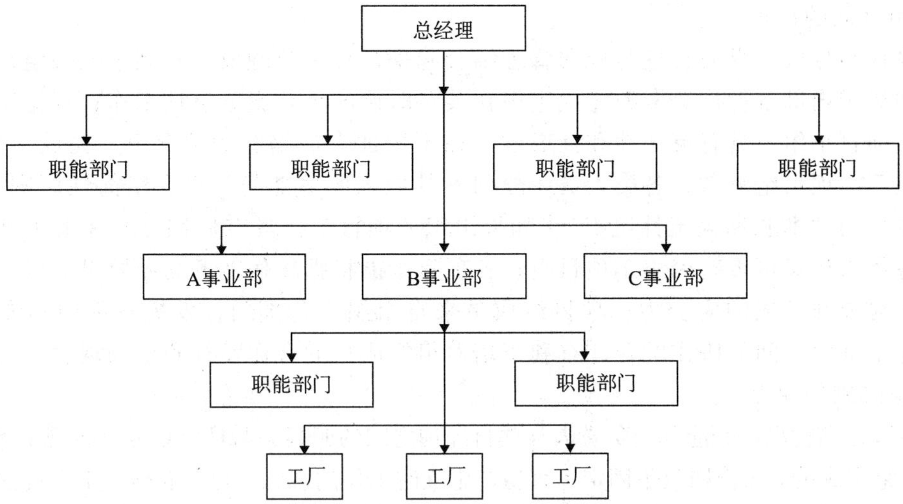

图 4－10　事业部制组织结构图

1. 事业部组织形式的优点

各事业部有特定的市场范围，拥有较多自主权，有利于调动事业部及其管理者的积极性，便于发挥各事业部的主动性、创造性和灵活性；事业部管理者独当一面，负责事业部的全面工作，有利于培养综合型管理人才；总公司领导可以摆脱日常事务，集中精力研究战略性决策；总公司和事业部之间有明确的责、权、利关系，保持了组织工作的稳定性和适应性。

2. 事业部制缺点

各事业部分别设置了完整的机构，客观上使组织机构多且重叠，人员编制增加，管理费用高；易产生总公司的集权和事业部分权的矛盾；各事业部自主经营，权力增大，不利于事业部之间的横向联系，容易产生本位主义，而且增加了总公司的协调难度；事业部制要求事业部管理人员有较高和较全面的素质等。

（五）矩阵制

矩阵制是按照综合性任务而设立的实行双重领导的组织形式，其实质是按职能划分部门和按项目或产品划分部门两种形式相结合的组织结构。见图 4－11。

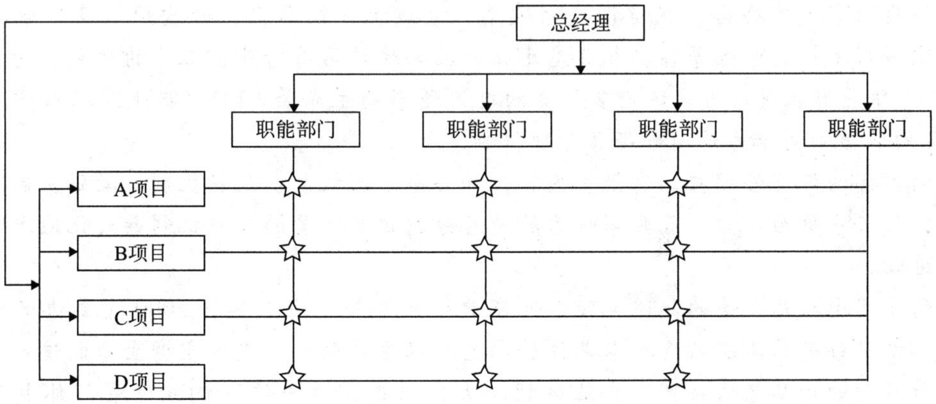

图 4－11　矩阵制组织结构图

1. 矩阵制的优点

把集权与分权，纵向管理与横向管理结合起来，提高管理效率；利于挖掘组织内部潜力，集中组织内部各种优势资源完成组织在某一时期的重要或紧急性工作；根据工作任务需要组建项目小组，具有灵活性和针对性，在不增加人员编制的情况下，完成工作任务，任务完成后，项目组解散，各类人员一般回到其原来所属部门，符合精简性原则，所以，矩阵制也称为“非长期固定性组织”。如果组织的项目工作具有周期性，在下个项目实施期间，各类人员又可重新聚集于项目组；各项目组能根据工作任务的需要设立或变革，提高了组织对外部环境的应变力；项目组成员来自组织内各部门，发挥各部门的专业化优势，加强了部门之间的协作配合，有利于培养组织成员的合作精神和全局观念。

2. 矩阵制的缺点

在矩阵制结构里，职能部门负责人与项目经理之间的职权关系难以划分，客观上产生了多头领导；组织成员的工作岗位不固定，容易产生临时工作的观念，也不易树立工作责任心。

此外，还有其他不同形式的组织结构。例如：立体多维型组织结构、超事业部制组织结构、委员会组织结构、流程型组织结构、网络型组织结构、C 型组织结构、三叶草组织结构、E 式组织结构、核心功能型组织结构、W 型组织结构等。

所有形式的组织结构都有其优点和缺点，也各有其适用的环境和条件。另外，组织处在一个动态的环境中，组织要生存、发展和壮大，就必须依据外部环境的变化，进行组织变革。

五、组织运行中的职权关系

组织运行中涉及多方面的职权关系。如集权与分权、直线与参谋、委员会等。处理好这些关系，有利于提高组织运行效率。

【实训课堂 4-4】

美的集团的分权改革

美的集团的分权体系被认为是中国企业最成功的分权。

1997 年美的集团的销售额为 30 亿元，到 2010 年，美的集团总销售收入超过 1000 亿元，旗下有三家上市公司，在空调、电风扇、电饭煲、饮水机、微波炉以及家电上游产品，如空调压缩机、电机等各类相关多元化产品领域均占有行业前三名的位置。为什么在短短的 13 年能够取得几十倍的增长？美的电器董事局主席兼 CEO、职业经理人方洪波认为：“美的的核心竞争力是内部经营管理机制”。

美的集团的经营管理机制有很多内容，如公司治理机制、创新机制、激励机制、变革机制等，但其中更为核心，最具影响力的是其分权机制，美的分权机制最大化地激活了企业的前进动力。

美的集团早期是由美的集团大股东何享健先生带领一班人集资 5000 元创办的集体企业。何享健带领美的集团从汽车零部件转向电风扇生产制造、进入空调生产制造。

随着经营的产品领域拓宽，企业规模扩大，原先“大一统”的经营管理体制不适应企业发展要求，加之原有创业团队的能力素质也成为阻碍经营发展的瓶颈，美的集团在

1996 年、1997 年遇到了前所未有的困难——销售急剧下滑，回款难，员工工资断发等。何享健感到了极大的压力。经营管理体制的改革如箭在弦上，不得不发。

1996 年下半年开始，美的集团总部开始研究和筹划经营体制改革的问题。1997 年，美的完成了事业部的组织改革，成立了空调事业部、风扇事业部、电饭煲事业部、小家电事业部以及房产公司等几大事业部，几个事业部组成各自独立的经营管理班子，负责整个事业部的研发、采购、生产、销售等经营活动。

1997 年 12 月，美的集团组织制订了“美的集团主要业务分权规范手册”，经过半年多的运行，在收集各方面意见与建议的基础上，1998 年 4—9 月，修订并颁布实施“分权手册”。

“分权手册”包括集团战略与目标管理，规章制度、公文、会议及新闻宣传，人力资源管理，工资、奖金、员工福利，财务管理，资金管理，资本管理，投资管理，生产制造与技术，市场营销，总务，研究开发及科技与知识产权管理，审计监察、其他等十四大类共 217 项分类，对涉及经营、管理的各项工作决策权限分提议、提案、审核、裁决、备案等进行了详细规定。

美的集团的分权体系总的指导思想可以归纳为“16 字方针”，即：“集权有道，分权有序，授权有章，用权有度”；而对“分权手册”的内容又可归纳为“一个结合，十个放开，四个强化，七个管住”，即：

一个结合：与责权利相统一的集权与分权相结合。

十个放开：在机构设置权、基层干部的考核任免权、劳动用工权、专业技术人员聘用权、员工分配权、预算内和标准内费用开支权、计划内生产性投资项目实施权、生产组织权、采购供应权、销售权 10 项基础权力下放。

四个强化：强化预算管理、强化考核、强化审计监督、强化服务。

七个管住：管住目标、管住资金、管住资产、管住投资、管住发展战略、管住政策、管住事业部正副总经理和财务负责人。

随着集团事业的发展，美的集团又派生出了二级集团，美的集团的分权规范随着集团组织的发展而不断修订、扩展、细化，从而形成了极为完善、丰富的分权动作体系。

2009 年 8 月，何享健辞去董事局主席一职，由职业经理人方洪波担任。正是这一套完整的分权体系一方面最大化地激发了美的各层级职业经理人团队的活力，也有力地保障美的集团庞大体系的高效运转。

在分权体系下，美的集团的职业经理人拥有高度的经营管理权，如一个事业部的总经理可以拥有几千万元乃至上亿元资金的审批权，而美的集团董事局主席何享健先生让出了美的电器股份有限公司董事局主席的位置后，以方洪波为首的职业经理人团队拥有更大、更广泛的决策权力，这在中国民营企业的发展史上可谓是绝无仅有的。

资料来源：《职业经理人周刊》。

（一）集权与分权的关系

1. 集权与分权的概念

集权是指决策权集中在组织系统的较高层次，即决策权集中于组织高层少数人和少数职位。分权是指决策权分散于组织系统较低管理层次。

集权和分权是两个相对的概念。绝对的集权表明组织中的全部权力集中在组织最高层或集中在一个管理者手中。绝对的分权表明全部权力分散在各个管理部门、各管理层级，或各个执行、操作者手中。

一切组织都存在集权和分权的关系问题。在管理实践中，要正确处理集权制和分权制的关系必须明确下列问题：哪些权力宜于集中？哪些权力宜于分散？什么时候应当集权？什么时候应当分权？

2. 集权与分权的比较

集权制的原因和弊端见表4－3，分权制的标志和影响因素见表4－4。

表4－3　　集权制的原因和弊端

	因素	释　义
集权制的原因	组织的历史	若组织规模由小到大，独立发展，其间无其他组织加入，该组织就倾向于集权化。
	领导者个性	组织中个性较强和自信的领导者更愿意实行集权制。
	集权的优点	集权制有利于提高工作效率，能创造比较明显的工作成绩，是提高领导者在组织中的地位、增加升迁机会的重要途径。
	政策的统一与行政效率	集权制能保证组织各项活动的政策、命令、制度的统一性和决策执行的速度。
集权制的弊端	影响决策质量	组织规模大，影响信息传递的及时性、准确性，尤其影响决策者对基层问题的全面了解，影响对基层问题的决策质量、影响决策的时效性。
	降低组织的适应能力	过度集权的组织，限制了基层权力，下级无权调整、变更上级组织的决定和计划等，又因过多的请示、汇报而浪费时间，从而削弱组织整体的应变能力。
	降低组织成员的工作热情	权力高度集中，基层管理者只是被动地、机械地执行命令。他们的积极性、主动性、创造性会下降，能力难以发挥，工作热情消失，劳动效率下降。
	不利于培养管理人才	高度集权的组织不利于培养管理人才。

表4－4　　分权制的标志和影响因素

	因素	释　义
分权的标志	决策的数量	组织中较低管理层次制定决策的数量或频度越大，则分权程度越高；反之，集权程度越高。
	决策的幅度	组织中较低层次决策的范围越广，涉及的职能越多，则分权程度越高。
	决策重要性	决策的影响程度：如果组织中较低层次的决策只影响该部门的日常管理，而不影响部门的未来发展，也不影响整个组织和其他部门的日常管理，说明决策对整个组织的影响程度较小，这时组织的分权程度较低；反之则高。
		决策涉及的费用：如果低层次管理部门决策涉及的投资、费用较多，其分权程度就较高；反之，其分权程度就较低。
	对决策的控制程度	如果上级对下级管理层的决策没有任何控制，则分权程度极高；如果下层在决策后需向上层管理部门报告备案，则分权程度次之，如果在决策前要请示上级，则分权程度更低。

续表

	因素	释　义
分权的影响因素	组织规模	组织规模越大、管理层次越多，分权制比集权制有更多优越性，它有利于调动各方面的积极性、创造性，提高决策的有效性。
	活动的分散性	组织规模大，各部门分散在不同区域，就需要分权。
	培训管理人员	让下层管理人员拥有较多的权力，才能使其得到比较全面的锻炼，有利于培养组织高层管理人才。
	政策的统一性	如果高层决策人员希望通过统一的命令、政策、计划等实现组织目标，则组织倾向于集权制；如果高层决策人员希望通过调动各部门积极性、创造性，允许下属独立地制订政策、独立地进行指挥，则组织倾向于分权制。
	下级管理人员的素质	组织中各级管理人员的素质高，则有利于分权；组织中下层管理人员素质低，则不宜于分权。

（二）直线与参谋关系

1. 直线权力与参谋权力的概念

（1）直线人员与直线权力。在组织内部，直线关系是一种命令关系、隶属关系，是上级指挥下级的关系。直线关系是组织中最主要的关系，它能保证整个组织活动的统一，是组织设计的重要内容。直线权力是上级指挥下级工作的权力，是上下级之间的权力命令关系。在直线岗位上，行使直线权力的人员就是直线人员。直线人员具有对组织活动的决策、组织、控制权。对实现组织目标具有直接的贡献、负有直接责任。因此，直线人员必须有较高的决策能力、组织指挥能力、协调能力等。

（2）参谋人员与参谋权力。按照组织原则，给直线人员配备的若干具有专业知识和专业技能的助手通常称为参谋人员。参谋职能的设置首先是为了协助直线人员的工作，减轻直线人员的负担。参谋权力是顾问性、服务性、咨询性、建议性的权力。其宗旨是协助直线权力有效地完成组织目标。所以，参谋人员需要有较高的专业知识和调查、分析、设计、规划的能力。

2. 直线权力与参谋权力的整合

直线权力与参谋权力之间的关系是组织内部的重要关系，两者关系协调、融洽就有利于调动两个积极性、发挥两种智力资源，实现优势互补，有利于组织发展。

（1）明确职权关系。设置参谋职务，利用参谋人员的专业知识是现代管理的客观要求。在实现共同目标过程中，直线与参谋的职责、权限以及具体工作不同，发挥作用不同。直线人员需要制定决策，推动组织活动，并对活动的结果负责；参谋人员为直线人员的决策过程提供方案、咨询建议，评价方案，供直线人员在决策时参考。

直线人员必须大胆使用、高度重视参谋人员，尊重参谋人员，发挥参谋人员的作用。认真对待参谋的建议，充分吸收其中合理的内容，并勇于承担责任。

参谋人员必须认识到自己工作的意义。参谋人员的正确建议只有被直线人员理解和接受时才能发挥作用，也才能体现参谋人员的价值。在组织内部，设置参谋人员是制度的要求，参谋人员的价值在于协助和改善直线的工作，所以，参谋人员要做到不越权、不争权，积极提供好建议，推荐自己的主张，宣传自己的观点，说服直线人员接受自己的方案。

（2）授予参谋人员必要的职能权力。要发挥参谋人员的作用，就要授予参谋人员必要的职能权力，支持参谋人员的工作。具体表现是：

直线人员要支持参谋人员正确行使建议权、咨询权、研究权；营造有利于参谋人员工作的环境，为参谋人员提供有关信息、向参谋人员通报组织情况，鼓励参谋人员调查研究。授予参谋人员必要的监督权、否决权等。经直线人员的授权后，参谋人员可以在自己的业务范畴内向下属的直线机构或参谋机构下达命令、安排工作。

（3）认真倾听参谋人员的意见。日常决策积极听取参谋人员的意见；重大决策必须请参谋人员、专家参与，没有专家的参与和讨论不做决策。

（4）努力提高参谋人员的水平。参谋人员要认真学习新知识，了解新情况。

（5）创造相互合作的良好气氛。组织目标是直线人员和参谋人员友好合作的共同基础，组织目标的实现是双方共同努力的成果。双方在实现组织目标中的相互依赖、互相谅解，坦诚相见，忠诚合作，求同存异，是实现组织目标的保证。

（三）委员会

委员会是一种集体工作组织机构。如企业管理委员会、财经委员会等。委员会有多种形式和性质。如决策型委员会、参谋型委员会、执行型委员会等。

委员会是多个人组成的团体，是具有不同知识、信息、思维方式的人的集合，委员会成员又是多方利益的代表，这样有利于在讨论问题或决策时，集思广益，相互启发，协调各方关系，均衡各方利益。

（四）正式组织与非正式组织

1. 正式组织

正式组织是为了有效地实现组织目标而规定组织成员之间职责权限和相互关系的一种结构。如政府机构、学校、企业等。正式组织有明确的目标、全面的规章制度，组织成员必须自觉遵守各项规章制度，服从组织工作安排等。组织设计的目的是建立正式组织。

2. 非正式组织

无论人们设计什么样的正式组织，都不能规范组织成员的一切行为。绝大多数组织中都存着非正式组织。非正式组织是人们在共同工作或活动中，由于共同的利益、需要、感情、爱好等而自发形成的团体。如朋友会、同乡会、学习小组、工作群体等。形成非正式组织的主要原因是：地理位置相近、共同的经济、社会心理原因、血缘关系、种族关系、性别关系等。

非正式组织对正式组织活动既有积极的促进作用，也存在消极的影响。在组织活动中必须发挥非正式组织的积极作用，实现正式组织的团结安定，促进正式组织的目标实现。消除非正式组织的不利影响。其主要措施如下：

（1）利用非正式组织成员间情感密切、互相信任的特点，引导其成员互帮互学，树立新观念，学习新知识和新技术，不断提高思想水平、业务技能。

（2）利用非正式组织信息沟通迅速的特点，及时收集组织成员意见，为组织决策服务。

（3）积极与非正式组织的领袖人物沟通。加强与非正式组织的领袖人物的联系，或授予他们相应的权力，把非正式组织的活动纳入正式组织的活动之中，使非正式组织的目标服从并服务于正式组织的目标。

（4）正式组织要热情支持非正式组织的正常活动。只要非正式组织的活动不违反组织制度、不违反国家法律，不损害公共利益和他人利益。就不应该限制、打击。对于客观上对组织有利的非正式组织的活动，如科研小组等，组织应该创造条件给予高度的支持、鼓励。

（5）正式组织应不断地用先进的组织文化去影响非正式组织的成员，引导他们正确处理自己所在的非正式组织与正式组织的关系。

在线测试

第三节

管理人员配备

【案例导入】

10 年谋划

2012 年 8 月 25 日，70 岁的何享健“退位”，45 岁的方洪波出任美的集团董事长。

方洪波基本是在美的成长起来的经理人，他与何享健的合作长达接近 20 年之久，实现了美的从几十个亿到 1000 亿元的飞跃。

10 年前，何享健说：“我的理想是通过美的的机制、制度、文化，谁有能力谁上，不一定做家族企业。”原美的人力资源总监说，美的的职业经理人 95% 是美的自己培养出来的。何享健说，美的不重用不熟悉业务的人，不重用不会做事的人，不重用不服从大局的人，不重用不培养下属的人，不重用不善变革的人。

从 2001 年开始，美的就推进完善制度，设计治理结构，建设授权与激励体系，打造职业经理人团队，推进事业部制。依靠分权与授权、依靠职业经理人团队，成为美的的文化基因，也成为美的 2000—2010 年 10 年成长 10 倍、跨入“千亿俱乐部”的关键所在。

2009 年，何享健将美的电器董事长的职位让给方洪波。

何享健坚决不让家庭成员谈论公司事务、不让家庭成员参与公司经营，目的就是不想让美的成熟的职业经理人文化受到影响。

能者上、平者让，美的用“赛马机制”说话。何享健以各个事业部为平台，让职业经理人充分锻炼，通过对比，筛选人才。方洪波便在此背景下脱颖而出。在公司内部推行事业部制，力排众议，大胆起用方洪波等非顺德本土的年轻人。

保守估算，何享健旗下有超过200个经理人，方洪波显然是其中最优秀和最幸运的一位。学历史出身的方洪波，1992年加入美的。开始他是美的内刊的编辑。1994年、1995年，方洪波曾陪同何享健考察市场，他的胆略与见识让何享健另眼相看，回来便得到提拔。从公关科副科长、科长，再到广告部经理、市场部经理，直到1997年后出任空调事业部国内营销公司总经理。

2000年，方洪波升任美的空调事业部总经理，此后美的空调一直保持行业三甲之位。方洪波一路平步青云的背后，是他的商业天分与勤奋努力和美的管理机制的完美结合。

2004年后，在方洪波的主导下，美的对华凌、荣事达、小天鹅等实施了一系列并购，完成了美的冰箱、洗衣机的产业布局；还先后推动美的与日本东芝、美国开利的合资合作，使美的制冷家电业务日益国际化。

2011年，美的集团整体收入1400多亿元，其中制冷家电收入900多亿元，为整个集团贡献了超过六成的收入。方洪波在美的集团内的业绩有目共睹、有口皆碑。

资料来源：根据《第一财经日报》资料编写。

一、管理人员配备的任务和功能

管理人员配备是为组织各部门、各岗位配备合格的管理者。管理人员配备是组织的重要职能，关系组织的生存和发展。

（一）使组织系统高效运转

保证组织系统高效运转是管理人员配备的基本任务和功能。只有为各岗位配备一定数量和素质的管理者，才能使组织系统高效运转。一是组织要按照机构编制说明书中关于岗位设置对人员数量和素质的要求，做好管理人员配备工作。二是在组织运行中，根据组织发展和管理工作的需要及时补充管理人员。

（二）为组织发展培养后备管理型人才

组织发展中需要大量有能力、有经验的各级管理人员，尤其是高层管理人员。管理人员配备应具有长远目光，为组织未来发展培养后备管理人员。因此，吸收大量优秀中青年人才进入组织的各级管理层，让中青年人才在实际工作中学习和锻炼是管理人员配备的重要任务。其意义如下：一是使经过锻炼的中青年人才能顺利接替因各种原因而离职的管理者；二是为组织发展壮大，培养和储备大量经过锻炼的管理型人才。

（三）激发成员对组织的忠诚

组织发展靠人才，吸收人才和留住人才是组织工作的重要任务。德才兼备，公平、公正、科学的人员配备机制能激发成员对组织的忠诚。只有善于发现、积极培养、合理使用优秀人才，使每个人才有机会在组织中实现其价值，才能使真正的管理人才涌现，并能激发他们对组织的忠诚，避免或减少人才流失。

（四）人员配备的评价功能和激励功能

管理人员配备必须体现德才兼备和人尽其才的原则。所以，人员配备过程是组织按一定标准对人员的思想品质、学识、能力等的综合评价过程。只有符合标准和岗位要求的人，才能成为相应岗位的管理者。所以，客观、公正地评价人，既要对组织负责，也要对人才负责；既不能“大材小用”，也不能使人才“怀才不遇”。

营造公平、公正的环境，合理配备人员，能促进组织成员不断学习，努力工作，提高素质。

二、管理人员配备的原则

（一）德才兼备

司马光说“取士之道，当以德行为先”“才者，德之资也；德者，才之帅也”。“德”要求管理人员思想先进，品德高尚，工作积极，作风民主，依法用权，廉洁奉公。“才”要求管理人员有符合岗位要求的较高的知识和技术，较强的管理能力等。坚持德才兼备就要坚持五湖四海，任人唯贤，反对任人唯亲、论资排辈、唯学历等用人观。随着时代的发展，德才兼备的内涵要赋予新内容。

（二）公开、公平、公正

一是把招聘单位的名称、招聘岗位、职位数量、条件、方法、时间、地点、招聘结果等向社会公布；二是在全面考核的基础上，坚持一视同仁，公开透明，择优录用，并接受公众监督。

（三）因事择人的原则

只有管理人员的素质与岗位要求相符，才能使组织运转正常，保证组织职能正常发挥。这就要求根据不同管理岗位对管理人员素质的要求，设置不同的用人标准，并按这些标准严格考察、选拔、招聘管理人员。

（四）人事动态平衡的原则

组织及其所处环境不断变化，组织内部管理人员的观念、知识、智力、能力、经验、心理、体力等也是动态的。变化中会产生矛盾和不平衡。只有人员素质、岗位、工作保持平衡才能有利于工作顺利，管理职能充分发挥，也有利于人的发展。所以，在变化中，人与事的配合需要不断调整，使能者上，庸才下，平者调。同时要善于将新发现的人才及时吸纳入管理层。使各管理岗位、管理人员充满动力和活力。

三、管理人员的来源

组织管理人员的来源可分为内部提升和外部招聘两种方式。

（一）内部提升

内部提升是组织将其内部符合管理岗位要求的人员选拔、提升到一定的管理岗位。

1. 内部提升的优点

（1）鼓舞士气，提高管理素质。建立内部提升制度，使组织内部每个有梦想的管理者有了晋升的希望和机会，促进他们不断学习和锻炼，展示管理才华，积极为组织做贡献。既提高了他们自身的管理素质和对组织的忠诚，也提升了整个组织的管理素质。

（2）提高选聘的正确性，节约资源。在内部选拔中，组织更容易通过内部业务、人事资料和同事评价对拟聘人员进行全面考查，既能保证选聘工作的正确性，又简化招聘、录用程序，节约时间，减少人力、财力等资源。同时，被聘人员长期在组织内部工作，对组织充满感情和责任，又熟悉组织全面情况，能迅速上岗，适应工作快。

(3) 利于吸引外部人才。公平、公正的内部提升制度，能提升组织的人才竞争力。这一制度有利于社会公众客观评价组织的人才环境，吸引更多社会人才来本组织发展。

2. 内部提升的缺点

(1) 内部提升可能造成落选同事工作情绪低落，或招来同行的不满。

(2) “新领导”从“同事”到领导转变，产生认同感困难，易造成新领导人缺乏权威性的局面。

(3) 在组织内部选拔管理人员，选拔人员范围小，选拔对象少，被提升的人可能不是社会上同行业中最优秀的人才。

(4) 内部提升的人可能是前任领导的部下、徒弟，可能产生“近亲繁殖”“萧规曹随”或“照章办事”的现象，缺乏创新。

(5) 内部提升可能在组织内部产生不正常的小团体或裙带关系，使某些领导的“亲信”得到提拔，也可能论资排辈，真正有才干的人不能及时提升，造成人才浪费或流失。

(二) 外部招聘

外部招聘是组织从其外部公开招聘符合管理岗位要求的人员，并依据岗位需求和人员素质委派至相应管理岗位。

1. 外部招聘的优点

(1) 被聘人员有外来优势，即：被聘者没有历史包袱，不需要对组织过去的错误和失败负责。被聘人员能为组织带来新知识、新观念等。

(2) 有利于平息、缓和内部竞争者之间的紧张关系。

2. 外部招聘的缺点

(1) 若长期实施外部招聘，使内部人才失去晋升机会，会导致内部人员工作消沉或出现人才流失的情况。

(2) 从外部招聘的人员不熟悉组织的制度、文化、人事、流程等，不能迅速进入工作状态，不能在短时间内打开工作局面。

(3) 组织对应聘人员的了解难以深入和全面，因此，容易出现招聘失误。

管理人员配备中，要坚持正确的原则，根据岗位需要，采用内部提升和外部招聘或两种方式相结合，择优录用。同时，在大型社会组织中，可在组织内部各部门、各地区、各分公司间进行管理人员交流。

【实训课堂 4－5】

“三国”如何招揽人才

招募与自荐。“三国”公开向社会招募人才。曹操张榜招募，得乐进、李典、夏侯渊、曹仁、曹洪、荀彧、荀攸等；孙权设馆招募，得阚泽、吕蒙、陆逊等。

举荐。“三国”的许多一流人才来源于领导们的亲信、朋友、下属等的大力举荐。刘备在荆州时，徐庶荐孔明，孔明荐庞统，伊籍荐马氏五兄弟；在东吴，周瑜一荐张昭、张统，再荐鲁肃，鲁肃荐诸葛瑾，张统荐顾雍，吕蒙荐陆逊；在曹魏，荀彧荐程昱、郭嘉，郭嘉荐刘哗，刘哗荐满宠、吕虔，夏侯荐典韦等。

恭请。当获悉人才信息时，“三国”领导们亲自寻访、拜见或派亲信聘请。孙策亲自请张昭、张统，孙权派周瑜请鲁肃，又遣使请诸葛瑾、顾雍等。“唯才是举”的曹操更是求贤若渴，他所到之处，遍访贤士，还派人请程昱、郭嘉等。刘备“三顾茅庐”赢得了孔明终生追随。

纳降。除了接收自愿来降者外，“三国”领导们还以劝降、诱降、逼降等方式从敌营中挖掘了众多优秀人才。刘备集团的黄忠、马超等；曹操集团的贾诩、张辽、张郃等，都是来自敌方阵营的一流人才。徐晃、许褚、庞德等是在两军对垒中被曹操发现并收降的大将。曹操费尽心机，企图以战袍、金钱、爵位等收降关羽的故事更是家喻户晓。“纳降”既壮大了自己，削弱了敌方。

资料来源：王社民.《三国演义》中的人才管理艺术［J］. 现代企业，2016（7）.

在线测试

第四节

组织文化

【案例导入】

一炉百年的火，铸成了“全聚德”——全聚德的企业文化

全聚德烤鸭店的创始人杨全仁（1822—1890），河北冀县杨家寨人。初到北京时在前门肉市街做生鸡鸭买卖。1864 年，他盘下了肉市街一家濒临倒闭的干果店，立新字号为“全聚德”，开始经营烤鸭和烤炉肉。

“全聚德”这个名称，一来他的名字中占有一个“全”字，二来“聚德”就是聚拢德行，可以标榜自己做买卖讲德行。于是杨全仁将店的名号定为“全聚德”。他请来书法秀才钱子龙书写了“全聚德”三个大字，制成金字匾额挂在门楣之上。

全聚德一天天发展，由一个普通的烤炉铺发展成为一个以挂炉烤鸭为特色、兼有各式炒菜的名副其实的餐馆，为全聚德烤鸭名扬海内外奠定了坚实的基础。

新一代全聚德人“继承和弘扬民族优秀饮食文化成果，以繁荣和发展中华饮食为己任”。充分发挥老字号的品牌优势，立足北京，面向全国，走向世界。努力实现集团化体制、连锁化经营、现代化管理的目标。

百余年来，“全聚德”总济天下同仁，高朋满座，胜友如云。

“全而无缺、聚而不散、仁德至上。”“全聚德”不畏艰难、全力以赴、奋力拼搏、谋求发展壮大的宏图伟志；体现着“全聚德”同心协力、锲而不舍、聚心、聚志、聚力、追求事业发展和永远奋进的顽强精神；象征着“全聚德”圆满、团圆、仁义、恭谦的道德观念和以德为先、诚信为本，热情、周到为各方宾客服务的经营理念。

每一个全聚德人都要像爱护自己的眼睛那样，珍惜“全聚德”的信誉。“全聚德”

兴，则我兴我荣，“全聚德”衰，则我穷我耻；情系“全聚德”，命系“全聚德”。全体全聚德人要风雨同舟，荣辱与共，携手并进，坚定不移地把“全聚德”事业推向新的发展阶段。让“全聚德”的金匾，在下个世纪，更加灿烂夺目。

2007年在深交所上市以来，继续推进体制、机制、管理、连锁、营销、科技、文化和经济技术创新工程“八大创新”活动，持续地为传统老字号注入新元素，赋予新生力，现在的全聚德拥有90余家成员企业、年销售烤鸭600余万只、接待宾客750万人次、品牌价值达118.72亿元的餐饮集团。

在文化产品的研发上，全聚德编印出版了《全聚德今昔》《全聚德的故事》《品味全聚德》《媒体话说全聚德》等书籍。2004年，参与根据全聚德的历史素材投资拍摄的32集电视连续剧《天下第一楼》；2005年，全聚德展览馆建成开馆，馆内运用500多件翔实珍贵的文献、照片和实物，将全聚德的历史和现实有机地结合起来，不仅展示了全聚德百余年的发展历程，更是传承了中华民族源远流长、博大精深的餐饮文化。2009年，全面启动了新的企业文化核心理念体系建设，营造了凝聚人心、汇聚合力、共谋和谐发展的企业文化氛围。

2010年，在《全聚德集团企业文化理念手册》的基础上，又制定了《企业形象识别手册（VIS）招标设计实施方案》。全新的企业形象识别系统把全聚德、仿膳、丰泽园、四川饭店品牌凝聚在一起，增强了企业的软实力。

“强化发展意识，更新发展理念，加快发展速度，扩大发展规模，转变发展方式，提升发展品质，增强发展后劲，提高发展效益”是全聚德的发展观。

2021年7月15日，全聚德迎来品牌创建157周年。全聚德已经成为了遍布全球、拥有百余家门店的上市企业。守正创新，让传统经典在新的市场环境和消费偏好下历久弥新。现在的全聚德拥有百余家成员企业、年销售烤鸭600余万只、接待宾客2000万人次、品牌价值达163.11亿元的餐饮集团。

一、组织文化的含义、特征

（一）组织文化的含义和作用

文化指人类在社会历史发展过程中所创造的物质财富和精神财富的总和。组织文化是文化的重要组成部分。关于组织文化的定义，在管理学界众说纷纭。

威廉·大内认为“企业文化是指导企业制定员工和客户政策的宗旨”。

特伦斯·E·迪尔和艾伦·肯尼迪认为“企业文化是企业员工上下一致共同遵循的价值体系，一种员工都清楚的行为准则。企业文化是由企业环境、价值（观）、英雄、习俗和仪式、文化传播网络五个因素组成的”。

埃德加·H·沙因认为“企业文化是由一些基本假设所构成的模式，这些假设是企业在探索解决对外部环境的适应和内部的结合问题的过程中创造和形成的，行之有效的，新成员在认识、思考和感受问题时所必须掌握的正确方法”。

约翰·P·科特认为“企业文化是企业员工，至少是企业高层管理者所共同拥有的价值观和行为方式”。

综上所述，本教材认为：组织文化是组织在长期实践中培育形成，被组织全体成员理解、接受、遵循的具有组织特色的组织共同的价值观念、组织精神、团体意识、行为规范和思维模式的总和。

组织文化对组织成员的行为有重要影响。其主要表现是：发展组织文化有利于提高组织的凝聚力，树立组织的社会形象；有利于满足组织成员自我实现的愿望，促进组织成员对理想目标的自发追求；有利于组织的思想政治工作、精神文明建设和组织科学管理的结合；有利于提高组织成员的整体素质，增强其工作的自觉性，降低组织制度的执行成本，提高管理效率；有利于在组织内部形成良好的创新氛围。

【实训课堂 4-6】

组织文化作用

通用电气公司前任首席执行官杰克·韦尔奇说“文化是永远不能替代的竞争因素，企业靠人才和文化取胜”。

美国《幸福》杂志曾载文指出：“企业文化是企业生存的基础，发展的动力，行为的准则，成功的核心。没有强大的企业文化、没有卓越的企业价值观、企业精神和企业哲学信仰，再高明的企业经营战略也无法成功。”

大卫·弗思在《变革管理》一书中指出：“我拿着一把枪对准你的脑袋，强迫你改变行为，但当我把枪拿开时，你就可能会故态复萌，对此我不会感到丝毫的惊讶。如果我真的想要你彻底改变，我就必须从你的价值观、成见和信念着手，因为控制和操纵你的行为的根源是它们。”

（二）组织文化的特征

1. 系统性

组织文化具有系统性。组织文化是由表层、中层、内层等三个相互联系的“文化子系统”构成的整体。有什么样的内层文化，就会有什么样的中层文化和表层文化。三个“文化子系统”的目的具有一致性。在培育组织文化中，缺少任何一个“文化子系统”，都无法发挥组织文化的管理职能。

2. 稳定性

组织文化是组织在长期实践中培育形成的，具有稳定性和连续性。有了成熟的、稳定的组织文化，组织才能稳定、健康地发展。

3. 民族性

世界上由于各民族的价值观念、风俗习惯、宗教信仰、生活方式和伦理道德不同，因而形成了各具特色的民族文化。任何组织文化都是以本民族传统文化为基础的，组织文化都有本民族文化的烙印。所以，民族性是组织文化的重要特征。培育中国的组织文化，就要坚定中华文化自信，学习继承中华文化的优秀成果。

4. 时代性

组织文化是时代精神的反映。随着时代的发展，组织文化的内容也将不断丰富和完善。优秀的组织文化必然要体现时代精神风貌和时代价值观，接受最先进的管理理念。所以，组织文化具有时代性、开放性、发展性。只有不断学习、接受最先进的时代文化，组织才能与时俱进，不断发展。我国企业“鞍钢文化”“大庆文化”“海尔文化”就是一个与时俱进的文化传承和发展。

5. 个异性

组织文化有共同点，也有不同点。组织文化的个异性是指不同组织有不同的组织文化。组织文化的个异性是由组织所处行业、地域、规模、发展阶段、社会环境、社会制度和组织的传统等决定的。所以，组织文化的建设不能“一刀切”，组织必须培育自己的“特色文化”。

二、组织文化的结构和主要内容

组织文化是由三个相联系的层次构成的完整系统。

（一）精神层文化

精神层文化是组织文化的内层，是组织文化的核心。它通过组织的价值观、宗旨、方针、目标、计划等表现，主导着组织的中间层和外层文化。塑造组织文化必须首先培育内层文化。

1. 组织价值观

价值观是人对客观事物按其对自身及社会的意义或重要性进行评价和选择的标准。培育共同的价值观是组织文化建设的核心。共同价值观渗透到组织各领域、各环节，制约和支配着组织的宗旨、信念、行为和追求目标，影响着管理者和组织成员的思想和行为。中国组织价值观必须符合社会主义核心价值观的要求。

【思政课堂 4－3】

广泛践行社会主义核心价值观

广泛践行社会主义核心价值观。社会主义核心价值观是凝聚人心、汇聚民力的强大力量。弘扬以伟大建党精神为源头的中国共产党人精神谱系，用好红色资源，深入开展社会主义核心价值观宣传教育，深化爱国主义、集体主义、社会主义教育，着力培养担当民族复兴大任的时代新人。推动理想信念教育常态化制度化，持续抓好党史、新中国史、改革开放史、社会主义发展史宣传教育，引导人民知史爱党、知史爱国，不断坚定中国特色社会主义共同理想。用社会主义核心价值观铸魂育人，完善思想政治工作体系，推进大中小学思想政治教育一体化建设。坚持依法治国和以德治国相结合，把社会主义核心价值观融入法治建设、融入社会发展、融入日常生活。

资料来源：《习近平在中国共产党第二十次全国代表大会上的报告》。

社会主义核心价值观

富强、民主、文明、和谐、自由、平等、公正、法治、爱国、敬业、诚信、友善

【实训课堂 4－7】

格力的企业理念

经营理念：一个没有创新的企业是没有灵魂的企业；一个没有核心技术的企业是没有

脊梁的企业；一个没有精品的企业是没有未来的企业。

服务理念：您的每一件小事都是格力的大事。

企业使命：弘扬工业精神，掌握核心科技，追求完美质量，提供一流服务，让世界爱上中国制造！

企业愿景：缔造世界一流企业成就格力百年品牌。

核心价值观：少说空话、多干实事，质量第一、顾客满意，忠诚友善、勤奋进取、诚信经营、多方共赢，爱岗敬业、开拓创新，遵纪守法、廉洁奉公。

2. 组织精神

组织精神是指组织全体成员经过长期共同奋斗培育形成的共同心理定势和价值取向。它是组织的组织哲学、价值观念、道德观念的综合体现和高度概括，反映了全体成员的共同追求和共同认识。组织精神是组织生存和发展的精神支柱、内在动力，是组织及其成员素养的集中体现，是组织战斗力的源泉。有了这个灵魂，组织才有强大生命力和凝聚力。如“长征精神”“延安精神”“铁人精神”“孟泰精神”“许振超精神”“女排精神”等。这些组织精神虽然各有特色，但其核心内容是激发组织成员的工作热情，发挥自觉性、明确责任感。主要包括：爱国、奉献、团结、集体主义、艰苦奋斗、创业、竞争、民主、服务、主人翁、创新精神。

（二）制度层文化

制度层文化是组织文化的中间层，是介于外层与内层文化之间的文化。它通过组织一系列政策、制度等表现。主要包括组织领导体制、组织结构、全部政策、组织章程、规章制度、流程、道德规范、技术操作规程、工作标准、公约守则、条例等。它约束和规范组织行为。

（三）物质层文化

物质层文化也称行为层文化，它是组织文化的外层。外层文化是表露在组织外部的组织文化。它是最直接反映组织特点、成就、风貌和形象的组织文化，是组织内层文化和外层文化的综合展示。

1. 组织环境

组织环境主要指组织字号、组织标识、厂容厂貌、环境卫生、技术条件、建筑风格、办公环境、社区环境、安全条件、广告等。组织必须有适合其成员工作、生活的环境和必要的设施设备，保证成员健康和安全。好环境能增强成员的自豪感，并鼓舞士气。

2. 组织形象

组织形象是指社会公众和组织成员对组织、组织行为与组织各种活动成果的总体印象和总体评价。反映社会公众对组织的认可程度，是组织的知名度和美誉度综合反映。主要包括产品形象、成员形象等。成员形象指成员的服饰、仪表、言谈举止、敬业精神、工作态度及质量；产品形象主要指产品质量、品牌、包装、艺术水平、创新性、竞争力等。

3. 先进人物（群体）

组织的先进人物是组织文化的人格化，是在组织优秀文化环境的影响下涌现出的集中体现组织文化的优秀代表。社会公众从先进人物身上加深对组织的认同感。

4. 组织文化活动

组织通过开展一系列丰富多彩的文化活动，向组织内外宣传组织文化，提高组织成员的内聚力，扩大组织的社会影响力。

【思政课堂 4 -4】

践行“工匠精神”的优秀代表——许振超

许振超，男，汉族，中共党员，1950 年 1 月出生，山东荣成人，青岛前湾集装箱码头有限责任公司固机高级经理，中华全国总工会原副主席（兼职），第十一届、十二届全国人大常委会委员。他立足本职，干一行、爱一行、精一行，自学成才，苦练技术，练就了“一钩准”“一钩净”“无声响操作”等绝活，先后七次刷新集装箱装卸世界纪录，使“振超效率”享誉全球。勇于创新，敢于开拓，带领团队积极开展科技攻关，持续破解安全生产难题，填补国际技术空白，为国家节约巨额成本。在工作中创造出“振超工作法”，为青岛港提速建设发展提供了宝贵经验。在他的激励下，全国广大青年职工掀起了立足岗位、学习技能的热潮。荣获“全国劳动模范”“全国优秀共产党员”等称号。

资料来源：学习强国 APP。

三、组织文化的功能

组织文化有以下六大功能。

（一）导向功能

组织文化为组织全体成员建立了共同的价值观体系、共同的精神体系、共同的制度体系等。通过教育和引导，要求组织成员树立组织的共同价值观、遵守组织的规章制度、实施组织希望的行为。

（二）教化功能

组织成员长期接受先进组织文化的教育、熏陶，有利于提高组织成员的思想素质、道德品质、业务能力，改善组织成员的行为等。

（三）约束功能

全体组织成员长期工作、生活在共同的文化环境中，受组织文化氛围的影响而自我约束，自我控制，产生有利于组织整体利益的行为。这种约束不是制度式的硬约束，而是组织价值观、组织精神的约束，是一种软约束。

（四）凝聚功能

组织文化能增强组织的凝聚力。一方面受组织文化的影响，使来自五湖四海的组织成员在共同价值观的作用下，形成了共同的生活目标、共同的理想追求和信念；另一方面组织成员的学习、工作、生活等与组织息息相关，对组织的归属感、自豪感、信任感油然而生，视组织为家园。所以，他们以组织的生存和发展为己任，同心同德，愿意与组织同甘共苦，从而形成强大的组织力量。

（五）辐射功能

组织文化作为一个系统，不仅在其内部发挥作用，影响组织成员的行为，而且与外部环境进行交流，并通过各种方式对社会产生影响。组织文化对外部的辐射有多种渠道：一是组织主动宣传；二是社会媒体宣传；三是组织成员在工作、个人交往中的传播；四是组织行为传播。辐射优秀的组织文化有利于塑造组织的形象，辐射落后的组织文化会损害组织形象。如：企业的产品作为企业文化的载体，经过市场和广大消费者的检验和评说，从而形成企业的产品形象。

（六）激励功能

组织文化是以人为中心的管理理念。它影响组织成员的心理，满足成员的心理需要，使组织成员产生高昂情绪、进取精神。使组织成员从内心深处产生使命感、责任感并自愿为组织的事业而奋斗。

四、建设和培育组织文化

组织文化建设不仅是组织自身的事业，而且是中国特色社会主义文化建设的重要环节。

（一）建设和培育组织文化的原则

1. 以人为本

建立组织文化要以教育人、引导人、尊重人、理解人、关心人、发展人、激发人的积极性和创新意识、增强人的凝聚力为根本，培育组织的团体意识、团队行为，形成组织的团队战斗力。

2. 表里如一

组织文化建设不只是简单的口号、标语、宣传问题，而是通过组织文化解决组织发展战略中的观念、精神和团队行为问题。核心是解决人的价值观问题。所以，要根据组织的价值观体系，构建全面的制度文化，重视对组织成员的教育和引导，使组织行为、成员的行为符合组织的共同价值观和制度。组织文化建设不能搞形式主义，必须知行合一、言行一致。

3. 追求卓越

有先进文化，也有落后文化。组织文化建设要追求卓越，形成先进的组织文化。

（二）建设和培育组织文化的途径

1. 调查研究，提出组织文化建设的目标

组织文化建立是一个系统工程。认真考查组织所处的时代环境、区域环境、社会文化环境和行业特点，搜集其他社会组织文化建设的基本状况和经验，调查组织的历史、现状和发展战略，在广泛征求专家和组织成员意见的基础上提出组织文化建设的基本原则和总体目标。

2. 选择价值标准，确定组织文化的核心内容

价值观是组织文化建设的核心，组织必须以正确的价值观为指导，建立符合组织特点的价值标准。具体要求是：符合社会主义核心价值观；体现国家法律、政策和组织的社会责任原则；弘扬红色文化、先进文化、提倡奉献、创新、团结、互助；以人为本，培养人、激励人、发展人、为人服务。

【思政课堂 4-5】

公民道德建设的总体要求

坚持马克思主义道德观、社会主义道德观，倡导共产主义道德，以为人民服务为核

心，以集体主义为原则，以爱祖国、爱人民、爱劳动、爱科学、爱社会主义为基本要求，始终保持公民道德建设的社会主义方向。

坚持以社会主义核心价值观为引领，将国家、社会、个人层面的价值要求贯穿到道德建设各方面，以主流价值建构道德规范、强化道德认同、指引道德实践，引导人们明大德、守公德、严私德。

坚持在继承传统中创新发展，自觉传承中华传统美德，继承我们党领导人民在长期实践中形成的优良传统和革命道德，适应新时代改革开放和社会主义市场经济发展要求，积极推动创造性转化、创新性发展，不断增强道德建设的时代性实效性。

坚持提升道德认知与推动道德实践相结合，尊重人民群众的主体地位，激发人们形成善良的道德意愿、道德情感，培育正确的道德判断和道德责任，提高道德实践能力尤其是自觉实践能力，引导人们向往和追求讲道德、尊道德、守道德的生活。

坚持发挥社会主义法治的促进和保障作用，以法治承载道德理念、鲜明道德导向、弘扬美德义行，把社会主义道德要求体现到立法、执法、司法、守法之中，以法治的力量引导人们向上向善。

坚持积极倡导与有效治理并举，遵循道德建设规律，把先进性要求与广泛性要求结合起来，坚持重在建设、立破并举，发挥榜样示范引领作用，加大突出问题整治力度，树立新风正气、祛除歪风邪气。

要把社会公德、职业道德、家庭美德、个人品德建设作为着力点。

资料来源：《新时代公民道德建设实施纲要》。

3. 形成稳定的组织文化体系

建立起精神层文化、制度层文化、物质层文化体系。编制组织文化手册。

4. 组织文化的传播和实施

组织文化只有被组织全体成员接受并在其行为活动中表现出来，才能展现组织文化对促进组织目标实现的作用。因此，组织文化建设的重要任务就是用组织文化教育组织成员。

（1）广泛宣传。组织要利用网络平台、荣誉室、内部广播、报纸、板报、报告会、研讨会等多种形式，在组织内部和外部宣传组织文化。进行社会主义核心价值观、《新时代公民道德建设实施纲要》《法治社会建设实施纲要（2020—2025 年）》学习教育。把组织文化落实到每个岗位，每个组织成员行为中，渗透到全部活动中，融入组织的各项规章制度中，实现人人认同，人人实践组织文化的效果。

（2）以身作则。组织的各级管理者、党员、团员在组织文化的建设中要率先垂范，起示范和表率作用。

（3）树立先进。组织应及时发现、表彰内部的先进人物、先进班组、文明家庭等。广泛宣传其先进事迹。组织内部要经常开展向新时代的改革先锋、时代楷模、道德模范、劳动模范、大国工匠等的学习。

（4）自我教育。组织利用技能大赛、谈心活动、演讲比赛、设计大赛、达标活动、征文活动、表彰大会等形式，让组织成员进行自我教育。

（5）文娱活动。组织可以通过丰富多彩的文化活动，进行组织文化的宣传和渗透。如戏曲、小品、体育活动、旅游、社区联谊会等形式。

在线测试

第五节

实训任务

一、简答题与讨论

1. 组织有什么作用？组织职能的任务是什么？
2. 设计组织结构应遵循哪些基本原则？
3. 事业部组织结构的特点、优点、缺点是什么？
4. 组织实行集权制或分权制有什么优点和缺点？
5. 管理人员配备应坚持哪些基本原则？
6. 什么是组织文化？组织文化有什么功能？简要说明构成组织文化的层次和内容。
7. 讨论：剧场里的观众是否构成了组织？剧场里的全体工作人员是否构成了组织？请分别说明理由。
8. 讨论：有人认为，组织不论规模大小，都存在着非正式组织。你认为这种说法正确吗？你所在的班集体里是否也存在着非正式组织？

二、案例分析与思考

案例一：韦尔奇改造通用电气公司

杰克·韦尔奇在20世纪80年代初接手通用电气公司。上任伊始，他感到公司染上了不少美国大公司都有的“恐龙症”，即机构臃肿、部门林立、等级森严、层次繁多、程序复杂、官僚主义严重、反应迟钝等。在日本、德国等的竞争面前束手无策、节节败退。为了改变这种状况，韦尔奇明确提出要以经营小企业的方式来经营通用电气，彻底消除官僚主义，并采取了一系列的具体措施。

韦尔奇一上台就大刀阔斧地削减重叠机构。当时，全公司共有40多万职工，其中仅“经理”头衔的就达2.5万人，高层经理500多人，仅副总裁就有130人。公司的管理层次有12层，工资级别多达29级。韦尔奇先后砍掉了350多个部门，将公司职工减为27万人。他在裁减冗员的同时，大力压缩管理层次。这样，原来高耸的金字塔结构一下子变成了低平而结实的扁平结构。

现在，通用电气共有13个事业部，每个事业部都有特定的生产经营领域，如照明、电力设备、工程塑料、发动机等。公司对事业部高度授权，使其具有充分的经营自主权，但通用电气在某些方面又高度民主集中化。除了金融事业部以外，其余的事业部都没有注册为独立的公司，而全部同意在通用电气的名下，都同属一个法人企业。这与其他很多大公司不一样。另外，通用电气的资金也是统一控制和使用，每个事业部可以按照年度预算计划使用资金，但所有的销售收入都必须归入公司的统一账户上，既不能有“利润留存”，也不参与公司进行“利润分成”。各事业部发展需要的投资，均统一由公司计划安排。通用电气资金上的高度民主集中的体制至少有两大好处：一是可以减少应纳税额；二是可以集中大量资金用于发展那些有较大市场效益但投资规模较大的项目。有人问韦尔奇，在企业管理中是独裁领导好还是民主领导好？他说最好是二者的结合，即决策前应该广泛征求意见，但决策时必须一个人说了算。

思考题：

1. 韦尔奇通用公司组织模式的变革有怎样的特点？

2. 组织结构或管理模式的转变对提升企业的核心竞争力有怎样的作用？

3. 韦尔奇的个人魅力是什么？

案例二：宜家对候选人的挑选

作为一个在全球44个国家经营，拥有超过15万名员工的巨型跨国连锁企业，宜家在寻找自己的员工时特别重视观察其个人价值观。宜家愿意花费一个月甚至更长的时间去考察，但这名得到青睐的员工的个人价值观一定会与宜家的核心价值观一致。他们关心客户，把为他人服务看作是有价值的事情；他们重视美与协调，热爱家具事业，并愿意不断学习进步以充实自己的专业能力；他们朴实、节俭，能够自觉地想办法为宜家节省各种成本。

有一次，宜家在欧洲某国准备招聘一名高级管理人员，一位应聘者表现非常抢眼，人力资源部门对其非常看好。可是在几次面试接触时，发现这位应聘者始终西装笔挺，还打着领带，拎着价值不菲的高级皮包，负责应聘的经理就好心地提醒他在宜家不用这么讲究着装，这是一个人性化、风格随意的企业，日常工作大家无论职位高低，都是T恤、衬衫、牛仔裤的。可是应聘者却不以为然，还说自己最注意的就是形象问题，并且不打算进行改变。从应聘者的应对方式和语气中，经理感觉到他有自负、傲慢和不善于沟通的缺点，经过与其他同事商讨权衡，最终还是放弃这位应聘者。

问题：宜家为什么最终放弃了这位应聘者？

三、实训建议

（一）阅读

1. ［加］亨利·明茨伯格《卓有成效的组织》。

2. 弗莱蒙特. E. 卡斯特《组织与管理：系统与权变》。

3. 威廉·大内《Z理论》。

（二）画组织结构图，分析不同组织结构图的特点、优点、缺点

1. 调查当地若干公司，画出这些公司各发展阶段的组织结构图并分析其特点、优点、缺点。

2. 调查你所在学校，画出学校的组织结构图并分析其特点、优点、缺点。

（三）走访当地企业，调查企业文化建设的过程和现状

第五章 领导职能

PPT

知识目标：理解领导职能的概念、领导的影响力、领导者素质、领导集体素质。理解三种领导方式、连续统一体理论、方格理论、权变理论等。理解领导艺术的概念、特点。

能力目标：掌握领导的决策艺术、用人艺术、授权艺术、批评艺术、时间管理艺术等。

思政目标：努力学习，提高个人素质；介绍新时期党政领导干部的任用标准，教育学生做爱党爱国忠于人民敢于担当的未来领导者。介绍老一辈革命家的领导实践，学习老一辈革命家为国家为民族的领导艺术。

第一节 领导职能概述

【案例导入】

民营企业家的优秀代表——刘永好

刘永好，新希望集团有限公司董事长、总裁，第九届、十届全国政协常委，第七届、八届全国工商联副主席。1982 年他投身农业领域，1987 年研制出第一款国产乳猪饲料。带领企业不忘初心，勠力前行，不断拓展，目前产品涵盖饲料生产、农业科技、食品加工、金融服务等诸多领域，在全球 30 多个国家和地区拥有分（子）公司 600 余家，员工近 7 万人，年销售收入超千亿元，连续 14 年被评为“中国企业 500 强”。积极投身公益事业，倡议发起“中国光彩事业”。开启“精准扶贫 1 + 1”行动，广泛开展产业扶贫、教育扶贫。荣获“全国劳动模范”等称号和“全国脱贫攻坚奉献奖”。

资料来源：学习强国 APP。

一、领导和领导者的概念

（一）领导的概念

“领导”一词可作为名词和动词使用。作为名词的“领导”是指领导者；作为动词的“领导”是指领导活动。两者结合，就是领导者进行领导活动。在管理学中，关于领导的定义，国内外学者有多达上百种不同见解：

巴纳德在《领导学手册》中，对领导（者）的含义提出了下列11种界定：领导意味着群体过程的中心；领导意味着人格及其影响；领导意味着劝导服从的艺术；领导意味着影响力的运用；领导意味着一种行动或行为；领导意味着一种说服的形式；领导意味着一种权力关系；领导意味着互动中逐渐形成的效果；领导意味着一种分化出来的角色；领导意味着结构的创始；领导意味着一种实现目标的手段。

哈罗德·孔茨和海因茨·韦里克：“领导是影响人们心甘情愿和满怀热情地为实现群体的目标而富有热情地努力工作的过程。”

R·坦南鲍姆：领导是在某种条件下，经由意见交流的过程所实行出来的一种为了达成某种目标的影响力。

约翰·纽斯特罗姆和基斯·戴维斯：“领导是影响和支持其他人为了达到目标而富有热情地工作的过程。”

领导是指运用个体、群体、环境中的各种资源有效地影响他人实现战略目标的艺术行为和过程。

领导是引导和影响个体、群体或组织在一定条件下实现某种目标的活动过程。在这个过程中，承担引导责任和发挥主要影响作用的个人或群体就是领导者。

周三多：“领导是指挥、带领、引导和鼓励部下为实现目标而努力的过程。”

一个真正的领导者，具有鼓舞成员朝着目标共同奋斗的魅力；具有一种群体组合能力，他能够通过有效的联系，带领成员获得集合力量。

毛泽东在中共七大的结论中生动地说过：“坐在指挥台上，如果什么也看不见，就不能叫领导。坐在指挥台上，只看见地平线上已经出现的大量的普遍的东西，那是平平常常的，也不能算领导。只有当着还没有出现大量的明显的东西的时候，当桅杆顶刚刚露出的时候，就能看出这是要发展成为大量的普遍的东西，并能掌握住它，这才叫领导。”

综上所述，领导的实质是领导者为实现组织目标，凭借其职务权力和个人权力对他人的影响力。一个优秀的领导者可以影响或改变一个组织。

全面准确理解领导的概念，有利于构建正确的领导理念，提高领导力。

（二）领导者

管理学家彼得·德鲁克明确提出“领导者的唯一定义就是其后面有追随者”。具体来说，领导者是依法居于领导职位，拥有领导职权，承担领导责任，履行领导职能的人。领导者为组织指明发展方向，通过调动人们的积极性，引领人们实现组织目标。领导工作是领导者为了实现组织目标，履行领导职能、完成领导任务而进行的一系列活动，是领导者决策、组织、引导、率领、指挥、协调、激励、教育、监督组织成员行为的活动。领导者的工作是职务、权力、责任和利益的统一。

二、领导者的影响力

领导者的影响力分为职务权力影响力和非职务（个人权力）影响力。

（一）领导者的职务权力影响力

职务权力是领导者的正式权力，它是由上级和组织赋予，并由法律、制度明确规定的权力，是与领导者职位相对应的法定权力。职务权力产生的影响力称为权力影响力或职务影响力。

美国管理学家弗兰奇和勒温认为权力是“一个人所具有并施加于人的控制力”，法国管理学家法约尔说：权力是“下达命令的权利和强使别人服从的力量”。

可见，领导权力是领导者依法强制影响被领导者贯彻领导者意志、执行领导者决定、实现领导目标和效果的影响力。所以，领导者的权力实质是领导者的影响力、控制力。这种影响力是领导者与他人（包括下属、同级、上级及外部人员）交往过程中，影响和改变对方心理和行为的能力。

1. 职务权力的构成

（1）合法权。领导者依法或组织章程履行与其职务相应的权力，影响下属机构或人员的行为。

（2）奖励权。领导者控制着下属所需求的重要资源，依法对下属机构或人员进行物质或非物质奖励，影响下属机构或人员的行为。

（3）惩罚权。领导者依法对下属机构或人员实施物质或非物质惩罚，影响下属机构或人员的行为。惩罚权是领导者行使的一种特殊权力。包括威胁、惩罚、纪律处分、罚款、降级、解雇或降薪等手段。

职务权力具有法定性和强制性，职务权力影响力会随着领导职务的变动而变动。

【实训课堂 5－1】

公司总经理的职权

主持公司的生产经营管理工作，组织实施董事会决议；组织实施公司年度经营计划和投资方案；拟订公司内部管理机构设置方案；拟订公司的基本管理制度；制定公司的具体规章；提请聘任或者解聘公司副经理、财务负责人；决定聘任或者解聘除应由董事会决定聘任或者解聘以外的负责管理人员；董事会授予的其他职权。

资料来源：《中华人民共和国公司法》。

2. 影响职务权力的因素

（1）传统因素。这是传统观念附加给领导者的力量。人们接受“服从领导”的教育，认为服从领导是传统观念和美德，因而使领导者的言行增加了影响力。

（2）职位因素。领导者因其领导职位而拥有权力，形成了对下级的强制力。领导者凭借权力可以影响被领导者的行为、得失或前途，使被领导者产生敬畏感。领导者的职位越高权力越大，下属对他的敬畏感越大。

（3）资历因素。资历是历史形成的，人们更敬重资历较深的领导者。

（二）非职务影响力

非职务影响力是一种自然影响力、个人影响力，它由领导者的综合素质决定。如品德、知识、才能、业绩、经验、声望等。个人影响力是领导者独有的特殊影响力，它不随领导者个人职位的变动而变化。个人影响权表现在四个方面。

1. 品格因素

领导者的品格主要包括政治、道德、品行、人格、作风等。良好的品格使人产生敬爱感，能感染人，吸引人，使人模仿。领导者的品格对其下属的行为、品格具有示范作用。

2. 才能因素

有才能且给组织带来业绩的领导者令人敬佩。敬佩感吸引人们自觉地服从领导，支持领导。

3. 知识因素

知识就是力量。知识丰富的内行领导者，能获得人们的信任，并由此产生信赖感，提高其影响力。

4. 感情因素

感情是人的一种心理现象。人与人之间建立了良好的感情关系而产生亲切感，有亲切感的人之间能形成相互吸引力和影响力。一个和蔼可亲、平易近人、平等待人、关心下属的领导者，能对下属产生较大的影响力。

四种非权力影响力，体现了领导者素质，它与权力无直接关系。但能提升领导者的权力影响力。一个普通人具备了这四个因素，也能对他人产生较大的影响力。

领导者影响力构成见表5－1。

表5－1　领导影响力构成

序号	影响力类型	影响力来源	构成因素	产生效果	影响范围	影响力大小	影响方式	影响性质
1	职务影响力	法定职位，由组织或法律规定	传统因素	服从感	受时空和权限限制	不会因人而异	行政命令，是一种外在作用	强制性影响力
			职位因素	敬畏感				
			资历因素	敬重感				
2	非职务影响力	由个人品质、才能、业绩和魅力等综合素质决定	品格因素	敬爱感	不受时空限制，可以超越权限	因人而异	自觉接受，是一种内在影响	自然性影响力
			才能因素	敬佩感				
			知识因素	信赖感				
			感情因素	亲切感				

领导者的影响力是职务影响力和非职务影响力共同作用的结果。一方面领导者要依法用权，合理用权，公正无私，不独裁，善授权，能虚心听取下属的意见建议，奖罚分明；另一方面领导者要提高政治品质，学习文化知识，提高专业素养，提升领导能力，改进领导方法，密切联系群众，为群众办实事，增强非职务影响力。

三、领导职能及作用

（一）决策

决策是领导者的基本职责。组织活动过程是在一系列决策活动的推动下前行的。组织活动中，不同层级的领导者应当主持、参与、指导组织决策或部门决策。如组织发展战略决策、重要人事决策、机构设置决策、重要制度决策等。领导者要掌握决策艺术，提高决策能力，科学决策。

（二）指挥

组织活动有效运行，需要领导者的正确指挥。指挥是领导的经常性工作，也是领导艺术的体现。有效的领导者要胸怀全局，运筹帷幄，根据不同环境、任务、目标、对象，为组织及其成员指明组织活动的目标和达到目标的途径，并采用不同的指挥形式，合理调配组织资源，实现领导目标。

（三）协调

协调能力是重要的领导艺术。有效的协调工作有利于理顺组织内部关系和内外部关系，促进各方合作，营造良好的领导环境，提高工作效率，高效地实现组织目标。

组织是由多个人、多个部门构成的整体。实现组织目标既需要组织内部的人、资源、部门之间的协调、配合，也需要组织外部的部门、资源、个人的支持和合作。在实际工作中，因人们的价值观、能力、工作态度、进取精神、性格、作用和地位等不同，也由于个人、部门之间目标和利益上的差异，以及外部环境的不确定性，而发生一系列矛盾，影响组织效率及目标的实现。这就要求领导者积极主动地运用不同方式协调人和人之间、生产要素之间、组织与股东之间、部门与部门之间、组织与外部环境之间的关系，消除摩擦，增进理解、支持，形成合力，实现组织目标。

（四）激励

激励是领导者通过有效手段影响下属心理来激发其动机、推动其行为的过程。领导者为了使下属发挥其工作的积极性、主动性、自觉性、创造性，就必须满足下属的合理要求，激励和鼓舞下属的斗志。

四、领导工作的基本原则

美国领导力专家迈克尔·尤西姆（Michael Useem）在其著作《领导者的备忘录》中指出了领导者应该做的15件正确的事，即15项任务关键型原则。具体内容见表5－2。

表5－2　　领导工作的主要原则

序号	原　则	释　义
1	阐明愿景	规划一种明确、具有说服力的愿景，并告知所有员工。
2	战略思考	提出一种用以同步实现短期和长期愿景的战略规划，并确保其得到广泛理解。考虑到所有的市场参与者，并在他们表明态度之前预见其反应和抵触情绪。
3	尊重同事	对同事（包括下属）要经常表示信任和支持。

续表

序号	原　则	释　义
4	担当责任	采取一种偏爱行动的态度，即使未经正式委托，也要负起职责。
5	果断行动	做出合理的、正确的决策，并确保其付诸实施。
6	有效沟通	以人们永远不会忘记的、令人信服的方式交流，简洁而清晰，并且事无巨细都要做到言行一致。
7	激励员工	觉察他们所带来的独特意愿，然后以不同的动机为基础做出最佳选择。
8	深入基层	进行授权（战略决策除外），和那些最直接参与企业工作的人拉近距离。
9	推广领导	在整个组织中发展领导力，确保公司文化能够促进领导力的有效行使。
10	处理关系	与那些向你寻求帮助的人建立持久的个人关系，并且尽量利用工作场所中的感觉和激情。
11	确定影响	帮助每个人正确估计愿景和策略可能对他们自己的工作以及公司的未来所产生的影响。
12	传达本质	通过手势、评价和描述，确保其他人意识到你是一个正直的人。
13	适度乐观	抑制过度的乐观和成功的傲慢，关注潜在威胁和尚未解决的问题，并预防管理者从事无保证风险活动的倾向。
14	打造团队	打造一支多样化的顶级团队。
15	大局为先	在制定策略、传播愿景和达成决策时，以共同利益为先，个人私利服从共同利益。

【思政课堂 5－1】

要革命的跟我走

1927 年 8 月 1 日，中国共产党领导发动南昌起义，打响了武装反抗国民党反动派的第一枪，标志着中国共产党独立地创造革命军队和领导革命战争的开始。根据中共中央的原定计划，起义部队南下广东，准备恢复革命大本营。按照前委决定，起义军执行分兵计划：朱德率第 25 师和第 9 军教育团，留守三河坝。这就是军史上著名的“三河坝分兵”。

三河坝战役中，以朱德为代表的南昌起义军将士怀着“为人民谋幸福，为民族谋复兴”的初心使命，与国民党反动派浴血奋战，所展现出的理想信念、大局意识、战略战术和战斗精神，时至今日仍熠熠生辉，给人以启迪。

三河坝战役后，由于南下主力失利，朱德所率部队成为孤军，随时有被敌围歼的危险。他坚定地说：“我是共产党员，我有责任把南昌起义的革命火种保留下来，有决心担起革命重担，有信心把这支革命队伍带出敌人的包围圈，和同志们团结一起，一直把革命干到底!”转战赣南途中，严酷的斗争现实令意志不坚定的人产生动摇，有的不辞而别，有的叛变投敌。就在部队濒临溃散的危急关头，朱德站了出来，力挽狂澜，表示：要革命的跟我走；不愿继续奋斗的可以回家，不勉强。只要有十支八支枪，我还是要革命的。在陈毅、王尔琢等人的支持下，对部队进行了著名的“赣南三整”，扭转了思想混乱、人心涣散的局面。

开国上将萧克说：没有三河坝战役，就没有后来的井冈山会师，中国人民解放军的历史亦将重写。

在线测试

第二节

领导者素质和领导集体

【案例导入】

中国企业家

张瑞敏：海尔集团创始人，2021年3月17日，入选财富中文网发布的“2021年中国最具影响力的50位商业领袖”。创业30多年，张瑞敏带领海尔从一家濒临倒闭的集体小厂成长为享誉世界的知名家电品牌，并率先在全球创立生态品牌。他将经营管理企业的心得升华，形成了系统的管理思想体系——人单合一。因其对管理模式的不断创新国内外管理界给予了高度关注和赞誉。世界一流战略大师加里·哈默评价他是互联网时代CEO的代表。

2021年11月17日，全球最具影响力的50大管理思想家（Thinkers50）2021年最新榜单公布，海尔集团创始人、董事局名誉主席张瑞敏再一次蝉联。这是张瑞敏继2015年、2017年、2019年后，连续第4届荣居该榜单。张瑞敏成为首个也是唯一一个连续4届荣居“全球最具影响力的50大管理思想家”的中国企业家。

（资料来源：海尔集团网页）

李书福：浙江吉利控股集团董事长，全国工商联副主席（兼职）。他怀揣着“做老百姓买得起的好车”的理想，1997年进入汽车行业，创办了我国第一家民营汽车企业。李书福带领吉利成功完成了一系列国际化战略布局，不仅推动沃尔沃汽车取得了品牌的复兴和持续发展，还成为了沃尔沃集团第一大持股股东、戴姆勒公司第一大股东，积极推动中国汽车工业“走出去”。经过20多年蓬勃发展，吉利集团连续7年位列世界500强，在全球拥有逾10万名员工。荣获“浙江省非公有制经济人士新时代优秀中国特色社会主义事业建设者”称号。

资料来源：学习强国APP。

一、领导素质概念和特点

《辞海》对素质一词有三种定义。即：人的生理上的原来的特点；事物本来的性质；完成某种活动所必需的基本条件。领导者素质是个人担任领导职务，履行领导职责，发挥领导影响力所必须具备的自身条件。领导素质有如下特点：

(一) 综合性

领导素质是领导者思想、知识、能力、心理、身体等素质的综合体。领导者素质中缺少上述任何一项要求，都会影响领导职能的发挥。

(二) 时代性和动态性

人类的管理实践证明，领导者素质是一个随着时代发展而变化的过程。不同时代对领导者素质有不同要求。在时代发展中，领导者素质的内涵将更加丰富，领导者素质必须与时俱进。

(三) 差异性

不同领导者素质有差别，不同层级、不同行业、不同岗位对领导者素质的要求也不相同。只有领导者素质与其职务、权力、责任、岗位相匹配，才能发挥领导作用。

(四) 实践性

古语讲："宰相必起于州部，猛将必发于卒伍。"一方面，应从有基层工作经历的人员中选拔领导。有基层经历的人更熟悉工作环境、业务，更了解下层需求，能积累领导经验。另一方面，领导者要主动在实践中锻炼自己，领导者只有经过较长时间的学习和实践锻炼，才能积累领导经验，提高领导艺术。

二、领导素质的基本内容

(一) 国外关于领导素质的理论

1. 斯托迪尔的领导特质论

美国学者斯托迪尔认为领导者应具备下列特征：

(1) 生理特征。精力、年龄、身高、体重、相貌等。

(2) 社会背景特征。教育、经历、社会地位、社会关系等。

(3) 智力特征。知识、智商、判断、分析等。

(4) 个性特征。热情、自信、正直、独立、见解独到、支配、有主见、急性、外向、机警、果断、进取性、适应性、作风民主、不随波逐流、情绪稳定等。

(5) 与工作有关的特征。使命感、责任感、主动性、首创性、毅力、事业心等。

(6) 社交特性。指挥能力、合作、声誉、人际关系、老练等。

2. 美国管理协会的观点

美国管理协会在20世纪70年代对1812名成功主管人士调查和研究后，总结出成功领导者具有的20种基本素质。

(1) 工作效率高；

(2) 有主动进取精神，总想不断改进工作；

(3) 逻辑思维能力强，善于分析问题；

(4) 有概括能力；

(5) 有很强的判断能力；

(6) 有自信心；

(7) 能帮助别人提高工作能力；

(8) 能以自己的行为影响别人；

（9）善于用权；

（10）善于调动别人的积极性；

（11）善于利用谈心做工作；

（12）热情关心别人；

（13）能使别人积极而又乐观地工作；

（14）能实行集体领导；

（15）能自我克制；

（16）能自行做出决策；

（17）能客观地听取各方面的意见；

（18）对自己有正确估价，能以他人之长补自己之短；

（19）勤俭；

（20）技术和管理方面的知识。

3. 鲍莫尔的领导特质论

美国学者鲍莫尔认为一个领导者应该具备10项基本特质：

（1）合作精神：愿与他人一起工作，能赢得人们的合作，对人不是压服，而是感动和说服。

（2）决策才能。依赖事实而非想象进行决策，具有高瞻远瞩的能力。

（3）组织能力。能发掘被领导者的才能，善于组织人力、物力和财力。

（4）精于授权。既能大权独揽，也能小权分散。

（5）善于应变。机动灵活、善于进取，而不抱守残缺、墨守成规。

（6）敢于创新。对新事物、新环境和新观念有敏锐的感受能力。

（7）勇于负责。对上级和下级及社会抱有高度的责任心。

（8）敢担风险。敢于承担组织发展的风险，有创造新局面的雄心和信心。

（9）尊重他人。善于接受和采纳别人的意见，不盛气凌人。

（10）品德高尚。品德为社会人士、组织成员所敬仰。

（二）我国关于领导者素质的理论

《孙子兵法》认为将帅应具备“智、信、仁、勇、严”的特征。孔子认为领导者应当具备：“恭、宽、信、敏、惠”等品质。现代社会对领导者素质提出了“德才兼备”的要求。具体如下：

1. 政治思想素质

（1）政治素质。领导者的政治素质主要包括：政治觉悟，政治敏感性、政治鉴别力、政治信守和政治作风。具体要求是：拥护中国共产党的领导，有理想，有事业心和强烈的社会责任感，胸怀全局，光明磊落，实事求是，善于调查研究。

（2）法治素质。主要包括法治思想、法治理论、法治知识、法治意识、法治观念等。具体要求是：严格执法，严以律己，遵纪守法，不谋私利。

（3）道德素质。领导者要具备高尚的道德、修养及魅力，坚持社会主义核心价值观。具体要求是：谦虚、关心他人利益、诚实信用、坚持公平、承担责任、尊重他人、善于团结人，鼓励并帮助他人发展、为他人服务、有坚持真理的勇气、不计较个人恩怨，不拉帮结派；能以身作则，乐于奉献。

【思政课堂 5－2】

党政领导干部选拔任用条件

党政领导干部必须信念坚定、为民服务、勤政务实、敢于担当、清正廉洁，具备下列基本条件：

自觉坚持以马克思列宁主义、毛泽东思想、邓小平理论、“三个代表”重要思想、科学发展观、习近平新时代中国特色社会主义思想为指导，努力用马克思主义立场、观点、方法分析和解决实际问题，坚持讲学习、讲政治、讲正气，牢固树立政治意识、大局意识、核心意识、看齐意识，坚决维护习近平总书记核心地位，坚决维护党中央权威和集中统一领导，自觉在思想上政治上行动上同党中央保持高度一致，经得起各种风浪考验。

具有共产主义远大理想和中国特色社会主义坚定信念，坚定道路自信、理论自信、制度自信、文化自信，坚决贯彻执行党的理论和路线方针政策，立志改革开放，献身现代化事业，在社会主义建设中艰苦创业，树立正确政绩观，做出经得起实践、人民、历史检验的实绩。

坚持解放思想，实事求是，与时俱进，求真务实，认真调查研究，能够把党的方针政策同本地区本部门实际相结合，卓有成效地开展工作，落实“三严三实”要求，主动担当作为，真抓实干，讲实话，办实事，求实效。

有强烈的革命事业心、政治责任感和历史使命感，有斗争精神和斗争本领，有实践经验，有胜任领导工作的组织能力、文化水平和专业素养。

正确行使人民赋予的权力，坚持原则，敢抓敢管，依法办事，以身作则，艰苦朴素，勤俭节约，坚持党的群众路线，密切联系群众，自觉接受党和群众的批评、监督，加强道德修养，讲党性、重品行、作表率，带头践行社会主义核心价值观，廉洁从政、廉洁用权、廉洁修身、廉洁齐家，做到自重自省自警自励，反对形式主义、官僚主义、享乐主义和奢靡之风，反对任何滥用职权、谋求私利的行为。

坚持和维护党的民主集中制，有民主作风，有全局观念，善于团结同志，包括团结同自己有不同意见的同志一道工作。

资料来源：《党政领导干部选拔任用工作条例》。

2. 知识素质

领导工作的综合性、复杂性、多变性、创新性，要求领导者须有全面的知识结构和较高的知识水平。不同行业、岗位和层次的领导者应具有不同的知识结构和水平。但领导者在知识素质方面有许多共同性要求。

（1）政治理论知识。领导者要掌握马克思主义、毛泽东思想、邓小平理论、“三个代表”重要思想、科学发展观、习近平新时代中国特色社会主义思想；学习和熟悉中国共产党的历史，理解并掌握党和国家一定时期的政治、经济政策等。

（2）管理科学知识。主要内容是：管理学、人力资源管理、心理学、行为科学、领导科学、信息学、人际关系学及公共关系学、财税金融、统计学、市场营销、电子商务等知识。

(3) 业务知识。领导者要熟悉自己管辖范围专业知识；熟悉并研究自己领导领域的相关政策、制度；熟悉自己领导领域的生产经营、业务流程、产品知识、投资业务、技术知识及技术动态等。

(4) 现代信息管理知识和技术。现代社会是知识发展、科技大进步的时代，计算机及网络技术、数字经济、大数据、人工智能、机器人等广泛应用于管理领域，极大提高了管理效率。领导者要熟练掌握这些新知识、新技术。

此外，领导者应根据工作需要学习社会科学、自然科学知识。如：中国历史、中国传统文化、天文、地理、教育、科技、法律、文化艺术、外语等。

【实训课堂 5－2】

决策对领导者知识的要求

领导决策对知识的需求一般有四个明显的特点。需要整体的、全局的知识，而不是零散的或局部的知识。需要战略性的、前瞻性的知识，而不是战术的、短视的知识。需要本质的、内在的知识，而不是现象的、外在的知识。需要实时的、动态的知识，而不是滞后的、静态的知识。

资料来源：中国管理科学研究院网站。

【实训课堂 5－3】

数字技术

埃森哲董事长兼 CEO 南佩德（Pierre Nanterme）：企业和商业模式的未来将结合商业和技术带来的机遇，数字技术正在成为新商业模式的普及和推动者。关键不是让 CEO 和其他高层领导人成为技术专家，而是要让他们有一定数字修养以开拓出新的商业模式。

资料来源：中欧国际工商学院网站。

3. 领导能力

能力是一个人的知识和智慧的综合体现。不同层次、不同岗位的领导者有不同的领导能力要求。

(1) 决策能力。决策能力是领导者的第一素质。决策能力要求领导者具有战略思想，善于综合分析、判断，能准确洞察组织内外部环境的变化趋势，统筹全局，抓主要矛盾，坚定果断，具有决策胆识和魄力，能为组织指明发展方向，进行战略布局。如调查能力、分析能力、判断能力、综合能力等。

(2) 知人善任能力。知人善任是领导者的基本功。领导工作是发现人才、使用人、培养人、激励人的工作。领导者要有伯乐的才能，善于识别人才，能人尽其才。优秀的领导者还必须具有发现、选拔领导型人才，培养组织接班人的能力和胸襟。

(3) 指挥能力。指挥工作是领导者的日常工作之一。领导者能灵活运用不同指挥形式，把组织的各种资源、要素、力量组织和调动起来，充分发挥各方面的积极性，使组织步调一致，令行禁止，运行正常，高效运转。

（4）沟通能力。有效的沟通能为领导者工作顺利进行创造良好的社会环境和人际环境，领导者要掌握公共关系和人际交往能力，善于沟通，团结一切力量，协调组织与外部力量的关系，协调组织内部的各类关系。

（5）应变能力。领导者具有处理突发事件的能力，具有处理危机的能力。

（6）不断学习和开拓创新能力。现代社会，学习和创新是为了更好地生存和发展。学习和创新是迎接未来社会挑战的重要手段，领导者应具备不断学习、不断创新的思想和能力。如：学习新知识、新技术；提出新目标、新标准、新理念；实施新方法、新方案；勇于变革；有风险意识。

【思政课堂 5－3】

年轻干部要提高七种能力

年轻干部要提高政治能力；提高调查研究能力；提高科学决策能力；提高改革攻坚能力；提高应急处突能力；提高群众工作能力；提高抓落实能力。

各级党组织要有针对性地加强对年轻干部的思想淬炼、政治历练、实践锻炼、专业训练，明确培养年轻干部的正确途径，坚决克服干部培养中的形式主义，帮助他们提高解决实际问题能力，让他们更好肩负起新时代的职责和使命。

资料来源：《习近平总书记在中央党校（国家行政学院）中青年干部培训班开班式上的讲话》。

4. 身体与心理素质

身体与心理素质是指领导者要具有健康身体和良好的心理素质。

（1）身体健康。健康的身体、充沛的精力是保证领导能力正常发挥，实现领导职能，提高领导效率的重要条件。领导者需要有健康的身体来展现领导行为，实现领导效能。

（2）心理健康。领导者的心理素质是领导者履行领导工作的基本要求。领导者的心理素质主要包括情绪稳定性、坚韧性、果断性、认真性、正直性、自信心以及心理健康状况等因素。具体表现是：责任意识；心胸宽广、谦虚谨慎、豁达开朗，合作精神；乐观自信、情绪饱满；意志坚强，胜不骄，败不馁，正确面对压力等。

【思政课堂 5－4】

周恩来的修养要则

1943 年 3 月 18 日是周恩来农历 45 岁的生日，同志们特意准备了茶点想为他庆贺一下，却被他婉言谢绝。晚上，周恩来只是简单吃了碗面条，就回到办公室提笔写下了这篇著名的《我的修养要则》：

加紧学习，抓住中心，宁精勿杂，宁专勿多；努力工作，要有计划，有重点，有条理；习作合一，要注意时间、空间和条件，使之配合适当，要注意检讨和整理，要有发现和创造；要与自己的他人的一切不正确的思想意识作原则上坚决的斗争；适当地发扬自己的长处，具体地纠正自己的短处；永远不与群众脱离，向群众学习，并帮助他们。过集体生活，注意调研，遵守纪律；健全自己身体，保持合理的规律生活，这是自我修养的物质基础。

资料来源：中共中央党史和文献研究院网站。

三、领导集体

（一）建立有效的领导集体的必要性

现代社会，组织的领导者是由多人组成的领导集体，即领导班子。一是由于组织规模大，组织行为及管理活动复杂、任务繁重，领导者的个人力量将难以驾驭组织活动；二是全能型的领导者较少，大多数领导者只是某一方面的专门人才；三是管理活动日趋知识化、信息化、智能化，管理环境的不确定性常态化，组织决策趋向群体化。因此，有必要将各具所长的领导者合理地搭配起来，组成具有战斗力的领导班子，发挥群体效应。

（二）有效的领导集体的构成

有效的领导集体，应该是具有较高思想、能力、知识、身心素质的领导者的集合，形成具有比较合理的年龄结构、能力结构、知识结构、群体的动力结构和气质结构的领导班子。使领导集体在五大结构上实现互补，成为能应对组织活动各种挑战的“全才”。

1. 梯次的年龄结构

领导班子应该是老、中、青三结合，倾向于年轻化。不同年龄的人在知识、能力、经验、观念、心理、体力等方面客观上存在较大差别。老中青结合：一是能够使不同年龄人实现优势互补，扬长避短；二是利于领导班子以老带新，培养后备领导型人才，推进组织领导班子成员新老交替，保持领导集体的稳定性和领导活动的连续性；三是能激励年轻人奋发进取，也能调动和发挥其他年龄段干部的积极性。

2. 合理的知识结构

领导班子应按照组织类型和需要，由不同专业知识的成员合理搭配，实现领导成员间的知识互补。领导班子应该是各具所长的专家型人才的集合。所有领导成员的知识总和，应利于应对组织活动中出现的各种管理问题。

3. 全面的能力结构

合理的领导班子，应把具有不同能力的领导者组合在一起，实现能力互补。如：公司的领导班子中，既有思想能力和决策能力较强的领导者，又有工作踏实、埋头苦干的领导者；既有远见卓识、足智多谋、创造能力较强的领导者，又有善于协调人际关系和知人善用、组织指挥能力较强的领导者；既有行政专家，又有理财专家和技术专家。优势互补的能力结构有利于发挥组织整体功能。

4. 群体的动力结构

群体的动力结构是指领导成员有为组织奋斗的共同理想和目标。在组织内部，领导成员必须使自己的目标服从和服务于组织的总体目标，团结一致，同心同德，密切协作。

5. 相容的气质结构

领导班子应该在相互了解，相互尊敬的基础上拥有不同气质类型的成员，有利于取长补短，实现协调，有利于成员间的团结合作。

此外，在一些社会组织中，根据有关政策，在建立领导班子时，还必须考虑领导班子成员的性别结构、地区结构、党派结构、民族结构等。

在线测试

第三节 领导理论

【案例导入】

三位经理的领导方式

ABC公司是一家中等规模的汽车配件生产集团。集团对该公司的三个重要部门经理进行了一次有关领导类型的调查。

一、安西尔

安西尔对他本部门的产出感到自豪。他总是强调对生产过程、出产量控制的必要性，坚持下属人员必须很好地理解生产指令以得到迅速、完整、准确的反馈。安西尔当遇到小问题时，会放手交给下级去处理，当问题很严重时，他则委派几个有能力的下属人员去解决问题。通常情况下，他只是大致规定下属人员的工作方针、完成怎样的报告及完成期限。安西尔认为只有这样才能导致更好的合作，避免重复工作。

安西尔认为，对下属人员采取敬而远之的态度对一个经理来说是最好的行为方式，所谓的“亲密无间”会松懈纪律。他不主张公开谴责或表扬某个员工，相信他的每一个下属人员都有自知之明。

据安西尔说，在管理中的最大问题是下级不愿意接受责任。他讲到，他的下属人员可以有机会做许多事情，但他们并不是很努力地去做。

他表示不能理解在以前他的下属人员如何能与一个毫无能力的前任经理相处，他说，他的上司对他们现在的工作运转情况非常满意。

二、鲍勃

鲍勃认为每个员工都有人权，他偏重管理者有义务和责任去满足员工需要的学说，他说，他常为他的员工做一些小事，如给员工两张下月在伽里略城举行的艺术展览的入场券。他认为，每张门票才15美元，但对员工和他的妻子来说却远远超过15美元。通过这种方式，也是对员工过去几个月工作的肯定。

鲍勃说，他每天都要到工厂去一趟，与至少25%的员工交谈。鲍勃不愿意为难别人，他认为安西尔的管理方式过于死板，安西尔的员工也许并不那么满意，但除了忍耐别无他法。

鲍勃说，他已经意识到在管理中有不利因素，但大都是由于生产压力造成的。他的想法是以一个友好、粗线条的管理方式对待员工。他承认尽管在生产率上不如其他单位，但他相信他的雇员有高度的忠诚与士气，并坚信他们会因他的开明领导而努力工作。

三、查里

查里说他面临的基本问题是与其他部门的职责分工不清。他认为不论是否属于他们的任务都安排在他的部门，似乎上级并不清楚这些工作应该谁做。查里承认他没有提出异议，他说这样做会使其他部门的经理产生反感。他们把查里看成是朋友，而查里却不这样认为。

查里说过去在不平等的分工会议上，他感到很窘迫，但现在适应了，其他部门的领导也不以为然了。

查里认为纪律就是使每个员工不停地工作，预测各种问题的发生。他认为作为一个好的管理者，没有时间像鲍勃那样握紧每一个员工的手，告诉他们正在从事一项伟大的工作。他相信如果一个经理声称为了决定将来的提薪与晋职而对员工的工作进行考核，那么，员工则会更多地考虑他们自己，由此而产生很多问题。

他主张，一旦给一个员工分配了工作，就让他以自己的方式去做，取消工作检查。他相信大多数员工知道自己把工作做得怎么样。

如果说存在问题，那就是他的工作范围和职责在生产过程中发生的混淆。查理的确想过，希望公司领导叫他到办公室听听他对某些工作的意见。然而，他并不能保证这样做不会引起风波而事情有所改变。他说他正在考虑这些问题。

资料来源：陈岳林．管理心理学［M］．北京：清华大学出版社，2019.

领导者素质是成为领导者的基本条件。为提高领导力，领导者还必须掌握科学的领导理论，选择适当的领导方式。

一、领导方式及基本类型

（一）勒温的三种领导方式理论

美国心理学家库尔特·勒温认为实践中存在专制式、民主式、放任式三种极端的领导方式。

1. 专制式

专制式，也称独裁式领导、专权型领导。专制式领导高度关心组织目标的实现，关心工作任务和效率。专制式领导者认为决策是领导者个人的工作，组织的一切活动都由领导者决定，下级只能无条件执行。专制式领导方式的特点是：

（1）领导者独断专行，靠权力和强制命令让人服从，很少奖励下属。领导者的主要管理手段是：行政命令、纪律约束、训斥、惩罚等。

（2）领导者对下属封锁消息，下级没有参与组织决策的机会和权力；

（3）领导者与下属保持一定的心理距离，与下属只有工作上的联系，很少参与组织内部的社会活动，与下属缺少感情沟通，双方关系紧张。

2. 民主式

民主式领导者注重对团体成员的工作鼓励和协助，关心并满足团体成员的需要，能营造民主与平等的氛围。民主式领导方式的特点是：

（1）组织的一切活动由领导和成员共同决定，领导者善于发动和鼓励下属讨论问题，共同商量对策，并在集思广益基础上进行决策；

（2）在组织制度范围内，下属的行为活动有较大的自由度和较多选择；

（3）领导者主要以商量、建议、激励等方式推动下属工作，较少采用命令的方式强迫下属工作。工作中以理服人，以身作则；

（4）领导者积极主动地参与组织内部的各种团体活动，与下属经常保持沟通和联系，上下级关系和谐。

3. 放任式

放任式领导者采取无政府主义的领导方式，不重视工作，不关心团队成员的需要。放任式领导方式的特点是：

（1）组织工作完全由其成员各行其是，下属有较高的自由度，领导者很少使用自己的权力，领导者的职责是为下属提供信息并与组织外部进行联系；

（2）领导过程事先无布置、事中无监督、事后无检查；

（3）领导工作少原则，组织活动无制度或有章不循；

（4）组织工作效率低，人际关系淡薄。

勒温认为，放任式的领导方式工作效率低，只达到形式上的社交目标，而不能完成组织目标；专制式的领导方式虽然通过严格的管理实现了工作目标，但群体成员没有责任感，情绪消极，士气低落，争吵较多；民主式领导方式工作效率较高，人们不但能完成工作目标，而且群体成员关系融洽，工作积极主动，创造性高。

（二）利克特的管理系统理论

1. 两种领导类型

美国学者伦西斯·利克特在调查研究的基础上把领导者分为两种基本类型，即“以工作为中心”的领导和“以人际关系（员工）为中心”的领导。

“以工作为中心”的领导者关心工作任务，实行严密监督，照章办事；“以人际关系为中心”的领导者重视与下属的关系，重视人员行为反应及问题，利用群体实现目标，给组织成员较大的自由选择的范围。两种领导方式有不同的领导效果。

（1）高生产效率和低生产效率的部门，员工的士气可能无差别；

（2）领导者关心员工，则生产效率高；领导者经常施加压力，则生产效率则低；

（3）领导者与下级和员工接触多，则生产效率就高，反之生产效率低；

（4）领导者注意授权，听取下级意见并让他们参与决策，则生产效率就高，相反，采取独裁领导方式，生产效率低。

利克特认为，单纯依靠奖惩来调动员工积极性的管理方式将被淘汰。只有依靠民主管理，从内部调动员工的积极性，才能充分发挥人力资源的作用。专制管理方式不仅永远不能达到民主管理所能达到的生产水平，也不能使员工对工作产生满足感。利克特倡议员工参与管理。他认为有效的领导者是注重面向下属，他们依靠信息沟通使各个部门像一个整体那样运行。群体成员相互支持，在这种关系中，他们感到在需求价值、愿望、目标与期望方面有真正共同的利益。

2. 四种管理风格

利克特与同事在调查研究基础上，把美国企业的领导方式归纳为四种，即专制命令式、仁慈命令式、民主协商式、集体参与式。见表5-3。

表5-3 利克特的管理系统测定表

组织变数		系统1	系统2	系统3	系统4
		专制命令式	仁慈命令式	民主协商式	集体参与式
上下级关系	信任度	对下属无信心	有主仆之间的依赖关系	上下级之间不完全信任	完全的信任
上下级关系	交往	极少的交往或交往是在恐惧和不信任下进行的	交往是在上司屈就，下级惶恐的情况下进行	适度的交往在相当的信任下进行	深入友善的交往，有高度的信任
上下级关系	沟通	上下级之间不沟通	有一定的沟通	上下级意见沟通	上下级左右意见完全沟通
工作激励	奖惩	恐吓威胁或偶尔的报酬	报酬和有形无形的惩罚	报酬和极偶然的惩罚	优厚的报酬
工作激励	参与程度	下层极少参与决策	决策由上层制定，某些方面先由下级拟定	重大决策由上层制定，下层对具体问题有作决策的权力	下层参与做决策，控制过程散布在组织之中，低层完全参与控制

（1）专制命令式。高层领导拥有决策权，下属无权参与决策；领导方式以恐吓和处分为主，偶尔用奖赏激励人；信息一般由上而下传达。

（2）仁慈命令式。领导用奖赏兼恐吓及处罚的方法鼓励下属；允许一些自下而上传递的信息；下属有一些决策权；领导对下属进行严格的政策控制。

（3）民主协商式。领导在做决策时征求、接受和采用下属的建议；领导运用奖赏并偶尔兼用处罚的办法和让员工参与管理；上下级有正常的信息沟通；上级主管部门制定主要的政策和运用于一般情况的决定，让较低一级的管理者作出具体决定，并采用其他一些方法商量办事。

（4）集体参与式。领导向下属提出挑战性目标，对下属充满信心；让群众参与制定目标与评价目标，并给予物质奖赏；组织内部信息畅通；鼓励各级组织作出决定，领导作为集体中的一员与其下属一起从事活动。

利克特的研究表明，系统3和系统4的领导者的工作成就高于其他方式的领导。而系统1和系统2的领导者，管理成就低。领导方式越靠近系统4，领导绩效越好，越靠近系统1，领导绩效越差。例如：员工在一般监督管理（系统3、系统4）下的工作比在严格管理（系统1、系统2）下的工作具有更高的生产效率。但在特殊的情况下，系统1的领导效果可能是最好的。例如：出现突发性事件，需要紧急处置，此时，需要领导者依靠个人的智慧，就要选择系统1的领导方式。

在现代组织系统中，领导方式应当趋向于系统4。即集体参与式领导。

二、领导方式的连续统一体理论

美国学者罗伯特·坦南鲍姆与沃伦·施密特于1958年在《怎样选择一种领导方式》中提出了领导的连续统一体理论。该理论的基本观点是：民主与专制只是两个极端的领导方式，实践中几乎很少有完全采用专制方式或民主方式的领导。在两种极端类型之间，依据领导者授予下属权力的程度和决策方式的不同，存在着以领导者为中心到以下属为中心的多种多样的过渡型的领导方式。见图5－1，从左到右，领导者运用职权的程度逐渐减少，下属的自由度逐渐增大，由此形成了一个连续的统一体。

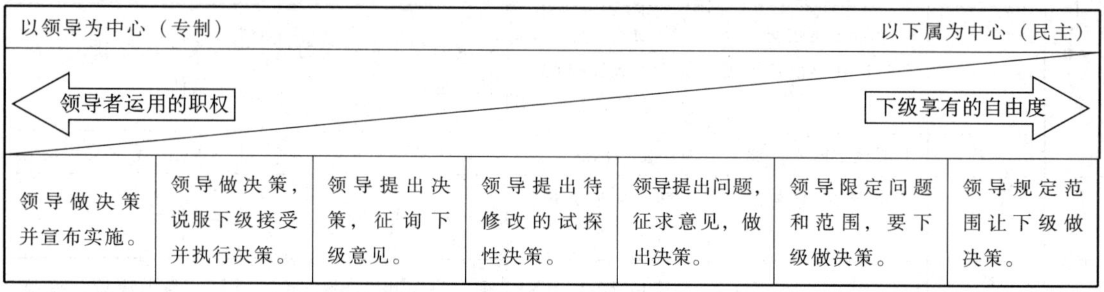

图5－1 领导方式的连续统一体理论

（一）领导做出决策并宣布实施

这一模式中，领导确认一个问题后，自己做出决策，然后向下级宣布，并要其执行，不给下属直接参与决策的机会，下属只能服从并执行。这是最专制的领导方式。

（二）领导做出决策，说服下级接受并执行决策

这一模式中，领导提出问题并做出决策，但考虑到执行决策时会遇到阻力，领导者通过阐明决策可能给下属带来的利益，说服下属接受决策，消除下属的反对意见，并说服下属执行决策。

（三）领导提出决策，征询下级意见

这一模式中，领导做出决策后，为了使下属接受该决策，在宣布决策时，领导者主动征询下属对决策的意见。欢迎大家提问题，领导对一些问题做必要的解释，和下属共同讨论决策的意义和作用，使下属更好地理解领导者的计划和意图，说服下属执行决策。

（四）领导提出待修改的试探性决策

这一模式中，领导提出初步决策方案，征求下级的意见，修改后执行。虽然，下属对决策发挥了某些影响作用，但提出问题和分析问题的主动权仍然掌握在领导者手中。

（五）领导提出问题，征求意见，做出决策

在这一模式中，领导者先提出问题，在决策前征求下属对拟解决问题的建议，最后从领导者和下属提出的可供采用的方案中，做最后决策。

（六）领导限定问题和范围，让下属做决策

这一模式中，领导就某个问题规定出界限，让下级自行做出决定。领导把决策权第一次交给了下级。领导者弄清所要解决的问题，为下属提出决策的条件和要求，下属按领导事先确定的问题范围进行决策。

（七）领导规定范围，让下级做决策

这一模式中，领导允许下级人员在规定范围内做出决定。这一模式标志着在正式组织内，下级人员参与决策的最高程度。领导只就某一个任务规定范围，而把从提出问题，到最后决定的一切权力交给下级。领导者以普通成员的身份和下属共同参与决策的整个过程。

从上述对七种领导方式的分析中，领导方式越靠近 7，说明领导行为越民主，下属参与决策的程度越高；领导方式越靠近 1，说明领导行为越专制，下属参与决策的程度越少。

坦南鲍姆和施米特认为，上述七种领导方式中，不能抽象地认为哪一种模式好或不好。有效的领导者应该是在一定环境条件下，善于考虑各种因素的影响，采取最恰当领导方式的人。领导者应根据具体情况（如领导者自身的能力，下属及环境状况、工作性质、工作时间等），适当选择连续体中的某种领导方式，才能达到领导行为的有效性。

三、领导方格理论

领导方格理论是美国学者罗伯特·布莱克和珍妮·穆顿提出的。领导方格理论认为，基本领导行为有两种：一是关心人，二是关心工作。见图 5－2。在坐标图上，纵坐标表示领导者对人的关心程度，纵坐标值越大，表明领导者对人的关心程度更高；横坐标表示领导者对工作的关心程度，横坐标值越大，表明领导者对工作的关心程度更高。按照领导者对人和工作的关心程度，进行不同的组合，形成了 81 种领导方式，但最典型的是其中的五种。

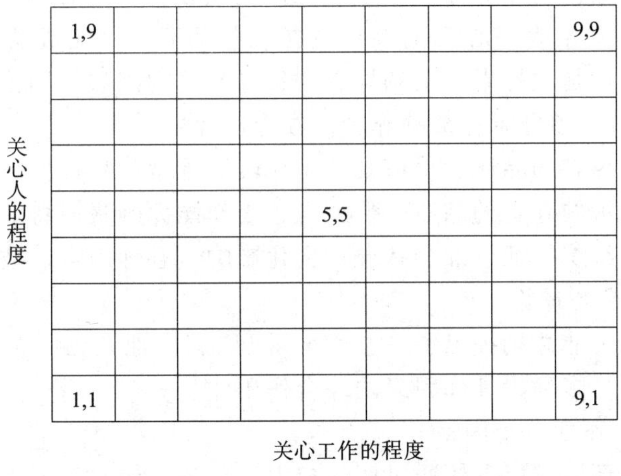

图 5－2 领导方格理论图

（一）贫乏型领导（1，1）

领导者对人和工作几乎不关心，他只是希望以最小的努力来完成必须的工作。这种领导方式在现代社会必然导致失败。

（二）俱乐部型领导（1，9）

领导者高度关心人，不关心工作。俱乐部型领导与放任式领导类似。领导者积极营造与下属的友好氛围，认为同下属搞好关系，让下属精神愉快，有利于工作；处理与下属的

关系时，表现出形式上的公平，当工作任务与下属的要求产生矛盾时，领导者一般首先会照顾下属情绪，满足下属需要。若领导和下属关系出现破裂，就会影响工作任务。

(三) 任务型领导 (9，1)

领导者高度关心工作任务，不关心人。任务型领导与专制式领导类似。领导过程不重视调动下属的积极性和主动性，下属依照领导者的命令去工作，缺乏进取心和创造性；领导按工作任务的完成程度对下属进行评价；上下级关系紧张。

(四) 中间型领导 (5，5)

也称平庸型领导。领导者对人和工作只有中等程度的关心。在组织内，上下级关系比较和谐，当工作任务与下属需要发生矛盾时，领导者一般采取折中方式进行协调；工作有序进行但不突出，组织管理效率只达到中等水平。

(五) 战斗集体型领导 (9，9)

领导者既高度关心工作，又高度关心人。领导者高度重视组织内部人员培养、使用、考核、报酬分配；以调动人的积极性、创造性、开发人的智力等方式促进工作任务的完成；领导关心下属，组织内部关系和谐。这是最能取得事业成功的领导者，这类领导能成为管理专家。

四、权变理论

权变理论（也称情境理论）认为，领导是一个动态过程，在这个过程中，领导者的影响力不仅取决于领导者个性和行为方式，而且取决于领导环境中的有利因素。在实践中，没有永远不变的最佳的领导方式，领导工作受领导者所处客观环境的影响。“以工作为中心”和“以人际关系为中心”的领导者在某些环境中可能成功，在另一些环境中可能失败。领导的有效性是领导者、被领导者和领导环境的函数。用公式表示如下：

领导的有效性 $=f$（领导者；被领导者；领导环境）

领导者主要指领导者的品质、价值观、工作经历等素质特征。

被领导者主要指被领导者的品质、价值观、工作能力等素质特征。

领导环境主要指组织特征、社会状况、文化影响、心理因素、技术因素等。

(一) 菲德勒的权变理论

美国学者弗雷德·菲德勒提出了“权变领导思想”。他认为，领导方式可能在一定环境内有效，领导环境是多种内外部因素的综合作用体。

1. 影响领导者工作的三个因素

菲德勒认为领导环境可以具体通过职位权力、任务结构、上下级关系三个因素表示。

(1) 职位权力。领导者的职位权力是与领导者职位相关联的正式权力，以及从上级和整个组织各方面所取得的支持程度。它是由领导者对下属的实有权力决定。

权力明确和职位高的领导者比没有权力的领导者更容易获得下属的认可和追随；不同层级的领导者具有不同的地位和权力，即使同一层级的领导者，也会由于种种原因而具有不同的实际权威；直线领导者比副职和参谋人员享有更多的最后决定权和奖惩权，负有更大责任；上级委任的领导者比直接由下级人员选举产生的领导者，更趋向于自己做出决策。另外，不同组织的领导者的地位与权力也不同。

（2）任务结构。任务结构指工作任务是否明确？是否规范？程序化程度如何？任务本身的不确定性和非重复性或结构不良是影响领导者选择领导方式的重要因素。任务目标明确，分工清楚，下级易了解，有利于下级开展工作，也有利于领导者对其进行控制、考核、评价。

（3）上下级关系。上下级关系是一种组织气氛，是决定领导者影响力的重要因素。领导者受下级尊重和爱戴，则领导环境好；领导者令下级讨厌、不信任，则领导环境差。

菲德勒将上述三方面因素任意组合成 8 种情况，对 1200 个团体进行了观察，收集了将领导风格同对领导有利或不利条件的 8 种情况关联起来的数据，得出在各种不同情况下，使领导有效而应当采取的领导方式，结果见表 5－4。

表 5－4　　菲德勒的领导模型

序号		1	2	3	4	5	6	7	8
领导环境	上下级关系	好	好	好	好	差	差	差	差
	任务结构	明确	明确	不明确	不明确	明确	明确	不明确	不明确
	职位权力	强	弱	强	弱	强	弱	强	弱
	状态	好			中等			差	
领导方式		以工作为中心			以人际关系为中心			以工作为中心	

2. 提高领导有效性的途径

菲德勒认为领导方式具有相对稳定性。所以，提高领导有效性实际上只有两条途径——要么改变领导者，要么改变情境，实现领导者与情境匹配。

（1）改变领导者以适应环境。比如，如果群体所处的情境十分不利，用“以工作为中心”的领导者替换“以人际关系为中心”的领导者就能提高群体绩效。

（2）改变情境以适应领导者。一是改组下属组成，使下属的经历、技术专长和文化水平更合适；二是详细布置工作内容，使其更加定型化，或对工作只做一般性指示而使其非程序化；三是变更职位，充分授权，明确宣布职权，提高领导的权威性。

（二）路径—目标理论

路径—目标理论是加拿大学者罗伯特·豪斯等创建的领导权变理论。

路径—目标理论认为：领导者的任务是发挥下属的作用，帮助下级达到他们的目标，指导并支持下级，确保下级的目标与群体或组织的总体目标相一致。具体要求是：领导者指明下属的工作目标及实现工作目标的途径，为下属清理各种障碍和危险，并通过奖酬提高下属完成任务的积极性。

1. “路径—目标”理论的基本原理

（1）领导方式能否被下级接受，使下级产生工作上的满足感，取决于下属对领导方式的认识和拥护程度。当大多数人认识到领导方式能给他们带来近期或长期利益时，他们才乐于接受这种领导方式。

（2）好的领导方式应当是激励性。激励作用的大小取决于两方面：一是领导方式是否能使下属的需要得到满足；二是领导方式能否向下属提供训练、指导、支持、报酬、良好的工作环境，使下属做出成绩。

2. 领导者的职能

领导者的职能表现在以下六个方面：认识或唤起下级对成果的需要和期待；对完成工作目标的下级增加报酬，兑现承诺；通过教育、训练和指导，不断提高下级的能力；帮助下级提高对期待目标和达成目标的途径的认识；排除下级前进道路上的障碍；增加获得个人满足感的机会。

3. 环境变量

领导者在实施领导方式时应高度重视两个重要的环境变量，并根据具体情境选择合适的领导方式。

（1）下级的个性特征。包括下级的能力、技能、需要等因素。例如：内向型的人适合参与型领导方式；外向型的人适合指导型领导方式；缺乏自信的人适合支持型领导方式。

（2）工作环境。包括三个方面：任务结构的优良程度，例如：任务的确定性程度和复杂性程度；正式权力系统的特征，例如：领导者拥有的合法权利的大小，以及对下属行为的政治和法律约束（制度化）程度；工作群体的特征，例如：下属受教育程度，以及人际关系质量。工作任务模糊适合指导型领导方式；工作缺乏挑战性适合成就导向型领导方式。

4. 领导方式

根据“路径—目标”理论，领导方式分为四种类型。具体内容见表 5 - 5；环境与领导方式对应关系，见表 5 - 6。

表 5 - 5　领导方式类型

序号	领导方式	特　点
1	支持型领导	领导者对下属友好、可接近，了解下属疾苦，关注下属的福利和需要，平等对待下属，尊重下属的地位，关心和理解下属，能够真诚帮助下属，努力营造和谐的组织氛围。
2	指导型领导	领导者对下级进行具体指导，让下级明确领导对他们的期望和要求；为下属制订计划；指定工作进度表；建立绩效目标和作业标准；严肃规章制度。领导事必躬亲。
3	参与型领导	领导者能够与下属一起进行决策。决策前向下属征询意见和建议，鼓励下属参与决策，鼓励集体决策和书面建议。
4	成就导向型领导	领导者能够为下属确立清晰明确且具有挑战性的目标，相信下级，鼓励下属寻求提高绩效的方法；强调超越目前水平的高质量的绩效和成就。

表 5 - 6　环境与领导方式对应关系

领导环境		领导方式			
		指导型	支持型	参与型	成就型
任务	结构型	×	√	√	√
	非结构型	√	×	×	√

续表

领导环境		领导方式			
		指导型	支持型	参与型	成就型
下属	技术熟练	×	√	√	√
	不熟练	√	×	×	√
	高成就需要	×	×	×	√
	高情感需要	×	√	√	×
正式权力	充分	×	√	√	√
	有限	√	√	√	√
工作小组	有力沟通网络	√	×	√	√
	有合作经验	×	×	×	√
组织文化	支持参与	×	×	×	√
	成就激励	×	×	√	×
√表示适宜采用			×表示不宜采用		

在线测试

第四节 领导艺术

【案例导入】

海尔集团的授权艺术

海尔集团认为管理人员素质直接关系着权力分散化的成败。为此，1993 年 2 月机构改革会议上张瑞敏提出管理人员素质的三点要求：对下，目的明确，身先士卒；对左右，矜而不争，群而不党，不要为一点小事、小利斤斤计较；对上，同心同德，大局为重。

张瑞敏喜欢授权管理，习惯只出思路，具体细化则由下面的人去做，也就是只管战略问题，不管战术问题。海尔各部独立运作，集团只管各部一把手。集团先任命一把手，由一把手提名组阁后，集团再任命副职和部委委员。一切配备完毕后，只有资金调配、质量论证、项目投资、技术改造和企业文化这些大事由集团统一规划，其余由各部自管。

海尔认为必要的监督、制约是一种对部下的爱护和关心，因为道德的力量是软弱的，不能把干部的健康成长完全寄托在个人的修炼上。授权本身就带有监督的意味，授权者对于被授权者有指挥和监督权。

海尔明确提出要确立监督机制：一是各法人要自律，必须有非常严格的自我约束；二是还要有控制体系。

在海尔，对干部的考核管理是相当严格的。从集团总部到各部门，从各事业部到各车间，都在最明显处设有干部考评栏，分表扬栏和批评栏。考评办法规定：表扬和批评都要有具体人名和主要事实、特殊事实，尤其是批评的内容不得空缺，否则对单位主要负责人进行处罚。受到表扬和批评的干部按规定给予加分（加薪）和减分（罚款）。海尔十几年如一日，始终坚持对中层以上干部实行红、黄牌制度。每月评出绩效最好的挂红牌，最差的挂黄牌，并同工资挂钩。

海尔的干部还要接受外界的“软监督”。在海尔，干部犯了错误，没有什么不能批评的，而且是公开批评。《海尔人》的记者可以在报上具体地、指名道姓地批评某个人或某种现象。甚至发出警告：某某，只有最后一次机会了！

日常素质教育及软硬兼施的监督环境封堵了海尔干部走向歪路的可能，海尔成为培养干部人才的沃土与其正确的处理授权与监督是密不可分的。

一、领导艺术的概念及特点

领导效率及其效果与领导艺术有密切关系。“伟大的领导能力是一种独特的艺术形式，既要求有非凡的魄力，又要求有非凡的想象力。”领导艺术是建立在领导者素质和经验基础上，非规范化、创造性的领导技能和技巧。领导艺术有下列特点：

（一）经验性

领导艺术是以领导者的个人知识、经历、经验为基础，依靠领导者个人智慧和直觉，经过长期实践总结和积累形成的。这种经验表现为领导者运用理论、原则、政策，根据环境和对象处理各种问题的方式和技巧。领导者还必须学习和借鉴他人的领导经验。

成功的经验有具具体的背景和条件，具有不可复制性。领导经验的意义是让人们从中得到启迪，而不是模仿和照搬。对成功经验的学习是一种再创造的过程。正如画家齐白石对他的学生说：“学我者生，像我者死。”

（二）多样性

领导艺术因领导环境、问题性质、领导者的个性特点不同而具有多样性。同一领导者处理同类问题因环境、对象不同而采用不同的方法和技巧；不同领导者处理同类问题也会有不同的方法。

（三）灵活性

具体问题具体分析。领导艺术是领导者处理例外工作、偶发事件、意外事件等基本任务的一种应变技能。领导者处理问题要在政策和法律的规范下，依据不同时间、地点、条件，实事求是，因地制宜，凭直觉判断，当机立断、随机应变。

（四）创造性

领导艺术不是来源于教科书，而是领导者个人在长期工作实践中总结、探索的结果，体现了领导者个人特点，具有创造性的领导方式和技巧。

二、明确领导的职责和权限，提高管理效率

组织中的工作千头万绪，领导者必须通过分工，明确规定下属人员的工作岗位、工作职责、工作程序，使组织活动高效、有序地运行。

（一）领导者要明确自己的职责权限

（1）保证党和国家的方针、政策、法律在组织中的全面贯彻执行。

（2）领导者的基本工作是决策、用人、指挥、协调、沟通、激励。

（3）为组织发展提出新目标，制订组织的发展战略，做重大决策。

（4）建立有效的领导集体，确保组织活动的稳定性、连续性。

（5）重视领导梯队建设，发现、培养后备人才。

（6）代表组织对外开展活动，并承担相应的社会责任。

（7）维护组织及内部人员的合法权益。

（8）完成上级交付的重要任务。

（二）提高管理效率

为了更好地履行领导者的职责，领导者必须不断提高工作效率。

（1）做好本职工作，不越权，善授权。

（2）按“能不能”改善工作。即：能不能取消它？能不能与别的工作合并？能不能用更简便的东西代替？

（3）学习和总结经验教训。领导者不但要善于总结自己的工作经验，而且要善于学习和总结他人的工作经验并进行推广。

（4）运用现代信息技术，改进工作流程，提高工作效率。

三、知人善用

知人善用要求领导者必须掌握识人、用人、管人的三大相互联系的领导艺术。

（一）识人艺术

识人是用人的基础。识别人就是要发现一个人政治品格如何？适合做什么工作。如：帅才还是将才？管理型人才还是业务型人才？销售人才、财务人才、技术人才还是政务人才？人有哪些优点？有哪些长处？等等。

领导者不能只从表面而要从人的内在本质上识别人。学历、相貌、家庭、性别、年龄、亲情等外在“标签”不能作为识别人的主要依据。只有思想、知识、能力、心理、贡献等，才能作为识别人的主要依据。

领导者识别人，既要靠领导者个人的智慧和经验，也要听取群众的意见和建议，还必须在工作中发现人才、识别人才。

根据不同工作岗位的要求，选择适当标准，经过长时间的观察和试用，全面评价人。坚持德才兼备，又不能求全责备。一般可从以下几方面考察人：

（1）对国家、社会、集体和他人的态度及行为方式。例如：对党、国家的政治态度如何？是否关心集体？为人是否诚实、正直？对人是否有同情心和富有感情？对人对事是否有正义感？是否有牺牲精神？

（2）对劳动、工作、学习的态度及行为方式。例如：是否有事业心与责任感？是否有爱岗敬业精神？是否勤劳和兢兢业业？是否有刻苦钻研的精神和严谨的学风？

（3）对新知识、新观念、新方法的态度和行为方式。例如：是否排斥新生事物？是否有开拓和创新的意识？是否唯上、唯书？是否勇于否定过去等？

(4) 对待自己的态度和方式。例如：是否有上进心、自尊心、自信心、自爱心？是否谦虚谨慎？是否有自知之明？是否有自我批评的精神？是否廉洁自律等？

(5) 社会地位变化后的态度。仕途顺利时他所尊敬的人是谁？显达的时候他所追求的目标是什么？得到重用或青云直上时他提拔的是些什么人？富裕的时候他是否奢侈？是否帮助别人？

【实训课堂 5-4】

如何识别人

英国管理学教授乔治·奥迪约姆指出了明星人物的两个主要特征：明星人物有超乎其所担负任务的工作能力；通常他能完成更多的工作，且取得更好的成绩。至少可以提出如下几个问题，识别你组织里的明星。

他有没有雄心壮志？明星人物必须有取得成就的强烈愿望。他通过更好地完成工作不断地去寻求发展的机会。

有无需要求助于他人？如果你发现有许多人需要他的建议、意见和帮助，那他就是你要发现的明星了。因为这说明他具有解决问题的能力，而他的思想方法为人们所尊重。

他能否带动别人完成任务？注意是谁能动员别人工作而达到目标，因为这可以显出他具有管理的能力。

他是如何作出决定的？注意能迅速转变思想和说服别人的人。一个有才干的高级管理人员，往往能在需要的事实都已具备时立即作出决定。

他能解决问题吗？如果他是一个很勤奋的人，他从不会去见老板说："我们有问题"。只有在问题解决了之后，他才会找到老板汇报说："刚才有这样一种情况，我们这样处理，结果是这样。"

他比别人进步更快吗？一个明星人物通常能把上级交代的任务完成得更快更好，因为他勤于做"家庭作业"，他随时准备接受额外任务。他认为自己必须更深地去挖掘，而不能只满足于懂得皮毛。

他是否勇于负责？勇于负责是一个经理人员的关键性条件。

资料来源：毕雪阳．领导学：从平凡到卓越的领导力开发［M］．上海：上海财经大学出版社，2011.

（二）用人艺术

用人是识人的目的。用人所长是基本的用人原则和艺术。领导者要知人所长，用人所长。清代著名思想家魏源说："不知人之短，不知人之长，不知人长中之短，不知人短中之长，则不可以用人，不可以教人。"《三国演义》中说"贤者居上，能者居中，工者居下，智者居侧"。把适合的人放在合适的岗位上，使人尽其才，既成就了人才，又发展了组织。中国企业改革与发展研究会会长宋志平认为："管理不是控制人，而是要发挥人的长处，让他们能够充分发挥自我，更大限度地激发他们的热情及创造性，这是作为一个管理者的本质要求。"

领导者还要善于根据不同人的特点，组织工作小组，建立工作团队。进行人才的合理搭配，优势互补，建立互补型的人才团队，互补型的工作团队。

（三）管人艺术

领导就是服务。领导者要给每个人发挥才能营造良好环境。如建立制度，人文关怀，物质激励，事业吸引，教育培养等。

【实训课堂 5 – 5】

威尔逊选人

威尔逊是假日酒店的创始人。一次，威尔逊和员工聚餐，有个员工拿起一个橘子直接就啃了下去。原来，那个员工高度近视，错把橘子当苹果了。为了掩饰尴尬，他只好装作不在意，强忍着咽了下去，惹得众人哄堂大笑。

第二天，威尔逊又邀请员工聚餐，而且菜肴和水果都和昨天一样。看到人都来齐了，威尔逊拿起一个橘子，像昨天那个员工一样，大口咬下去。众人看了看，也跟着威尔逊一起吃起来。结果，大家发现这次的橘子和昨天的完全不同，是用其他食材做成的仿真橘子，味道又香又甜！大家正吃得高兴时，威尔逊忽然宣布："从明天开始，安拉来当我的助理！"所有人都惊呆，觉得老板的决定很突兀。

这时，威尔逊说："昨天，大家看到有人误吃了橘子皮，安拉是唯一一个没有嘲笑他，反而送上一杯果汁的人。今天，看到我又在重复昨天的错误，他也是唯一没有跟着模仿的人。像这样对同事不落井下石，也不会盲目追随领导的人，不正是最好的助理人选吗？

资料来源：杨沛霆．中外管理［M］．北京：中外管理杂志社．

四、授权的艺术

（一）什么是授权

好的管理者要善聚众力和善集众智。两千多年前韩非子就提出了授权的观点，他说"下君尽己之能，中君尽人之力，上君尽人之智"。美国著名管理学家布利斯说：一位好的经理在他的助手脸上总有一副烦忧的面孔。他认为：好的管理者懂得向其下属和助手授权，会充分调动他们的主观能动性去完成任务，而不是自己包揽一切，结果使自己疲惫不堪，面孔忧烦。杰克韦·尔奇说："管理得少就是管理得好。"可见，有效的领导者是懂得如何授权的人。领导者在保持对组织有效控制的前提下，应当尽量把有利于下属开展工作的权力授予下级。

授权是领导者将其所掌握的部分权力授予直接下级，使下级有一定的自主权和行动权来完成本职工作。授权具有重要意义：

1. 授权能节约领导者的时间，全面提高组织管理效率

有人把授权称为"领导者成功的分身术"。对领导者来讲，授权后，领导者从繁重的日常性、事务性工作中解脱出来，节约了大量时间，使领导者有更多的时间和精力思考和处理组织的重大问题、战略问题。

对下属来讲，授权前，下属要一切行动听指挥，先请示、汇报，再行动，影响工作效率。授权后，一切行动在授权范围内决策，少了请示、汇报、命令等环节，提高了工作效率和服务效率，改善了组织形象。

2. 授权能有效激励下属

授权有利于激发下属的工作热情，调动下属的积极性、主动性、创造性，激发下属的工作意识、主人翁意识和创新意识。

3. 授权是考察下属，发现人才、培养人才、锻炼人才的有效途径

领导者从下属的工作中，能客观评价下属的德、能、勤、绩、廉等表现。也能在工作中发现人才、培养人才、锻炼人才。

（二）授权的原则

授权是政策性、原则性很强的严肃性工作，必须慎重行事，坚持以下基本原则：

1. 适当授权，明确责任

下属有其本职工作，领导者在授权时，要了解下属本职工作的完成情况，避免因授权而加重下属的工作负担，影响两方面的工作进展，给组织活动带来不利影响。

授权要以责任为前提，授权同时要明确其职责，使下级明确自己的责任范围和权限范围。领导者定期对下属进行考核，对下属的用权情况及时评价，并将结果与下属的利益（奖金、职务、职称）相联系。

2. 控制授权

彼得·德鲁克说："授权不等于放任，必要时要能够时时监控。"正确的授权不是放任、撒手不管，而是要保留一定的控制权。这种控制权是领导者在授权过程中对组织和下属的责任。一是制定明确的工作准则和考核办法；二是坚持请示汇报制度，及时检查监督；三是领导者要保留撤销授权的权力；四是指导下属工作，帮助下属制定大政方针、提出工作规划和原则，把握工作进程，传授工作经验和方法，及时给予必要的人力、物力、财力、信息、技术、政策等支持；五是授权工作是一事一授，下级完成任务后，要及时撤销该项授权。

3. 视能授权

授权应坚持人尽其才的原则。领导者要充分了解，认真考察被授权者，按照下属的思想、知识、经验、能力、爱好等授权。

4. 因权授权

领导者只能向自己的直接下级授权，把权力授予最接近做出目标决策和执行的人员。一般情况下，领导不得越级授权；领导者可以把自己职责范围内的常规性、事务性、局部性的执行性权力授予下级，而不能将涉及组织重大决策和涉及全局性工作的决策权力授予下级，更不能将上级领导授予自己的权力转授下级。

5. 按需授权

授予下级的权力应该是下级在实现目标中最需要的、比较重要的权力和能够解决实质性问题的权力。

【实训课堂 5－6】

过度授权危害大

克里斯托弗·高尔文是摩托罗拉创始人的孙子。1997 年，他接任公司的 CEO 时，就充分授权，认为应该完全放手，让高级主管充分发挥才能。然而自 2000 年以来，摩托罗拉的

市场占有率、股票市值、公司获利能力连续下跌。摩托罗拉是手机产业的龙头老大，可市场占有率却只剩下13%，而诺基亚则占35%；股票市值一年内缩水72%；他上任后的2001年第一季度，摩托罗拉创下了15年来第一次亏损纪录。美国《商业周刊》为高尔文的领导能力打分，除了远见分数是B之外，他在产品、创新等都得了C、在股东贡献方面得了D。

导致这个结果的最大原因是高尔文过于放权。高尔文放手太过，根本不会适时掌握公司真正的经营状况。他一个月才和高层主管开一次会，在写给员工的电子邮件中，谈的也只是如何平衡工作和生活。就算他知道情况不对，也不愿意干涉太多，以免下属难堪。

资料来源：马银春．管理的力量［M］．北京：中国商业出版社．

五、指挥艺术

指挥是领导者必须掌握的日常领导艺术。领导者要根据领导环境、指挥对象等，采取不同的指挥方式。主要的指挥形式见表5-7。

表5-7　　指挥形式

<table>
<tr><th colspan="2">指挥形式</th><th rowspan="2">概　念</th><th rowspan="2">特　点</th><th rowspan="2">要求及适用</th></tr>
<tr><th>分类</th><th>形式</th></tr>
<tr><td rowspan="3">按指挥的载体</td><td>口头指挥</td><td>用口头语言形式直接进行指挥。是最经常和最基本的指挥形式。</td><td>直接、简明、快速、方便。</td><td>内容清晰、准确；语言简洁，详略得当；要讲究语言艺术。</td></tr>
<tr><td>书面指挥</td><td>采用书面文字形式进行指挥。主要形式：命令、决定、布告、公告、通告、批复、函、通知等。</td><td>准确性、规范性、确定性、可储存性。</td><td>加强针对性；增强规范性；提高写作质量。适用于重大、正规，要求在较大范围和较长时间起作用的指挥活动。</td></tr>
<tr><td>会议指挥</td><td>通过多人聚集，共同研究或布置工作的指挥形式。这是经常使用指挥的形式。</td><td>快速下达，即时反馈。</td><td>会前充分准备；控制议题、规模、次数；做好会议内容的落实与反馈。</td></tr>
<tr><td rowspan="11">按指挥形式的强制性</td><td>命令</td><td>要求下级无条件执行。</td><td rowspan="4">强制性、直接性、时效性。</td><td rowspan="4">遵循客观规律，实事求是；表达方式简明扼要；提高艺术性和有效性。适用于紧急情况和重大事项的指挥。</td></tr>
<tr><td>指示</td><td>对下级指出工作方向及要求。</td></tr>
<tr><td>决定</td><td>对一些事项做出的决策或规定。</td></tr>
<tr><td>决议</td><td>会议取得一致意见的成果。</td></tr>
<tr><td>建议</td><td>以平等身份提出供参考意见。</td><td rowspan="4">引导性、说理性、协商性、强制性弱。</td><td rowspan="4">平等交流；提高建议的质量；加强信息反馈与控制。</td></tr>
<tr><td>指导</td><td>说明工作思路和工作要领。</td></tr>
<tr><td>咨询</td><td>为解决特定问题提供专门知识。</td></tr>
<tr><td>说服</td><td>摆事实，讲道理，以理服人。</td></tr>
<tr><td>暗示</td><td>领导者以语言、行为、政策等形式，对下级的行为进行隐含性的引导。</td><td rowspan="2">隐含性、间接性、自觉自愿性。</td><td rowspan="2">明确目的；行为方式恰当；教育、指导、帮助、思想工作等多种形式有机配合。</td></tr>
<tr><td>示范</td><td>领导者以自身的模范带头作用影响、带动下级的行为。</td></tr>
<tr><td>规范</td><td>领导制定的用以解决某一类问题的原则、程序和方法。</td><td>保证连续性、提高效率、利于自主管理。</td><td>适用于例行性、程序化工作。</td></tr>
</table>

英国学者R·W·尼克逊在《怎样做一个成功的经理》中指出：命令“如果用词不当，干的事情可能牛头不对马嘴。在战争期间，有一位盟军驱逐舰的舰长，在一次演习中，到了下锚的地方就发出口令说‘放’。结果放的不是锚，而是深水炸弹，把自己的船尾炸掉了！当然，用词不当不一定都产生这样的灾难性结果，但它是会引起混乱的……年轻的经理就要学会怎样用最好的方式把命令按当时情况，以自己的风格发布出去，和经理打交道的人也需要命令有不同风格。每一个命令都可以加上‘请’，使语气和缓。除了紧急情况，命令应由正常途径发出”。

六、批评艺术

当下属在工作中出现违规行为和不良现象等错误时，领导者必须对其进行批评教育，如果领导不批评或不恰当地批评下属，不但是领导的失职，而且会助长下属的错误行为，给工作造成损失。所以，领导者要有批评的自信和勇气，具备指导、纠正下级错误的能力，掌握批评技巧。

（一）明确批评的前提条件

1. 领导者要加强自身修养，明辨是非

一是领导者严格要求自己，自觉遵守法律、制度、规范，以身作则，提高在群众中的威信，要求别人做到的自己首先做到；二是领导者应具有政治敏感性，懂政策、知法律、晓实情、善分析，具备辨别是非的能力。

2. 明确批评的目的

明确批评的目的，有利于领导者端正批评态度，讲究批评的策略和方法。批评不是为了打击人、羞辱人、处罚人。批评是为了帮助人，为了更好地实现组织目标。领导者批评下属一般有下列目的：帮助批评对象认识其行为的危害性；使批评对象以后不再犯同类错误；防止组织内部其他人犯同类错误；为批评对象指出改正错误的方法。

3. 了解批评的事实和原因

领导者要调查被批评对象的错误事实、性质、原因等真实情况。错误是什么？为什么出现错误？性质如何？例如：造成下属工作错误的原因很多。例如：工作态度、工作技能、家庭困难和矛盾、其他人或部门的原因等。了解了上述情况后才能使批评有的放矢，才能有针对性地帮助、指导其改正错误。否则，领导者不弄清事实真相而轻率地批评人，必然引起被批评者反感，而达不到批评的目的。

（二）批评的方法

1. 尊重被批评者的人格

（1）坚持人和事分开的批评原则。在批评过程中，领导者要控制自己的情绪，要真诚、公正，批评人的错误行为、思想、观念，不训斥人，不侮辱人格，不发脾气，若领导者因情绪激动而发脾气，要主动向对方道歉。

（2）注意批评的场合。领导者尽量不要在公众场合批评人。当众批评让下级感受到没面子，影响下属的积极性。如果批评部门负责人，而且只是一般性的工作失误，更不应该当着其下属的面批评，否则，可能影响他在下属中的威信，不利于工作。应当选择在没有第三人的场合，最好在非正式场合进行批评。

（3）先表扬后批评。领导者要善于发现被批评者的优点，发现他曾经的贡献，先肯定对方的成绩、优点、才华等，然后再批评。

2. 以理服人，不以权压人

领导者要相信，犯了错误的人，经过批评，改正错误后，仍然能做好工作，甚至成为先进分子。在批评中，要耐心而不急躁，摆事实，讲道理，以理服人，允许辩解，不能以权压人，更不能威胁、恐吓人。

3. 当面批评，不背后指责

领导者要当面批评下级，让下属清楚错误的性质、原因、危害等。如果领导者背着下属的面批评、议论或指责下属，就会产生许多误会、误解，激化矛盾，达不到批评的效果，还会影响领导在群众中的形象。

4. 及时批评，主动承担责任

对下属的错误要及时批评，以免这一错误继续发展和蔓延。

下属在工作中的错误、缺点往往与领导者的工作有直接或间接关系。例如：任务不明确、要求过高、指导不到位、关心不够、协调不力等。领导者要主动承担责任，而不能甩责，一味指责、批评下属。主动承担责任不但有利于纠正错误，而且能提高领导者在群众中的形象。

5. 寓教育于批评中

为了帮助下级认识错误，领导者不仅要向对方提出问题，还要帮助他分析错误的原因、危害以及怎样防止类似错误再发生。

为了减轻对方的心理压力，领导者应对被批评者提出勉励和充满希望的话，指出努力方向，增强其信心。

6. 注意批评的效果

批评不是一项工作的结束，而是一项工作的开始。受到批评的下属，在心理和工作上会产生变化。有的人害怕领导对他有成见，有的人希望领导发现自己的进步等。这就要求领导者在对下属批评后，主动跟踪，及时反馈批评的效果，当被批评者改正了错误，取得了成绩，领导者还要及时表扬、鼓励，以巩固批评的成果。对批评效果不理想人，不能放任，要调查原因，继续批评。

【实训课堂 5－7】

将军批评军官

训练结束，士兵十分疲乏，军官帮助士兵擦洗武器，被将军知道。将军批评军官时说："愿意帮助同志是非常值得赞扬的品质。但是，你知道，你并没有帮助他们。相反，你违抗了指示，还让他们违反军纪和命令。我和你一样清楚，他们确实疲乏，擦洗有困难。但你知道，他们应征入伍正是为了经受训练，为未来经受严酷的战争作准备。演习之后的疲乏和我们每个人在战时将要经受的体验比起来简直是儿戏……"

七、管理时间的艺术

时间是效率、是金钱。时间具有不可替代性、不可储存性，不可逆转性。时间是宝贵的，领导者的时间更宝贵，领导者的地位越高，其自主支配时间的权力越小。所以，领导者要提高工作效率，除了专心本职工作，合理授权外，还必须掌握时间管理的艺术。

（一）合理运筹时间

1. 时间管理的 ABC 法

领导者把自己的工作按轻重缓急划分为 ABC 三类，A 类是重大急要的工作，必须亲自处理；B 类是次要的可交别人去办的工作；C 类是可不办或可暂缓办的工作。

按 ABC 的顺序制订每日或每周的工作计划。领导者首先要处理 A 类工作，然后处理 B 类工作，C 类工作是否由自己亲自处理或当天处理可机动掌握。这样，领导者就把 80% 的时间和精力用在重大工作上，突出了关键性、重点性工作。

在实际执行中，还要注意工作性质的变化，按照情况及时将 B 类工作调整为 A 类来办，或把 C 类调整为 B 类工作来办。

2. 合理利用业余时间和零星时间

领导者工作虽然很忙，但每天都会有一些零星的空余时间。一是善于将零星时间集中使用；二是见缝插针，善于利用候车、乘车、等人、会议开始前、饭前饭后等时间，如：查阅资料、思考问题、电话沟通；三是利用业余时间参观学习、走访群众；四是利用现代信息技术，提高工作效率和沟通效率。

（二）记录时间

如实记录自己每天工作、生活所消耗的时间，定期检查和分析，做好时间计划，消除浪费时间的现象。同时，养成按时完成任务的习惯。

（三）提高组织机构的效率

一是精简机构，改善工作流程，培养全体组织成员合理运用时间和节约时间意识；二是领导要养成开短会、说短话、写短文的习惯，养成守时守约的习惯；三是要利用最佳的时间“生物钟”，以提高工作效率。

（四）提高会议效率

领导者利用会议学习交流、互通信息、组织调度、讨论咨询、决策问题、协调关系等是必要的。但会议不仅占用领导者的时间，而且占用了所有参加会议的其他人的时间。会议还影响组织工作进度，耽误工作，增加管理费用，助长一些领导的官僚作风、形式主义等。

如何做到少开会、开好会，是领导者必须认真对待的重要问题。所以，日本的一些企业，提出了“会议成本”的概念，并规定了计算会议成本的方法，以此要求提高会议效率。

领导者一般是会议的组织者和主持者，必须掌握组织会议和主持会议的要领和艺术。提高会议效率最基本的原则如下：

（1）会前充分准备，会后跟踪落实；

（2）明确会议主题，准时开会，按时闭会；

（3）控制会议规模，限制无关人员参加会议；

（4）提高会议质量，广开言路，禁止“一言堂”、离题发言、重复发言；

（5）充分利用电话、网络、视频等现代技术进行沟通或开会，减少集中开会次数。

关于领导的决策艺术、激励艺术、沟通艺术，本教材在其他章节中介绍。

在线测试

第五节 实训任务

一、简答题和讨论

1. 领导者应具备什么素质？怎样建立合理的领导班子？
2. 领导的影响力主要表现在哪些方面？
3. 领导的主要职责有哪些？
4. 领导者应掌握哪些基本的领导艺术？
5. 简述权变领导理论的基本观点。
6. 简述领导连续统一体理论的基本观点。
7. 什么是授权？领导者怎样授权？
8. 讨论：提高领导者素质的途径及提高领导素质的意义。
9. 讨论：以工作为中心的领导方式和以人际关系为中心的领导方式，哪种方式好？
10. 选聘领导者主要依据能力还是贡献？

二、案例分析与思考

案例一：卡耐基用人

安德鲁·卡耐基被美国的权威期刊《大西洋月刊》评为影响美国的100位人物第20名。虽然被称为“钢铁大王”，但他对冶金技术却一窍不通。他的成功完全是因为他的识人和用人才能——总能找到精通冶金工业技术、擅长发明创造的人才为他服务。

齐瓦勃是一名很优秀的人才，他本来只是卡耐基钢铁公司下属的布拉德钢铁厂的一名工程师。后来，当卡内基知道齐瓦勃有超人的工作热情和杰出的管理才能后，马上就提拔他当了布拉德钢铁厂的厂长。在厂长的位置上，齐瓦勃充分发挥出了自己的才干，带领布拉德钢铁厂走向了辉煌。以至于卡耐基骄傲地说：“只要我想要市场，市场就会是我的。”几年后，表现出众的齐瓦勃又被任命为卡耐基钢铁公司的董事长，成了卡耐基钢铁公司的灵魂人物。

讨论：卡耐基提拔、使用齐瓦勃的故事中，对领导用人有什么启示？

案例二：盛田昭夫对待犯错误的员工的态度

一天，索尼公司旗下一家公司的总经理急匆匆地去见总裁盛田昭夫。

这位总经理见到盛田昭夫便开始抱怨：“公司里总出现点差错，但又找不出该负责任的员工，如果继续这样下去，失误一定会越来越多，因为发生了错误可以不用承担责任。”盛田昭夫微笑着对这位总经理说：“其实，找不出犯错者是件好事。如果真找出了犯错的员工，严厉的后果势必会影响其他员工，而这种怕错的情绪，会使员工在以后的工作中缩手缩脚，不敢再创新。”

盛田昭夫说：“员工不可能不犯错误，从长远来看，这些错误还不至于动摇整个公司的利益。但如果一个员工因犯错误而被剥夺升迁机会，也许会就此一蹶不振，更谈不上为公司做出贡献了。因此，只要犯错误的原因被找出来公之于众，无论是犯错的人，还是没犯错的人都会铭记在心。”

盛田昭夫说，即使找出了这个犯错的人，也不好处理。如果这个人已经在公司里干了一段时间，即使将他开除也于事无补，公司还要另找一位熟悉情况的员工接替他；如果他是一位新员工，犯点错误也是正常的，公司是处分还是不处分呢？若处分重了，可能会产生负面影响；若处分轻了，又显得公司不够公正。所以，没找出那个人是件好事。

盛田昭夫曾对下属说，放手去做好认为对的事，即使你犯错了，也可以从中得到教训，不再犯同样的错误。

讨论：盛田昭夫对待犯错误员工的态度有无道理？为什么？

案例三：日本产业训练协会在中层主管训练的课程中，提出了“领导是否具有培养下属的意识”进行自我审查。问题见表 5-8。

表 5-8

序号	问题	评价
1	你是否认为工作太忙，无法离开工作岗位，这是件很光荣的事情，这样能让自己的能力受肯定，无人可以顶替？	
2	你是否认为主管要现身于工作现场，工作才可以顺利进行，主管没有在生产现场，员工就会不知所措、毫无方向感？	
3	你是否认为没有时间培训下属？	
4	你是否认为培养下属会提高他们的工作能力，同时会威胁到自身的地位？	
5	你是否认为不事必躬亲，任何工作都不可能顺利进行？	
6	你是否认为下属如果代理你的职权，他会受到其他下属的嫉妒，甚至会使其他下属对管理者产生反感，认为主管偏心？	
7	你是否认为如果对某个下属授权，会造成其他下属职权的缩减，或甚至会形成对其他下属权利的侵犯，或者会产生局面失控？	
8	你是否认为不需培养下属，如果需要某方面的人才，可以随时进行招聘？	

请根据这个表格，走访 10 位领导，请他们分别在评价栏中填写“是”或“否”，综合分析他们对培养下属的态度。并谈谈自己的看法。

案例四：根据下面各位企业家的谈话，说说他们的领导艺术

任正非说：“说不出自己功劳的人才是领袖。华为没一项产品是我研发的，没一个市场是我打下的，是华为的巴顿将军、朱可夫元帅们打下来的……他们有缺点，但他们是功臣……我也有缺点，还没功劳，但我能用好他们，是因为我善于妥协，对人能包容。”

比尔·盖茨认为：一个人永远不要靠自己一个人花100%的力量，而要靠100个人花每个人的力量。每个成功人士旁边都有个提包的。

很多总裁赢在战略机会的把握上，却输在与员工共享利益上；很多总裁赢在个人超凡的能力上，却输在不能凝聚人才上。创业者要在起点就要学会选择好员工，并建立分享机制。马云、任正非、王石等企业家的股份不足10%，而公司越做越大。

阿里巴巴集团董事局执行副主席蔡崇信接受《福布斯》杂志专访时说：“我想马云取得那么多成就，是因为他是一名教师：第一，教师善于沟通；第二，教师真正关心他人的发展；第三，教师愿意将自己的自豪感埋在心中，愿意聘用比他更出色的人才。”

韦尔奇说：“我们把所有的时间都用在人才上”“一旦我们把人都调动起来了，我们的事就做完了。”

三、实训建议

（一）阅读

1. 毛泽东《党委会的工作方法》。
2. 陈登才《毛泽东的领导艺术》，军事科学出版社。
3. 周恩来《反对官僚主义》《怎样做一个好的领导者》。
4. 朱江洪《朱江洪自传：我执掌格力的24年》。
5. 托马斯·彼得斯、南希·奥斯丁《领导艺术》。

（二）邀请你所在学校的领导讲述他的领导方法和艺术。

（三）搜集刘永好、李书福的事迹，总结他们成为优秀企业家的素质，并组织全班同学讨论。

第六章 沟通与激励

PPT

知识目标：理解沟通的概念、作用；理解激励的含义、作用、激励的过程和机理；理解需要层次理论、双因素理论、公平理论、期望理论、强化理论。了解沟通的障碍和有效沟通的原则。

能力目标：掌握沟通方法和激励方法，具有根据组织的实际情况采取有效的沟通和激励措施的能力。

思政目标：理解思想政治工作在沟通中的作用。讲述先进人物的事迹，正确看待金钱对人的行为的影响，引导学生树立正确的价值观、金钱观，激发学生的自觉奉献精神和积极进取精神。

第一节 沟　　通

【案例导入】

变味的命令

据说，美军在1910年一次部队的命令传递情况如下：

营长对值班军官说：明晚8点左右，哈雷彗星将可能在这个地区出现，这种彗星每隔76年才能看见一次。命令所有士兵着野战服在操场上集合，我将向他们解释这一罕见的现象。如果下雨的话，就在礼堂里集合，我将为他们放一部有关彗星的影片。

值班军官对连长说：根据营长的命令，明晚8点哈雷彗星将在操场上空出现。如果操场上下雨的话，就让士兵们穿着野战服列队前往礼堂，这个罕见的现象将在那里出现，并且76年才有一次。

连长对排长说：根据营长的命令，明晚8点，非凡的哈雷彗星将军身着野战服在礼堂中出现。如果下雨的话，营长将下另一个命令，这种命令每隔76年才会出现一次。

排长对班长说：明晚8点，营长将带着哈雷彗星在礼堂中出现，这是每隔76年才会有的事，如果下雨的话，营长将命令彗星穿上野战服到操场上去。

班长对士兵说：在明晚8点下雨的时候，著名的76岁的哈雷将军将在营长的陪同下身穿野战服，开着他那辆“彗星”牌汽车经过操场前往礼堂。

一、沟通的概念及作用

沟通是重要的领导艺术，优秀的领导者都善于沟通，他们通常会将90%以上的工作时间用于同下属之间的良性沟通之中。沟通中能解决工作中80%的难题，并且建立融洽的人际关系。沟通是管理工作的灵魂，是提高工作效率，实现共同目标，满足各种需要的重要工具。

（一）沟通的概念

“沟通”一词来源于拉丁语，原意是“分享”。在管理学中，沟通是沟通联络的简称，即信息交流。具体来说：沟通是指管理者为达到一定目的，将可以理解的信息、思想和情感等在两个以上的人或群体间进行传递与交流的过程。美国学者巴斯德说“沟通是管理者的重要职责，是实现管理目的的重要手段。沟通是把一个组织中的成员联系在一起，以实现共同目标的手段”。沟通的过程及要素见图6－1。

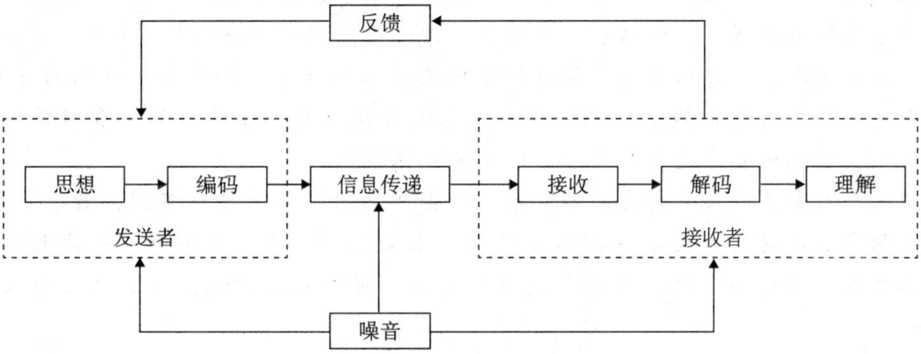

图6－1　沟通过程图

1. 思想

信息发出者向接收者发出的具体信息。如思想、观点、建议、政策、计划、制度、命令、资料、情感等。

2. 编码

信息发送者将需要发送的信息编制成能被接收者理解的有意义的符号。编码方式必须根据媒体的特点和沟通的环境来确定。如文字、数字、图表、照片、视频、声音、色彩、符号、肢体语言等（如同一色彩在不同的沟通环境下的含义各不相同）。编码是沟通中极其重要的环节，若编码出现问题，有效沟通将难以实现。

3. 信息传递

选择适当的媒介（书信、电视、网络、电话、交谈、声音、手势、面部表情等）将上述信息传递给接收者。

4. 接收者接收信息

沟通中必须明确信息的接收者，并了解信息接收者的背景、特点、需要。由于管理活动中的沟通大多是双向沟通，所以，在沟通中，信息的接收者和发出者是相对而言的，双方同时都扮演了信息发出者和接收者的角色。

5. 解码和理解

接收者将接收到的符号译成具有特定含义的信息。解码过程也是接收者分析、理解信息的内容过程。编码与解码要完全一致，使接收者与发送者的信息完全吻合。

6. 反馈

信息接收方根据发送者的信息，向发送者再发出信息的过程。发送者通过信息反馈，了解自己发送的信息是否被对方及时准确地接收，以及接收后的态度等。

7. 噪音

在沟通过程中，伴随着各种噪音，对沟通形成干扰，从而影响沟通质量及效率。如虚假信息、各种干扰等。

【实训课堂 6－1】

沟通的条件

假设一条船在海上遇难，留下三位幸存者，三个幸存者分别游到三个相隔很远的孤岛上。第一个人没有无线电，他只有高声呼救，但在他周围两里以内都没有人。第二个人有无线电，但已受潮，一架从他头上飞过的飞机虽能听到声音，却无法听清他的呼叫内容。第三个人有一架完好的无线电，他通过无线电向外报告自己受难的情况和目前所处的方位，救援飞机收到他发出的呼救信号后迅速前往营救他。

虽然三个人都在呼救，都在向外联系，但由于各自联络的手段不同，效果截然不同。沟通是指信息从发送者到接受者的传递过程，上面三个人中，第一个人未能联络上接受者，第二个人虽进行了联络，但发出的信息不清，对方无法辨认，只有第三个人实现了沟通。

因此，要进行沟通，必须具备以下基本条件：要有信息发送者和信息接受者，即信源和信宿；要有信息内容，即信息；要有传递信息的渠道和方法，即信道。

除此之外，要进行有效的沟通，还要求满足以下条件：发送者发出的信息应完整准确；接受者能接受完整信息并能够正确理解；接受者愿意以恰当的形式按传递过来的信息采取行动。

（二）沟通在管理中的作用

管理离不开沟通。沟通存在于管理的全过程。众多学者和企业家对沟通在管理中的作用有精辟论述。如：亨利·福特说："作为福特公司的董事长，我告诫自己，必须与各界建立和谐关系，不可在沟通上无能为力。"未来学家约翰·奈斯比特说："未来竞争将是管理的竞争，竞争的焦点在于每个社会组织内部成员之间及其与外部组织的有效沟通上。"具体来讲，沟通在管理中的作用主要体现在以下几个方面：

1. 沟通有利于满足组织成员的心理需要，改善人际关系

组织内部的有效沟通能满足组织成员的尊重、社交的心理需要，从而增进理解，消除

隔阂和误会，解决矛盾与纠纷，增强团结，凝聚力量，还有利于形成良好的人际关系。

2. 沟通是实现科学管理的手段

（1）沟通是实现组织目标的重要手段。实现组织目标需要组织各部门、全体成员相互协作，共同努力。沟通能帮助组织成员理解目标、明确任务、统一思想、协调行动、减少矛盾。

（2）有效沟通是管理者履行管理职能的前提。管理者正是运用沟通这一有效方式了解组织内外部信息，与管理团队成员通过沟通分享信息，并根据上述信息实施管理职能。

（3）沟通有利于民主管理。管理者利用沟通手段与组织成员进行交流、协商、讨论组织内部的管理问题，实现民主管理。

（4）沟通是激励的基本手段。激励员工就必须了解和理解员工的需要。领导者和员工在沟通中达到相互了解和理解，从而有利于组织制定有效的激励政策、实施有效的激励手段。

3. 沟通过程是信息分享和学习的过程，有利于创新

组织内部的沟通是员工交流思想的过程，也是在相互讨论工作中发现管理问题、技术问题、市场问题、财务问题和其他问题的过程，是组织成员分享信息，相互交流经验和学习的过程，它有利于建立学习型组织，有利于拓展思维，推动组织创新。

4. 组织对外沟通有利于建立与外部的广泛关系，宣传组织文化，广交朋友，提升组织形象

在组织活动中，组织必须与外部环境建立经常的、正常的信息交换关系。组织与外部环境的有效沟通能保证这一目的的实现，从而有利于组织根据环境变化，宣传组织文化，提升组织形象，实现组织目标，开展组织活动。

【实训课堂 6－2】

航班飞错机场

2020 年 12 月 18 日，一架飞机从尼泊尔首都加德满都起飞，原计划飞往西北方的第二大城市博卡拉，但由于飞行员失误，该航班飞向了南方城市贾纳克普尔，两地相距约 400 千米。

航空公司负责人表示，造成失误的原因是飞行员与地勤沟通失误，且未执行标准操作程序。此外，还有天气因素，由于冬季飞行时段缩短，同时段内航班数相对增多，从而引发管理的混乱。

二、沟通的类型

沟通的形式多种多样，按不同标准可以把沟通划分为不同类型。

（一）按沟通方法可为口头沟通、书面沟通、非语言沟通、电子沟通

这是组织中使用最普遍的沟通方式。各种沟通方式比较见表 6－1。

表 6－1　　沟通方式比较

沟通方式	举　例	优　点	缺　点
口头	交谈、讲座、讨论会、会议、视频、电话	快速传递、快速反馈、信息量大	传递中经过层次越多，信息失真越严重，核实越困难
书面	报告、备忘录、信件、文件、内部期刊、布告	持久、有形、可核实	效率低，缺乏反馈
非语言	声、光信号、体态、语调	信息意义明确、内涵丰富、含义隐含灵活	传递距离有限、界限模糊、只能意会，不可言传
电子媒介沟通	传真、电视、网络、电子邮件、手机短信、QQ、微信、微博、其他社交媒体	快速传递、信息资源十分丰富、空间容量大、可以多人同时距离沟通，效率高，成本低	噪音大，信息交流对技术、网络依赖较强

1. 口头沟通

口头沟通是最常用的沟通方式。如面谈、报告、打电话、讨论、开会、传闻、小道消息的传播等。口头沟通一般属于双向沟通，信息传递快。与员工当面沟通，能体现管理者对员工的重视和尊重，电话沟通则能节约时间，提高效率。若口头沟通环节增多，就会增大信息失真风险。口头沟通的规范性方面不及书面沟通，人们在口头沟通时常带有感情色彩，对沟通效果有不确定性影响。口头沟通要求沟通者具有良好的语言表达能力和应变力。

2. 书面沟通

书面沟通包括备忘录、信件、组织内发行的期刊、布告栏及其他用文字或符号传递信息的手段。书面沟通一般是正式沟通，它具有持久、有形、方便核实等优点。书面沟通的权威性高、可信度高、逻辑性强，清楚明确。书面沟通的文字要求准确、简练，无歧义。书面沟通的关键是形成规范的书面材料。书面材料的形成过程大致经过收集资料、组织观点、提炼材料、起草文稿、修改文稿、定稿等环节。组织的重要文件，如政策、规章制度、规划、合同、协议和报告、请示、广告、公告、重要通知等通常采用书面沟通方式。

3. 非语言沟通

非语言沟通是通过人的眼神、表情、动作、空间距离、身体移动、姿势、饰品服饰、珠宝、发型、文身等，进行信息交流。在沟通过程中，非语言沟通与语言沟通关系密切，非语言沟通作为语言沟通的辅助工具，使语言表达更准确、有力、生动、具体。具体见表 6－2。

表 6－2　　非语言方式

方式	表现形式
副语言	音质、音调、语速、停顿、重音、笑声、咳嗽声、叹息声、嘘声
沉默	沉默即言词、话语间的短暂停顿。
着装	服装、饰物、化妆
环境布置	办公室设计、房间颜色搭配、办公室陈设
态势语言	面部表情语、肢体语言
“空间”语言	保持距离、变换体位、尊重他人的领域权

资料来源：王允，刘晓燕．人际沟通实训教程［M］．大连：东北财经大学出版社．

4. 电子媒介沟通

电子媒介沟通是指利用计算机作为信息传送的设备，通过网络将数字化的资料与信息在使用者之间自由地传递与交换。电子沟通让沟通者彼此产生实质的互动，使单向、双向、甚至多向的沟通顺利进行。电子沟通的其他方式主要有：电话、电报、邮政、电视、计算机网络、复印机、传真机、手机短信、QQ、微信、微博以及其他社交媒体等。

随着信息技术的发展，尤其是社交媒体大众化、常态化、普遍化，加强对电子媒介沟通的管理十分必要。

（二）按照沟通中信息传递路线分为正式沟通渠道和非正式沟通渠道

1. 正式沟通渠道

正式沟通渠道是按照国家法律或组织制度规定的渠道方式进行信息传递与交流。正式沟通的时间、内容、方式、对象有明确规定。正式沟通是组织的主体。正式沟通的优点是：正规、权威性强、沟通效果好，参与沟通的人员一般具有一定的业务素质、较强的责任心和义务感，因而一般能保持信息的准确性及安全性。正式组织发布的命令、通知、公告、组织与上级或下级机构（人员）的工作关系沟通、组织召开的会议等都应当采用正式沟通渠道。

正式沟通渠道按照信息传递的方向可分为下行沟通、上行沟通、平行沟通和斜向沟通。见表 6－3 和图 6－2。

表 6－3　　正式沟通渠道的四种形式

沟通方式	图例	说明
下行沟通	如图 6－2 所示 A 与 D 的沟通	信息在组织内部自上而下的传递
上行沟通	如图 6－2 所示 B 与 A 的沟通	信息在组织内部自下而上的传递
平行沟通	如图 6－2 所示 B 与 C 的相互沟通	组织内部平行机构之间或同一层级人员之间的信息交流
斜向沟通	如图 6－2 所示 D 与 E 的相互沟通	处于不同层次，没有直接隶属关系的部门或成员之间的沟通

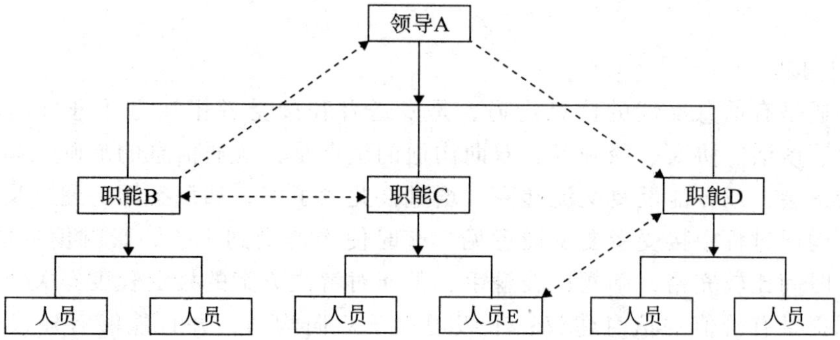

图 6－2　四种沟通方式

2. 非正式沟通渠道

非正式沟通渠道是指在正式沟通渠道以外信息的自由传递与交流。非正式沟通渠道的时间、内容、方式、对象都没有明确规定。这类沟通主要是在个人之间进行，沟通方式较随意，灵活方便、迅速。非正式沟通中的信息一般和个人的利益、兴趣、心理、感情等相关。与正式沟通相比，非正式沟通渠道有以下特点：

（1）信息传递方式多样化。非正式沟通通常以口头、微信、QQ 群等形式进行信息传递，其特点是：少证据或无证据、信息源难确定，责任不易界定，传播迅速，不易控制，信息常被夸大、曲解，因而需要慎重对待。

（2）传递速度快。传递速度一般取决于其传递途径，正式传递一般采取线型沟通方式，沟通层级多。而非正式沟通渠道多采用网络型、多方向、扩散状的沟通方式，沟通层级少。

（3）满足个人需要。由于非正式沟通渠道不是基于管理者的权威，而是出于个人的愿望和需要。因此，这种沟通方式能满足个人的心理需要。

（4）效率高。非正式沟通渠道一般是有选择地、针对个人的兴趣传播信息，这些信息容易被接收者重视。正式沟通有时则会将信息传递给不需要它们的人。

有人群的地方，就有非正式沟通，非正式沟通渠道广泛地存于社会组织的各领域。管理者必须高度重视，正确引导，积极利用。一是通过非正式沟通渠道能够获得许多正式沟通所不能获得的信息，利于管理者更全面地了解组织成员的思想、需要、意见、建议；二是运用非正式沟通渠道向下属传递不宜由正式沟通传递的组织信息，能弥补正式沟通的不足。三是非正式传递可以把组织的命令变成下属易于理解的语言，利于组织政策、制度、计划等的传播。因此，管理者要善于引导非正式沟通渠道。

（三）按照是否进行信息反馈分为单向沟通和双向沟通

1. 单向沟通

单向沟通是没有信息反馈的信息沟通。在沟通过程中，一方主动发送信息，另一方主动接受信息。如广播电视信息、报告、演讲、发布指示、下达命令等。一般地，在下列情况下可以采用单向沟通：问题简单，时间紧；下属易于接受解决问题的方案；下属没有了解问题的足够信息时，反馈不仅无助于澄清事实反而容易混淆视听；上级缺乏处理负反馈的能力，容易感情用事。另外，单向沟通缺乏民主性，容易使接受方产生抵触情绪，心理效果较差。

2. 双向沟通

双向沟通是有信息反馈的信息沟通，是发送者和接受者相互之间进行信息交流的沟通。如讨论、谈话、协商、谈判等。双向沟通的优点是：沟通信息的准确性高，接受者有反馈意见的机会，双方能反复交流磋商，增进彼此的了解，加深感情，建立良好的人际关系。缺点是沟通过程中接受者要反馈意见，有时使沟通受到干扰，影响信息的传递速度。它适用于：时间比较充裕，问题比较棘手；下属对解决方案的接受程度至关重要；下级能对解决问题提供有价值的信息建议；上级习惯于双向沟通，并且能够有建设性地处理负反馈。

单向沟通和双向沟通的比较见表 6－4。

表 6－4　　单向沟通和双向沟通的比较

因素	结果
时间	双向沟通比单向沟通需要更多的时间
信息理解的准确程度	双向沟通中，接收者理解信息发送者意图的准确性大大提高
接收者和发送者的自信程度	双向沟通中，接收者和发送者比较相信自己对信息的理解
满意	接收者比较满意双向沟通 发送者比较满意单向沟通
噪音	双向沟通的噪音比单向沟通噪音大

（四）管理活动中常用的沟通方式

管理活动中的沟通方式多种多样，既有外部沟通的方式，如广告、谈判、公关宣传等。也有内部沟通方式。组织内部主要的沟通方式如下：

1. 发布指示

这是上级对下级指导工作时采用的沟通方式。

2. 请示

这是下级向上级表达要求的沟通方式。

3. 汇报

这是下级在执行上级指示及工作任务的过程中，将其所遇到的困难与问题、工作的进展等情况向上级反映并提出设想的沟通方式。

4. 会议

组织的会议形式较多。如工作动员会、汇报会、研讨会、论证会、总结会、表彰会、座谈会。此外还有定期会议与不定期会议；全体会议、部门会议等。

5. 个别谈话

管理者主动与部门负责人、组织员工个人或某小组成员进行面对面的沟通。

6. 内部沟通制度

组织内部建立制度形成的沟通机制。如员工会议制度、领导接待日制度、工作例会制度。

7. 内部刊物

组织内部的员工手册、报纸、杂志、电子读物等。

8. 电子媒体

组织根据工作需要建立了若干微信工作群、QQ 工作群。

（五）沟通网络

组织沟通渠道一般呈网络形式。建立高效的组织沟通网络模式能够营造良好的人际关系环境，活跃员工的精神生活，调节员工的精神状态，有利于团结协作和创新。几种沟通网络的形式见表 6－5 和图 6－3、图 6－4、图 6－5、图 6－6、图 6－7。

表 6－5 沟通网络的形式

序号	网络沟通	图例	释义	优点	缺点
1	链式沟通	图 6－3	组织内部上下级之间逐层进行的上情下达和下情上报的形式。	沟通速度快，解决简单问题效率高。	没有横向联系，成员间联系面窄，满意程度低，信息层层传递，环节较多，易失真。最低层与最高层难以直接沟通。
2	轮式沟通	图 6－4	管理者居中，分别与若干下级沟通，作为中间人的管理者具有支配、协调的作用。	中间人掌握信息多，能了解全面情况，并能把自己的意见传递出去。权力集中，沟通传递迅速、易控制。	下级之间横向联系少，成员之间互不了解，信息闭塞，成员满意程度低，虽利于保密，但不利于协作。
3	Y 式沟通	图 6－5	逐级传递，最上层有多个管理者。	传递信息速度较快。	成员满意程度不高，多头领导，易产生不统一，导致信息曲解或失真，影响组织成员的士气和组织效率，不利于下级正常开展工作。
4	环式沟通	图 6－6	各成员之间依次沟通，每个人都可以同时与两侧的人沟通信息。	组织有民主气氛；群体士气高、满意感强。	信息传递速度慢，信息分散，难以形成中心，效率不高。
5	全通道式沟通	图 6－7	组织内每个人都可以与其他成员直接地、自由地沟通，是一个开放式的网络系统。	沟通渠道分散，无中心人物，所有成员地位平等，能相互联系沟通，利于提高士气，培养合作精神。	沟通渠道多，缺乏中心人物，没有权威，易造成混乱，影响工作效率。信息传递速度慢。

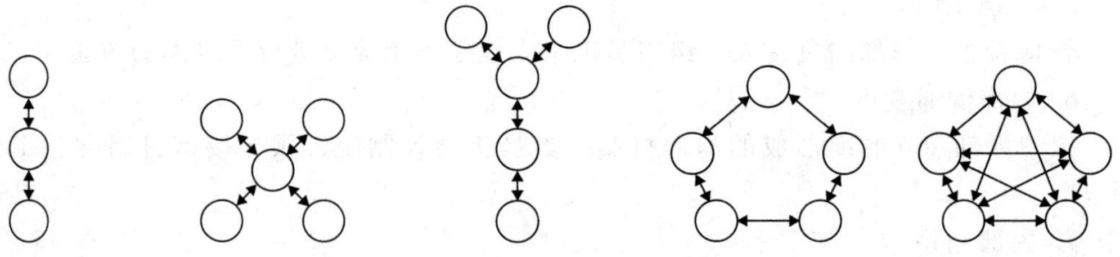

图 6－3 链式　图 6－4 轮式　图 6－5 Y 式　图 6－6 环式　图 6－7 全通道式

三、沟通障碍

【实训课堂 6－3】

沟通漏斗

沟通漏斗是人与人沟通时，信息在传递过程中出现逐层递减的过程。一个人通常只能说出预想的 80%，对方听到的最多只能是 60%，听懂的却只有 40%，执行时只有 20%。

即：一个人所说的80%，对方只能执行到20%，这就是沟通中的80/20法则，只要存在人与人之间的沟通，就会存在沟通漏斗。

沟通障碍是指引起沟通活动受阻或沟通质量下降的一系列因素。产生沟通障碍的主要原因素如下：

（一）个人因素

在沟通过程中，个人的价值观、知识结构及水平、思维能力、情感、个性、动机、感知信息的方式、个人的利益选择、语言、沟通技巧、社会角色、参与沟通的当事人的情绪、对相关信息和业务的熟悉程度、沟通者之间的关系等因素直接影响着人与人之间的沟通，进而影响组织间的沟通。

（二）环境因素

沟通环境是由沟通者选择的时间、地点、场所、参与沟通的人员结构等构成。只有在适当的时间、地点、场所、在适当的人之间进行沟通，才有利于达到沟通目的。如果时间短、时间选择不当、环境嘈杂或有其他事物干扰时，沟通效果差。沟通者所处的政治、法律、文化环境等也是影响沟通的重要环境因素。

（三）组织因素

合理的组织机构有利于内部沟通。如果组织有下列情况就会影响沟通效果：机构臃肿，部门职责不清，分工不明，多头领导，因人设事，人浮于事，内部关系紧张，领导作风不民主等。

（四）沟通渠道因素

形成沟通渠道障碍的主要原因是：沟通媒介选择不当、多种媒介相互冲突、沟通渠道过长等。

（五）文化、制度和技术等因素都对管理沟通产生影响

不同文化背景的人及组织的语言文字、思维方式、意识形态、行为准则的差异，容易产生沟通障碍。

管理沟通的目的、沟通方式、沟通渠道、参与沟通的人员等，必须符合国家法律及组织的规章制度的约束。管理沟通也会因为制度规定而产生障碍。

人类社会发展中，不断探索和运用科学技术，技术在现代社会管理沟通中发挥了重大作用。科学技术在管理沟通中的应用，极大提升了沟通效率，提升了沟通质量。但造成沟通障碍的技术因素也随之增加。例如：技术水平、技术故障、沟通者的技术素质、各种技术干扰等。

信息化时代，信息来源渠道的广泛性、信息的多样性、信息的变化性等特征给人们收集、传递、鉴别、整理信等增添了难度。

四、有效沟通

【思政课堂6-1】

思想政治工作是机关党建经常性和基础性工作

思想政治工作贵在平时、要在经常、重在融入，必须体现在日常工作各方面，贯穿机

关党建全过程，任何时候、任何情况下都不能松懈。增强主动性，发挥基层党组织的政治引领和日常教育功能，及时了解干部和职工思想动态，未雨绸缪，因势利导，把问题解决在萌芽状态；在强化正风肃纪反腐中加强警示教育，把思想教育和监督执纪结合起来，从思想上正本清源、立根固本。

思想政治工作说到底是做人的工作，必须坚持以人为本，既讲道理又办实事，以解决实际问题为出发点和落脚点。

（一）有效沟通的原则

1. 相互尊重

在沟通中，沟通者之间首先要相互尊重。尊重的原则要求沟通双方尊重对方的人格和心理需要，尊重对方的思想、文化和行为方式。做到热情、主动、文明、礼貌、真诚、谦虚、真诚、平等待人、善于倾听。在沟通中，还要注意礼貌用语。如称呼语、迎候语、致谢语、致歉语、告别语、介绍语等。

2. 简洁

良好有效率的沟通是在较短的时间内，以简练的文字、语言传递明确的信息和适当的信息量。如开短会、写短文等。

3. 及时与准确

及时和准确的沟通是有效沟通的生命，是实现管理目的的保证。错误和延迟的信息对管理工作的影响是巨大的。及时和准确的沟通是有效沟通的生命。组织要通过提高人员素质、提高技术水平、制定合理的规章制度、加强工作责任制、缩短沟通链、建立扁平型组织等手段，实现沟通的及时性和准确性。应做到：语言准确、数据准确。及时发现问题、及时传递信息、及时分析问题、及时解决问题，准确记录、准确报告、准确分析、准确运用等。

4. 技巧

沟通是一种艺术，学习和运用沟通技巧是每一个人，尤其是管理者应掌握的艺术。沟通中最主要的技巧是语言技巧、语气技巧、情感技巧、肢体语言技巧、时间技巧等。在沟通中，沟通者还要善于倾听、重视反馈、控制情绪等。

【实训课堂 6－4】

沟通中应注意的十个问题

沟通前先将概念澄清；检讨沟通的真正目的；考虑好沟通时的一切环境；计划沟通内容时，应尽可能听取他人的意见；做好必要的记录；可能时，尽量传递有效资料；应有必要的反馈；沟通时不仅要着眼于当前，更要着眼于未来；言行一致；应成为一位好听众。

（二）有效沟通的技术和方法

实现有效沟通不仅要求信息发送者清晰地表达信息的内涵，以便信息接收者能确切理解，它还要求信息发送者重视信息接收者的反应，并根据其反应及时修正信息，消除误解。

1. 有效沟通的要求

有效沟通有如下要求：了解彼此的需要；沟通主体有共识；信息真实、完整；沟通的代码相同；沟通及时；沟通渠道适当；沟通方式灵活；沟通的结果和目标有一致性。

【实训课堂 6 –5】

因为我了解它的心

有一把铁锁挂在铁门上，一根铁杆费尽九牛二虎之力也撬不开它。钥匙来了，它小小的身子钻进锁孔，轻轻地一转，铁锁就打开了。铁杆奇怪地问，“为什么我花了这么大的力气也打不开，而你却轻而易举地打开了”？

钥匙说：“因为我了解它的心。”

资料来源：马银春. 管理的力量［M］. 北京：中国商业出版社.

2. 有效沟通的方法

实现有效沟通，除了采取适当措施克服沟通障碍，遵循有效沟通一般原则外，还必须改进沟通技能和方法。

（1）明确信息沟通的目的及对策。领导者要根据信息沟通的目的采取不同的对策，提高沟通效果。见表 6 –6。

表 6 –6　　沟通对策

序号	沟通目的	对　　策
1	调查	采取诱导启发式，鼓励下属多说，平易近人，耐心听取下属的谈话，不轻易表态，不随便下结论。
2	发起行动	需采取激励方式，应详细地阐述行动的目的、意义，以及与下级的切身利益。并热心鼓励他们采取行动。态度要热情，有信心。
3	改变下级的态度	采取说服的方式，如果下级对领导者信任，就可以直接阐述自己对某一问题的观点；如果下级将信将疑，最好先陈述关于这一问题的各种不同观点，再阐明自己的观点，并说服他们，使他们知道为什么其他观点不恰当。

每次沟通的目的不宜过多，目的越集中沟通成功的可能性就越大。同时，要善于用下级易于理解的信息符号进行沟通。在沟通前，领导者要充分准备，熟悉有关政策、制度、业务知识和事实。

（2）改善沟通态度。沟通不仅是传递信息，而且是参与沟通的各方的态度、情感的传递过程。沟通双方的态度对沟通效果有很大影响。双方以积极、开放的心态对待沟通，与人为善，坦诚相待，以理服人，以情动人，善于换位思考，尊重彼此利益，就有利于实现沟通的预期效果。

【思政课堂 6 –2】

曾子杀猪取信

曾子的妻子到集市上去，她的孩子跟随着她在她后面哭。妻子对孩子说：“你先回去，等我回来后杀猪给你吃。”妻子从集市上回来，曾子就想抓只猪准备杀了它。他的妻子阻止他说：“我只不过是跟儿子开了个玩笑罢了。”曾子说：“你不可以与儿子开玩笑。儿子什么都不懂，他只学习父母的，听从父母的教导。现在你欺骗了他，这就是在教育他欺骗人。母亲欺骗儿子，儿子于是不相信他的母亲，这不是正确教育孩子的方法啊。”

于是曾子就煮猪给孩子吃了。

这个故事生动地告诉我们：与人沟通要讲诚信，答应别人的事一定要做到。

（3）提高语言表达能力。语言是交流的工具和信息的载体，是提高沟通效率的首要问题。一般来说，在正式场合，沟通者应以普通话为基础，也可选择双方相同的语言，一般不使用方言或土话；与专业人士一般使用专业术语沟通；与非专业人士一般使用通俗的语言沟通。沟通中要求：语言有节奏，层次清、逻辑强，简洁，清楚、明确等。

（4）培养倾听的艺术。倾听区别于一般的听，它是一种通过积极的听来完整地获取信息的方法。国际倾听协会对倾听的定义是：倾听是接收口头及非语言信息、确定其含义并对此作出反应的过程。倾听就是用耳朵听、用眼观察、用嘴提问、用脑思考、用心灵去感受的过程。倾听主要包括注意听、听清、理解、记忆和反馈五层内容。倾听要点见表6－7。

表6－7　倾听要点

要	不要
表现出兴趣	争辩
全神贯注	打断
该沉默时必须沉默	从事与谈话无关的活动
选择安静的地方	过快或提前做出判断
留出适当的时间用于辩论	草率地给出结论
注意非语言暗示	让别人的情绪直接影响你
当你没听清楚时，要以疑问的方式重复	
当你发现遗漏时，直截了当地问	

【实训课堂6－6】

斯坦福大学的由来

斯坦福大学校徽

有一天，一对老夫妇没有事先预约，就直接去拜访哈佛大学的校长。女的穿着一套退色的条纹棉布衣服，而她的丈夫则穿着布制的便宜西装。

校长的秘书在顷刻间就断定这两个乡下老土根本不可能与哈佛有业务往来。

老先生轻声说：“我们要见校长。”

秘书很礼貌地回答：“他整天都很忙。”

女士回答，说：“没关系，我们可以等。”

过了几个小时，秘书一直忙自己的事，把他们冷落在一边，希望他们知难而退，知趣地离开。他们却固执地等在那里。

秘书终于决定通知校长：“也许他们跟您讲几句话就会走开。”校长不耐烦地同意了。

他接待了这对夫妇。

女士告诉他：“我们有一个儿子曾经在哈佛读过一年书，他喜欢哈佛，他在哈佛的生活很愉快。但是去年，他因车祸而身亡。我丈夫和我想在校园里为他留一纪念物。”

校长并没有被感动，反而觉得可笑。粗声地说：“夫人，我们不能为每一位曾读过哈佛而后死亡的人建立遗像的。如果我们这样做，我们的校园看起来不和墓园一样了吗？”

女士说：“不是，我们不是要建立一座遗像，我们是想捐一栋大楼给哈佛。”

校长再次审视了一下乡巴佬身上的条纹棉布衣服及粗布便宜西装，然后吐了口气说：“你们知不知道建一栋大楼要花多少钱？我们学校的建筑物价值超过 750 万美元。”

这时，那位女士沉默了。校长终于如愿以偿，可以把他们打发走了。

这位女士转向她的丈夫说：“只要 750 万美元就可以建座大学？那我们为什么不建一座大学来纪念我们的儿子？”

就这样，斯坦福夫妇（Mr & Mrs. Standford）离开了哈佛，来到加州，成立了斯坦福大学（Standford University）以纪念他们的儿子。

在线测试

第二节

激　　励

【案例导入】

发奖金的困惑

一家 IT 公司的老板，每年中秋节，都会额外给员工发放一笔 1000 元的奖金。但几年下来，老板感到这笔奖金正在丧失它应有的作用，因为员工在领取奖金的时候反应相当平和，每个人都像领取自己的薪水一样自然，并且在随后的工作中也没有人会为这 1000 元表现得特别努力，特别积极。既然奖金起不到激励作用，老板决定停发，加上行业不景气，这样做也可以减少公司的一部分开支。但停发的结果却大大出乎意料，公司上下几乎每一个人都在抱怨老板的决定，有些员工明显情绪低落，工作效率也受到不同程度的影响。老板很困惑：为什么有奖金的时候，没有人会为此在工作上表现得积极主动，而取消奖金之后，大家都不约而同地指责抱怨甚至消极怠工呢？

现代管理是以人为本的管理。激发人的工作积极性、主动性和创造性是人本管理的重要思想。成功的管理者必须知道用怎样的方式有效调动下属的工作积极性。

一、激励的概念、原理、作用

激励是领导者重要的领导艺术。成功的管理者必须知道用怎样的方式有效调动下属的工作积极性。

（一）激励的概念和原理

激励是激发、鼓励之意。心理学认为，激励是根据人的需要，持续激发人的行为动机的心理过程。管理学家认为，激励是激发人的内在动机，鼓励人朝着组织期望的目标采取行动的过程，其核心是调动人的积极性。正如美国管理学家贝雷尔森和斯坦尼尔指出："一切内心要争取的条件、希望、愿望、动力等都构成了对人的激励，它是人类活动的一种内心状态"。人的行为具有目的性，目的源于动机，动机又产生于需要。所以，由需要引发动机，动机支配行为并指向预定目标，是人类行为的一般模式。也是激励的机理与模式。见图6-8。

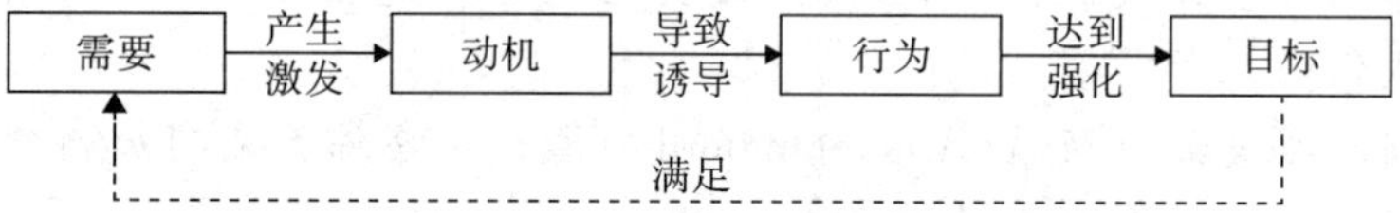

图6-8 激励的机理与模式

1. 需要

激励的实质是通过影响人的需要或动机，引导人的行为。需要是人的一种主观体验，是机体内部的一种不平衡状态，它是人们在社会生活中对某种目标的渴求和欲望。

需要是人的基本动力，是行为的源泉。人的一切行为或活动都是在需要的推动下进行的。人的需要可能来自其内部或外部环境。当人产生了某种需要，就会产生相应动机，从而驱使人们朝着一定的方向努力，以达到需要的满足。人的需要有多样性、层次性、潜在性、可变性、发展性、时代性、文化性等特点。管理者必须正确认识人的需要特点及其变化。

2. 动机

需要产生动机。动机是构成人类大部分行为的基础，它使人们心甘情愿地付出自己的最大努力。所以，动机在激励中发挥着重要作用。动机可分为内在动机和外在动机。内在动机，是指人为了个人利益，自愿去做某件事情的动机。如荣誉感、正义感、追求道德高尚等。外在动机，是指人需要外部奖励才去做某件事情的动机。每个人同时拥有外在动机和内在动机。外在动机是人生存的物质基础，内在动机是人们愿意做出更多贡献的心理基础。

动机以目标存在为前提。动机是由一种目标或对象所引导，激发和维持个体活动的内在心理过程或内部动力，是诱发人们按照预先要求进行活动的念头。

只有了解个体的动机，才能比较准确地解释其行为。现实生活中，人同时有多种动机，多种动机之间有强弱之分，也有矛盾。一般来说，只有最强烈的动机才可以引发行为，这种动机称为优势动机。

3. 行为

任何一种行为的产生，都有其内在原因。动机对行为的功能表现在三个方面：一是始发功能，即推动行为的原动力；二是选择功能，它决定个体的行为方向；三是维持和协调功能，行为目标达成时，相应的动机就会获得强化，使该行为持续下去或产生更强烈的行为，趋向更高的目标。反之，则降低行为的积极性或停止行为。

【实训课堂6-7】

耶基斯—多德森定律

各种活动存在一个最佳的动机水平。动机不足或过强烈，都会使工作效率下降。研究表明，动机的最佳水平随任务性质的不同而不同。在比较容易的任务中，工作效率随动机的提高而上升；随着任务难度的增加，动机的最佳水平有逐渐下降的趋势。即：在难度较大的任务中，较低的动机水平有利于任务的完成。

4. 需要、动机、行为和激励的关系

人的任何动机和行为都是在需要的基础上建立起来的，没有需要，就没有动机和行为。只有人的需要具有某种特定的目标时，需要才会产生动机，动机才会成为引起人们行为的直接原因。但并不是每个动机都必然会引起行为，在多种动机下，只有优势动机才会引发行为。员工之所以产生组织所期望的行为，是因为组织根据员工的需要设置了某些目标，并通过目标导向，使员工产生有利于组织目标的优势动机，从而产生了组织所需要的行为。

激励主体可以是国家、政府、企业等一切社会组织。激励客体可以是一切社会组织、团体或个人。实施激励，必须做好需要引导和目标引导，以便强化人的动机，刺激人的行为，从而实现个人和组织目标。

（二）激励的作用

1. 激励能激发人们的工作热情和兴趣

激励使员工对本职工作产生强烈、深刻、积极的情感，并以此为动力，将自己的全部精力投入到实现预定的目标中。激励使人对工作产生稳定而浓厚的兴趣，进而使人对工作产生高度的注意力、敏感性、责任感，形成对自身职业的偏爱。强烈而稳定的职业兴趣，又是人们技能、知识、能力充分发挥的心理条件。个人的知识、技术和能力也是在浓厚的职业兴趣的基础上发展起来的。

2. 激励有助于将个人目标与组织目标统一起来，提高人们工作的积极性、主动性和创造性

个人目标及个人利益是人行为的基本动力。当个人利益和目标与组织目标一致时，成员的自觉性及主动性、创造性就能得到充分发挥。当二者背离时，个人目标就会干扰组织目标的实现。激励的功能在于以个人利益和需要的满足为前提，诱导员工把个人目标统一于组织的整体目标，激发和推动个人为完成工作任务作出贡献，从而促使个人目标与组织目标的共同实现。一般来讲，个人目标与组织目标二者统一的程度越高，员工的自觉性、主动性、创造性就越能得到充分发挥。

3. 激励使人保持持久的干劲，提高工作绩效

激励是一种正向的行为诱导，使人因肯定而愉悦心情、因赞扬而增强自信、因鼓励而斗志昂扬。研究表明：在目标一致、客观条件基本相同的条件下，个人的工作绩效与能力和激励水平之间可用公式描述为：

工作绩效 $=f$（能力，激励水平）

可见，即工作绩效是个体能力和激励水平的函数。而有效的激励又能推动人们通过学习提高自身能力。所以，激励水平对工作绩效有更直接、更持久的影响。

4. 激励有助于增强组织的凝聚力，促进内部的协调统一

组织是由许多个体组成的有机体。为保证组织整体功能、协调运转，除了良好的组织结构、组织文化和严格的规章制度外，还需要运用激励方法，满足人们多方面需要，协调关系，增强团结，鼓舞士气，进而增强组织的凝聚力和向心力，促进个体间、部门间的密

切协作，促进组织的协调和统一。

【实训课堂6－8】

士为“赞赏”者死

韩国某大型公司的一位清洁工，本来是一个最被人忽视、最被人看不起的角色，但是，在一天晚上，公司保险箱被窃时，这个人却与小偷进行了殊死搏斗。事后，有人为他请功并问他这样做的动机时，答案却出人意料。他说，当公司的总经理从他身边经过时，总会不时地赞美他：“你扫的地真干净！”这样简单的一句话，却使他受到了极大的激励，并愿意为公司奉献出自己宝贵的生命。可见，激励在调动员工积极性方面有着重要的作用。

二、激励理论

（一）需要层次理论

需要层次理论是美国心理学家亚布拉罕·马斯洛于20世纪40年代在《动机与人格》中提出的。马斯洛认为，人们的需要从低到高划分为五个层次，即生理需要、安全需要、社交需要、尊重需要与自我实现需要。见图6－9。

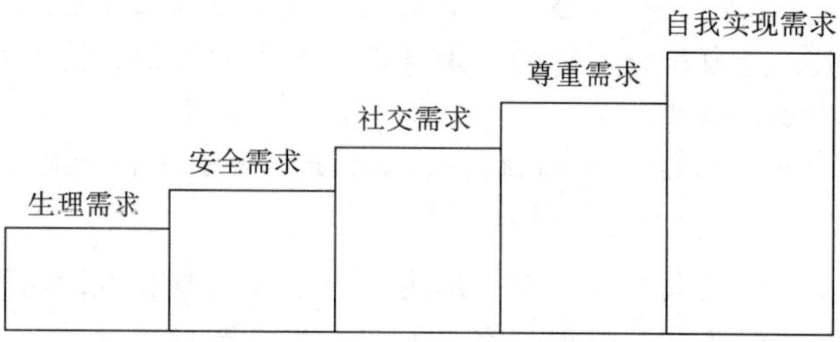

图6－9 需要层次

1. 需要层次理论原理

（1）生理需要。生理需要是人类生存最基本的需要，如人们对衣、食、住、行、用、空气、睡眠、休息等需要。生理需要在人的所有需要中最有力量、最重要。一般来说，人的生理需要没有得到满足时，其他需要便无从谈起。

（2）安全需要。安全需要是指人们对保护自己免受身体和情感伤害以及不受丧失职业、财产等威胁的需要。如生命安全、劳动安全、职业保障、心理安全、财产安全等。

（3）社交需要。也称为归属和爱的需要。社交需要是指人们希望与他人交往，避免孤独，与同事和睦相处、关系融洽的需要。包括友谊、爱情、归属、信任与接纳的需要。社交需要不能满足，可能会影响人的精神健康。

（4）尊重需要。尊重需要包括自尊和受到别人尊重两方面。自尊是指自己的自尊心，工作努力不甘落后，有充分的自信心，获得成就后的自豪感。受人尊重是指自己的工作成绩、社会地位能得到他人认可。尊重需要的满足，能使人信心倍增，否则就会产生自卑感。

（5）自我实现需要。自我实现的需要是最高一级的需要，指个人成长与发展，发挥自身潜能、实现理想的需要。即人希望能够充分发挥自己的潜能，做他最适宜的工作，成就事业。这一需要是无止境的。

上述五个层次需要又可以分为两类。即：生理需要和安全需要属于物质需要，社交需要、尊重需要和自我实现需要属于精神需要。马斯洛认为，人的需要取决于他已经得到了什么，还缺少什么？只有尚未满足的需要能够影响人的行为，即：已经满足的需要不能起激励作用。同时人的需要是分层次的，某一低层次的需要满足后，另一个高层次的需要才会出现。

在人们的生活、工作中，五个层次的需要是并存的，在同一时期同时存在的多种需要中，优势需要影响人们的行为。对人的激励效果取决于优势需要是否满足。任何一种满足了的低层次需要不会因为高层次的发展而消失，只是不再成为主要的激励因素。

2. 需要层次理论在管理实践的中的应用

需要层次理论对市场营销者和管理者都具有指导意义。市场营销者研究消费者的需要，管理者主要研究被管理者的需要。

（1）管理者要及时、全面地了解被管理者的需要及其变化，正确分析被管理者需要的层次性，提高激励方法的针对性。表6－8是美国工人五个需要层次的变化估计。由表中可以看出，随着社会经济的发展，人们更多地关注高层次的需要。管理者要注意这一变化所带来的信息。

表6－8　　美国工人五个需要层次的变化估计

需要层次	1935年	1995年
生理需要	35%	5%
安全需要	45%	15%
社交需要	10%	24%
尊重需要	7%	30%
自我实现需要	3%	26%

（2）要努力将管理手段和条件与被管理者的不同层次需要联系起来，最大限度地满足不同人员的需要。一般来说，需要层次越低，力量越强，潜力越大。随着需要层次的上升，需要的力量相应减弱。在高层次需要满足之前，必须优先满足人们的低层次需要。低层次需要满足后，高层次需要才有可能产生。

（3）发现人的优势需要，分析和寻找每个人的优势需要，提高激励效果。管理者只有了解员工的需要及需要的差异，有针对性地采取激励措施，才能收到良好的激励效果，充分调动员工的工作积极性。见表6－9。

表6－9　　需要层次理论在企业中的应用

需要层次	激励内容	应用
生理需要	工资和奖金、各种福利、工作环境	足够的薪金、舒适的工作环境、适度的工作时间、住房和福利设施、医疗保险等

续表

需要层次	激励内容	应用
安全需要	职业保障、意外事故的防止、医疗、养老	雇佣保证、退休养老金制度、意外保险制度、安全生产制度、危险工种营养福利制度
社交需要	友谊、团体的接纳、组织的认同	建立和谐的工作团队、建立协商和对话制度、互助金制度、联谊小组、教育培养制度
尊重需要	名誉和地位、权力和责任	人事考核制度、职衔、表彰制度、责任制度、授权
自我实现需要	能发挥个人特长的环境具有挑战性的工作	决策参与制度、提案制度、破格晋升制度、目标管理、工作自主权

（二）双因素理论

双因素理论创立者是美国心理学家弗雷德里克·赫兹伯格。赫兹伯格在调查的基础上发表了《工作与激励》，书中指出，激发人动机的因素有两类：一类为保健因素，另一类为激励因素。

1. 双因素理论原理

（1）保健因素。保健因素又称维持因素，指与工作环境和条件相关的因素。赫兹伯格认为，管理中的一些因素类似于医疗保健对人身体健康的影响一样。重视医疗保健，能预防疾病，增强体质，但不能治病。不重视医疗保健，身体素质差，易得病。同理，管理中的一些因素处理不好，会引起员工不满，从而影响工作。当这类因素得到改善时，就能预防员工的不满情绪，员工能保持一定的工作状态、维持工作现状。影响管理有效性的主要保健因素是：管理政策与制度、监督系统、工作条件、人际关系、工资水平、福利待遇、职务地位、工作安全等。一般情况下，保健因素对员工的行为几乎起不到激励作用。

（2）激励因素。激励因素是和工作本身相关的因素，指那些能调动员工工作积极性、激发其工作热情、能从根本上激励员工行为的因素。如工作成就感、工作挑战性、工作中的认可和赏识（晋升、成长）、责任感等。当人们的上述需要不能满足时，工作就缺乏积极性，但不会产生明显的不满情绪。当上述需要满足时，人就会对工作产生浓厚兴趣和积极性，起到明显的激励作用。

从上述两类因素可以看到，激励因素是以工作为中心的，即以对工作本身是否满意、工作中个人是否有成就、是否得到重用和提升为中心的；保健因素则与工作外部环境有关，属于保证工作完成的基本条件。

2. 双因素理论在管理实践中的应用

（1）管理者要善于区分和正确应用两种因素。满足保健因素，重视激励因素，进行有针对性的激励。调动人的积极性，不仅要注意物质利益和工作条件等外部因素，而且应提供使人感到有价值的工作，使工作具有挑战性，让人们承担更重要的责任。管理者不应把目光局限于提高工资水平、办好福利事业上。

（2）正确识别挑选激励因素。各种激励因素对不同人的激励力度不同。管理者必须在全面了解被管理者需要的基础上，提高激励方式的针对性和有效性。

双因素理论与需要层次理论有很大的相似性。双因素理论是对需要层次理论的发展和补充。双因素理论划分了激励因素和保健因素的界限，指出高层需要一般属于激励因素，低层需要相当于保健因素。

各种激励因素主要来自工作本身的研究成果，为管理者开展有效激励工作指明了方向。

【实训课堂 6－9】

需要理论

美国管理学家麦克利兰的激励需要理论：人的需要主要有三类：成就、权力和社会交往；一般情况下，主管人员的成就需要比较强烈；一个组织的成败，取决于其拥有的高成就需要的人数（正相关）；成就需要可以通过后天培养、训练而获得。

美国学者阿尔德佛的需要理论：人的需要有三种：基本的生存需要、相互关系和谐的需要和成长的需要；人的需要不一定是生来就有的，有的是通过后天学习产生的；人的三种需要并不严格按先后顺序发展，遇到挫折有可能倒退。

（三）期望值理论

期望值理论是美国心理学家维克多·弗鲁姆在 20 世纪 60 年代创立的。弗鲁姆认为，人们对某项工作积极性的高低，取决于他对这项工作能满足其需要的程度及实现的可能性大小的评价。当员工认为通过努力会带来良好的绩效评价时，才会产生积极性。

1. 期望值理论原理

激励力量的大小，取决于效价与期望值的乘积。用公式表示为：

$$M = E \cdot V$$

M——激励力。表示个人对某项活动的积极性程度，希望达到活动目标的欲望程度。

V——效价。即活动结果对个人的价值大小。

E——期望值。即个人对实现这一活动结果的可能性的判断。$0 \leqslant E \leqslant 1$ 。当一定的结果能完全实现时，期望值为 1，当结果根本不可能实现时，期望值为 0。

从公式可以看出，激励力依赖于效价和期望值两个因素。效价和期望值越高，激励力越大。因此，提高激励力量有两种基本途径：一是提高激励手段的效价，二是提高激励对象信心和能力。若效价和期望值其中有一项较低，则激励力量小。而效价的高低不是由管理者决定的，而是受被管理者的需要影响。管理者的重要任务之一是准确把握员工对需要的价值评价，采取针对性的激励方式。同时，管理者还要创造出较好的实现期望值的客观条件，使员工充满信心，发挥自己的积极性和创造性。

2. 期望值理论在管理实践中的应用

管理者在实施激励中必须把握下面三种关系：

（1）努力—绩效的关系。“我需要付出多大努力才能达到某一绩效水平？我达到这一绩效水平的概率有多大？”人希望通过努力达到预期结果。如果他认为通过自己的努力能达到目标（期望值高），就能产生积极性；如果目标过高（达不到）或过低（不具挑战性），人就会缺乏信心或兴趣。因此，管理者一方面应该制订切实可行的目标，激发员工的积极性；另一方面要通过指导、培训等方法提高员工的能力，以提高员工努力达到目标的期望值。

（2）绩效—奖酬的关系。“我达到绩效水平后会得到什么奖赏？”人期望在达到预期的绩效后能得到合理的奖酬。当人们相信组织的奖励可信、合理、公平，他们才会继续努力。如果只要求人们努力工作，而组织却没有有效的物质或精神奖励制度，人们被激发的内部力量就会逐渐消退。因此，管理者应制订合理的奖励制度，并将奖励与绩效相联系。

（3）奖励—满足个人需要的关系。“这个奖赏是我需要的吗？吸引力有多大？”人希望奖励能满足个人需要，由于人们需要的差异性，同种奖励对不同人的吸引力不同。管理者要从实际出发，根据人的不同需要进行奖励，才能最大限度地挖掘人的潜力，调动人的工作积极性，提高工作效率。

目前，国内外企业内部实行的期权激励制度都建立在期望理论的基础上。

（四）公平理论

公平理论是美国心理学家亚当斯在20世纪60年代创立的。该理论主要研究报酬的公平性对人的工作积极性的影响。

1. 公平理论原理

亚当斯认为：当一个人做出了成绩并取得报酬后，他不仅关心自己所得报酬的绝对量，而且关心自己所得报酬的相对量，并进行一系列横向和纵向比较。由此判断报酬是否公平。

（1）横向比较。横向比较是人们将自己所获得的报酬与投入量之比，同他人同期（时）的收入与投入量之比相比较来判断自己所获得报酬的公平性，并据此产生某种反应。投入量一般包括教育、能力、努力程度、时间、职位及等级等因素；别人一般指与本人的地位、岗位、能力相当的同部门的人。公式见表6－10。

表6－10　横向比较

比率比较	个人评价	个人反应	说明
$\frac{Q_P}{I_P}=\frac{Q_X}{I_X}$	感觉公平	保持积极性，会继续努力	Q_P：自己对获报酬的感觉 Q_X：自己对别人获报酬的感觉 I_P：自己对投入量的感觉 I_X：自己对别人投入量的感觉
$\frac{Q_P}{I_P}>\frac{Q_X}{I_X}$	个人报酬过高或工作投入量不足。虽然对对方不公平，但他一般不会觉得所获报酬过高或投入较少	有可能会自觉增加投入量。但他也可能对高报酬心安理得，又会恢复以往的工作状态	
$\frac{Q_P}{I_P}<\frac{Q_X}{I_X}$	个人对组织的激励觉得很不公平	工作积极性会下降 要求增加报酬 提出反对意见 离职等	

（2）纵向比较。纵向比较是人们把自己所获得的报酬与投入之比同本人过去的收入与付出之比率进行比较，来判断报酬的分配是否公平，并据此产生某种反应。公式见表6－11。

表 6－11　　纵向比较

比率比较	个人评价	个人反应	说明
$\frac{Q_p}{I_p}=\frac{Q_{pm}}{I_{pm}}$	感觉公平	保持积极性，会继续努力	Q_P：自己目前所获报酬 Q_{pm}：自己过去所获报酬 I_P：自己目前的投入量 I_{pm}：自己过去的投入量
$\frac{Q_p}{I_p}>\frac{Q_{pm}}{I_{pm}}$	他一般不会觉得所获报酬过高	可能会认为自己的能力和经验有了提高，其工作积极性因而不会提高多少，也不会要求减少报酬	
$\frac{Q_p}{I_p}<\frac{Q_{pm}}{I_{pm}}$	此人对组织的激励觉得很不公平	工作积极性会下降 要求增加报酬 离职等	

2. 公平理论在管理实践中的应用

管理工作中要高度重视相对报酬问题，尽可能实现相对报酬的公平性。当出现不公平现象时，管理者要善于沟通，积极引导，增进理解，消除不公平。实施公平理论，还要求管理者制定合理、可操作性的分配制度，对员工实行公开考核，公正评价。

（五）波特—劳勒的激励模式

莱曼·W. 波特和爱德华·E. 劳勒在期望理论的基础上，于 1968 年在《管理态度与工作绩效》一书中提出了更加完善的激励模式，简称“波特—劳勒激励模式”。这一模式比较全面地说明了激励理论的内容，主要用于对管理人员的激励。

波特和劳勒认为，个人努力程度是由工作报酬的价值和个人感受到努力后可能获得报酬的概率决定的。影响个人工作绩效的因素有四个，即：努力程度，个人能力、个人角色认识（即对自己工作方向、规范的认识）和个人所处环境的限制。人的满意感取决于所获报酬与个人自认为应获报酬是否一致，如果一致或前者大于后者，则个人满意度高，反之，满意度低。同时，个人满意度又影响以后的价值判断。此外，个人的绩效既影响报酬，也影响到个人今后对该项工作的期望值。见图 6－10。

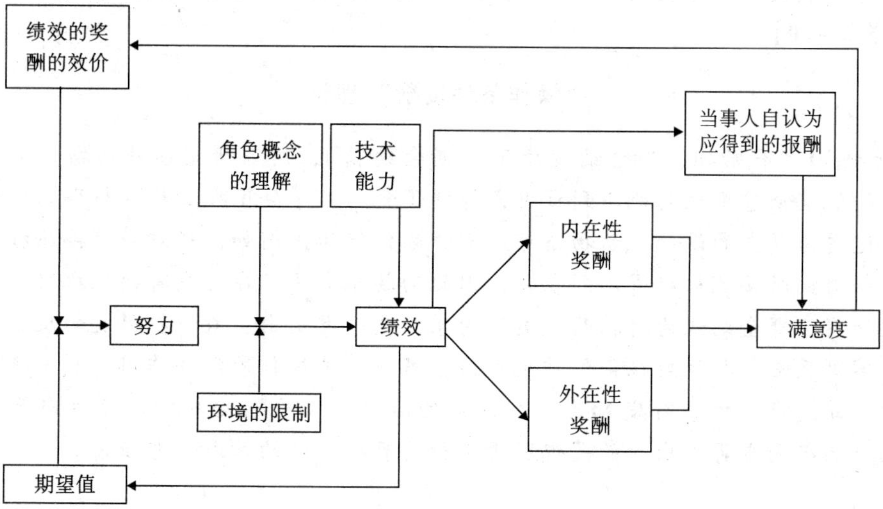

图 6－10　波特—劳勒激励模式

（六）强化理论

强化理论又称为“行为修正理论”，是美国心理学家斯金纳创立的。强化是指一种行为的肯定或否定的后果，它在一定程度上决定该行为是否重复发生。根据强化的性质和目的，强化可以分为正强化、负强化和自然消退三种类型。强化理论认为，人的行为受外部环境刺激而产生的调节，当受到正强化时，行为会重复发生，受到负强化时，会趋于减少或消失。管理者要采取不同的强化方式，使人们的行为符合组织目标。

1. 正强化

正强化是指用某种具有吸引力的结果，对某一行为进行鼓励和肯定，使其重视和加强，从而有利于实现组织目标。在管理中，正强化表现为奖酬，如认可、赞赏、增加工资、职位提升、增加奖金、提供满意的工作条件等。

2. 负强化

负强化是指预先告知某种不符合要求的行为或不良绩效可能引起的不愉快的后果，促使员工的行为符合要求，从而保证组织目标的实现不受干扰。负强化包含有减少奖酬、罚款、批评、降级等。让员工知道做了不符合规定的事会受到批评或惩罚，如能够避免或改正，则不会受到惩罚，以此来引导，强化员工的行为，使之转向符合组织的要求。

惩罚是指用某种令人不快的结果来减弱某种行为。当有员工工作不认真、不负责任，经常出差错或影响他人工作时，管理必须及时发现并批评、对其进行纪律处分、罚款等，以制止该行为的再次发生。但是，惩罚也有副作用，比如会激起员工的愤怒、敌意等。

对一切符合组织制度，有利于实现组织目标的价值观和行为实施正强化，对一切不符合组织目标的行为实施负强化。同时，要重视强化方式的及时性、连续性、针对性。

3. 自然消退

自然消退是通过不提供个人所希望的结果来减弱个人的行为。自然消退有两种方式，一是对某种行为不予理睬，以表示对该行为的轻视或某种程度上的否定，使其自然消退；另一种是指原来用正强化手段鼓励的有利行为由于疏忽或情况发生变化，不再给予正强化，使其逐渐消失。研究表明，一种行为如果长期得不到正强化，就会逐渐消失。

【实训课堂 6-10】

“操作条件反射”理论

20 世纪 30 年代后期，斯金纳设计了“斯金纳箱”，用来研究各种动物。实验中，动物从初始的混乱动作中无意地碰到杠杆，得到了食物，学会了按压杠杆与得到食物之间的联结。通过更为复杂的设计，动物还可以学会分化行为，例如，当灯亮时按压杠杆可以得到食物。而灯灭时按压杠杆得不到食物，因此动物学会了只在灯亮时按压杠杆。

通过研究，斯金纳认为存在两种类型的学习，一类是由刺激情景引发的反应，斯金纳称之为应答型反应，与经典性条件作用类似；另一类是操作性条件作用，它不是由刺激情景引发的，而是有机体的自发行为。在日常生活中，人的绝大多数的行为都是操作性行为。影响行为巩固或再次出现的关键因素是行为后所得到的结果，即强化。

三、激励的原则

（一）激励组织所期望的行为

美国管理学家米切尔·拉伯夫经过调查研究发现“人们愿意做受到奖励的事情”。所以把奖励组织所期望的行为称为“现代行为管理的基本原则”。他认为组织应当奖励以下10种行为：奖励彻底解决问题，而不是奖励只图眼前见效的行为，以确保组织的长远利益；奖励承担风险而不是回避风险的行为；奖励善于用创造力而不是愚蠢的盲从的行为；奖励果断的行为而不是光说不做的行为；奖励多动脑筋而不是一味苦干；奖励使事情简化而不是把事情不必要地复杂化；奖励沉默而有效率的人而不是奖励喋喋不休者；奖励有质量的工作，而不是匆忙草率的工作；奖励忠诚者而不是跳槽者；奖励团结合作而不是奖励互相对抗。

（二）组织目标与个人目标相结合的原则

目标是激励的重要手段，设置合理的目标是激励的关键。只有当组织目标的实现有利于个人目标的实现时，个人才可能对组织目标产生认同感，从而产生积极性。所以，设置组织目标必须体现组织的要求，同时也要照顾个人需要。应让所有员工从组织的发展中受益。组织成员应当享受组织发展的成果。

（三）物质激励与精神激励相结合的原则

物质激励是基础，精神激励是根本。根据激励对象和激励环境的不同以某种手段为主，坚持两种手段相结合，发挥两种手段的优势，就能达到理想的激励效果。

【实训课堂6－11】

奖励悖论

“重赏之下，必有勇夫。”但社会学家和经济学家发现，金钱报酬有时反而降低了努力程度，减少了工作绩效。为什么物质奖励反而产生了负面效应呢？

案例一：英国著名社会学家蒂特马斯对公民献血的经典研究。在英国，公民献血最初是无偿的。后来，政府为了鼓励更多公民献血，就给了一些金钱补偿。但结果是，提供金钱补偿之后，献血的人数不仅没有增加，反而减少了，甚至连血液的质量也下降了。

案例二：来自环境保护领域，两位瑞士经济学家在一篇论文里介绍了一个瑞士的政策干预实验。1993年，瑞士政府准备在瑞士中部地区建造两个存储核废料的仓库。政府先通过发放问卷的方式询问当地居民是否同意建造核废料仓库。调查进行了两轮。第一轮调查时，调查内容中没有提到任何补偿，结果有51%的居民表示同意。第二轮调查时，明确说政府愿意为此提供金钱补偿，结果只有25%的居民同意。从没有补偿到提供金钱补偿，支持公共项目的居民人数不仅没有增加，反而减少了一半。这再次说明，金钱报酬可能会带来负面效应。

资料来源：聂辉华．奖励悖论［J］，发现网．

（四）正强化与负强化相结合的原则

正强化与负强化是两种重要的激励手段，各有所长。管理者在激励时应把正强化和负强化巧妙地结合起来，以正强化为主，负强化为辅。

(五) 按需要激励的原则

激励的起点是满足人的需要，但人的需要具有多样性、个异性和动态性等特点。在运用激励手段时要因人而异、因时而异，因环境而异，满足人最迫切的需要，就能提高激励的效价，增强激励的强度。因此，对人进行激励时不能过分依赖经验及惯例。激励不存在一劳永逸的解决方法，必须深入调查研究，不断了解人们变化了的需要，有针对性地采取激励措施。

(六) 原则性与灵活性的统一

激励的艺术性体现在原则性和灵活性的统一中。激励的方式很多。任何一种激励方式都有其优点和缺点。任何一种方式也都有其适用的时间、环境、对象等。管理者必须理解每一种激励方式的内涵、适用范围等。在不断变化的管理活动中既要坚持原则性，又能灵活运用多种激励方式而不是单一方式。

【思政课堂 6-3】

“共和国勋章”获得者袁隆平

袁隆平是享誉海内外的著名农业科学家，中国杂交水稻事业的开创者和领导者，“共和国勋章”获得者，中国工程院院士，被誉为“杂交水稻之父”。

1995 年被选为中国工程院院士，1999 年中国科学院北京天文台施密特 CCD 小行星项目组发现的一颗小行星被命名为袁隆平星，2000 年获得国家最高科学技术奖，2004 年获得沃尔夫农业奖，2006 年 4 月当选美国国家科学院外籍院士，2010 年获得澳门科技大学荣誉博士学位，2013 年获得第四届中国消除贫困奖终身成就奖，2018 年当选中国发明协会首届会士。2018 年 9 月 8 日，获得“未来科学大奖”生命科学奖；同年 12 月 18 日，党中央、国务院授予袁隆平改革先锋称号，颁授改革先锋奖章，获评杂交水稻研究的开创者。2019 年 9 月 17 日，授予袁隆平“共和国勋章”。2020 年 11 月 28 日，当选 2020 中国经济新闻人物。

四、激励实务

员工的工作成效与激励手段有直接的关系。采取恰当的激励手段是现代管理者提高管理效率的重要手段。

【实训课堂 6-12】

敌营深处有眼井

第二次世界大战时期，英军和德军为争夺一块战略要地，在一片沙漠地区展开了一场持久战。

6 月是沙漠的酷暑时节。英德两军的饮水开始出现严重危机。此时，据英军情报了解，德军在 5 月中旬开始在沙漠边缘挖井，目前已经挖至 40 米，要不了多久，德军所挖的井就会出水。

眼看着自己的储水越来越少，而德军所挖的井快成功了就会出水。英军将领万分着急。因为，不了半个月德军就能掘到甘泉，到时，英军只会不战而败。

这时，一位中士献计，告诉英军士兵，德军营地深处有一眼井，只要英军能够在半个月之内攻破敌营，就有甘甜的井水喝了！此消息一经在队伍中传播开来，全体士兵立刻军心大振，纷纷高喊："德军营地有眼井，打到德军的营地去！"一周后，英军竟然击溃了原本一年多都战胜不了的劲敌。

每一个英军士兵心灵深处有了信念之井，透过这眼井，让他们看到了胜利的希望！

（一）物质激励

物质激励是以物质利益为诱因对员工进行激励的方法。物质激励决定着员工基本需要的满足程度，并影响其社会地位、社会交往、自我实现等高层次需要的满足。物质激励的具体形式包括：货币（奖金、工资、津贴、福利、员工持股和股票期权）和实物。

【实训课堂 6－13】

物质奖励：现金还是非现金

如果让你在现金、电视机和游轮三种奖励之间做选择，你想要哪一个？

威奇托州立大学进行了一项研究，结果发现当参与者在三种具有相同金钱价值的激励措施中进行选择时，接近2/3的参与者选择了现金。然而，当研究人员询问参与者在收到哪种奖励会感到更高兴时，参与者一致选择了电视机或游轮。

这是为什么？在同一组研究人员进行的另一项研究中，发现四个原因是导致员工更喜欢非现金类的奖励措施。

证明你值得拥有。非现金激励能够给员工提供一些他们认为是奢侈品的东西，即使他们有钱，他们通常也不会给自己购买那些东西。

社会圈的强化作用。非现金激励具有"奖杯价值"，即员工的家人、朋友和同龄人都能看到他被奖励，从而引起了员工对绩效的关注。

效用的区分。现金奖励只是换一个方式给员工更多薪水，当员工把这些激励与其他资金混为一谈时，奖励失去了意义，而且当没给钱的时候就会引起员工的不满。

现金有固定价值，但非现金激励的价值是无法衡量。当员工未来获得一项奖励而越发努力，他们越是相信这项目奖励值得付出。

实际上，大量科学研究表明，非现金奖励在激励人们实现业务目标的方面更加有效。

1. 传统的物质激励

传统的物质激励主要是发放或提升工资、奖金、福利和实物等。

2. 股票期权制

股票期权制是企业向管理人员和员工提供激励的一种报酬制度，允许他们在特定的时期内（一般3—5年），按某一预定价格购买本企业普通股。实行股票期权制度可以促使管理人员和员工关心企业利益和资产的保值增值，使管理人员和员工的利益与企业利益紧密结合。全球排名前500家的工业企业中，至少有89%的企业对经营者实行了股票期权制度。

据统计，持股企业比不持股企业的生产力高1/3。

3. 薪酬激励的不同形式

以下以商业门店为例，介绍几种常用的薪酬激励方式。

（1）固定提成制。按照固定的销售额进行奖金的提成。这是简单且适用面广的薪酬模式，适合初级或稳定型店面。实践中主要有下列几种不同模式：高底薪低提成、低底薪高提成、团队提成、个人销售业绩提成。

（2）提成阶梯制。将完成的销售额分为若干个阶梯，不同阶梯采取不同的提成方式。一般有按绝对销售额或销售额目标完成度的百分比计算两种形式。提成阶梯制可以让员工更加清晰自己每个阶段的销售目标，激励员工不断地冲击更高的目标，一步步达到最高目标。

（3）目标多项制。在每月的考核中，设置多项目标，每个目标的达成都会有一定的奖励。如销售额目标、平均单价目标、指定款式销售目标、促销活动销售目标、增长率目标、销售刷新目标、利润目标等。

（4）奖金周期制。设定不同周期的奖励，如按每日、每周、每月、每季、每年的销售额目标进行奖励。

（5）年薪保障制。一般针对店长或长期的稳定优秀员工，即每年员工最少可以获得一定数额的奖励，最低收入可以达到多少。年薪保障制，能让优秀员工获得安全感等。

（6）利润分红制。对营业利润按一定的比例进行分红，利润高多分，利润低少分。

（7）承包经营制。由店长承包门店，在缴纳一定的费用后，对门店的经营自负盈亏。此种方式通常适用于能力较强，有更高理想的店长。

（8）股份合作制。将门店进行评估、定价，由店长或店员按比例出一定的资金，获得门店部分股份，同时也获得从利润中分红的权利。

【思政课堂6-4】

最高礼物

飞夺泸定桥，是中国工农红军长征中的一场重要战役，发生于1935年5月29日。红四团战士在天下大雨的情况下，在崎岖陡峭的山路上跑步前进，一昼夜奔袭竟达240里，终于在5月29日凌晨6时许按时到达泸定桥西岸。第2连连长和22名突击队员沿着枪林弹雨和火墙密布的铁索踩着铁链夺下桥头，并与东岸部队合围占领了泸定桥。

“夺取泸定桥的英雄都得到了承认。每个人得到一件新的亚麻布上衣、一个笔记本、一支钢笔、一个搪瓷碗和一双筷子”“这是红军战士当时能得到的最高礼物——比金质奖章还好得多。”

资料来源：哈里森索·尔兹伯里. 长征——前所未闻的故事［M］. 北京：解放军出版社，1986.

（二）精神激励

满足了基本的物质需要之后，精神层面才是真正能够打开管理之门的金钥匙。

【思政课堂6－5】

中国人的精神

真正的中国人有从容、冷静、练达的特点。中国人全部的生活是一种感情生活。中国人是特别注重礼仪的民族，真正的礼仪本质是对他人感受的体谅。中国人有礼貌是因为他们过着一种精神生活。

孔子说，在人类社会人与人之间的所有普通的关系和行为中，除了对于利益和恐惧的基础动机之外，还有一种更高尚更高贵的动机影响着人的行为，这种更高尚更高贵的动机超出了对利益的恐惧的一切考虑，这种动机就是：责任。

资料来源：辜鸿铭．中国人的精神［M］．江苏：译林出版社，2012.

1．目标激励

目标激励是指通过目标的设置来激发人的积极性。目标激励必须以组织的目标为基础，把组织目标与个人目标结合起来，使组织目标和员工目标相一致。进行目标激励要坚持目标管理原则。

2．工作激励

日本著名企业家道山嘉宽说："工作的报酬就是工作本身！"说明工作激励的重要性。物质生活条件改善后，人们更加关注工作本身是否有乐趣、吸引力，工作是否有意义；工作是否有挑战性和创新性；工作内容是否丰富多彩；在工作中能否取得成就，获得自尊，实现其价值等。在管理中，一般通过工作轮换、工作扩大化、工作丰富化等方式对组织成员进行工作激励。

（1）工作轮换。指一种短期的工作调动，是在组织的几种不同职能领域中为员工做出一系列的工作任务安排，或者在某个单一的职能领域或部门中为员工提供在各种不同工作岗位之间流动的机会。

（2）工作丰富化。指以员工为中心的工作再设计，它是将组织的使命与员工对工作的满意度联系起来。在工作中赋予员工更多责任、自主权和控制权。工作丰富化提高了员工的激励水平和工作满意度，降低员工离职率和缺勤率。

（3）工作扩大化。指工作范围的扩大或工作多样性，增加了员工工作种类和工作强度。该方法是通过增加某一工作的工作内容，使员工的工作内容增加，要求员工掌握更多的知识和技能，从而提高员工的工作兴趣。

3．情感激励

情感是影响人们行为最直接的因素之一。管理者不但要营造组织内部和谐的人际关系，而且要善于建立与员工良好的情感关系，尊重、信任和关心员工的工作和生活，赏识员工，以不同方式感谢组织成员的亲属。

4．榜样激励

"榜样的力量是无穷的。"榜样激励表现在三方面。一是管理者及领导团队以自己的行为为组织成员树立榜样。组织内部的每一位领导者、管理者的行为对内部人员的行为有直接的示范作用。领导者要加强自身修养，带头遵守组织的各项规章制度，自觉奉献，以身作则，就能有效地激励下属。二是管理者善于发现组织内部先进个人和先进集体，及时总结先进个人和先进集体的事迹，公开奖励先进，用多种方式宣传先进，号召全体人员学习先进。三是在组织内部宣传和介绍党和国家、各级地方政府公开表彰的先进人物、劳动模范，号召全体组织成员学习先进、争当先进。

【思政课堂 6 -6】

张思德

张思德，1933 年 12 月参加红军。1937 年 10 月加入中国共产党。曾担任中央警备团警备班长和毛泽东的卫士。在战斗中，他右腿先后两次负伤仍强忍剧痛，冲入敌阵，缴获了敌人两挺机枪。在长征途中，他曾两度经过人迹罕至的雪山、草地，历尽千辛万苦。1944 年 9 月 5 日，他带领战士们在陕北安塞县执行烧炭任务时，窑洞塌方，他奋力把战友推出洞去，自己却被埋在窑洞中，牺牲时年仅 29 岁。为了悼念张思德，中央机关和中央警卫团在延安枣园沟口的操场上为张思德举行追悼大会。毛泽东参加了追悼会，亲笔题写了“向为人民利益而牺牲的张思德同志致敬”的挽词，并发表了《为人民服务》的演讲，高度赞扬了张思德完全、彻底为人民服务的思想境界和革命精神。

2009 年 9 月 10 日，张思德被评为“100 位为新中国成立作出突出贡献的英雄模范人物”。

【思政课堂 6 -7】

航天英雄景海鹏

景海鹏是我国首批航天员之一。他勤奋学习，刻苦训练，挑战极限，超越自我，是目前我国执行载人飞行任务次数最多、飞行时间最长的航天员，成就了三巡苍穹的奇迹，为我国载人航天事业作出了重要贡献。

景海鹏始终秉持“祖国利益高于一切”的信念，把党和国家的事业看得比天还高，把飞天的使命看得比生命还重。从入选首批航天员到首次飞天的 10 年间，他坚持做难度最高、强度最大、标准最严的训练，以惊人的毅力一次次向着生理和心理极限冲锋，顺利完成八大类、上百个课目训练考核，实现了从优秀飞行员到合格航天员的转变。

景海鹏始终积极投身高强度训练、高压力备战、高风险任务，以超常付出刻苦训练，练就飞向太空的过硬本领。景海鹏常说：“只要任务需要，我时刻准备接受祖国的挑选，这是中国航天员的使命与荣光。”

景海鹏传承弘扬“两弹一星”精神、载人航天精神，计利只计国家利，留名只留集体名，正确对待组织、对待荣誉、对待战友，始终不忘初心、砥砺奋进。每次任务凯旋，他最先做的都是成绩归零、经历归零、心态归零，一切从头开始，几十年如一日重复着飞天和准备飞天的工作。

5. 用人激励

大胆使用一切关心国家利益和组织事业的人，坚持用人唯贤的原则，做到人尽其才。

客观评价员工的业绩，并根据能力、潜力、业绩等，决定员工的岗位、职责、晋升、待遇、培训等。

6. 培训激励

员工培训是重要的投资行为，如果管理者不重视员工培训，组织不可能持久发展。培训不但能提升员工的整体素质，而且有利于提升组织的整体竞争力。组织要制订长期的人才培养规划，让员工通过培训实现自我提高，实现个人价值。

【实训课堂 6－14】

苏宁云商的员工培训

2013 年苏宁对 100 万员工进行了系统培训。2014 年培训人数达 150 万人。2014 年 8 月，苏宁宣布出资 2000 万元成立人才发展基金，专用于企业人才出国考察、行业交流、高校深造。同年，推动 182 人去日本、美国和中国香港学习考察，共投入 200 万元。

2014 年 1—11 月，员工提交创新方案 1079 份，其中通过 345 份，实际采纳 100 多项。

7. 参与管理

让组织成员参与组织各项管理活动。其一，让组织成员以主人翁的责任感，积极为组织的管理和发展献计献策，符合民主管理的原则；其二，能使组织成员感受到领导的信任，体验到个人利益与组织利益的一致性，从而自觉地把个人利益融入组织利益的实现中去；其三，参与管理能满足组织成员实现个人价值的心理需要。

组织要建立健全民主管理制度，重大决策让群众参与，决策过程透明化，内部事务公开化，要依靠群众，相信群众，自觉接受群众监督。管理学家罗宾斯说："通过职工参与影响他人的决策，增加他们的自主性和对工作生活的控制，员工的积极性会更高，对组织的忠诚，生产力水平更高，对他们的工作更满意"。

精神激励的方式还有许多。如赞美激励、荣誉激励、兴趣激励、文化激励、形象激励、批评激励、纪律激励、授权激励、支持激励法等。管理者在工作实践中要研究每一种激励形式的内涵，并灵活运用。

在线测试

第三节 实训任务

一、简答与讨论

1. 什么是沟通，结合实际谈谈沟通的重要性。

2. 如何理解沟通过程？它涉及哪些方面？
3. 沟通的类型有哪些？各有何特点？
4. 沟通的障碍有哪些？如何改善？
5. 有效沟通的技术和方法有哪些？
6. 什么是激励？激励的本质及心理机制是什么？
7. 分析马斯洛的需要层次理论。
8. 什么是双因素理论？在实际中如何运用？
9. 什么是期望值理论？如何理解效价、期望值与激励力之间的关系？
10. 什么是强化理论？强化的类型有哪些？
11. 如何运用激励的手段与方法？
12. 讨论：高薪是否能留住人才？

二、案例思考与分析

案例一：奥斯特曼的沟通问题

联合制造公司总经理奥斯特曼对随时把本公司经济上的问题告诉雇员们的重要性非常了解。她知道，由于市场价格不断跌落，公司正在进入一个困难的竞争时期。同时她也清楚，为了保住她的市场份额，必须降低本公司产品的出售价格。

奥斯特曼每月向所有雇员发出一次定名为“来自总经理部”的信，她认为这是传递信息的一种好方式。然而，一旦出现了重要情况，她还要把各部门负责人召集到会议室里，在她看来，这样做会使这些负责人感到他们是管理部门的成员并参与了重大决策的制定。根据会议的礼仪规定，所有与会人员都要在预定时间之前就座，当奥斯特曼夫人进来时要起立致意，直至得到允许后再坐下。这次会议，奥斯特曼进来后只简单地点了点头，示意他们坐下。

“我叫你们都来，是想向你们说明我们所面临的可怕的经济形势。我们面对的是一群正在咬我们脚后跟的恶狼一样的对手。他们正在迫使我们以非常低的价格出售我们的产品，并且要我们按根本不可能实现的日期交货。如果我们这个大公司——自由企业的一个堡垒——还打算继续存在下去，我们所有的人就都要全力投入工作，齐心协力地干。下面我具体地谈谈我的意见。”

然后，奥斯特曼用严厉的目光向在座的人扫视了一下，似乎在看是否有人敢讲什么。没有一个人说话，因为他们都知道，发表任何意见都会被奥斯特曼夫人看成是持有不同意见。

首先，我们这里需要想象学。我们需要积极思想的人，而且所有的人都应当通力合作。我们必须要使生产最优化，在考虑降低成本时，不能对任何一个方面有所疏忽。为了实现降低成本的应急计划，我在公司外聘请了一个最高级的生产经理。

我们要做的第二件事是最大限度地提高产品质量。在我们这个企业里，质量就是一切。每部机器都必须由本部门的监督员按计划进行定期检验。只有经过监督员盖章批准后，机器才能开始运转，投入生产。在质量问题上，再小的事情也不能忽视。

在我的清单上所列的值得认真考虑的第三个问题是增强我们的推销员力量。顾客是我们这个企业的生命线，尽管他们有时不对，我们还是要态度和气地、灵活地对待他们。我们的推销员必须学会做生意，使每一次推销都有成效。公司对推销员的酬报办法是非常公正的，即使如此，我们还打算通过提高滞销货的佣金率来增加他们的奖金数额。我们想使这个意见在董事会上得到通过。但是，我们必须保住成本，这是不能改变的。

最后，我要谈谈相互配合的问题。这对我们来说比其他任何问题都更加重要。要做到这一点，非齐心不可。领导就是配合，配合就是为同一目标共同努力。你们是管理部门的代表，是领导人，我们的目标你们是知道的。现在让我们一起努力工作，并迅速地把我们的这项复杂的事情搞好吧！要记住，我们是一个愉快的大家庭。

奥斯特曼结束了她的讲话，参加会议的人都站了起来，静立在各自的椅子旁边。奥斯特曼收起文件，离开会议室朝她的办公室走去。

1. 奥斯特曼的沟通过程中存在哪些问题？应如何改进？
2. 在这个案例中，构成沟通障碍的除了语言因素之外，还有什么因素？
3. 假若这次会议由你安排，你打算怎样来保证双向的沟通？

案例二：“铁锅”与“钢盔”

第二次世界大战期间，美国将军亚德里安利用战斗间隙到战地医院探望伤员。他走进病房，静静地坐在病床边，倾听每一位伤病员讲述自己“死里逃生”的经历。其中一位炊事员说，他听到炮弹呼啸而来，就不假思索地把一口锅扣在自己头上，虽然弹片横飞，战友倒下了一大片，他却幸免一死。听到这里，将军略有所悟地点了点头，走到这位炊事员床前同他握手，脸上露出赞赏的微笑。

后来他发布一道命令：让每个战士都戴上一口“铁锅”。

于是，在人类战争史上，“钢盔”这个重要发明，就因为一位将军有耐心和雅量倾听一个炊事员的“唠叨”而诞生了。据说，这个别出心裁的“发明”，使7万余名美军在第二次世界大战中免于战死。

思考与讨论：

1. 倾听有什么作用？
2. 应怎样发挥倾听的作用

案例三：斯通先生是如何激励员工的？

1980年1月，在美国旧金山一家医院里的一间隔离病房外面，一位身体硬朗、步履生风、声若洪钟的老人，正在与护士死磨硬缠地要探望一名因痢疾住院治疗的女士。但是，护士却严守规章制度毫不退让。这位护士真是“有眼不识泰山”，她怎么也不会想到，这位衣着朴素的老者，竟是通用电气公司总裁，一位曾被公认为世界电气业权威杂志——美国《电信》月刊选为“世界最佳经营家”的世界企业巨子斯通先生。护士也根本无从知晓，斯通探望的女士，并非斯通的家人，而是加利福尼亚州销售员哈桑的妻子。

哈桑后来知道了这件事，感激不已，每天工作达16小时，为的是以此报答斯通的关怀，加州的销售业绩一度在全美各地区评比中名列前茅。正是这种有效的感情激励管理，使得通用电气公司事业蒸蒸日上。

思考题：这是一种什么样的激励？你的感悟是什么？

案例四：谁的字更好？

在南朝时期，齐高帝曾与当时的书法家王僧虔一起研习书法。高帝突然问王僧虔说："你和我谁的字更好？"王僧虔巧妙回答："我的字臣中最好，您的字君中最好。"高帝领悟了其中的言外之意，哈哈一笑，也就作罢，不再提这事了。

思考与讨论：在本案例中语言沟通发挥了怎样的作用？王僧虔的回答巧在何处？

三、实训建议

（一）阅读建议

1. [美] 亚伯拉罕·马斯洛《动机与人格》。
2. [美] 戴维·布尔库什《新管理革命》。
3. [美] 杰夫·科尔文《哪来的天才？》。
4. [美] 福克斯《超越积极思考》。
5. [日] 佐佐木圭一《所谓高情商 就是会说话》。
6. 蔡康永《蔡康永的说话之道》。
7. 魏江、严进《管理沟通——成功管理的基石》。

（二）实训建议

将全班同学分成若干组，分别走访企业、学校、医院等。

1. 调查和了解单位员工的工作情况；
2. 调查单位管理方面的制度，主要是与激励有关的管理制度；
3. 调查单位员工对上述制度的反应；
4. 与单位管理人员座谈讨论激励理论和方法在该单位的运用情况；
5. 写出个人的体会；
6. 全班同学进行讨论；
7. 给你所调查的单位提出有关激励方面的合理建议。

第七章 控制职能

PPT

知识目标：理解控制的概念、必要性和控制的原则，了解控制的内容、类型、过程及要求。

能力目标：掌握主要控制方法及达用环境。

思政目标：树立正确的控制观念；理解细节决定成败的控制思想；介绍国家在抗击疫情期间的防控政策；树立以防为主，防治结合的理念。提高学生的法律意识、规矩意识，提高思想道德水平，学习现代管理控制技术。

第一节 控制职能概述

【案例导入】

破窗理论

美国斯坦福大学心理学家詹巴斗的试验：他找来两辆相同的汽车，一辆停在比较杂乱的街区，一辆停在中产阶级社区；他把停在杂乱街区的那一辆的车牌摘掉，顶棚打开，结果一天之内就被人偷走了。摆在中产阶级社区的那一辆过了一个星期也安然无恙。后来，詹巴斗用锤子把这辆车的玻璃敲了个大洞，结果，仅仅过了几个小时，它就不见了。

后来，政治学家威尔逊和犯罪学家凯琳依托这项试验，提出了一个“破窗理论”。这一理论认为：如果有人打坏了一个建筑物的窗户玻璃，而这扇窗户又未得到及时维修，别人就可能受到暗示性的纵容去打烂更多的窗户玻璃。久而久之，这些破窗户就给人造成一种无序的感觉。那么，在这种公众麻木不仁的氛围下，犯罪就会滋生、蔓延。

请思考“破窗理论”对管理控制有什么启示？

一、控制职能的概念、地位及必要性

（一）控制和控制职能

“控制”一词的汉语解释是“掌握住不使任意活动或超出范围”。其字面意思如：“统制、限度、独揽、局限、把持、限制、执掌、左右、节制、克制、操纵、驾驭、掌握、把握、抑制、负责、掌管、截至、管制、支配”等。如：《魏书·太祖道武帝纪》：“昔朕远祖，总御幽都，控制遐国。”苏洵《衡论上·重远》：“其地控制东南夷、氐、蛮最为要害，土之所产又极富”等。

控制是人们按照给定的条件和目标，对事物及其活动过程施加影响。控制最初只运用于技术工程系统，自从美国学者诺伯特·维纳创立了控制论后，控制的概念被广泛应用于生命机体、人类社会和管理系统中。

控制论认为“控制”是为了改善某个或某些受控对象的功能或发展，需要获得并使用信息，以这种信息为基础而选出的，加于该对象上的作用。可见，控制是人们根据给定的条件和预定的目的，通过改变和创造条件，使事物沿着可能性空间内确定的方向发展。

管理是控制论应用的一个重要领域。管理过程就是控制过程。控制职能是管理者为了保证组织目标的实现，按照既定标准，对组织的要素、工作、活动及其过程进行检查、监督和调节的一系列管理活动的总称。在这里，“控制”含有核对、验证、调节、比较、行使职权、抑制、限制、协调等意思。控制职能是管理活动的主要职能之一，贯穿于管理过程。

（二）控制职能的必要性及其在管理中的地位

管理学家斯蒂芬·罗宾斯指出“尽管计划可以制定出来，组织结构可以调整使得更有效地达到目标，员工的积极性也可以通过有效的领导调动起来，但是，这仍然不能保证所有的行动都按计划执行，不能保证管理者追求的目标一定达到。因此，控制是重要的，因为它是管理职能环节中最后的一环”。

1. 控制职能的必要性

美国学者亨利·西斯克说“如果计划从来不需要修改，而且是在一个全能的领导人的指导之下，由一个完全均衡的组织完美无缺地来执行，那就没有控制的必要了”。事实上，这只是一个假设，而这一假设在复杂、多变的管理环境中是不可能存在的。一切事物都处在运动、变化和发展之中，世界就是一个无限变化和永恒发展的物质世界。正如所谓“兵无常势，水无常形”（《孙子》），“一切都在流动着，一切都在变化着，每一个事物都包含着自己消灭的萌芽”（《亨利克·易卜生》）。可见，变化是事物的常态，变化会带来一系列不确定。

（1）环境变化。组织目标实现与不确定的组织内外部环境的变化相关。组织应当按照管理环境的变化，及时调整组织目标的实现程度、实现方式、实现标准及管理方式。

（2）人的因素。一方面，组织是由众多人组成的，人的思想、态度、知识、技能、心理等的差异性、变化状态，必然对组织活动带来影响，从而影响着组织活动进行和目标的实现；另一方面，对事物认识的局限性，决定了人们不可能制定出“天衣无缝”“十全十美”的计划和决策，在组织、领导、控制、创新的过程中也不可能完美，总会出现失误或错误。这一切都为组织目标的实现增加了不确定性因素。

（3）管理权力的分散和管理者能力的差异。组织规模的扩大化趋势，客观上要求实行分权制管理，从而在组织内部形成了若干个管理层次和若干个权力中心。各级、各部门的管理人员都有相应的职权，但由于各管理人员的管理理念、管理素质及其能力等方面客观上存在差异性，使他们在理解高层领导的决策意图、在执行组织决定、处理内部事务方面不可避免地与组织目标产生矛盾，成为组织目标实现的障碍。

2. 控制职能在管理中的地位

控制职能在管理活动中具有十分重要的地位和作用。

（1）控制职能作为管理的五大职能之一，具有特殊性作用。控制职能是保障性职能，它能保证决策、组织、领导、创新职能的有效性。同时控制职能的正常发挥也有赖于决策、组织、领导、创新职能的发挥，后者是前者的基础。

（2）控制职能的正常发挥能提高管理工作的应变性，预防和减少管理工作的失误，保证组织运行的秩序和协调。

可见，控制是客观存在的和十分必要的，它是现代管理的重要职能，任何组织都需要控制，组织的一切活动都必须经过控制。这是管理的客观要求，是不以人的意志为转移的规律。

二、控制的主要内容

管理对象必然是控制对象。组织活动中，事事需要控制、人人需要控制、时时必须控制。控制工作的内容无所不包，一切控制对象中都包含若干具体控制对象和控制要素。以生产控制为例。生产控制中包括了生产计划控制、人员控制、生产物料控制、资金控制、技术控制、产量与进度控制、质量控制、生产工艺控制等。下面从企业的视角介绍几项控制要素。

（一）人员控制

人员控制是组织控制工作的重点。人员包括对组织内所有人员的控制。人员控制首先要求加强人员的思想教育、道德教育，使他们树立爱党、爱国、爱集体、爱组织的价值观，能自觉遵守组织的规章制度；其次要加强对人员的培训教育，使他们具备岗位工作的基本能力和发展能力，掌握新知识，新技能，激发他们的积极性、自觉性、主动性、创造性。再次要对管理人员的管理行为实施控制，要求管理人员有效行使权力，防止滥用权力和消极腐败现象。最后，加强对人身安全的有效控制，主要包括控制各种工伤事故和职业病的发生，保证人的健康和安全。

（二）资金、物料控制

组织要管理好用好资金，遵守国家的财经政策和法律制度。保证组织活动对资金的需求；合理使用，防止非法使用和资金浪费，控制资金运营成本，提高资金投入效益。

对物料的控制要求是，保证组织活动对所需物料的需要；合理使用，合理储存，合理控制物料消耗，防止资产流失；做好物料安全控制工作，防盗、防火、防霉变、防破坏等。

（三）时间控制

时间控制的目的是：合理安排组织的各项工作，提高时间利用率，高效率地实现组织目标。

时间控制在企业生产管理中表现为对生产周期、生产进度、原材料的投入时间、产品的产出时间、产品工艺时间、交货期、上下班时间等。时间控制的目的是：一是缩短产品生产周期，减少制造单位产品的工时消耗；二是使劳动对象在车间之间、班组之间、工地之间的运动在时间上相互衔接和配合。时间控制的意义是提高了工时利用率，降低了生产成本，保证了企业按期交货，维护了企业的声誉，维护正常的组织秩序。

时间控制的关键是确保组织各项活动符合预定的时间表。此外，时间控制应坚持弹性原则。

【实训课堂 7－1】

准时化生产方式和精益生产

准时生产方式（Just In Time，JIT），是日本丰田汽车公司在20世纪60年代实行的一种生产方式。JIT是指在需要的时间和地点，生产必要数量和合格质量的产品和零部件，不提前生产、不超量生产，达到用最少的投入实现最大产出的目的。JIT的核心是追求一种无库存的生产系统，或使库存达到最小的生产系统。JIT方式的目标是实现无废品、零库存、零准备时间、提前期短和少搬运。

精益生产（Lean Production，LP）也叫作精良生产。精益生产是指运用多种现代管理方法和手段，以社会需求为依据，以市场需求的品种、数量、时间和质量来拉动企业生产的品种、数量、时间和质量，充分发挥人的作用，有效配置和合理使用企业资源，最大限度地为企业谋求经济效益的一种新型生产方式。精益生产方式的核心是消除一切无效劳动和浪费。在生产过程中要降低成本，提高质量，提高生产的灵活性，实现无废品和零库存。

实现精益生产的基本手段是：进行组织人事改革，精简人员，实现组织机构的扁平化；推行均衡生产，实现零库存与柔性生产；开展全面质量管理，实现零缺陷；加强成本管理，降低费用，实现零浪费。

（四）数量控制

数量是管理控制的主要内容之一。管理者只有对管理工作内容做到心中有“数”，才能够把握全局，有的放矢。如人员数量、销售量、生产量等。数量控制的关键是要确定合理的数量标准。同时，要处理好各相关数量的综合平衡关系。

（五）质量控制

一切工作都有质量问题。如产品质量、工作质量、服务质量、人员培训质量等。质量控制的要求是：制定科学的质量标准，坚持全面质量管理；树立全员质量管理意识，做有质量的人，干有质量的事。质量控制的方法主要是各类统计方法，如排列图法、直方图法、控制图法和全面质量管理的PDCA循环法等。

（六）信息控制

信息是组织的重要资源，也是控制的依据和对象。加强信息控制就是要按照及时、准确、经济、安全、适用的原则搜集、处理、传递、储存、使用信息；加强对文件、档案、商业秘密、技术资料等的安全控制。在现代信息化社会里，信息在组织运行中的作用日益重要，不精确、不完整、失实的信息会降低组织效率。组织要建立现代管理信息系统，提高信息控制水平。

【思政课堂7-1】

违反《中华人民共和国保密法》规定的责任

违反《中华人民共和国保密法》规定，有下列行为之一的，依法给予处分；构成犯罪的，依法追究刑事责任：

非法获取、持有国家秘密载体的；买卖、转送或者私自销毁国家秘密载体的；通过普通邮政、快递等无保密措施的渠道传递国家秘密载体的；邮寄、托运国家秘密载体出境，或者未经有关主管部门批准，携带、传递国家秘密载体出境的；非法复制、记录、存储国家秘密的；在私人交往和通信中涉及国家秘密的；在互联网及其他公共信息网络或者未采取保密措施的有线和无线通信中传递国家秘密的；将涉密计算机、涉密存储设备接入互联网及其他公共信息网络的；在未采取防护措施的情况下，在涉密信息系统与互联网及其他公共信息网络之间进行信息交换的；使用非涉密计算机、非涉密存储设备存储、处理国家秘密信息的；擅自卸载、修改涉密信息系统的安全技术程序、管理程序的；将未经安全技术处理的退出使用的涉密计算机、涉密存储设备赠送、出售、丢弃或者改作其他用途的。

有前款行为尚不构成犯罪，且不适用处分的人员，由保密行政管理部门督促其所在机关、单位予以处理。

资料来源：《中华人民共和国保密法》。

（七）安全控制

对组织活动中人、财、物、信息、技术等进行的安全保障。如：人身安全控制、资金安全控制、财产安全控制、信息安全控制、交通安全控制等。加强安全控制有利于组织活动的正常运行，有利于保障人民生命财产，节约社会资源。

三、控制的类型

控制内容复杂多样。管理学上一般按一定标准将控制分为若干类型，不同控制类型的控制重点、控制目标、控制方法、控制时机等，各不相同。管理者应当根据不同控制类型的特点实施有效控制。

（一）按照控制的时机和目的，将控制分为事前控制、事中控制、事后控制

1. 事前控制

事前控制也叫前馈控制，是指在一项工作或活动开始之前实施的控制。事前控制包括调查研究、制订计划、落实计划；进行计划执行前的条件准备（资金、技术、舆论、制度）、控制标准、人员培训、人员配备、消除隐患、动员宣传等。事前控制要求管理人员

重视行动之前的调查研究和可行性分析，并事先对各种可能出现的偏差采取预防或校正措施，保证工作达到预期效果。事前控制的目的是“预防”。

事前控制还要求提高管理工作的预测性，通过对工作实施之前的内外部环境的分析，结合相关经验，发现不确定性问题或隐患，及时解决或制订应对方案。

【思政课堂 7－2】

“我们决不当李自成”

1944 年 3 月，郭沫若的《甲申三百年祭》一文在重庆《新华日报》发表后，毛泽东十分赞赏，将该文作为整风文件看待，指示延安《解放日报》转载，并在各解放区印单行本。北平和平解放后，党中央从西柏坡迁往北平途中，毛主席立下“进京‘赶考’去”“我们决不当李自成”的誓言。

1948—1949 年是中国革命胜利曙光初现的历史转折时刻。三大战役取得伟大胜利，党领导的人民革命在全国胜利已成定局，建立中华人民共和国的任务被提上日程。面对这个重大历史转折，党中央和毛泽东同志深刻认识到，必须使全党同志在胜利面前保持清醒头脑，在夺取全国政权后经受住执政考验，防止出现骄傲自满、贪图享乐、脱离群众而导致人亡政息的危险。在党的七届二中全会上，毛泽东同志向全党发出了“两个务必”的号召：“务必使同志们继续地保持谦虚、谨慎、不骄、不躁的作风，务必使同志们继续地保持艰苦奋斗的作风。”

2. 事中控制

事中控制也称为同步（期）控制、过程控制。这一阶段是从计划下达到计划执行结束的全过程。是管理人员对组织活动过程或一项工作的实施过程进行观察、检查、监督和纠正的过程。具体方法有两种：

（1）管理人员根据各部门汇报的材料和有关部门生产、销售、财务、统计等报表进行分析研究，发现问题，及时纠正。

（2）现场控制。管理人员深入工作现场，检查工作，发现问题，指导工作，及时解决问题。管理人员应当善于进行现场控制。现场管理的内容因管理对象不同而不同。以生产现场管理为例，主要有：作业现场管理、文明生产、现场质量管理、现场设备管理、现场生产成本管理、现场计划与控制、劳动组织与班组管理、岗位责任、现场诊断、环境卫生等。

现场控制要求管理人员对工作执行中出现的偏差及时发现、及时了解、及时解决。现场控制的意义是：首先，管理人员在工作现场，能及时发现工作偏差，与现场工作人员共同分析偏差的原因，方便管理人员当面指导工作，及时纠正不正确的工作方法或其他错误，防止错误蔓延；其次，领导者在现场管理中，亲自指导、亲自示范，既培养员工的工作能力，又能密切上下级关系。

提高现场控制的效果，需要解决好三个问题：选择敬业、忠诚、业务精通、有管理能力、应变能力强的管理人员；赋予现场控制人员必要的和足够的权力；现场控制人员应多听取工作一线人员的意见或直接向上级组织请示，征求上级领导的意见。

【实训课堂7-2】

走动管理

走动管理的概念来源于美国管理学者汤姆·彼得斯与罗伯特·沃德曼的著作《追求卓越》。书中指出，在卓越的知名企业中，管理人员不是成天待在办公室中等候下属的报告，而是在日理万机之余，经常到各个单位或部门走动。管理人员应该至少有一半的时间走出办公室，了解员工的工作状况，并给予加油打气。走动管理要求管理人员必须敏锐地观察到工作的情境与人员，勤于搜集最新信息，进行最佳判断，及早发现问题并解决问题。

3. 事后控制

事后控制也称成果控制、反馈控制，是在一项工作完成后进行的控制。事后控制有两项功能：一是在工作结束后及时总结经验和教训，指导未来工作；二是通过事后控制，评价部门和人员工作业绩、确定人员的报酬分配、岗位（晋升、转换）、辞退等。事后控制的关键是要求搜集工作过程的全部资料。事后控制的方法多种多样，如工作报告、座谈会、书面总结、经验交流会等。

财务分析、成本分析、质量分析、员工评价、绩效评价等是成果控制的重要内容。

事前控制、事中控制、事后控制三个阶段是相互联系的整体，在时间上依次进行，在空间上同时并存。对一项工作实施事前控制、事中控制、事后控制体现了控制工作的全面性、全过程性和连续性的要求。

（二）按照控制的性质，将控制分为预防性控制与纠正性控制

1. 预防性控制

预防性控制是管理者为了防止错误的产生或损失扩大所进行的预先控制。例如，企业制定规章制度、操作规程、对人员进行岗前培训，在人员招聘中对应聘人员进行笔试、面试以及心理、身体测试等。预防性控制和事前控制有区别。前者是指在错误发生前、不利因素产生前的控制工作，它强调对组织工作的每一个阶段的错误的预防。后者虽然具有预防性的功能，但它强调的是在工作开始前所进行的控制工作。

2. 纠正性控制

纠正性控制，是指当出现偏差时，及时采取有效措施，使其达到或符合事先确定的标准或符合管理者所希望的结果。纠正性控制在现实工作中具有普遍意义。

（三）按照控制所采用的方式，将控制分为集中控制、分散控制、分层控制

1. 集中控制

集中控制是指整个组织建立一个中央控制中心，由这个控制中心对组织全部信息进行统一加工、处理，再由这个中央控制中心，发出指令，操纵组织所有管理活动的控制方式。组织规模小、信息量少，组织的信息处理技术水平高，采用集中控制有利于提高控制工作的效率，实现组织活动的统一性、协调性。

2. 分散控制

分散控制是将组织控制工作的职权分散到各部门、各工作环节的一种控制方式。规模较大的组织，各部门具体情况有别，信息量大且复杂，适宜于分散控制。实行分散控制，既有利于各部门因地制宜，区别管理，也有利于及时控制，提高控制效率。但分散控制容易在组织内部出现控制标准不一致、控制方法不统一等现象。

3. 分层控制

分层控制是发挥各管理层次的作用，使不同层次的管理者获得相应控制权。分层控制要求制订统一标准。分层控制体现了统一领导，分级管理的原则。

此外，按逻辑发展划分有试探性控制、经验控制、推理控制和最优控制；按控制源有正式组织控制、群体控制和自我控制；按照控制的手段有直接控制和间接控制两种类型等。

【实训课堂 7－3】

发挥大数据在疫情防控中的作用

在新型冠状病毒感染的肺炎疫情期间，疫情防控工作已进入关键时期，为内防扩散、外防输出，运用大数据分析，支撑服务疫情态势研判、疫情防控部署以及对流动人员的疫情监测、精准施策。

新时代卫生健康工作需要融入新理念、新方法、新技术，利用信息技术推动工作特别是做好疫情科学防控。卫生健康部门要加强与新型研究机构的合作，发挥信息技术作用，切实将传染病防控关口前移，从医疗机构深入到社区、学校、企事业单位中，实现真正的“多点触发预警、智能防控管理”。

对使用自然语言的医疗工作场景，要充分发挥人工智能技术的分析作用，最大化地挖掘数据价值。要通过新兴信息技术的应用，有效提升基层医疗卫生服务能力和水平，运用新技术解决实际问题。

资料来源：中华人民共和国国家卫生健康委员会网站。

在线测试

第二节 控制原则与过程

【案例导入】

道路交通安全违法行为记分管理办法（节选）

根据交通违法行为的严重程度，一次记分的分值为 12 分、9 分、6 分、3 分、1 分。机动车驾驶人有下列交通违法行为之一，一次记 12 分：

饮酒后驾驶机动车的；

造成致人轻伤以上或者死亡的交通事故后逃逸，尚不构成犯罪的；

使用伪造、变造的机动车号牌、行驶证、驾驶证、校车标牌或者使用其他机动车号牌、行驶证的；

驾驶校车、公路客运汽车、旅游客运汽车载人超过核定人数百分之二十，或者驾驶其他载客汽车载人超过核定人数百分之百的；

驾驶校车、中型以上载客载货汽车、危险物品运输车辆在高速公路、城市快速路上行驶超过规定时速百分之二十以上，或者驾驶其他机动车在高速公路、城市快速路上行驶超过规定时速百分之五十的；

驾驶机动车在高速公路、城市快速路上倒车、逆行、穿越中央分隔带掉头的；

代替实际机动车驾驶人接受交通违法行为处罚和记分牟取经济利益的。

资料来源：《道路交通安全违法行为记分管理办法》。

一、控制的基本原则

（一）全面控制的原则

任何组织的活动都是由无数个具体工作、事项、环节组成，由具体的部门和人来完成的。控制工作的全面性原则要求对这些具体工作、事项、环节、部门、人员实施控制。即对涉及组织活动、工作的所有领域的人和事都应实施控制，做到控制工作全覆盖。包括了活动要素的全面性、活动过程的全面性、活动时间的全面性等。

全面控制是保证管理效果的理想原则，是管理工作的客观要求，但在实践中，由于经济、技术和人的原因，有时候，全面控制工作不必要或不可能实施。

（二）重点控制的原则

重点控制是指在全面控制的基础上，在控制工作的某一个阶段、某一个时期，组织应该抓住事物的主要矛盾，寻找影响组织工作的关键工作、关键事项、关键环节、关键人、关键时间、关键区域等关键因素进行控制。这就要求管理人员善于发现工作中的“关键因素”。重点控制有利于节约控制费用，提高控制效率。

（三）适时控制的原则

适时控制是指在适当的时机进行控制。它具有及时控制的含义但又不同于及时控制。控制时机选择是管理者智慧、经验、责任、能力的综合体现。

（1）适时控制要求管理者善于调查研究、科学预测，及时发现问题和矛盾，及时制定对策，及时应变，做到预先控制，防患于未然。

（2）适时控制要求管理者在组织活动或工作出现偏差时，能迅速发现并判明问题的性质、原因、后果，及时纠正，以防止“偏差”蔓延，防止个别性“偏差”发展为全局性“偏差”。

（3）适时控制要求管理者面对“偏差”，尤其是例外性、偶然性“偏差”，在无法判别其性质、原因、后果时，不盲目行动，要慎重对待，区别对待。有的“偏差”可能是有益的。

（四）弹性控制的原则

弹性控制的原则是指控制的标准、方法、程度应该随着客观环境的变化而变化。弹性控制要求管理者以实现组织管理目的为导向，具有“具体问题具体分析”的智慧和能力，具有原则性和灵活性相结合的责任担当。

（五）全员参与的原则

控制工作不仅是管理者的责任。控制工作人人有责，它要求组织全体成员严格要求自己，自觉遵守组织规章制度，学习业务，提高水平，既要做好本职工作，又要善于配合其他人或其他部门的工作。还要以主人翁的责任感积极参与组织的各项管理工作。组织应该调动其成员的民主意识，在组织重大决策、重要政策的制定等方面听取成员的意见和建议。实行内务公开，如财务公开、人事管理公开、分配方案公开等，自觉接受群众的监督、质询。让群众发现问题，请群众出谋划策解决问题，这样才能提高控制工作的全面性、及时性、权威性，提高控制的效果。此外，社会组织也应当欢迎组织外的公众对组织的监督、批评。如新闻媒介、顾客投诉等。

（六）服从全局的原则

在组织活动中，始终存在着各部门、各管理人员为了本部门或个人利益而各自为政，以个别标准而不是以组织的统一标准衡量部门工作或个人工作，这就是所谓的个人主义、部门主义、地方保护主义。控制工作服从全局，要求组织的各部门、各管理人员应该树立系统观念、全局意识，集体主义精神。处理一切问题的出发点都应看是否对社会和组织的事业有利，是否有利于实现组织整体利益、长远利益。坚持国家利益优先、组织利益优先，个人服从集体。

（七）综合控制的原则

任何一种控制方法的功能都有强弱、优劣之分。为保证控制效果，就必须进行系统控制，坚持综合控制的原则，“避免头痛医头，脚痛医脚的现象”。这就要求：实行连续控制，把事前、事中、事后控制相结合；多种方法并用，将行政、经济、法律、教育、组织文化建设、技术等手段结合运用，发挥各种手段的优势；调动各控制主体的积极性，将领导与群众、高层管理者与基层管理者、职能部门与综合部门、内部控制与外部控制、自我控制与相互监督控制相结合。

二、控制过程

控制过程可分为三个阶段：确立标准、衡量对象、纠正偏差。

（一）确立标准

控制必须有标准，确立控制标准是控制过程的首要环节。标准是衡量工作成效的规范和依据。控制标准是管理者检查和衡量实际工作及其结果的规范，是判断事物的对与错、好与坏的依据。标准应当具有客观性、可测量性和动态性。

1. 控制标准的内容

控制标准和控制范围是一致的，所有受控对象都应该有相应的控制标准。每个受控对象根据需要与可能设置若干个控制标准，形成标准体系。一般包括数量标准、质量标准、综合标准、时间标准、公众评价标准；组织内部标准、组织外部标准（国际标准、国家标准、部门标准等）；强制标准与参考标准；定量标准与定性标准；财务标准、人力标准、产品标准；实物量标准、价值量标准等。一系列标准因管理的控制范围不同而有所不同。

【实训课堂 7-4】

麦当劳公司提供的服务

美国麦当劳公司提供服务的最高标准是质量（Quality）、服务（Service）、清洁（Cleanliness）和价值（Value），即 QSC&V 原则。这是最能体现麦当劳特色的重要原则。为此，公司制定的工作标准是：95%以上的顾客进餐馆后 3 分钟内，服务员必须迎上前去接待顾客；事先准备好的汉堡包必须在 5 分钟内热好，并供应顾客；服务员必须在就餐人员离开后 5 分钟内把餐桌打扫干净等。

2. 控制标准来源

管理的控制标准种类繁多，有的标准是约定成俗的，如有关礼仪规范、风俗习惯和社会道德等标准；有的标准是由国家、政府制定的，如国家法律；有的标准是组织制定的；有的标准随着社会政治、经济、技术、文化的发展而不断调整。不同的标准有不同来源。

（1）直接采用法。对于国家、政府所制定的法律、制度等强制性规范、标准，组织要严格照章办事，不得更改，更不能违反。对科学实验的标准也应当直接采用。

（2）借鉴法。组织向先进组织、行业取经、学习，并结合本组织的实际制定相应的控制标准。

（3）协商法。组织与合作者通过谈判、协商，形成双方或多方在合作过程中共同遵守的标准。如交货期等。

（4）统计资料分析法。在对组织相关历史数据分析的基础上，结合组织环境、管理水平、技术条件等变化情况制定新标准。使用这一方法的关键，一是确保历史资料全面、准确、可靠；二是要考虑客观环境变化对管理提出的新要求；三是确保新标准不低于当时社会平均水平。

（5）经验估计法。这是对缺乏充分数据资料的管理对象所采用的一种方法。管理者召集有经验的管理人员、技术人员、销售人员等，依据他们的实际工作经验，通过会商的办法来制定相应标准。

（6）工程标准。这是以准确的技术参数和实际测量的数据为基础来制定标准的一种方法。技术标准准确性高，具有较强的稳定性，所以，在企业中一般都采用标准文件的形式把它法律化。

（二）衡量对象

组织活动过程就是执行标准的过程，是按照标准开展工作，用标准衡量工作结果，并不断纠正偏差的过程。衡量对象就是对实际工作的结果与标准进行比较，评价工作成效。

衡量控制对象的目的是：全面了解实际工作进展情况，掌握计划的执行进度；发现工作成效与控制标准之间的差异，找出组织目标和计划在实施中的问题，为纠正偏差和改进工作提供依据；为管理人员评价和奖励下级提供依据等。

1. 建立控制的信息反馈系统

管理者要及时、全面掌握有关衡量结果的准确信息。一方面，组织必须建立有效的信息反馈系统，使反映实际工作情况的信息适时地传递给管理人员，及时与标准比较，及时发现问题；另一方面，信息系统应及时将偏差信息传递给与被控制活动有关的部门和个人，让他们及时了解自己的工作状况、为什么出现这种状况？怎么办？建立信息反馈系统，不仅有利于保证预定计划的实施，而且能防止基层工作人员把衡量和控制视作上级检查工作、进行惩罚的手段，从而避免产生抵触情绪。

（1）设置专职、专业检测人员或机构。如商品质量检验机构或人员、工程质量监理人员等。他们可以直接把各自控制范围内的检测结果及时报告给主管领导。

（2）视察。管理者亲自视察、深入工作现场对重要工作、工程、人员进行直接检查，以获取有关信息。

（3）听取汇报。管理者通过会议听取汇报。让各部门管理者汇报工作进展、成绩、经验、问题，既有助于管理者了解各部门工作情况，又有助于加强部门间的配合协作。

（4）组织要鼓励其成员通过不同方式向有关管理人员反映有关工作结果的信息。

（5）查阅资料。管理人员要善于利用报表、统计资料、档案等，了解工作情况，分析研究并发现问题。

（6）抽样调查。抽样调查是一种非全面调查，它是从全部调查研究对象中，抽选一部分单位进行调查，并据以对全部调查研究对象作出估计和推断的一种调查方法。管理者运用这一方法了解工作实际能节省调查成本及时间。

2. 确定适宜的衡量方式

（1）衡量手段。组织要明确衡量手段。如产品检验可以采用感官检验和仪器检验。

（2）衡量地点。现场衡量还是第三地衡量。衡量地点要按照组织的技术条件和衡量目的来确定。

（3）衡量数量。是采取全面衡量、重点衡量还是抽样衡量。既要考虑到技术上的可能性，也要考虑成本费用。

（4）衡量频度。控制过多或不足影响控制的有效性。衡量频度过高，管理人员工作负担重，被管理者精神高度紧张，控制费用高。衡量频度过低，不能及时发现问题，下属容易松懈。一般来说，社会组织可以根据控制工作的要求确定定期衡量和随机衡量的方式。例如：国家每10年进行一次全国性的人口普查。

（5）衡量者。由领导衡量、群众衡量、自我衡量、专家衡量、内部人员衡量还是外部人员衡量等。

（三）纠正偏差

依据科学标准，利用科学方法，对工作结果进行衡量，会产生两种不同的结果。一是工作结果与客观标准相吻合，这表明组织活动的运行符合预定的设想。这时，组织应该按原来的设想，维持这一运行态势，并继续对这一运行过程进行监测。二是工作结果与客观标准不一致，发生偏差。这就需要分析偏差原因，纠正偏差。

1. 分析和评估产生偏差的原因

偏差分为两种。一是正偏差，这是指实际工作结果超过了计划和有关标准的要求。二是负偏差，这是指实际工作结果未达到计划和有关标准的要求。两种偏差的原因都要高度重视。

（1）正偏差。出现正偏差的原因较多，例如：制定的计划指标或标准偏低；客观环境好转，有利于组织目标实现；执行者的努力或采用了新技术、新方法等。这就要求组织依据变化了的实际及环境的变化趋势，修改原计划、修订原标准，推广先进的工作经验、技术、方法，抓住有利时机促进组织各项工作上台阶。

（2）负偏差。出现负偏差的原因也是多方面的。例如：计划或标准制定过高；客观环境发生了不利于目标实现的变化；工作人员能力不足或工作不努力；管理人员或领导工作出现失误；思想不统一，部门之间协调不好，等等。

在找出发生偏差的原因后，还需要对这些原因进行正确评估。以确定这些原因对实现组织目标影响的程度：严重的还是一般的；是偶然的、暂时的原因还是持久的原因；个别性原因还是普遍性原因；主要原因还是次要原因；多个原因还是单一原因。评估这些原因时，要考虑到社会政治、经济、军事、文化、法律、技术、竞争、自然、国际合作等因素的变化。

2. 纠正偏差的一般要求

纠正偏差是控制工作的关键。管理者要按照不同偏差、不同原因、不同性质，选择适当时间，采取不同措施，纠正偏差。其主要措施有以下几方面：

（1）提高管理水平，加强和改善管理。

（2）做好成员的思想工作，统一思想认识，协调部门关系。

（3）改进工作方法或采用先进技术。

（4）正确评估环境，调整或修改原有计划或标准。

（5）正确使用人才，培训人员，提高人员的工作能力和积极性，鼓励创新。采用经济、行政、法律、教育等手段加强对人员的管理，降低因人员的思想、技术、态度等因素，导致偏差发生的频率。

（6）提倡自我控制。在组织内部要形成一种风气，即遇到问题不推诿，人人都应该具有承担责任的勇气，尤其是组织领导者、各级管理人员、直接责任人。要善于发现自己工作中的不足，并及时改正。

纠正偏差后，控制工作并未结束，而是伴随着组织系统的运行继续发挥作用。因为，事物在发展过程中会产生大量矛盾，旧矛盾解决了，新矛盾又会产生。只要组织活动在进行，控制工作就无止境。

在线测试

第三节 控制方法

【案例导入】

滑坡之后

1976 年香港龙秀茂坪一处填土坡在大雨中坍塌，造成 18 人死亡，24 人受伤。这场灾难发生的地点，正是1972年6月18日发生过滑坡事故的秀茂坪，而且是同一个填土坡。

1972年，突如其来的山泥，盖住了秀茂坪70多间木屋，造成71人死亡。这天被称为“香港历史上滑坡泥石流灾害最惨痛的一页”。

然而，直到4年后，同一个填土堆再次坍塌，政府的重视才姗姗来迟。

由国际岩土工程领域专家组成的独立调查团队来到了秀茂坪。专家发现，这堆填土的压实度颇低，其地面以下两米的深度内，压实度只有75%左右；当这样的土堆遭遇雨水渗透，边坡的稳定性就会受影响。

根据专业人士给出的报告，填土堆被重新开挖，再以95%以上的标准压实；坡底的排水管经过改造，而坡面被覆盖上了砂浆与混凝土。

在专家的建议下，1977年，香港土力工程处正式成立，从此，香港的每一个土坡背后，都有他们的监测与维护。香港开始规定，堆填肥料要压实泥沙，并在废料表面铺上加固物，稳定斜坡；即便在专门的填料库堆填泥土，其高度也严格限制了不准超过30米，并且坡度不能超过30°。

进入21世纪，香港已经拥有世界一流的斜坡治理经验与安全系统。香港约有2700个天然山坡有着潜在的滑坡危险，虽然远离居民区，但是靠近公路的填土坡，万一滑坡的时候正好路过一个人、一辆车，怎么办？关系每个人的生命安全，政府需要去保护的。

香港特区政府将斜坡安全教育列入了学校的地理课程。

如今，香港每年发生山泥倾泻事故约300起，比起秀茂坪填土坡滑坡的那个时代，这类事故的数量减少了75%。

2014年全年，香港接获237宗山泥倾泻事故报告，没有任何人员伤亡——这个数据，是一个填土坡旁的两场惨剧，与无数专业人士的努力才换来的。

管理控制的方法多种多样。任何一种方法都有其适用对象和范围，各种方法又各有优点和缺点，任何一种方法的单独运用，都难以达到理想的控制效果。管理者要按照控制对象的不同，选择不同的控制方法，并且要善于系统思考，善于运用多种方法实施综合控制。本教材介绍行政方法、经济方法、法律方法、教育方法、技术方法和其他方法。

【思政课堂7-3】

公务员法（节选）

公务员或者公务员集体有下列情形之一的，给予奖励：忠于职守，积极工作，勇于担当，工作实绩显著的；遵纪守法，廉洁奉公，作风正派，办事公道，模范作用突出的；在工作中有发明创造或者提出合理化建议，取得显著经济效益或者社会效益的；为增进民族团结，维护社会稳定做出突出贡献的；爱护公共财产，节约国家资财有突出成绩的；防止或者消除事故有功，使国家和人民群众利益免受或者减少损失的；在抢险、救灾等特定环境中做出突出贡献的；同违纪违法行为作斗争有功绩的；在对外交往中为国家争得荣誉和利益的；有其他突出功绩的。

公务员应当遵纪守法，不得有下列行为：散布有损宪法权威、中国共产党和国家声誉的言论，组织或者参加旨在反对宪法、中国共产党领导和国家的集会、游行、示威等活动；组织或者参加非法组织，组织或者参加罢工；挑拨、破坏民族关系，参加民族分裂活动或者组织、利用宗教活动破坏民族团结和社会稳定；不担当，不作为，玩忽职守，贻误工作；拒绝执行上级依法作出的决定和命令；对批评、申诉、控告、检举进行压制或者打击报复；弄虚作假，误导、欺骗领导和公众；贪污贿赂，利用职务之便为自己或者他人谋取私利；违反财经纪律，浪费国家资财；滥用职权，侵害公民、法人或者其他组织的合法权益；泄露国家秘密或者工作秘密；在对外交往中损害国家荣誉和利益；参与或者支持色情、吸毒、赌博、迷信等活动；违反职业道德、社会公德和家庭美德；违反有关规定参与禁止的网络传播行为或者网络活动；违反有关规定从事或者参与营利性活动，在企业或者其他营利性组织中兼任职务；旷工或者因公外出、请假期满无正当理由逾期不归；违纪违法的其他行为。

处分分为：警告、记过、记大过、降级、撤职、开除。

资料来源：《中华人民共和国公务员法》。

一、经济方法

（一）经济方法的概念与形式

经济方法是根据客观经济规律，运用各种经济手段，调节各利益主体之间的利益关系，对利益主体进行利益导向和利益约束，以影响利益主体的行为而实施的一系列经济手段的总称。利益主体既包括个人、团体、社会组织，也包括社会组织内部各部门等。经济方法的实质是在管理活动中贯彻物质利益原则。它具有普遍适用性。

经济方法的主要形式是：价格、税收、信贷、利息、工资、奖金、津贴、罚款、定额、预算、审计等。

（二）经济方法的运用

正确运用经济方法有利于调动人们的积极性，增强人们的经济责任意识。

1. 遵循客观经济规律，讲究经济效益

遵循客观经济规律是一切经济活动所必须遵循的首要原则。运用各种经济杠杆，制定各项经济指标，必须研究规律、认识规律、符合规律。要重视经济核算，讲究经济效益。用科学的经济指标对劳动成果、劳动消耗进行评价。

2. 奖惩结合

奖勤罚懒，奖优罚劣，奖惩结合是提高经济方法使用效果的重要手段。

3. 经济方法与其他方法相结合

经济方法在运用中有许多不足。经济方法与其他方法结合使用，实现各种方法之间的协作性、互补性，就能扬长避短。经济方法与行政方法结合有利于实现直接管理与间接管理结合，强制性与利益性结合，提高管理效率；经济方法与法律方法结合，实现奖励机制与惩罚机制的制度化，规范化，能防止人为因素的影响；经济方法与教育方法相结合，有利于提高人们的思想觉悟，避免“一切向钱看”的不良倾向。

二、行政方法

（一）行政方法的概念与形式

行政方法是最古老和最基本的管理方法。行政即行使政治权威。行政方法是指依靠行政组织的隶属关系、权威和领导者的权力直接指挥下属工作。行政方法简单易行，作用范围广，适应性强。其实质是通过行政组织中的职务和职位进行直接管理。强调职责、职权、职位，要求下级服从上级。行政方法具有权威性和强制性特点。

行政方法的一般形式是：命令、指示、规定、指令性计划、决议、决定和通知等方式。

（二）行政方法的运用

1. 提高领导者的素质

提高行政方法的有效性，就要提高领导者的综合素质，为权力部门配备德才兼备的领导者。领导者还必须有服务一线，服务基层，服务群众的态度和精神，认真履行法律赋予的权力，依法行政。

2. 完善组织结构

按照精简、统一、效能、责权利一致的原则建立完善的内部组织系统。避免出现多头领导、多头指挥的现象。正确处理统一领导和分级管理的关系，充分调动各方面的积极性。

3. 重视调查和协商

组织在运用行政手段之前，一方面要学习相关政策、法律，重视调查研究，制订科学合理的政策、决策；另一方面，行政领导者在安排工作、下达命令、进行指挥时可以运用协商、说服的方法，以达到良好的行政指挥效果。

4. 行政方法与其他方法相结合

管理者在运用行政方法的同时，要求有经济方法、法律方法、教育方法的配合，以发挥各种方法的优势。法律规定原则问题，行政手段组织具体实施，经济方法进行激励。

三、法律方法

（一）法律方法的概念与形式

法律方法，亦称法治。它是管理者利用法律手段调整、规范社会组织或人们的思想和行为的一种管理方法。即对管理对象进行规范导向和规范约束的方法。法律方法具有强制性、规范性、稳定性特点。

法律方法的主要形式是：法律的制定和实施。一是国家、政府部门所制订的法律、规定、条例、命令、指示、标准等。二是组织内部的一系列规章制度，如章程、规范、规程、流程、制度等。三是法律执行，主要是通过国家的司法部门强制实施。

（二）法律方法的运用

1. 完善法律

不断完善法律、制度。把实践中成熟的方法、经验及时用法律、制度的形式加以规范。做到事事有依据，行为有规矩。同时要保持法律、制度的稳定性、连续性、统一性。

2. 学习宣传法律

树立法律意识，重视法律、制度的学习、宣传、教育工作，自觉遵守国家的法律制度。

3. 严格执法

管理人员带头遵守法律，提高执法者的素质，严格执法、公正执法。同时，把严格执法与思想教育结合起来。

【思政课堂 7－4】

保护国家秘密

机关、单位应当加强对涉密信息系统的管理，任何组织和个人不得有下列行为：

将涉密计算机、涉密存储设备接入互联网及其他公共信息网络；在未采取防护措施的情况下，在涉密信息系统与互联网及其他公共信息网络之间进行信息交换；使用非涉密计算机、非涉密存储设备存储、处理国家秘密信息；擅自卸载、修改涉密信息系统的安全技术程序、管理程序；将未经安全技术处理的退出使用的涉密计算机、涉密存储设备赠送、出售、丢弃或者改作其他用途。机关、单位应当加强对国家秘密载体的管理，任何组织和个人不得有下列行为：非法获取、持有国家秘密载体；买卖、转送或者私自销毁国家秘密载体通过普通邮政、快递等无保密措施的渠道传递国家秘密载体；邮寄、托运国家秘密载体出境；未经有关主管部门批准，携带、传递国家秘密载体出境。

禁止非法复制、记录、存储国家秘密。禁止在互联网及其他公共信息网络或者未采取保密措施的有线和无线通信中传递国家秘密。禁止在私人交往和通信中涉及国家秘密。

资料来源：《中华人民共和国保密法》。

四、教育方法

（一）教育方法的概念与形式

教育方法是指管理者通过对被管理者进行思想、知识、技能等的教育，提高管理对象的全面素质，使之成为有理想、有道德、有文化、有纪律的劳动者。

教育的内容包括思想教育和知识、技能教育。思想教育包括世界观、人生观、价值观教育；爱国主义、集体主义、社会主义教育；社会公德、职业道德教育；政策、法律教育等；知识、技能教育主要是提高组织成员的文化水平、业务技术水平，提高工作能力，保证工作质量。

教育方法的主要形式有：大众传播、组织传播、工作竞赛、典型示范、预防教育、诱导、讨论、对话、说理、批评和自我批评、谈心等。

（二）教育方法的运用

教育方法充分体现了人本原理培养人、发展人的基本思想，是人本原理的实践和运用。对被管理者进行教育有利于提高其综合素质，增强他们工作的自觉性，提高工作能力、提高创新能力。

1. 多样化的教育手段

教育方法多种多样，主要包括以下几种：

（1）正面教育法。向管理对象传播正确的价值观，用科学理论，党的路线、方针、政策和科学文化知识武装人们的头脑。

（2）示范教育法。即以先进典型为榜样，运用典型人物的先进思想、先进事迹教育群众，从而提高人们思想认识和觉悟的一种方法。

（3）比较鉴别法。就对不同事物的属性、特点进行对照，通过比较得出正确的判断，从而提高人们思想认识和觉悟的方法。

（4）个别谈心的方法。即针对管理对象的不同特点采取不同的教育方法，坚持“一把钥匙开一把锁”的原则，使上下级之间在平等无心理压力的气氛中交换意见，可以及时有效地解决思想问题。

（5）自我教育法。即受教育者自己教育自己，自己做思想工作的方法。它是在群众有较高自觉性、力求上进的心理基础上和较好的社会环境中进行的思想教育，它能发挥受教育者自身的教育力量，易见成效。

（6）参观学习。让员工参观、学习是思想教育的好方式。

2. 思想教育与解决实际问题相结合

帮助员工解决好实际问题是最好的思想政治工作。管理中，既要重视思想政治教育、业务培训。同时，要重视解决员工在工作、生活等方面存在的问题。

3. 科学教育

教育必须研究被管理者的需要、动机和行为，把握思想状况，提高思想教育工作的针对性、预见性和科学性。同时，重视对被管理者进行知识、技能教育，提高他们的业务水平。

4. 言传身教

欲正人，先正己。管理者要不断提高自身的思想素质，言行一致，以身作则，刻苦自律。

【思政课堂 7－5】

星火燎原

在中国革命遭受挫折、党内部分同志产生思想动摇时，毛泽东同志在《星星之火，可以燎原》一文中说：“它是站在海岸遥望海中已经看得见桅杆尖头了的一只航船，它是立于高山之巅远看东方已见光芒四射喷薄欲出的一轮朝日，它是躁动于母腹中的快要成熟了的一个婴儿。”这样通俗易懂的语言，形象地描绘了中国革命的光辉前景，增强了红军将士誓将革命进行到底的坚定信心。

五、技术方法

技术方法是管理者运用传统技术和现代技术实施管理控制的方法。人们常见的交通管理中的红、黄、绿三色信号灯、重要场所的电子监控手段等，都是技术方法在管理中的应用。技术方法广泛运用到现代管理中，提高了管理效率，改善了管理环境。

现代技术方法在管理中的应用是以信息技术为主要特征，实现了管理控制的信息化、自动化、智能化水平，提高了控制的全面性、精准度，提高了管理效率。

主要的技术控制方法有：人脸识别技术、大数据、区块链、人工智能等。现代管理者必须掌握这些管理技术。

【思政课堂 7-6】

技术为抗疫助力

AOE 空气消毒机——它运用活性复合粒子发生技术，对病毒、细菌实现高效灭活与消杀，具有主动、高效、安全、绿色等优点。经权威机构检测认证，对新冠病毒等 10 余种病毒、细菌有良好消杀效果，是一种新型的空气消毒和防疫抗疫手段。该产品在北京冬奥会、冬残奥会等重大活动中发挥重要作用。

太赫兹通道式测温安检一体机——仅需被检人员正常步行通过安检区域，即可在无任何接触的情况下，完成测温和安检，降低交叉感染的可能性。

硅基微流控 PCR 芯片——作为快速核酸测试系统的核心芯片，帮助提升检测精度和速度，让新冠检测具有更高普及性和更低检测成本。

停车场消毒发卡机具备对 CPC 卡自动筛选、交易处理和消毒功能，提高人工接触安全性、加快发卡速度、缓解车辆排队问题。

北京“健康宝”团队采用轮流值班的工作方式，每日精确处理因与京内外的疫情风险地区、风险点位、风险人员等有时空关联的重点人群数据，并 24 小时待命对已弹窗的风险人员进行数据核实，全力保障首都疫情防控。

资料来源：中央企业学习平台。

六、其他控制方法

管理控制的方法很多，不同方法有其适用的范围。本教材介绍其中几种常用的方法。

（一）考核与奖惩

考核与奖惩是重要的控制方法，也是控制工作的必要环节。

1. 考核

考核是按照规章制度、客观标准、科学方法对组织成员的工作及绩效进行全面或专项评价，全面了解组织成员的思想、工作等全面情况，发现问题，并指导其改进的控制方法。

按考核的时间，可以定期考核和非定期考核。定期考核是根据制度规定的时间、期间（通常是一年或一个工作周期）进行的考核。非定期考核是不确定时间和期限对组织成员进行的考核。如在职位晋升、调整工作岗位、招聘新员工等。

按考核的主体，通常采用自我考核、领导考核、群众考核三种方式或三种方式相结合进行。

按考核的方法，分为考试、面试、统计资料等方法。其中统计资料法是通过对组织成员的工作统计资料的分析和对比对其进行评价。如出勤资料、工作任务完成的统计资料等。

对组织成员的考核通常从德、能、勤、绩、廉、身体和心理等方面实施。重点考核成员的政治思想、工作态度、工作能力、工作绩效。在实施中，可以根据不同成员的岗位，设置考核重点。

2. 奖惩

奖惩是组织对其成员依法进行奖励或惩罚。奖惩以考核结果为依据，以组织制定的规章制度的客观标准，体现客观、公开、公平、公正的原则。通过奖惩，鼓励先进，鼓舞士气，鞭策落后，促进组织成员的学习、工作不断进步。

奖惩工作要体现本教材前一章内容所介绍的激励性原则的要求。

【思政课堂7-7】

领导干部考核内容

考核方式主要包括平时考核、年度考核、专项考核、任期考核。领导干部考核内容如下：

德。全面考核领导干部政治品质和道德品行。考核领导干部的政治品质，重点了解坚定理想信念、对党忠诚、尊崇党章、遵守政治纪律和政治规矩，在思想上政治上行动上同以习近平同志为核心的党中央保持高度一致等情况。考核领导干部的道德品行，重点了解坚守忠诚老实、公道正派、实事求是、清正廉洁等价值观，遵守社会公德、职业道德、家庭美德和个人品德等情况。

能。全面考核领导干部履职尽责特别是应对突发事件、群体性事件过程中的政治能力、专业素养和组织领导能力等情况。

勤。全面考核领导干部的精神状态和工作作风，重点了解发扬革命精神、斗争精神，坚持"三严三实"，勤勉敬业、恪尽职守，认真负责、紧抓快办，锐意进取、敢于担当，艰苦奋斗、甘于奉献等情况。

绩。全面考核领导干部坚持正确政绩观，履职尽责、完成日常工作、承担急难险重任务、处理复杂问题、应对重大考验的情况和实际成效。考核党委（党组）书记的工作实绩，首先看抓党建工作的成效，考核领导班子其他党员领导干部的工作实绩应当加大抓党建工作的权重。

廉。全面考核领导干部落实党风廉政建设"一岗双责"政治责任，遵守廉洁自律准则，带头落实中央八项规定及其实施细则精神，秉公用权，树立良好家风，严格要求亲属和身边工作人员，反对"四风"和特权思想、特权现象等情况。

资料来源：《党政领导干部考核工作条例》。

（二）7S管理

7S管理，即整理（Seiri）、整顿（Seiton）、清扫（Seiso）、清洁（Seiketsu）、素养（Shitsuke）和安全（safety）、节约（Saving），运用于现场管理的方法，由于每个词的英文首个字母都有一个"S"，所以称为7S管理。

7S管理方法在改善工作现场环境、提升工作效率、保障产品品质、营造管理氛围以及创建良好的组织文化等方面有显著效果。7S管理具体内容见表7-1。

表7-1　　7S管理

序号	方法	定义	目的	实施要领
1	整理	将工作场所物品分为必要和不必要的，除了必要的物品留下来，其他的都移出现场。	将"空间"腾出来活用，防止误用，塑造清爽的工作场所。	对工作场所进行全面检查；制定"要"和"不要"的标准；按照标准清除不必要的物品。

续表

序号	方法	定义	目的	实施要领
2	整顿	把留下来的必要物品按规定位置整齐摆放，明确数量，有效标识。实现“三定”：定名、定量、定位。	工作场所一目了然，消除寻找物品的时间，整齐的工作环境，消除过多的积压物品，不浪费“时间”找东西。	彻底进行整理；确定物品位置（分为经常使用物品区、不经常使用物品区、废品区等）；规定摆放方法；标识醒目。
3	清扫	将工作场所内看得见与看不见的地方清扫干净，保持工作场所干净、亮丽的环境。	消除“脏污”，保持现场干净、明亮，维护生产安全、减少工业伤害，保证品质。	建立清扫责任区；每个员工在岗位及责任区内进行彻底清扫。对发现的问题及时整修。
4	清洁	将整理、整顿、清扫进行到底，并且制度化，规范化，经常保持环境处在美观的状态。	创造明朗现场，通过制度化来维持上面3S成果。	维持整理、整顿、清扫工作；及时考证标准；制定奖惩制度，加强执行；经常巡查，相互检查，引起全员重视。奉行不制造脏乱、不扩散脏乱、不恢复脏乱的“三不”原则。
5	素养	每位成员养成良好的习惯，并遵守规则，培养积极主动的精神。	提升“人的品质”，培养有好习惯、遵守规则的员工，营造团队精神。	员工养成良好的习惯，遵守规则，积极主动。遵守作息时间。工作时精神饱满。仪表整齐。保持环境的清洁。形成良好的工作风气。
6	安全	重视成员安全教育，时刻牢记安全第一观念，防范于未然。	建立起安全生产的环境，所有工作应建立在安全的前提下。确保人身工作和生产安全。	时查时防、专人负责；落实安全工作责任；清除隐患，安全生产。经常检查工作环境。严格按照作业指导书作业。做好各类安全标识。
7	节约	为发展和维护公众利益，社会利益贡献力量。	推动全社会节约资源，提高资源利用率，保护和改善环境，促进经济和社会全面协调可持续发展。	加强管理，采取技术、经济等方法节约资源；在生产、消费各环节降低消耗，减少损失，制止浪费，有效合理地利用资源。

7S管理所产生的效果是十分明显的：

（1）提升组织形象：干净整洁、整洁明朗的环境，改善了工作气氛。

（2）提高效率：减少材料及工具的浪费，节省时间，降低工时。

（3）安全保障：职场宽广明亮，视野开阔，一目了然，遵守堆积限制，走道明确，不会因杂乱而影响工作的顺畅，安全有保障。

（4）推动标准化管理：“3定”“3要素”原则规范现场作业，人们按照规定执行任务，程序稳定，品质稳定，成本安定。

（三）ABC管理法

ABC管理法又称为重点管理法、分类管理法、巴雷特分析法或“80:20”定律。这种方法的基本原理是处理任何事情都要分清主次、轻重缓急，区别关键的少数和次要的多数，按照不同情况进行分类管理。

ABC 分类法是意大利经济学家巴雷特于 19 世纪引入经济管理领域的，他在分析研究本国财富分配状况时从大量的统计资料中发现，占人口比例小的少数人（20%），拥有绝大部分社会财富（80%），而占少量社会财富（20%）的则是大多数人（80%）。事实证明，在许多管理活动中，都存在这种不均匀分布关系，即：“关键的少数和次要的多数”的关系。ABC 管理法已经成为寻找关键问题的有效方法。这种方法最早是美国通用电气公司首先应用于物料管理。后来被广泛应用于质量管理、成本管理、人员管理、时间管理等许多领域。1963 年，德鲁克将这一方法推广到更为广泛的领域。

ABC 分析的一般步骤有：收集数据、处理数据、制 ABC 分析表、根据 ABC 分析表确定分类、绘 ABC 分析表，对三类对象进行有区别的管理。对 A 类实行重点控制，B 类实行次要控制，C 类实行一般控制。下面以库存管理为例，列表说明 ABC 管理法。具体见表 7－2。

表 7－2　　某企业库存 ABC 管理表

物资类别	A 类	B 类	C 类
占全部品种（%）	5—10	20—25	70—75
占全部资金（%）	75—80	15—20	5—10
控制程度	重点控制	适当控制	简单控制
采购量计算	按经济批量，精确计算	按过去记录，粗略计算	按经验，一般估计
定额综合控制	按品种或规格	按大类品种	按总金额
采购量	少	较多	多
库存检查	经常检查	定期检查	季度或年终检查
进出库统计	详细统计	一般统计	按金额统计
安全库存量	低	较高	大量

（四）PDCA 管理法

1. PDCA 循环的概念

PDCA 循环是美国质量管理专家沃特·阿曼德·休哈特首先提出，由戴明采纳、宣传的全面质量管理的方法。所以又称戴明环。PDCA 循环是将质量管理分为 Plan（计划）、Do（执行）、Check（检查）和 Act（处理）四个阶段。这一工作方法是质量管理的基本方法，也是管理各项工作的一般规律。

PDCA 循环是全面质量管理应遵循的科学程序。全面质量管理活动的全部过程，就是质量计划的制订和组织实现的过程，这个过程是按照 PDCA 循环周而复始地运转。循环图见图 7－1。

（1）P（Plan）计划。这一阶段又为四个阶段。分析现状，发现问题；分析质量问题中各种影响原因；找出影响质量问题的主要原因；针对主要原因和管理需要制订质量管理方针、目标、措施。

（2）D（Do）执行。通过执行，实现计划内容。

（3）C（Check）检查。总结执行计划的结果，发现问题。

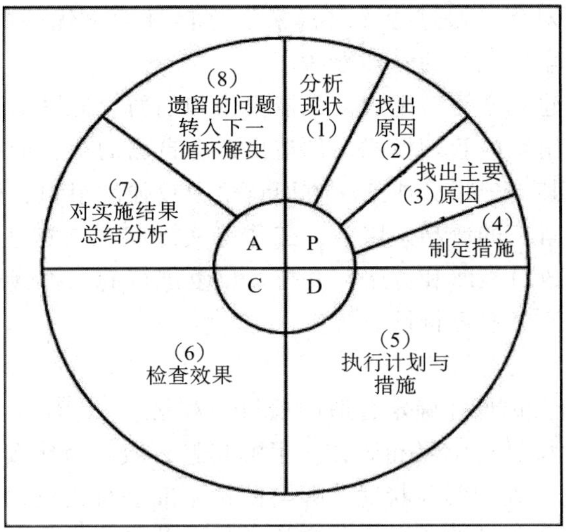

图 7-1 循环图

(4) A (Act) 处理。对总结检查的结果进行处理，肯定成功经验，总结失败的教训。对于没有解决的问题，提交给下一个 PDCA 循环中解决。

以上四个过程有八个具体的阶段，不是运行一次就结束，而是周而复始地进行，一个循环结束，解决一些问题，未解决的问题进入下个循环，这是阶梯式上升的管理方式。

2. PDCA 循环的特点

(1) 大循环套小循环。在组织内部，组织的质量管理工作是一个大循环，各部门、各层级和个人的质量管理工作是中循环、小循环。小循环服从中循环，中循环服从大循环，大循环又服从更大的循环。这就形成相互保证，相互制约，相互推动的大循环套小循环的全面质量管理体系。大循环套小循环见图 7-2。

(2) 螺旋上升。每个 PDCA 循环的完成是一定质量管理目标的实现，下次循环就在更高基础上进行新循环。依此类推，每一次循环都是在前一次循环完成的基础上的提高。这种螺旋上升，推动着全面质量管理工作不断上台阶。循环螺旋图见图 7-3。

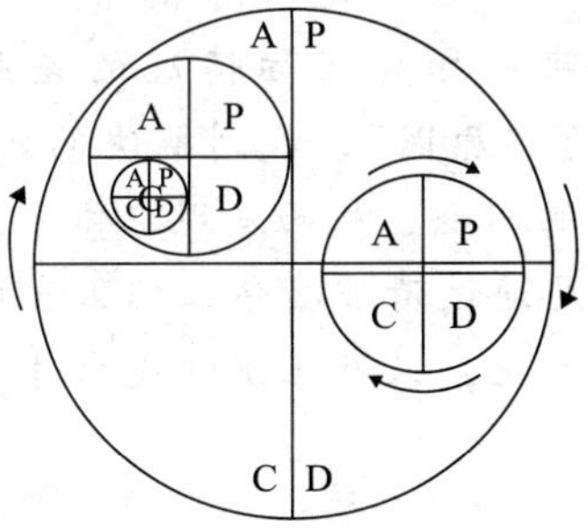

图 7-2 大循环套小循环

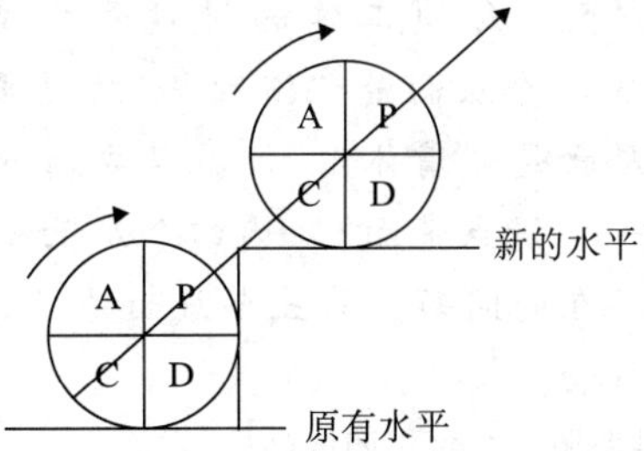

图 7-3 循环螺旋图

(五) 标杆管理

标杆管理又称"基准管理"。它是社会组织或个人以行业中的卓越者（人、组织、项目、技术等）作为学习对象，通过持续改善来强化自身竞争优势的管理方法，是一项通过衡量比较来提升组织竞争地位的管理方法。

标杆管理的实质是建立学习型组织，积极模仿和创新。通过学习，借鉴先进的模式和理念，重新思考和设计组织的管理模式，创造出适合自己的全新最佳管理模式。

标杆管理通常是以某一项指标或某一方面竞争力较强的组织、行业、领头者或组织内部领先者作为基准，将自己的产品、服务、工作等实际状况与这些基准进行评价、比较，在此基础上制订和实施改进策略和方法，并持续反复进行的一种管理方法。标杆管理设定的目标既具有挑战性，又具有可行性。

标杆管理的步骤如下：

（1）在调查的基础上选择并确定合适的项目、对象。

（2）对所选择的对象进行学习和研究。了解其怎么做？为什么这么做？效果如何？

（3）调查本组织或个人的实际状况，并与所选基准进行比较，找出差距，分析原因。

（4）制订本组织或个人的改进方案，实施计划，并组织执行。

组织的新方案应具有创新性，不能照搬“基准”；在执行中，要进行人员培训，以统一思想，提高认识，掌握方法和技术；按新方案的要求，完善组织的各项制度、标准等。

（5）总结成果及经验。继续完善，继续学习，寻找新“基准”并开展新一轮的标杆管理。

【实训课堂 7-5】

海尔：高效工作管理

每一个单都会有自己的大目标（总体目标），为使目标更容易达成，会把大目标细分成年度目标、季度目标、月度目标、周目标和日目标。日清模式的实施就是为了保证日目标的实现，通过日清环节把每日的工作进度展示出来，有利于推进日目标的完成，从而有助于大目标的实现。

“日清”不是一成不变的，而是持续演进的。伴随着人单合一管理实践的探索，“日清”体系不仅完成了信息化的过程，内容也在不断丰富。

“日清”要真正落实，要做到五个层面的工作。第一个层面是“清果”。就是清理每个人、每天、每项工作的进度和完成情况，找出预期目标和实际情况的差距，找出“差”。第二个层面是“清因”。就是要找到造成差距的“原因”，找到解决问题的方案。第三个层面是“清体系”。就是要通过清理出一个点上的问题，从而发现在体系上存在的问题——“清点带面”。第四个层面是“清战略”。就是通过清理具体工作，发现在战略层面上存在的问题。第五个层面是“清观念”。观念定生死，只有正确的观念才可能产生正确的行动。

资料来源：海尔集团网站。

在线测试

第四节

实训任务

一、简答题与讨论

1. 什么是控制？为什么需要控制？
2. 控制职能与管理的其他职能是什么关系？
3. 什么是事前、事中、事后控制？三个控制阶段的控制重点和目的各是什么？
4. 控制分为哪几个步骤？每一步的基本职能是什么？
5. 管理控制应坚持哪些基本原则？
6. 简要说明经济方法、行政方法、法律方法的概念、特点和应用。

二、案例学习与思考

案例一：巴林银行事件

1995 年 2 月 26 日，成立于 1762 年，具有 233 年悠久历史的英国巴林银行宣布破产。

巴林银行集团有 4000 多名雇员，其业务专长是企业融资、投资管理和证券交易。导致巴林银行破产的直接原因是该行新加坡分公司年仅 28 岁的交易员尼克·里森的违规操作。

里森大学毕业后投入该银行，从事期货及证券交易。他头脑灵活，有冒险精神，在期货上屡屡得手。他为公司挣得大量利润。

里森在做股票指数期货的投机中，在日经指数大幅下降时，其日经指数期货多头风险部位达 6 万余口合约，同时在日本政府债券价格一路上扬之际，他却有空头风险部位合约 2.6 万余口，这样便出现了 8.6 亿英镑的损失，这几乎是整个巴林集团资本的两倍。这件事在世界各大新闻媒体引起极大关注，人们不禁要问，一个如此光耀悠久的金融集团为何会被一个小小的蛀虫蚕食？巴林银行对里森的行为难道一无所知？银行是否让里森钻了空子？

按规定，对在期货交易中出现的各种错误，银行必须迅速妥善处理，并转入电脑中一个被称为“错误账户”的账户中，然后向总部汇报。里森于 1992 年在新加坡任期货交易员时，巴林银行已有一个“99905”的错误账户，1992 年夏天，伦敦总部全面负责清算工作的经理要求里森另行设立一个“错误账户”，记录较小的错误，并自行处理，以免麻烦伦敦总部，里森很快就设立了“88888”的错误账户。但几周以后，伦敦总部又打来电话，总部配置了新的电脑，要新加坡分行还是按老规矩办事，所有的错误记录仍经由“99905”直接向伦敦报告。“88888”错误账户刚建立就搁置不用了，但它成为一个真正的“错误账户”存于电脑之中。这个被人忽略的账户，为里森日后制造假账提供了机会，他从 1992 年 7 月起，在其中记录了从 2 万英镑起，到几百万、几千万英镑的亏空，直至 8.6 亿英镑。其间，由于里森同时任交易部和清算部主任，总部虽然多次来查账，但都被里森搪塞过去了；即使在1995年1月11日，新加坡期货交易所的审计和税务部发函巴林，提出他们对维持“88888”账户所需资金问题的一些疑虑，而且此时里森已需要求伦敦每天汇入1000多万英镑，以支付其追加保证金，但伦敦还是没有引起足够的重视。

而且，巴林在1994年底发现资产负债表上显示5000万英镑的差额后，仍然没有警惕到其内部管理控制的松散及疏忽。在发现问题至巴林倒闭的两个月里，有很多巴林的高级职员和资深专家曾对此问题加以关注，更有巴林总部的审计部门加以调查。但是这些调查，都被里森以极轻易的方式蒙骗过去。

连里森本人都说：“对于没有人来制止我的这件事，我觉得不可思议，伦敦的人应该知道我的数字都是假造的，这些人都应该知道我每天向伦敦总部要求的现金是不对的，但他们仍然支付这些钱。”

思考题：造成里森违规操作的原因是什么？

案例二：华为的内部控制

华为基于组织架构和运作模式设计并实施了内部控制（简称“内控”）体系，该内控体系包括控制环境、风险评估、控制活动、信息与沟通、监督五大部分。

（1）控制环境。控制环境是内控体系的基础。华为致力于倡导及维护公司诚信文化，高度重视职业道德，严格遵守企业公民道德相关的法律法规。公司制定了员工商业行为准则（BCG），明确全体员工（包括高管）在公司商业行为中必须遵守的基本业务行为标准，并例行组织全员培训与签署，确保其阅读、了解并遵从BCG。华为建立了完善的治理架构，包括董事会、董事会下属专业委员会、职能部门以及各级管理团队等，各机构均有清晰的授权与明确的问责机制。在组织架构方面，华为对各组织明确了其权力和职责的分离，以相互监控与制衡。公司CFO负责全公司内控管理，业务控制部门向公司CFO汇报内控缺陷和改进情况，协助CFO建设内控环境。内部审计部门对公司所有经营活动的控制状况进行独立的监督评价。

（2）风险评估。华为设立了专门的内控与风险管理部门，定期开展针对全球所有业务流程的风险评估，对公司面临的重要风险进行识别、管理与监控，预测外部和内部环境变化对公司造成的潜在风险，并就公司整体的风险管理策略及应对方案提交公司决策。各流程责任人负责识别、评估与管理相关的业务风险并采取相应的内控措施。公司已建立内控与风险问题的改进机制，能够有效管理重大风险。

（3）控制活动。华为建立了全球流程与业务变革管理体系，发布了全球统一的业务流程架构，并基于业务流程架构任命了全球流程责任人负责流程和内控的建设。全球流程责任人针对每个流程识别业务关键控制点和职责分离矩阵，并应用于所有区域、子公司和业务单元；例行组织实施针对关键控制点的月度遵从性测试并发布测试报告，从而持续监督内控的有效性；围绕经营痛点、财务报告关键要求等进行流程和内控优化，提升运营效率和效益，支撑财报准确、可靠及合规经营，帮助业务目标达成；每年进行年度控制评估，对流程整体设计和各业务单元流程执行的有效性进行全面评估，向审计委员会报告评估结果。

（4）信息与沟通。公司设立多维度的信息与沟通渠道，及时获取来自客户、供应商等的外部信息，并建立公司内部信息的正式传递渠道，同时在内部网站上建立了所有员工可以自由沟通的心声社区。公司管理层通过日常会议与各级部门定期沟通，以有效传递管理导向，保证管理层的决策有效落实。同时，公司在内部网站上发布所有业务政策和流程，并定期由各级管理者/流程责任人组织业务流程和内控培训，确保所有员工能及时掌握信息。公司亦建立了各级流程责任人之间的定期沟通机制，回顾内控执行状况，跟进和落实内控问题改进计划。

（5）监督。公司设立了内部投诉渠道、调查机制、防腐机制与问责制度，并在与供应商签订的《诚信廉洁合作协议》中明确相关规则，供应商能根据协议内提供的渠道，举报员工的不当行为，以协助公司对员工的诚信廉洁进行监察。内部审计部门对公司整体控制状况进行独立和客观的评价，并对违反商业行为准则的经济责任行为进行调查，审计和调查结果报告给公司高级管理层和审计委员会。此外，华为建立了对各级流程责任人、区域管理者的内控考核、问责及弹劾机制，并例行运作。审计委员会和公司 CFO 定期审视公司内控状况，听取内控问题改进计划与执行进展的汇报，并有权要求内控状况不满意的流程责任人和业务管理者汇报原因及改进计划。

资料来源：华为集团官网。

思考题：我们应当学习华为的哪些控制理念和方法？

案例三：贵族的冷烧饼

辛亥革命之后的某一天，大清朝的末代镇国公之一——爱新觉罗·恒熙早晨起来感到肚子饿了，决定自己到街上买点吃的。此前，他从来不需要自己做这样的事，什么事情都是下人给他安排好了的。但革命之后，他这个贵族的经济水平一落千丈，再不自己动手“劳动”，就只有饿肚子的份儿了。

恒熙拿着钱到了街上。街头小贩当然认得他，都热情地跟他打招呼。他来到一个烧饼摊前，买了两个烧饼。当小贩用纸把烧饼包好放在他手里时，恒熙愣了，他吃了几十年的烧饼，头一次发现烧饼竟然是热的！他咬了一口，热烧饼的味道简直好极了，比他之前吃的烧饼好吃百倍。

原来，以前在王府里规矩太多责罚太严，正常生活逐步变得畸形，下人们为了给自己省事，从小就欺瞒主子，买烧饼一定买凉的，因为如果买的是热的，万一哪一次有点凉了，主子怪罪下来就难以交差。恒熙是乾隆皇帝的后代，是著名的“五阿哥”永琪的后代，虽然享尽了荣华富贵，但其实连一块热烧饼也很难吃到，的确让人觉得有点啼笑皆非。

资料来源：《中外管理》，林怀青。

请问，你从这个故事中体会到什么管理哲理？

三、实训建议

（一）阅读

1. ［美］詹姆斯 P. 沃麦克/［英］丹尼尔 T. 琼斯《精益思想》。
2. ［美］吴军《智能时代：大数据与智能革命重新定义未来》。
3. 陈春花《管理的常识》。

（二）企业调查

深入本地多家企业或其他社会组织，了解不同组织在人员、销售、财务、生产等方面的控制方法。

1. 在老师的指导下，拟定调查提纲；
2. 全班同学分组，到不同企业进行调查；
3. 邀请企业管理人员介绍企业管理；
4. 召开全班同学座谈会，交流学习收获。

第八章 创新职能

PPT

知识目标：理解创新的概念、特征、地位；了解创新的作用、创新的必要性、创新的内容、原则和过程。

能力目标：培养学生的创新意识、创新思维能力，使学生掌握一般的创新方法，提高创新能力。

思政目标：通过介绍国家的创新战略，理解创新在实现中华民族伟大复兴中的重大意义，拥护国家的创新发展战略；教育学生学习科学文化知识，积极投身到伟大的创新实践中去，为实现中华民族的强国梦奋斗。通过介绍国内外创新、创业者的事迹，引导学生学习他们的创新精神。

第一节 创新职能概述

【案例导入】

创新驱动

创新驱动就是创新成为引领发展的第一动力，科技创新与制度创新、管理创新、商业模式创新、业态创新和文化创新相结合，推动发展方式向依靠持续的知识积累、技术进步和劳动力素质提升转变，促进经济向形态更高级、分工更精细、结构更合理的阶段演进；创新驱动是国家命运所系；创新驱动是世界大势所趋；创新驱动是发展形势所迫。

当前，我国创新驱动发展已具备发力加速的基础。经过多年努力，科技发展正在进入由量的增长向质的提升的跃升期，科研体系日益完备，人才队伍不断壮大，科学、技术、工程、产业的自主创新能力快速提升。经济转型升级、民生持续改善和国防现代化建设对创新提出了巨大需求。庞大的市场规模、完备的产业体系、多样化的消费需求与互联网时代创新效率的提升相结合，为创新提供了广阔空间。中国特色社会主义制度能够有效结合集中力量办大事和市场配置资源的优势，为实现创新驱动发展提供了根本保障。

资料来源：《国家创新驱动发展战略纲要》。

一、创新和创新职能

（一）创新的概念

中国自古就有丰富的创新思想。例如：“天地万物生于有，有生于无”（《道德经》）指出了创新的本质是有无相生；“苟日新，日日新，又日新”（《大学》）揭示创新是一个不间断的过程；“日新之谓盛德”（《易·系辞上》）是对不断创新的赞美。“事异则备变”（《韩非子》），“世易时移，变法宜矣”（《吕氏春秋》）的意思是随着时间、政事的变化，原来的政策、法令也要随之变化，只有改变才行得通；“不慕古，不留今，与时变，与俗化”（《管子》）说明创新不崇拜古时，也不完全停止在今天，一切依据时代变化而变，随风俗变化而变。

我国自古也有创新的伟大实践。例如：商鞅变法、王安石变法、张居正改革、四大发明等。

创新思想和创新行为也风靡全球，影响世界。瓦特发明蒸汽机，牛顿发现万有引力定律，门捷列夫发现元素周期表等。现代创新成果更是不胜枚举。

关于创新的概念，学者们有多种理解。主要观点如下：

美籍奥地利人约瑟夫·阿曼斯·熊彼特（1883—1950）：创新是指“建立一种新的生产函数，在经济生活中引入新的思想、方法，实现生产要素的新组合”。他提出了创新的五种情况：引入一种新产品或提供一种产品的新质量；采用一种新的生产方法；开辟一个新市场；获得一种原料或半成品的新供给来源；实行一种新的企业组织形式。上述五项内容可以归纳为三个方面，即，技术创新、市场创新、组织创新。熊彼特的创新理论认为，创新是企业家的一种英雄行为，是一种富有冒险性的活动。整个创新过程都存在于企业家头脑这个“黑箱”之中。

弗里曼和苏特在《工业创新经济学》中指出：从其经济意义上看，创新的完成是以首次商业化开发的成功为标志的；这种首次商业化开发可以是新产品、新工艺、新设备；当然，创新也可以用于描述（从研发到商业化的）全过程。

伦德瓦尔在《创新研究》中指出：可以将“创新”理解为这样一个过程：它始于对现有知识元素的组合，终于新知识的产生与创造。创新可以视为对那些多少有些距离的知识元素的“重新组合”，而且，这些现有元素之间的距离越大，创新越是激进。

德鲁克认为，创新是某种新的尚未为人所知、尚不存在的东西的设计和开发，它将从旧的、已知的、现存的因素中脱颖而出，建立起新的经济结构，将若干个互不连接、各自都只是勉强起作用的因素变成一个强有力的系统。

【实训课堂 8－1】

企业创新路线图的主要构成

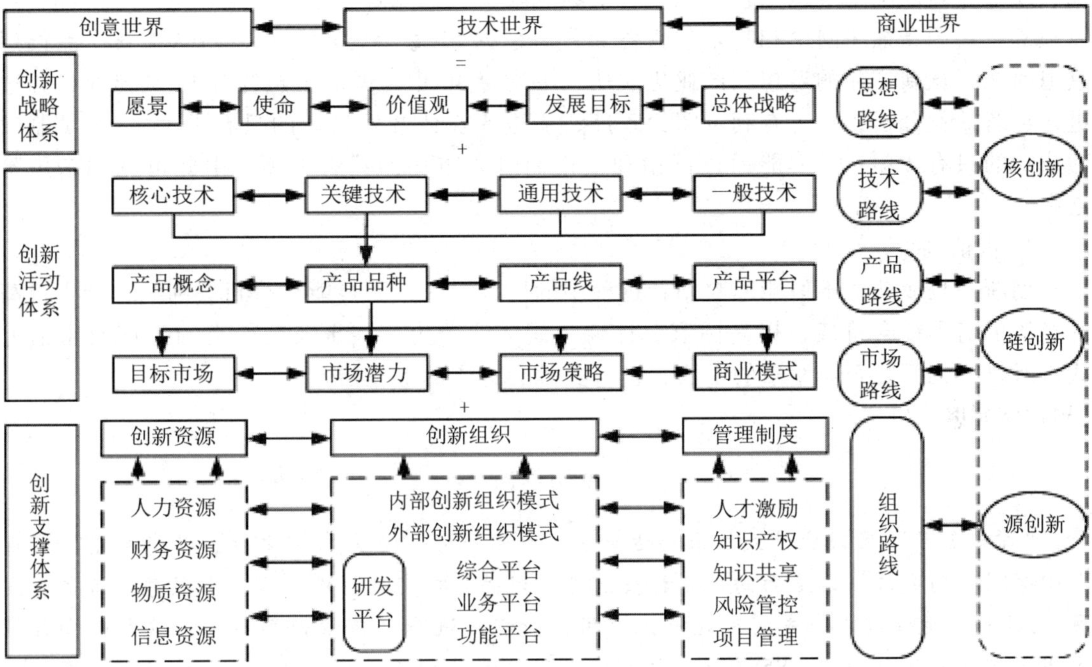

资料来源：张振刚，陈志明，余传鹏．企业基础与概念框架［J］．管理学报，2014（12）．

（二）创新的特征

1．创造性

创新是人的创造性实践行为，其本质是突破。创新活动的核心是“新颖性”。这种新颖性包括三个层次：绝对新颖性、局部新颖性和主观新颖性。可见，创新是一种从无到有或从低级向高级的转化过程，是人们创造性劳动的结晶。创新者要解放思想，勇于变革，敢于突破。

【思政课堂 8－1】

中国历史上的原创性创造发明

粟作和稻作、蚕桑丝织、琢玉、汉字、木结构营造技艺、青铜冶铸术、十进位值制记数法、以生铁为本的钢铁技术、中式烹调术、中医、髹饰、制瓷、造纸术、漏刻、印刷术、茶的栽培和焙制、指南针、火药、深井开凿技术、水运仪象台、珠算、火箭、发酵酿造技术、精耕细作的生态农艺。

资料来源：蒲济林．创新思维［M］．北京：中航出版传媒，2017.

2．风险高

创新实践始终与成功和失败相伴。由于外界因素的影响和人们对事物认识的有限性，使创新过程充满了艰难和不确定性。人类社会多数成功的创新成果都是经过无数次失败之后才实现的，也有许多创新活动以失败告终。因为失败，使创新过程中的巨大投入难以收回，影响了国家、组织的竞争力，也对不少创新者造成心理压力。创新风险有多种，例如：技术创新风险至少包括技术风险、市场风险、财务风险、政策风险、生产风险和管理风险等。美国布兹·阿伦和哈米尔顿咨询公司根据 51 家公司的经验，归纳出新产品设想衰退曲线。从新产品的设想到产业化成功，平均每 40 项新产品设想约有 14 项能通过筛选进入经营效益分析；符合有利可图的条件，能进入实体开发设计的只有 12 项；经试制试验成功的只有 2 项；最后能通过试销和上市而进入市场的只有 1 项。由此可见创新风险之高。

3. 价值高

创新一旦成功，不但能回收创新过程中的巨大投入，而且能获得超额利润，产生极高的经济价值和社会价值，提高国家、社会组织的竞争力。甚至改变人类的生产及生活方式。所以，创新是企业竞争的手段，是人类社会进步的加速器。

【思政课堂 8－2】

中国创新

“嫦娥五号”实现地外天体采样返回，“天问一号”开启火星之旅，“羲和号”实现太阳探测零的突破，这是面向世界科技前沿实现的重要突破。人工智能、数字经济蓬勃发展，5G 移动通信技术率先实现规模化应用，新能源汽车产销量世界第一，这是面向经济主战场贡献的强大动能。85 万名科技特派员深入脱贫攻坚一线，200 多项技术成果有力支撑“科技冬奥”，种子研发攻关、农作物新品种示范推广助力粮食安全，这是面向国家重大需求拿出的解决方案。7 天内分离出新冠病毒毒株，14 天完成核酸检测试剂研发和审批上市，新冠疫苗快速研发上市，癌症、白血病、耐药菌防治等领域打破国外专利药物垄断，这是面向人民生命健康提供的关键支撑。各领域科技创新成果不断涌现，折射出中国科技实力正在从量的积累迈向质的飞跃、从点的突破迈向系统能力提升。

“中国创新”“中国智造”已成为新时代中国的亮丽名片。世界知识产权组织数据显示，2021 年，中国申请人通过《专利合作条约》途径提交的国际专利申请达 6.95 万件，连续第三年位居申请量排行榜首位。中国国家创新指数全球排名从 2012 年的第三十四位上升到 2021 年的第十二位。“中国这一世界工厂正在转变为一台庞大的研发机器”“在科技行业发展上，中国与西方国家已步入相互借鉴阶段”“创新和数字化正在释放中国的经济增长潜力”“中国创新产生了强大的外溢性、示范性，为世界经济发展注入新动能”……国际社会空前关注中国科技创新。

目前，设计时速 350 千米的成自宜高铁项目正在建设中，建成后将大大压缩成都至昆明的车程。曾遭西方技术封锁的盾构机，早已成为中国高端制造走向世界的一张名片，占据全球 2/3 的市场。历史和现实都表明，无论一些外部势力如何编织科技铁幕、加码技术封锁、竖起科技高墙，都不可能阻挡中国人民建设世界科技强国的步伐。

资料来源：《人民日报》，作者：国纪平。

4. 系统性

创新的系统性主要表现下列方面：任何一种成功的创新活动都是国家或社会组织的各个部门和许多人团结协作的结果；创新过程是市场调查、分析预测、决策、研究设计、实验、调试、安装、生产、管理、营销等一系列工作的系统性活动；创新活动还受政治、经济、自然、技术、文化、制度、价值观、利益、心理、人员素质等因素的影响；创新者必须具备多方面的知识。

5. 发展性

创新无止境。任何一种创新成果只在可预期的期限内是先进的，能产生竞争力，极大提高生产力水平和管理水平。但随着外界环境的变化、市场竞争的加剧等，原有创新成果所产生的优势将会逐渐消失。逆水行舟，不进则退。只有不断创新才能保持竞争力，也才能推动社会发展、组织发展，才能满足人民对美好生活的更高期望。

（三）创新职能

创新是管理的重要职能之一。美国管理学家 E·戴尔在《管理的理论与实践》一书中指出："如果管理人员只限于继续做那些过去已经做过的事情，那么，即使外部条件和各种资源都得到充分的利用，这些组织充其量也不过是一个墨守成规的组织，这样下去，很有可能衰退，而不仅是停滞不前的问题，在竞争的情况下，尤其是这样……因此，我们可以把创新作为管理人员的一种正式职能。"

彼得·德鲁克指出，创新是组织的基本功能，是管理者的一项重要职责，是管理者和知识工作者的日常工作和基本责任。

周三多："创新是一种思想及在这种思想指导下的实践，是一种原则以及在这种原则指导下的具体活动，是管理的一项基本职能。"

管理创新是组织按照客观要求和科技发展的条件，对传统管理模式和管理方法所进行的改革、改进和改造。管理中的创新是创新思维与创新实践的转化，是对旧事物的否定和对新事物的探索。

为适应组织内外环境变化而进行的组织局部和全局的调整、变革，就是管理的创新职能。

【思政课堂 8-3】

国家创新驱动发展三步走战略目标

第一步，到 2020 年进入创新型国家行列，基本建成中国特色国家创新体系，有力支撑全面建成小康社会目标的实现。

第二步，到 2030 年跻身创新型国家前列，发展驱动力实现根本转换，经济社会发展水平和国际竞争力大幅提升，为建成经济强国和共同富裕社会奠定坚实基础。

第三步，到 2050 年建成世界科技创新强国，成为世界主要科学中心和创新高地，为我国建成富强民主文明和谐的社会主义现代化国家、实现中华民族伟大复兴的中国梦提供强大支撑。

资料来源：《国家创新驱动发展战略纲要》。

二、创新的地位和作用

（一）创新的地位

托马斯·彼得斯在《追求卓越》中指出“要么创新，要么死亡”。这是关于创新的地位和作用最尖锐的观点。

创新贯穿于人类一切活动的始终。人类社会的发展史是一个从低级到高级、从简单到复杂、从原始到现代的不断创新的历史。一个企业的发展过程也是由小到大，由弱变强的创新过程。所以，创新是一个民族进步的灵魂，是一个国家兴旺发达的不竭动力，也是社会组织发展的战斗力。

中国共产党十八届五中全会明确了“创新、协调、绿色、开放、共享”五大发展理念。“创新”一词居首位。

【实训课堂 8－2】

“互联网＋”行动的探索者马化腾

马化腾，腾讯科技（深圳）有限公司董事会主席、首席执行官。受益于改革开放大环境，他创立并带领腾讯，从一个仅有5人的小企业成长为全世界最具影响力的互联网公司之一。提出“互联网＋”概念，大力推动微信、QQ、在线支付等互联网应用，从民生政务、生活消费、生产服务、生命健康、生态环保等方面推动数字化转型升级，在实体经济和数字经济、传统行业和科技创新融合发展等方面发挥了重要作用。搭建腾讯基金会平台，倡导全民公益理念，通过信息技术打造广泛参与、透明可信的公益新格局。荣获“中国优秀民营科技企业家”称号和“南粤突出贡献奖”等。

资料来源：学习强国 APP。

（二）创新与维持的关系

组织是在维持与创新中前进的。管理活动是维持与创新的统一。

1. 组织的正常运行离不开维持

维持是按既定设想，以现有的成熟且有效的理论、技术、方法等，使组织在现有水平上顺利、稳定地运行。管理的维持职能要求管理活动严格按预定的规划、制度、技术、方法等控制组织系统运行，协调各部门、人员之间的关系，避免摩擦，保持组织系统的秩序、纪律和正常运行。如果没有有效的维持工作，计划将无法落实，目标将难以实现，甚至机器也会停止运转。所以，维持对于组织生命的延续是十分必要的。

2. 系统运行过程是不断创新的过程

按照系统原理，任何社会系统都是由若干子系统构成的，而且系统不断地通过与外部发生物质、信息、能量交换来实现其功能。面对环境变化，组织若不变革，就会因失衡而不协调，必然会走向衰落，失去竞争力。所以，创新就成为必然。创新是破旧立新，它是用新理论、新方法、新技术、新制度等作用于组织，使组织在更高水平上，建立内外部新的平衡，实现高质量运行。组织只有顺应外部环境的变化，及时、有效地调整内部各子系统的作用形式才能生存，才会有继续发展的机会。

3. 管理活动是维持和创新的矛盾统一

维持与创新相互联系。维持为创新提供了良好的人才环境、物质环境、文化环境、法律环境等，为创新活动提供了源源不断的人才、资金、物资等。创新是维持基础上的发展，为更高层次的维持提供了新思想、新方法、新手段。管理工作应围绕着系统运转的维持和创新而展开，卓越的管理是实现维持与创新最优组合的管理。可见，创新是为了更好更持久地维持。

【实训课堂 8－3】

创新的重要性

教育、科技、人才是全面建设社会主义现代化国家的基础性、战略性支撑。必须坚持科技是第一生产力、人才是第一资源、创新是第一动力，深入实施科教兴国战略、人才强国战略、创新驱动发展战略，开辟发展新领域新赛道，不断塑造发展新动能新优势。

资料来源：《习近平在中国共产党第二十次全国代表大会上的报告》。

企业间的竞争加剧，要想在竞争中占据有利位置，必须把创新放在突出的地位上，这就是为什么在竞争加剧的今天，理解创造的过程变得重要的原因。在激烈的竞争中，许多企业都经受着巨大的压力：它们不得不改进旧有的制度和产品。企业的发展和生存直接与其生产或吸收能力相关，同时也与其开发新产品或新服务项目和等程序的能力相关。经理还需要更新方法，以使用更好的方法来解决问题。尤其是，许多问题前无先例，也无人尝试和努力，因而完全是陌生而未知的。

采取过去惯用的那一套方法来解决时下的问题，不可避免地会遇到一些无法想象的困难。而有的困难甚至是无法逾越的障碍。在文化、经济和技术迅速变化的大环境下，不可预知的困难将司空见惯。变化是最为普遍、最为空前的现象。无论何类企业，要想在竞争中站稳脚跟，抓住机遇生存并繁荣发展下去，它就必须正视这样的变化，并有效地作出反应。

资料来源：T·普罗克特：管理创新［M］. 周作宇，张晓霞，译. 北京：中信出版社.

在线测试

第二节 创新的内容

【案例导入】

2019 年企业管理创新榜

苏宁易购是一家有思想、有规划，有执行力的企业。它改变了人们常见的船大难掉头的印象，在10年间通过O2O模式的实施，成功完成了互联网转型；在广泛覆盖顾客的同时，大力推进创造顾客价值的深度，从而延续了企业在零售行业的领先优势。

海信集团长期致力于家电行业，取得了辉煌的成就。但是，海信没有就此止步，而是从家电业务起步，创新发展，在智慧交通、光通信、精准医疗等高科技B2B板块多面出击，在传统家电企业中率先实现了高科技转型。

北京快手科技有限公司。快手在自媒体领域创造了独特的传播形式，创造了人人都是自媒体，人人都是宣传员的新时代，更开辟了巨大的“快手老铁经济”。2018年有超过1600万人在快手平台上获得收入，其中340多万人来自国家级贫困县，快手正在成为一股脱贫攻坚的新力量。

资料来源：《中外管理》，2019年12期。

创新的内容十分广泛，人类活动中的一切事物都能通过创新来实现。

一、管理理论创新

理论指导实践。管理创新首先是管理理论创新。

在西方，以泰罗为代表的管理学家，在研究了西方传统管理思想基础上，创立了科学管理理论，以梅奥为代表的学者在研究科学管理理论的基础上建立了人际关系学说等。以彼得·德鲁克为代表的当代管理学家建立了现代管理思想。

中国管理理论创新是在学习借鉴国外先进技术和经验，研究我国古代管理智慧，总结我国革命和建设的管理实践基础上，形成了中国特色的管理理论。“实践没有止境，理论创新也没有止境”。改革开放以来，我国在管理理论创新领域取得了巨大成果。

（1）研究中国传统管理思想，建立具有中国文化特色的现代管理思想。包括决策思想、组织理论、领导行为理论、人本管理理论、控制理论、法治管理思想等。

（2）从传统的质量管理、技术管理、物资管理、销售管理、财务成本管理和人事管理等，转变到知识管理、风险管理、敏捷管理、流程再造、和谐管理、供应链管理、客户关系管理、人力资源（资本）管理等。

（3）从应用全面质量管理理论、过程控制理论、成本核算方法、行为科学理论、细分市场理论、计算机控制等，逐步发展到应用国际标准认证与一体化整合、培育核心竞争力、创建学习型组织、价值管理、数字化管理、速度管理、变革管理以及经济博弈论等。并且在应用流程再造等前沿理论的同时，还系统地应用企业文化、组织结构设计、管理信息系统、人工智能、大数据、区块链等理论和工具。

（4）企业由追求利润最大化转向追求整体价值最大化；传统的监控型管理转向授权型管理，最终转向以潜能开发、人力资本的价值增值为主体；金字塔式的权力型组织结构转向扁平化组织结构、团队管理运作模式；依靠严格、完备的规章制度转向以共同愿景来集聚企业的向心力；短期激励转向长短期激励相结合，物质型激励转为精神型激励；网络信息技术应用由单一的信息处理转向组织的信息分享、共同合作、工作流程改造、虚拟性活动。

【思政课堂8-4】

农村包围城市、武装夺取政权

“农村包围城市、武装夺取政权”是中国共产党人总结大革命失败后领导红军和根据地斗争的经验，创造性总结出来的一条符合中国实际的革命道路。这一道路立足中国半殖民地半封建社会的国情，强调在敌我力量悬殊的情况下，必须先在农村建立根据地，积蓄革命力量，在条件成熟时夺取城市，最后夺取全国革命的胜利。毛泽东是这一道路的率先实践者，并且从理论上对其进行阐述，形成了农村包围城市、武装夺取政权的工农武装割据思想。这一思想的提出，是马克思主义在中国的创造性运用和发展，标志着毛泽东思想的初步形成。

资料来源：《百年党史关键词》。

二、战略创新

战略是以未来为主导，与环境相联系，以现实为基础，是对企业未来一定时期，全局性的经营管理活动理念、发展目标、资源力量进行整体部署和规划。具有长期性、全局性、竞争性和风险性。西方企业家把现代企业管理叫作战略管理，认为当今时代是战略管理的时代、战略创新的时代、战略制胜的时代。可见，企业战略问题已成为决定企业竞争成败的关键与核心。

战略创新要求企业在分析环境的基础上，提出创新目标，经过对市场、竞争者、技术发展、国内外形势和自身潜力科学评估后做出正确的抉择。在战略创新中，企业要善于进行战略分析（量力而行，自己能做什么）、战略选择（自己将来能做什么）和战略监控（是否符合实际，是否符合自己的战略目标）。

企业的战略管理和战略创新，决定着企业的兴衰成败。有资料表明，世界上1000家倒闭的大企业中，有850家是由战略失误造成的，而成功的企业家花在战略思维和研究上的时间占全部工作时间的60%以上。养成学习和思考的习惯，从繁杂的日常事务中跳出来，冷静地思考企业战略发展问题，是优秀管理者和团队必备的素质。

【思政课堂8-5】

国家创新驱动发展战略任务

紧紧围绕经济竞争力提升的核心关键、社会发展的紧迫需求、国家安全的重大挑战，采取差异化策略和非对称路径，强化重点领域和关键环节的任务部署。

推动产业技术体系创新，创造发展新优势。把数字化、网络化、智能化、绿色化作为提升产业竞争力的技术基点，推进各领域新兴技术跨界创新。

强化原始创新，增强源头供给。

优化区域创新布局，打造区域经济增长极。

深化军民融合，促进创新互动。

壮大创新主体，引领创新发展。明确各类创新主体在创新链不同环节的功能定位，激发主体活力，系统提升各类主体创新能力，夯实创新发展的基础。

实施重大科技项目和工程，实现重点跨越。

建设高水平人才队伍，筑牢创新根基造。造就一批世界水平的科学家、科技领军人才、工程师和高水平创新团队，注重培养一线创新人才和青年科技人才，对青年人才开辟特殊支持渠道，支持高校、科研院所、企业面向全球招聘人才。发挥企业家在创新创业中的重要作用，大力倡导企业家精神。推动教育创新，改革人才培养模式，把科学精神、创新思维、创造能力和社会责任感的培养贯穿教育全过程。

推动创新创业，激发全社会创造活力。建设和完善创新创业载体，发展创客经济，形成大众创业、万众创新的生动局面。

资料来源：《国家创新驱动发展战略纲要》。

三、技术创新

技术创新是企业创新的主要内容。1962 年，伊诺思在其《石油加工业中的发明与创新》一文中对技术创新的定义是："技术创新是几种行为综合的结果，这些行为包括发明的选择、资本投入保证、组织建立、制定计划、招用工人和开辟市场等。"人类进入 21 世纪，科技创新成为国家经济持续增长，国力不断增强的重要手段。自主的科技创新能力，也成为企业保持竞争能力的首要武器。企业的技术创新主要表现在三个方面。

（一）材料创新和手段创新

材料创新的主要任务是寻找、发现现有材料的新用途和运用新知识创造新材料；手段创新，一是改造现有设备，以提高设备的技术水平，延长设备的使用寿命。二是发明新设备，使生产建立在更先进的技术水平上。

（二）生产工艺和生产过程的创新

生产工艺是企业制造产品总的流程和方法，包括工艺过程、工艺参数、工艺配方等。操作方法是人们利用生产设备对原材料、零部件或半成品的加工方法。生产过程的创新是设备、工艺装备、在制品及劳动各要素在空间的布置和时间上的新组合。

（三）产品创新

日本著名企业家土光敏夫说：企业的出路在于产品更新换代。产品创新是企业根据市场需要和科学技术的发展而进行的。产品创新包括品种创新和产品结构创新，是新产品的开发和老产品的改造。企业技术创新，要紧紧围绕产品创新来进行。因为产品创新能带动技术、工艺、设备、材料等的创新。

当前，新产品的创新方向主要有多功能化、高性能化、智能化、小型化、简易化、多样化、美观化等。

【实训课堂 8-4】

自动化、智能化、个性化

美国《福布斯》网站报道，随着科技不断发展，科技对制造业的改变与塑造也与日俱增，制造业未来的发展将展现出如下十大趋势。

工业物联网——工业物联网（IIoT）是指在制造业和工业环境中使用互联设备收集数据，然后利用这些数据改进制造过程。传感器是这些相互连接的 IIoT 设备的主要部件。

从工厂机器上的传感器收集的数据可帮助制造商了解机器性能，优化维护过程，减少机器停机时间，甚至可预测什么时候会出问题。

5G和边缘计算——第五代移动数据网络技术（5G）将使制造商轻松连接其IIoT技术，并利用智能机器和传感器（边缘计算）等设备收集和处理数据。制造商可在生产场所创建一个专用5G网络，为其提供超快的数据传输。

预测性维护——在制造行业，预测性维护指使用传感器数据和人工智能来检测机械和部件中的故障。其理念是，通过了解机器或部件可能出现故障的时间，制造商可采取预防措施，更有效地维护设备。

数字孪生——“数字孪生”是指以数字化方式拷贝一个物理对象，模拟对象在现实环境中的行为，对设计、制造过程乃至整个工厂进行虚拟仿真，从而提高制造企业产品研发、制造的生产效率。

扩展现实与元宇宙——扩展现实和虚拟现实等增强现实技术将在制造业中发挥越来越重要的作用，包括提升产品设计方案、制订更好的生产计划、增强装配线上工作人员的能力，以及更多沉浸式培训等。随着世界上越来越多的人进入元宇宙，制造商将获得更多机会。

自动化工厂——在人工智能的加持下，机器现在能够执行越来越多以前由人类完成的任务。因此，机器也可承担越来越多的制造任务。自动化可为制造商带来许多优势，包括更高的生产率（机器不会疲劳）、更高的精度和更低的成本。未来，我们有望看到更多完全自动化的工厂，在这些地方，生产无须人类到现场。自动化的关键因素之一是机器人的使用。机器人可成为人类的帮手，提高人类的工作效率。

3D打印——随着3D打印技术变得更具成本效益和可扩展性，效率也更高，制造商将越来越多地使用3D打印制造产品。与传统制造方法相比，3D打印所用的材料更少，浪费也更少。此外，3D打印也将推动个性化产品新时代的到来，因为生产个性化产品不用担心规模经济。

Web 3.0和区块链技术——随着“下一代互联网”Web 3.0（互联网范式从Web 1.0到Web 2.0不断迭代升级的下一阶段）和分布式计算技术——如区块链和非同质代币（NFT）的出现，制造商将有机会更好地监控其供应链，甚至实现供应链上许多交易的自动化。未来生产的许多产品将与NFT数字证书一起销售。

更智能且更可持续——智能物联网设备的出现，不仅改变了产品生产方式，也改变了产品生产类型。

资料来源：《科技日报》。

四、制度创新

制度创新就是创建有利于创新的体制和制度。一切社会组织的生存与发展都与制度密切相关。美国经济学家诺斯认为，对经济发展起决定作用的是制度因素。一个有效率的制度，即使没有先进的设备或技术，也可以刺激劳动者创造出更多价值。但是，先进的设备或技术，如果存在于低效率的环境中，也无法高效率地为经济增长做出贡献。可见，制度创新是管理的基础。制度创新有利于推动企业的全面创新。

企业制度创新的主要内容有：基本制度创新、工作制度创新、责任制度创新等。建立现代企业制度是国有企业改革的目标，其内容主要包括产权制度、经营制度、领导制度和管理制度等四个方面。其重点是产权制度创新。

企业还必须重视分配制度、科研制度、人员培训制度等具体制度的创新。

五、组织机构创新

组织机构创新是指通过对发起设立、运作机制、职能定位和治理结构等方面的创新，塑造创新型的企业组织、产业组织、社会组织和行政组织。组织创新的目的是更合理地组织管理人员，提高管理效率。

苏联管理学家Г·Х·波波夫在《管理理论问题》中说："组织和管理，如同原子核裂过程一样，可以放出原先潜藏在某个系统内的巨大能量。"可见，组织与管理是一项重要的资源。

企业系统的正常运行，既要求具有符合企业及其环境特点的运行制度，又要求具有与之相应的运行载体，即合理的组织形式。因此，企业制度创新必然要求组织形式的变革和发展。由于机构设置的形成要受到企业活动的内容、特点、规模、环境等因素的影响，因此，不同企业，有不同的组织形式，同一企业，在不同时期，随着经营活动的变化，也要求不断调整组织机构。

组织机构创新的主要内容是：机构设置和人员的调整；机构、人员的职责划分；信息沟通渠道的重建；工作流程优化。

六、营销创新

营销创新历来是企业家最活跃的创新平台。随着社会发展，营销环境发生了前所未有的变化，特别是信息技术的迅猛发展，使传统营销模式难以适应，亟须在营销观念、营销策略、渠道、方法、广告促销策划等方面进行创新。企业应主动作为，积极运用数字营销和自媒体营销，广泛运用微博、微信、微商营销、抖音、快手、电商直播等途，创新分销渠道。另外，电子商务网站运用大数据技术根据用户的购买习惯主动推送产品信息，在房地产销售中也应积极运用线上渠道开展业务，还应进行促销方式的创新，如体验营销、视觉营销、饥饿营销等。

在线测试

第三节
创新实施

【案例导入】

现代化远景目标

全面建成社会主义现代化强国，总的战略安排是分两步走：从二〇二〇年到二〇三五年基本实现社会主义现代化；从二〇三五年到本世纪中叶把我国建成富强民主文明和谐美丽的社会主义现代化强国。

到二〇三五年，我国发展的总体目标是：经济实力、科技实力、综合国力大幅跃升，人均国内生产总值迈上新的大台阶，达到中等发达国家水平；实现高水平科技自立自强，进入创新型国家前列；建成现代化经济体系，形成新发展格局，基本实现新型工业化、信息化、城镇化、农业现代化；基本实现国家治理体系和治理能力现代化，全过程人民民主制度更加健全，基本建成法治国家、法治政府、法治社会；建成教育强国、科技强国、人才强国、文化强国、体育强国、健康中国，国家文化软实力显著增强；人民生活更加幸福美好，居民人均可支配收入再上新台阶，中等收入群体比重明显提高，基本公共服务实现均等化，农村基本具备现代生活条件，社会保持长期稳定，人的全面发展、全体人民共同富裕取得更为明显的实质性进展；广泛形成绿色生产生活方式，碳排放达峰后稳中有降，生态环境根本好转，美丽中国目标基本实现；国家安全体系和能力全面加强，基本实现国防和军队现代化。

在基本实现现代化的基础上，我们要继续奋斗，到本世纪中叶，把我国建设成为综合国力和国际影响力领先的社会主义现代化强国。

资料来源：《习近平在中国共产党第二十次全国代表大会上的报告》。

一、创新职能的原则

美国管理学家德鲁克概括了创新的六条原则：分析创新机会的各种来源，这是有目的有计划创新的开始；走出去观察访问，倾听外界的要求和期望，这是创新的必由之路；有效的创新必须简单、集中，它应该只做一件事情；有效创新开始时不要把摊子铺得太大；创新一开始就以充当领导者为目标，争取成为标准的设计者，并决定新的发展方向；创新需要才干、机智和知识。但是更需要努力和专心致志地工作。

二、创新的过程

3M公司的常务副总裁说“创新是一个杂乱无章的过程”。创新的基本逻辑是“学习—批判—创新”。创新过程是一个不断学习、尝试、寻找新事物的过程。成功的创新需要经过以下几个阶段：

（一）寻找机会

创新机会来源于管理者对组织外部环境变化的分析和内部条件的把握。组织内部的问题和外部环境的变化是组织变革的机会和问题。

新时期是我国各行业创新的最好时代。一是国家实施创新驱动发展战略、建设创新型国家，制订了国家中长期科技发展规划和支持创新的一系列重大政策；二是新一轮世界科技革命和产业变革加速演进，新科技革命带来的技术轨道变化，为我国科技创新提供了难得的赶超“机会窗口”；三是当前我国科技发展水平特别是关键核心技术创新能力同国际先进水平的差距，同建设世界科技强国要求的不适应，为我们的创新提出了挑战。

（二）创新构思

创新构思必须突破传统思维模式，刻意求新，别出心裁，不盲目模仿。英国心理学家沃勒斯提出了创新构思的四阶段理论。即准备阶段、酝酿阶段、明朗阶段、验证阶段。

1. 准备阶段

这是准备和提出问题阶段。创新是从发现问题、提出问题开始的。爱因斯坦说：“提出一个问题往往比解决一个问题更为重要，因为解决一个问题也许只是一个数学上或实验上的技巧问题。而提出新的问题、新的可能性，从新的角度看旧问题，却需要创造性的想象力，而且标志着科学的真正进步。”古人云：“学贵有疑，小疑则小进，大疑则大进。”“疑”是人类打开宇宙大门的金钥匙。弗·培根说过：“多问的人将多得。”

这一阶段对创新者的要求是：积累、整理知识与经验；搜集必要的信息和资料；评估自己提出问题的社会价值，能满足社会的何种需要及价值前景。

2. 酝酿阶段

也称为沉思期和多方思维发散阶段。这个阶段需要收集资料，对信息进行加工处理，探索解决问题的关键。这个阶段需要花费较长时间、较大精力，是人的大脑强度最活跃的时期。“妨碍人们创新的最大障碍，并不是未知的东西，而是已知的东西”。创新者要解放思想，进行发散思维，扩大思维领域，冲破传统、权威、经验等，寻求突破，让各种设想在头脑中反复组合、交叉、撞击、渗透，把各方面的问题都充分暴露出来，并按新的方式进行加工。

创新是团队力量，管理者要依靠群众的创造力，放手发动群众，广泛倾听专家学者、广大员工的意见。如召开座谈会、采取头脑风暴法、德尔菲法等。

3. 明朗阶段

这是创新的顿悟或突破期，是创新者产生灵感的结果。灵感是在创造活动中，突然出现的短暂的、超常性的，指向于问题解决的顿悟思维活动。灵感是创新者经过勤奋艰苦的长期思考、讨论等寻找到了解决办法。这一个阶段时间很短，具有突然性，是脱颖而出，豁然开朗等。正如周恩来总理所说灵感是“长期积累，偶然得之”。

4. 验证阶段

这是对创新成果的评价阶段。验证阶段需要把明朗期的结果进行整理、完善和论证，并进一步充实。包括理论验证和实践检验。

（三）决策阶段

决策阶段是把创新构思的各种可行性方案，通过分析比较，进行筛选，确定理想方案的过程。

(四) 实施阶段

初期的创新成果不可能十分完美，这种不完美的成果只有迅速实施才有意义。所以，创新成果不能放在实验室、资料库或保险箱中，创新方案已经决策就要组织力量积极实施，并在实施过程中不断完善。否则，创新成功的先进性会消失，竞争力下降，创新过程的巨大成本将无法回收。

【实训课堂 8－5】

柯达衰败

伊士曼柯达公司是世界上最大的影像产品及相关服务的生产和供应商，在影像拍摄、分享、输出和显示领域一直处于世界领先地位。柯达是全世界最早涉足数码技术产业的企业，是数码影像行业的领军人。由于当时数码技术比传统胶片技术差，胶片的市场占有率高且利润很高，发展数码技术将会对现有的胶片业务造成冲击。所以，柯达不愿意花大力气去研发。但其竞争者日本的富士、佳能等大力投资数码技术。由此，导致柯达衰败。

三、创新思维与方法

(一) 创新思维

1. 创新思维的概念与特点

创造性思维的概念有多种。狭义的创新性思维是指人类认识史上第一次产生的、具有较高社会意义和社会价值的思维活动。如重大技术发明、创建新理论等。广义的创新性思维是指人类新颖独特的思维活动。

T·普罗克特认为："创造性思维包括两个方面，一是我们关于某一现象的知识拆开、解构；一是将其重构、重组。其目的是获得新的洞见和新的认识。对观察和认识事物的方式的反思和体会，直接影响到我们的创造性思维能力。如果我们理解或弄清了我们是怎样看待事物的，那么我们就具备了创造性思考的基本条件。透析我们理解事物的方法，深思我们对客观事物的理解路径，有助于提高我们的创造性水平。当我们对某一情境采取了不同的认知方式，并把借此形成的思想加以组织的时候，创造性即产生了。"

概括地说：创新思维是改变常规思路，利用全新的方法和独特性的解答来寻求问题答案的思维过程。创新性思维有如下的特点：

(1) 突破性。创新性思维是对原有思维方式的突破。突破一般性思维的常规惯例；突破旧观念和旧的理论框架；突破科学上未知王国的层层设防等。

(2) 突发性。创新性思维是突发的思维活动，在出其不意间，以飞跃的姿态出现，而难以预料和控制。数学家高斯说："像闪电一样，谜一下解开了。我自己也说不清楚什么导线把我原先的知识和使我成功的东西连接起来。"但突发性是建立在长期积累的基础上。

(3) 触发性。许多创新性思维的产生缘于意外事件。导致创新性思维产生的意外事件，就是机遇。机遇对创新性思维的产生起着催化的作用。把握创新性思维的触发性特点，就可能获得更多机遇。

(4) 综合性。创新性思维是多种思维形式协调活动的综合性思维。它没有固定的形式，存在于多种思维形式之中，如想象、灵感、潜意识活动、联想、直觉、类比、借鉴、中介、引申、简化、扩充、归纳、分析、抽象、概括、模拟、替代等。

2. 创新思维方法

通过有效的训练能提高人的创新思维能力，从而提高创新效率。

(1) 扩散思维。扩散思维又称发散思维或多向思维，它是在思维过程中，充分发挥人的想象力，突破原有的知识圈，从一点向四面八方进行想象、思维，通过知识的重新组合，找出更多更新的可能答案、设想或解决办法，是一种开放性思维。

美国学者吉尔福特认为，创新性思维的核心是扩散思维。扩散思维是“从给定的信息中产生信息，其着重点是从统一的来源中产生各种各样的为数众多的输出，很可能会发生转换作用（背异、求异），其模式是由一到多”。一个人如果对某一问题提出的方案越多、越新鲜，说明他的扩散思维能力越强。

提高扩散思维能力的基本要求是：一是遇事要大胆地敞开思路，“你考虑的可能性越多，也就越容易找到真正的诀窍”；二是努力提高多向思维的质量，单向发散只能是低水平的发散；三是坚持思维的独特性，重复自己脑子里传统的或定型的东西是不会发散出独特性的思维的。只有在思维时尽可能多地为自己提出一些“假如”“假设”“假定”等，才能从新的角度想自己或他人从未想到过的东西。

(2) 集中思维。集中思维又称收敛思维，它是从众多的信息中引出一个正确的答案或人们认为满意的答案。即：以某个思考对象为中心，从不同的方向和不同的角度，将思维指向这个中心点，以达到解决问题的目的。集中思维能力取决于人的分析、综合、抽象、概括判断和推理等逻辑思维能力。

进行创造活动，必须有明确的目的，提出什么问题，解决什么问题，需要进行集中思维。寻找解决问题的办法，需要扩散，通过扩散性思维，提出多种办法（或方案）。在整个思维过程中，扩散度高，集中性好，问题就解决得好。一个创造活动，要经过多次扩散——集中——扩散——集中……

(3) 逆向思维法。逆向思维法又称反向思维法，它是从常规思考解决问题的反面来探求寻找解决问题的思维方法。

【实训课堂 8－6】

选择飞行员

心理学家吉尔福特在第二次世界大战期间被指派设计一项能够挑选出最佳轰炸机飞行员人选的性格测试。他使用了智力测试法、评分系统和面试等方法。而空军委派了一名没有经过心理训练的退役空军飞行员帮助他进行筛选工作。吉尔福特不信任这位退役飞行员。

最终，吉尔福特与退役飞行员挑选了不同的候选人。后来发现：吉尔福特选的飞行员被击落毙命的人数大大多于退役飞行员选的飞行员。吉尔福特为此而沮丧。他决心找出退役飞行员挑选人的方法与自己有什么不同。

退役飞行员说他问了所有飞行员候选人一个问题，“你在飞跃德国时，如果遭遇德国防空部队炮火时会怎么办?”他淘汰了所有回答“我会飞得更高”的候选人，而挑选了违反条例准则的人。如：“我不知道，可能我会俯冲”或“我会‘之’字形前进”或“我会转圈，掉头避开火力”的人。遵循飞行条例准则的飞行员都是可被预测的人，因为德国人清楚美国飞行员遭遇炮火时会飞得更高，因而他们的战斗机会停留在云端，准备将美国飞行员击落。即：那些不按照准则操作的飞行员会比那么些可能更聪明、却局限于规则的飞行员更容易幸存下来。

吉尔福特突然意识到具有与众不同的思维和富有创造力是一种才华。因此他决定进一步研究这种才华：谁没有被我们以往的知识所束缚。

资料来源：《发明与创新综合版》。

3. 克服思维定势

贝尔纳说：“妨碍人们创新的最大障碍，并不是未知的东西，而是已知的东西。”开展创新活动，必须克服阻碍创新的各种心理因素。思维定势是其中主要的因素。思维定势是人们在反复思考同类或相似问题时所形成的定型化的思维模式。

思维定势是长期形成的，具有强大的惯性。对创新思维影响较普遍的思维定势有权威定势、从众定势、经验定势、书本定势等。克服这些思维定势，有利于创新。

（二）创新方法

1. 嫁接式创新

嫁接式创新或叫移植式创新，是一种建立在学习基础上的创新方式。其特点是学习、吸收国内外先进的管理方法、组织形式、经营方式和产品技术等，结合本组织实际进行移植或嫁接式改造，创造出有自己特点、与众不同的管理方式、产品等。

2. 形态方格式创新

这种方法也称形态分析法、形态综合法或棋盘格法。其依据是：许多创新成果并不是全新的，而是旧因素的组合。具体步骤是：一是确定影响所要解决问题的重要独立要素，并列出这些要素的所有可能的形态；二是将各独立要素及其可能形态排列成矩阵形式；三是从每一个要素中各取出任一可能形态作任意组合，从而产生出可能的构想。

3. 突破式创新

突破式创新或叫替代式创新，是一种建立在新的科学技术和社会经济知识基础上的创新。其特点是在新理论指导下，运用各种形式进行突破性研究开发，创造出替代现有管理和技术体系的新产品、新技术、新战略、新策略、新方式、新方法、新制度等。

【实训课堂 8－7】

创新方法

检核表法：奥斯本检核表法见于奥斯本所著的《创造性想象》一书。在该书中，他提出了 75 个促进想象的问题。这 75 个问题，按具体内容可概括成为 9 组问题：转化、引申（参考）、改变、取代、放大、缩小、变换、颠倒、组合。

和田十二法：“和田十二法”又称“十二种聪明办法”或“一点通”。这 12 种方法是：加一加、减一减、扩一扩、缩一缩、变一变、改一改、拼一拼、学一学、代一代、搬一搬、反一反、定一定。

信息交合法：信息交合法是一种在信息交合中进行创新的思维技巧，即把物体的总体信息分解成若干个要素，然后把这种物体与人类各种实践活动相关的用途进行要素分解，把两种信息要素用坐标法连成信息标 X 轴与 Y 轴，两轴垂直相交，构成“信息反应场”，每个轴上各点的信息可以依次与另一轴上的信息交合，从而产生新的信息。

创新 PNI 法（三思法）：Positive——从积极的一面考虑，选择有利的方面进行分析；Negative——从消极的一面考虑，选择不利的方面进行分析；Interest——从有兴趣的方面考虑，选择有新意的设想。

吸尘器的发明：有一年，人们在伦敦举行了一次“除尘器”除尘表演。“除尘器”的工作原理就是用风把灰尘吹走，所以当时现场的许多观众都被吹得满身都是灰尘。人们乘兴而来，却败兴而归。有个叫布斯的人就想：吹尘看来不行，能不能换个办法。把吹尘改为吸尘呢？布斯回到家之后。他用手帕蒙住自己的嘴和鼻子，趴在地上用嘴使劲吸气，结果灰尘不再到处飞扬，而被吸附在手帕上。后来的吸尘器，就是据布斯的这个设想制造出来的。

四、建立创新机制

建立创新机制就是要营造良好的创新环境。

（一）建立学习型组织，提高创新能力

创新型组织必须是学习型组织。建立学习型组织，帮助人们及时了解内外环境变化对组织活动和个人事业的影响，激发组织和个人的自我超越意识，改善心智模式，树立创新观念；通过学习使人们掌握新知识，新技术，提高人们发现问题、分析问题和解决问题的能力；建立学习型组织，还要提高团队精神，形成组织内部的团队创新。

【思政课堂 8－6】

唯有自主创新方能破解“卡脖子”难题

2019 年 5 月 16 日，美国商务部以国家安全为由，将华为及其 70 家附属公司列入管制“实体名单”，禁止美国企业向华为出售相关技术和产品。2020 年 5 月 15 日，美国商务部发布公告，严格限制华为使用美国技术和软件在美国境外设计和制造半导体。2020 年 8 月 17 日，美国政府再次发布新禁令，9 月 15 日，美国对华为的新禁令正式生效，任何使用美国软件或美国制造设备为华为生产产品的行为都是被禁止的，都需要获得许可证。在此之后，台积电、高通、三星及 SK 海力士、美光等主要元器件厂商将不再供应芯片给华为。

遭到“断供”后的华为将何去何从？我国芯片受制于人，其中最大的原因是我们的工业基础——包括精密制造、精细化工、精密材料等方面的落后，中国芯片技术和产业的短板最终还是需要中国人踏实创新来解决。实践证明，关键核心技术是买不来、讨不来的，只有把关键核心技术掌握在自己手中，才能从根本上保障国家经济安全、国防安全和其他安全。

（二）建立创新激励机制

激发每个人的创新热情，就必须建立全面的创新激励机制，营造创新环境。主要包括：培育组织的创新文化，宣传创新价值观；建立合理的创新评价和奖惩制度；建立内部竞争机制；建立创新型人才的培养和引进机制；建立合理化建议奖励制度，鼓励人们为组织发展献计献策；建立管理人员带头创新和支持创新的机制。

【思政课堂 8－7】

激发人才创新活力

贯彻尊重劳动、尊重知识、尊重人才、尊重创造方针，深化人才发展体制机制改革，全方位培养、引进、用好人才，造就更多国际一流的科技领军人才和创新团队，培养具有国际竞争力的青年科技人才后备军。健全以创新能力、质量、实效、贡献为导向的科技人才评价体系。加强学风建设，坚守学术诚信。深化院士制度改革。健全创新激励和保障机制，构建充分体现知识、技术等创新要素价值的收益分配机制，完善科研人员职务发明成果权益分享机制。加强创新型、应用型、技能型人才培养，实施知识更新工程、技能提升行动，壮大高水平工程师和高技能人才队伍。支持发展高水平研究型大学，加强基础研究人才培养。实行更加开放的人才政策，构筑集聚国内外优秀人才的科研创新高地。

资料来源：《中共中央关于制定国民经济和社会发展第十四个五年规划和二〇三五年远景目标的建议》。

（三）建立有利于创新的组织结构

除了营造创新文化和创新价值观外，还要通过组织机构建设，形成有利于人人创新的组织机构。一是正确处理集权与分权的关系，赋予下属更多自主权；二是正确处理直线权力与参谋权力的关系，支持参谋人员的调查、研究、创新活动；三是正确处理正式组织与非正式组织的关系，支持组织内部的学习小组、发明小组等活动。表 8－1 是创新型组织的组成要素及关键特征。

表 8－1　　　　创新型组织的组成要素及关键特征

组成要素	关键特征
共同愿景、领导能力和创新的意愿	明确阐述的共同使命；延伸战略目标——“高层次的承诺”。
合适的组织结构	组织设计使得创造力、学习和互动成为可能；关键问题是对于选定的突发事件、在“有机的”和“机械的”模式之间找到恰当的平衡。
关键个体	倡导者、拥护者、把关人员和其他角色赋予创新活力或促进创新。
有效的团队合作	使用团队（在本部门、跨职能和组织间）来解决问题，在团队选择和建设上给予投入。
全员参与创新	参与整个组织的持续改进活动
创新氛围	使用积极的方法来获得创造性的想法，得到相关激励系统的支持。
外部关注重点	内部和外部的顾客导向；广泛的网络。

资料来源：贾旭东．现代企业管理［M］．北京：中国人民大学出版社，2014.

【思政课堂 8 - 8】

完善科技创新体制机制

深入推进科技体制改革，完善国家科技治理体系，优化国家科技规划体系和运行机制，推动重点领域项目、基地、人才、资金一体化配置。改进科技项目组织管理方式，实行“揭榜挂帅”等制度。完善科技评价机制，优化科技奖励项目。加快科研院所改革，扩大科研自主权。加强知识产权保护，大幅提高科技成果转移转化成效。加大研发投入，健全政府投入为主、社会多渠道投入机制，加大对基础前沿研究支持。完善金融支持创新体系，促进新技术产业化规模化应用。弘扬科学精神和工匠精神，加强科普工作，营造崇尚创新的社会氛围。健全科技伦理体系。促进科技开放合作，研究设立面向全球的科学研究基金。

资料来源：《中共中央关于制定国民经济和社会发展第十四个五年规划和二〇三五年远景目标的建议》。

(四) 全面支持创新者

创新工作需要时间和资源等。一是尊重创新活动的规律，让创新者有权支配他们的学习、思考、调查、寻找资料、试验、休息的时间；二是为创新者提供创新所需的资金、资料、时间、场所、材料等；三是关心创新者的生活、家庭和工作；四是改革组织内部不利于创新的考核和评价体制，激发创新者的活力。

管理学家 J·科特提出成功的变革与创新的领导包括八个环节：树立紧迫感；建立强有力领导联盟；构建愿景规划；沟通创新愿景；广泛的授权运动；夺取短期胜利；巩固已有成果、深化创新；将创新成果制度化。

【实训课堂 8 - 8】

公司的全员参与创新机制

美洲航空公司的提议计划：公司的每一位空中乘务员、机械师和 85000 名其他员工都可以提出自己的创意。该项计划每年能产生 17000 个提议，其中 8000 个提议都会受到公司的重视，25% 的提议会付诸实施。在公司的达拉斯总部，设立了一个专门的部门，47 名全职员工负责管理这些提议，并确保最好的提议能够付诸实施。2002 年，该项计划为公司节约了 3600 万美元。

宝洁“公司创业”(简称 CNV) 工作小组：一个独立的创意实验室，其任务就是鼓励宝洁的 11 万名员工提出新产品的创意，对其中最具有发展潜力的创意给予资助，避免由于公司的产品开发机制过于复杂而使这些创意埋没，并将这些好的创意转变为真正的产品推向市场。

(五) 正确对待创新者的失败

不惧失败，才敢于在探索中前行。创新的最大风险是失败。创新过程是一个充满着艰辛和失败的过程。失败乃成功之母。应当给创新失败者更多宽容和尊敬。创新者是探路者，他们以自己的失败告诉其他创新者“此路不通，请换个思路，找其他方法”。所以，任何创新成功的背后也有失败者的贡献。对失败者最好的奖励就是“别灰心，我们一起来总结失败的原因吧”。不能打击创新失败者，也不能对他们提出不切实际的时间限定。

（六）实施全面创新战略

社会组织应当重视全面创新，并建立全面创新机制。全面创新相对于传统创新而言，是一种系统性、全面性的创新活动和创新管理活动。它是以培养组织的核心创新能力、提高持续竞争力为导向，以价值创造（增加）为最终目标，以各种创新要素（如技术、组织、市场、战略、管理、文化、制度等）的有机组合与协同创新为手段，通过有效的创新管理机制、方法和工具，力求做到人人创新，事事创新，时时创新，处处创新。全面创新管理与传统创新管理的比较见表 8－2。

表 8－2　全面创新管理与传统创新管理的比较

项目	传统创新管理	全面创新管理
创新主体	单纯强调研发部门、研发人员创新	强调全员创新、全时创新、全方位创新
创新组织形式	常用直线职能制结构	扁平化、网络化、流程型结构
创新的目标	完成上级任务，被动式的	以价值增加（提高经营绩效）为目标，主动创新
创新内容与创新要素	着眼于单个创新，强调技术创新，忽视其他创新	着眼于各创新要素组合与协同，强调全面创新
产品/工艺创新的协调	重产品创新、轻工艺创新；过分强调产品创新的重要性	强调产品创新与工艺创新的协调
创新效益评价	创新效益评价局限于显性创新效益	均衡地考虑显性和隐性创新效益
创新的战略性	不明显	既以战略为导向，又注意创新与战略的互动
创新空间范围	企业内部，强调自力更生，对合作创新认识不足	强调整合全球资源进行创新
与核心能力的关系	不注意创新与核心能力间的互动作用	以培育核心能力、价值创造为中心
创新速度	响应市场速度较低	对响应市场速度要求非常高
创新源	创新源较单一（内部研发）	创新源多样化，利益相关者和整个价值链
与其他部门的沟通、联系	很少沟通，被动、部门利益导向	联系密切，主动、整体利益、创造价值导向
项目管理方式	研发内部项目小组	跨职能、跨组织团队，虚拟团队，重磅团队等

资料来源：《创新管理》。

【思政课堂 8－9】

国家创新驱动发展战略

战略保障：实施创新驱动发展战略，必须从体制改革、环境营造、资源投入、扩大开放等方面加大保障力度。改革创新治理体系；多渠道增加创新投入；全方位推进开放创新；完善突出创新导向的评价制度；实施知识产权、标准、质量和品牌战略；培育创新友好的社会环境。

组织实施：实施创新驱动发展战略是我们党在新时期的重大历史使命。全党全国必须统一思想，各级党委和政府必须切实增强责任感和紧迫感，统筹谋划，系统部署，精心组织，扎实推进。加强领导；分工协作；开展试点；监测评价；加强宣传。

资料来源：《国家创新驱动发展战略纲要》。

在线测试

第四节 组织创新

【案例导入】

三湾改编

1927 年 9 月 29 日，毛泽东率领湘赣边界秋收起义部队到达江西永新县三湾村。起义部队到达三湾的时候，减员较大，人员不足 1000 人，组织很不健全，思想相当混乱。为了巩固这支新生的革命军队，适应革命斗争的需要，毛泽东在到达三湾的当天晚上，就主持召开了前敌委员会议，决定对起义部队进行整顿和改编。

“三湾改编”，创造性地确立了“党指挥枪”“支部建在连上”“官兵平等”等一整套崭新的治军方略。

三湾改编是中国共产党建设新型人民军队最早的一次成功探索和实践，标志着毛泽东建设人民军队思想的开始形成。三湾改编初步解决了如何把以农民及旧军人为主要成分的革命军队建设成为一支无产阶级新型人民军队的问题，保证了党对军队的绝对领导，奠定了政治建军的基础。

一、组织创新的概念及其原因

（一）组织创新的概念

美国学者迈克·哈默与詹姆斯·钱皮认为“为了飞越性地改善成本、质量、服务、速度等重大的现代企业的运营基准，对工作流程进行根本性重新思考并彻底改革”。为适应新的全球竞争环境，企业必须摒弃已成惯例的运营模式和工作方法，以工作流程为中心，重新设计企业的经营、管理及运营方式。

组织创新也称组织变革，它是指为了提高组织的效能，根据内外环境变化，对组织中的要素及组织活动（如管理理念、工作方式、组织结构、人员配备、组织文化及技术等）

进行调整、改进和革新的过程。

（二）组织创新的动力

组织外部因素和内部因素是推动组织变革的基本因素，这些因素的变化给组织带来了机遇与挑战，同时也是推动组织创新的基本动力。组织创新动力见表 8－3。

表 8－3 组织创新动力

序号	动力	释义或举例
1	经济波动	债券市场变化、利率变动、汇率变动、经济周期
2	市场竞争加剧	竞争全球化、市场经济深入人心
3	行业技术进步	自动化技术、信息技术、全面质量管理、技术革新计划
4	知识爆炸	信息时代的到来
5	世界形势变化	一体化、多极化、局部战争频发
6	政治要素变更	政府政策、人事变化
7	消费观念变化	消费观念趋于成熟，强调个性化和多元化
8	社会文化发展	受教育者增多，婚姻观念变化
9	产品老化	产品生命周期缩短
10	劳动力素质变化	文化多元化、年轻化、知识化、流动性强
11	工作生活质量提高	生活需求增加、生活水平提高

资料来源：贾旭东．现代企业管理［M］．北京：中国人民大学出版社．

1. 外部因素

（1）宏观经济管理体制、政治经济政策的变化。国家全面深化改革，转变政府管理职能，持续推进政治、经济体制改革，调整政治经济政策，制订和完善相关法律。各类社会组织要适应国家宏观管理体制和政策的改革，进行内部制度、组织等的创新。我国处在全面深化改革的伟大时期，所有社会组织都应当紧跟这个时代，不断迎接变革，主动进行改革创新。

【思政课堂 8－10】

全面深化改革的总目标

全面深化改革的总目标是完善和发展中国特色社会主义制度，推进国家治理体系和治理能力现代化。必须更加注重改革的系统性、整体性、协同性，加快发展社会主义市场经济、民主政治、先进文化、和谐社会、生态文明，让一切劳动、知识、技术、管理、资本的活力竞相迸发，让一切创造社会财富的源泉充分涌流，让发展成果更多更公平惠及全体人民。

资料来源：《中共中央关于全面深化改革若干重大问题的决定》。

（2）科技进步。科技进步引起人们生活方式的变化，推动着管理方式和手段的创新。社会组织必须紧跟科学技术进步的步伐，运用现代科学技术（尤其是信息技术）改造传统的管理方式。

(3) 竞争观念。现代社会是全球化时代，竞争对象全球化、复杂化，竞争领域和方式多样化。组织必须树立全球竞争观念，主动参与竞争，善于谋划，积极应变。

(4) 资源变化。资源是被人类开发和利用的物质、能量和信息的总称。包括自然资源、人类劳动的资料（社会、经济、技术）、人力、人才、信息、知识等资源。资源对组织运营和管理具有重大影响。组织要根据各类资源的变化进行创新。

上述因素的变化必然引起市场变化，社会组织要根据市场变化进行组织创新。

2. 内部因素

(1) 系统性要求。组织创新具有系统性特点。组织内部创新包括组织活动的各要素和各环节创新。例如：人员、制度、文化、技术、资金、战略、目标、管理方式等。一个因素的变化必然要求其他因素进行相应变化。例如：企业实行技术改造，引进新设备，就要求技术服务部门进行创新，同时要求生产、营销等部门进行调整。技术改造对人员素质也提出了新要求。

(2) 成长要求。以企业为例。企业生命周期是企业发展与成长的动态轨迹，包括发展、成长、成熟、衰退等阶段。处在不同生命周期的企业，对管理制度、人员素质、管理方式、组织结构等有不同要求，企业应当适时创新。

(3) 创新征兆。管理者必须抓住组织创新的征兆，及时进行组织创新。组织创新的征兆有：组织结构设置与组织的阶段性目标相矛盾、组织决策力下降、绩效下降、缺乏创新、组织机构臃肿、员工士气低落、重要岗位人员离职率增加等。

当然，组织在创新过程中也会遇到多种阻力。如个人阻力、团体阻力等。创新者必须研究形成阻力的原因，积极主动地引导并克服阻力，进行组织创新。

二、组织创新的目标、类型与内容

组织变革的基本目标是：提高组织对环境的适应性。

【思政课堂 8-11】

中国政府机构改革

1982 年改革：提高政府工作效率，实行干部年轻化。改革后，国务院机构的数量从 100 个减到了 61 个，人员编制从 51 万个减少到 3 万个。领导班子中部委的平均年龄从 64 岁降到 60 岁，局级从 58 岁降到 54 岁。

1988 年改革：转变政府职能是机构改革的关键。改革的重点在于转变政府部门职能，尤以经济部门为主。改革后，国务院部委从 45 个减为 41 个，直属机构从 22 个减少至 19 个，非常设机构从 75 个减到 44 个，人员编制缩减了近 20%。

1993 年改革：适应建设社会主义市场经济的需要。1992 年，党的十四大正式提出要将建立社会主义市场经济体制作为经济体制改革的目标。改革的重点是解决各类妨碍经济体制改革推进和企业经营机制转换的问题，例如机构臃肿、效率低下、政企不分等。同时，这一年我国还开始推行国家公务员制度。

1998 年改革：消除政企不分的组织基础。改革使我国基本改变了计划经济时期的传统管理体制和组织结构，形成了适应社会主义市场经济发展需要的行政管理体制架构，将我国公共行政体制的发展推向了一个新阶段。

2003 年改革：行为规范、运转协调、公正透明、廉洁高效。改革的目标是进一步转变政府职能、改进管理方式、推进电子政务、提高行政效率、降低行政成本，从而建立一个行为规范、运转协调、公正透明、廉洁高效的行政管理体制。

2008 年改革：探索职能有机统一的大部门体制。改革后，国务院组成部门（除国务院办公厅）设置为 27 个，共对 15 个机构进行了调整，减少正部级机构 4 个。

2013 年改革：稳步推进大部制改革。《国务院机构改革和职能转变方案》，提出要在转变职能和理顺关系的基础上，稳步推进大部制改革。改革后，国务院组成部门变为 25 个。

2018 年改革：改革机构设置，优化职能配置，深化转职能、转方式、转作风，提高效率效能。改革后，国务院正部级机构减少 8 个，副部级机构减少 7 个，除国务院办公厅外，国务院设置组成部门 26 个。

（一）组织创新的类型

1. 战略性创新

战略性创新是关于组织长期发展战略或使命的创新。例如：组织是否要扩张或收缩？怎样扩张或收缩？扩张的方向、对象？缩减哪些业务？

2. 结构性创新

结构性创新是组织根据环境变化对组织的机构进行合并、分立、裁减或增设，对各机构的职责权限重新调整的过程。

3. 流程主导性创新

流程主导性创新是组织围绕其关键目标和核心能力，应用现代信息技术对业务流程进行重新构造。

4. 以人为中心的创新

以人为本是现代管理的第一原理。组织的一切活动都要坚持以人为本的思想。人员的素质必须适应组织的发展变革。以人为本的创新是组织根据环境变化和人的需要的新变化对员工的培训、教育体系及方法进行的创新，使员工的素质符合组织新战略，符合管理环境的需要。

（二）组织创新的内容

组织创新是一种系统性的全面创新，组织创新的内容包括与组织活动的全部内容，体现在以下几个方面。

1. 人员创新

组织创新必须首先改变组织内部人的观念、知识、技能等。没有人员的参与与支持，一切创新都难以成功。

2. 结构创新

结构创新包括组织的权力配置、协调机制、集权与分权关系、职务与工作再设计等的变化。

3. 技术与任务创新

技术与任务创新是用现代新技术改造组织的各项业务系统和管理系统，在组织内部广泛采用新技术、新工艺、新流程、新设备和新方法等。

三、组织创新的模式和实施过程

（一）勒温的创新模式

美国管理学家库尔特·勒温认为组织创新包含解冻、变革、再冻结等三个步骤。见图8－1。

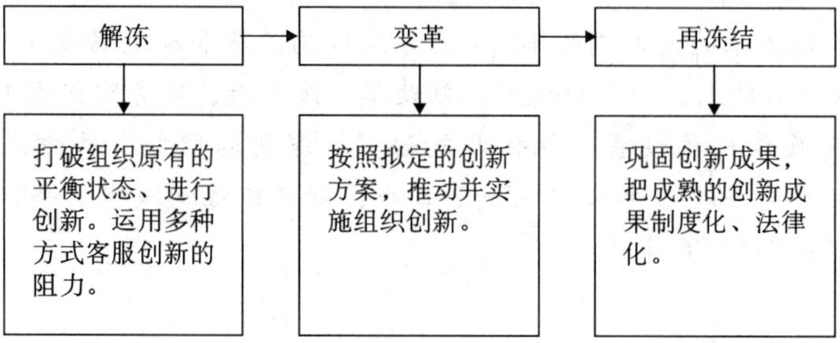

图 8－1　勒温的创新模式

（二）组织创新的实施过程

组织创新的实施中，一般经过下列阶段：

1. 组织诊断，确定创新点

对组织进行全面诊断，寻找与外部环境发展不相适应的组织内部问题。在诊断中，要广泛搜集资料，实事求是地评估组织现状。存在哪些问题？什么问题？什么环节，哪个岗位的问题？哪些人的问题？产生这些问题的原因是什么？在诊断过程中，既可以向专家咨询，也可以动员组织成员广泛参与。

2. 拟定创新方案

根据诊断的问题，提出创新目标和创新实施的基本方案。创新方案要经过组织领导、职工、内外部专家讨论论证，使创新方案具有可行性、系统性。

3. 实施创新

按创新方案和拟定的实施计划推动创新的执行是关系创新工作能否顺利进行的重要环节。一是通过教育、宣传、讨论，克服创新的阻力，让更多人理解创新，积极支持创新，参与创新；二是组织的领导者要积极带头创新并支持创新；三是加强工作沟通，及时发现方案执行中的各种问题，既要表扬先进，推广经验，也要及时纠正创新工作中出现的各种偏差。

4. 评估创新成果

在推行组织创新工作中，要及时评价方案执行的进度和成果，及时发现组织成员对创新工作的适应性及其新需要，完善创新方案，巩固创新成果，同时要发现不足，为继续创新做好准备。

在线测试

第五节
实训任务

一、简答题与讨论

1. 创新的特点有哪些？
2. 简述创新的过程。
3. 谈谈创新与维持的关系。
4. 怎样建立创新机制？
5. 企业创新的内容有哪些？
6. 讨论：“一切都不完美，创造能使它更完美；只要不断地对现有事物的缺点，不足之处加以改进，就能推陈出新，创造出许多的新产品来。”这一段话对创新有什么意义？
7. 讨论：谁来创新？管理者还是被管理者？

二、案例学习与思考

案例一：海尔创新谋变

“十三五”期间中国家电行业评选出10大原创科技，海尔独占6席，这些技术引领着中国家电行业的不断进步，也对全球产业的发展起到了推动作用。

国家发展改革委发布的国家企业技术中心2021年评价结果显示，在1744家参评企业中，海尔集团以95.3分获评优秀等级，这是海尔连续13次得分排名行业第一。截至2021年，海尔累计获得国家科技进步奖16项，占全行业的2/3；累计获得国家专利金奖10项，位列行业第一；在全球累计申请专利7.5万项，其中发明专利占比超63%。

家电领域之外，海尔也有不少原创科技成果突破了行业的“卡脖子”技术难题。在肿瘤治疗领域，不出血、低损伤、疗程短、疗效迅速的头部伽玛刀治疗系统深受好评，但国内市场长期依赖国外进口设备。海尔盈康生命旗下的玛西普是中国伽玛刀市场领头羊，通过技术创新推出三代自主知识产权的伽玛刀，拥有6项国内专利和3项美国专利、37项软件著作权，成功打破了国际大型公司的垄断。

海尔基于30余年的制造经验和数字化转型实践沉淀打造的工业互联网平台——卡奥斯已经成为工业互联网科技创新的领军者。通过布局关键技术，卡奥斯为企业提供平台化设计、智能化制造等赋能解决方案，满足千企千面的转型需求。

技术创新的基石是体系创新。技术创新靠人才，吸引人才、留住人才、激发人才的创新积极性在于体系创新。2005年，海尔集团创始人张瑞敏提出了“人单合一”这一符合互联网和物联网时代的商业管理模式。

2022年年初，海尔集团董事局主席周云杰宣布海尔集团成立科学与技术委员会等5大委员会，旨在进一步强化企业科技创新能力，聚力解决“卡脖子”技术难题。目前，海尔已在全球建立了“10+N”创新体系，覆盖五大洲20余个国家和地区，链接了超过20万名专家，凝聚全球资源，实现了开放式创新，让全球资源加速中国自主创新。

近10年来，海尔创造了170余项对行业有重大影响的原创技术，全部创新成果均快速转化至产业链，并给用户带来了全新体验。

海尔海创汇建立的创业加速平台，把科技创新与创业孵化贯通，目前已经孵化出5家上市公司、90家瞪羚企业、38家专精特新小巨人，形成了“科技助力创业，创业加速科创”的融合创新模式。

体系创新促进关键核心技术突破。以海尔智家为例，洗衣机原创科技持续引领着世界洗护行业的发展趋势，首创直驱、免清洗、分区洗、空气洗等多项洗护技术；首创除菌舱空调和洗空气空调，实现一小时空气除菌率99.9%；首创全空间保鲜科技和智能恒温科技冰箱。

在助力企业实现数字化转型方面，卡奥斯推出“集装箱式”工业互联网软硬件一体化解决方案，还打造了面向全场景的工业互联网分布式操作系统——天工OS。

技术创新离不开管理创新。从创业初，海尔就坚持“人的价值第一”，通过持续的管理创新激发每个人的创新活力。2022年初，海尔集团宣布成立薪酬与提名委员会，目的也在于深化创客制的机制创新，吸引全球一流人才来海尔平台上创业，并为在海尔平台上的所有员工提供创业的平台、创新的沃土。

海尔的创客制是在不改变企业集体所有制产权性质的基础上，为激发全员创客创新活力而设计的创新机制。它实现了两个颠覆：一是即使没有股份，也可通过经营权的分享，获得分享超值的机会。二是即使拥有股份，不创造增值，也没机会获得资本利得。在创客制下，每个人都有机会成为企业的创客合伙人。创客合伙人拥有三项权益：劳动所得、超值分享、资本利得，三者都遵循“只有增值，才有收益”的原则。

数据显示，2021年，通过创客份额或股权获得分享超值的创客合伙人范围扩大至14681人；跟投创业公司、上市公司的人数较上年增加81%。

2021年，张瑞敏与欧洲管理发展基金会主席Eric联合签发了全球首张“人单合一”国际认证证书，海尔成为首创管理模式国际标准的中国企业，开创了中国的管理模式走向世界的先河。海尔颠覆存在百余年的科层制，将企业管理者最重要的“三权”——用人权、决策权、薪酬权让渡给员工，搭建了一个“人人都有机会成为创业家”的平台，激发了每个员工的创新活力，也成为加速“双创”发展的一种全新模式探索。

创新成果凝聚体现为生态品牌。相对于购买单品，今天的用户更倾向于获得整体场景体验，而为了构建更多满足用户个性化需求的场景，无数生态方聚集到一起创新，生态品牌也应运而生。

如今，海尔的生态涵盖了智慧家庭、大健康、工业互联网、场景物流、创业加速器等多个领域，这些创新成果又不断孵化出生态新物种，也催生着科技创新的进一步增长。

比如在智慧家庭领域，海尔打造场景品牌三翼鸟，围绕用户最佳体验，联合不同行业的几千家生态资源方，打造了集家电、家居、家装、家生活于一体的一站式定制智慧家服务，围绕用户的衣食住娱汇聚全产业链的创新要素，定制阳台、厨房、客厅、浴室、卧室等300多种智慧生活场景，既使消费者体验科技带来的红利，享受智能时代的便利，也为整个创新生态提供丰富的技术应用场景。

卡奥斯更是着力构建“大企业共建、小企业共享”的产业新生态，已打造15个行业生态，覆盖全国12大区域、全球20多个国家，持续科技创新、开展模式探索，链接企业近88万家、服务企业7万余家。

如今，海尔集团连续3年成为唯一物联网生态品牌蝉联“BrandZ最具价值全球品牌100强”，子公司海尔智家位列《财富》世界500强。此外，海尔还积极在国际上增强中国科技自主话语权，成为行业内率先覆盖ISO、IEC、OCF、IEEE、Matter五大国际标准化组织的企业，参与和主导97项国际标准的制定或修订。

资料来源：强国号《瞭望》2022年03月。

问题：海尔的创新为什么能成功？

案例二：创新能力自测题

根据自己的实际回答问题，若与自己实际相符则打“√”，不符合的则打“×”。见表8-4

表8-4

题号	题目	答题
1	你平时说话、写文章时总喜欢用比喻的方法。	
2	你在做事、观察事物和听别人说话时，能专心致志。	
3	你能全神贯注地做自己喜欢的事情。	
4	你并不认为权威或有成就者的某些观点一定正确。	
5	当你终于解决了一道难题或完成了一项任务时，总有种兴奋感。	
6	喜欢寻找各种事物存在的各种原因。	
7	观察事物时，向来都很认真，能够注意到细节方面。	
8	能够从别人的谈话中发现问题的所在。	
9	在进行带有创造性的活动时（如写作文、画画、做手工等）常常废寝忘食。	
10	能主动发现一些别人不在意的问题，并发现与问题有关的各种联系。	
11	平时都是在学习或琢磨问题中度过的。	
12	好奇心比较强烈。	
13	如果对某一问题有了新发现时，总是感到异常兴奋。	
14	通常情况下，对事物能预测其结果，并能通过自己的研究得出结果。	
15	平常遇到困难和挫折时，表现得都很顽强。	
16	经常思考事物的不同于原来的新答案和新结果。	
17	有较强的洞察力，能够一针见血地指出关键问题。	
18	在解题或研究课题时，总喜欢在解题方法上求新、求异。	
19	遇到问题时能从多角度、多方面探索解决，而不是固定在一种思路上或局限在某一方面。	
20	脑子里总是能够涌现一些新的想法，即使在游玩时也常能产生新的设想。	
说明	评估学生成绩：打“√”得1分，打“×”得“0”分。20分：创新能力很强。16—19分：具备了较强的创新能力。10—15分：创新能力一般，应加强培训。小于10分：创新能力较差。	

资料来源：范新灿．创新创业教育［M］．北京：中国人民大学出版社，2020.

案例三：屠呦呦与青蒿素的诞生

20 世纪 60 年代，屠呦呦参加了抗疟新药的研发工作。

接受任务后，屠呦呦整理历代医药书籍，请教老中医专家，还仔细查阅了各地群众的献方。在此基础上她精编了包含 640 个药方的《抗疟方药集》。后来，屠呦呦被派往海南疟区工作。在疟区的临床试验中，她发现研究人员之前关注的胡椒并不能根治疟疾。

屠呦呦开始整理先前的研究思路：历代医学典籍中经常提到青蒿能有效治疗疟疾，为什么在试验中效果不佳？从 1969 年 1 月开始，经历了 380 多次试验、190 多个样品，但后续的实验结果显示，青蒿提取物对鼠疟原虫的抑制率只有 12%—40%。经过分析认为抑制率上不去的原因可能是提取物中的有效成分浓度太低。

屠呦呦重新翻看一本本中医古籍。当她读到东晋医药学家葛洪所著的《肘后备急方》时，其中的一句话引起了她的注意——“青蒿一握，水一升渍，绞取汁，尽服之”。后来顺着这个思路，改在较低温度下提取。

1971 年 10 月，在第 191 次试验中，屠呦呦发现提取物对疟原虫实现了 100% 的抑制。1972 年，屠呦呦在抗疟药研究内部会议上报告了她的研究成果。

青蒿素诞生了。2015 年屠呦呦获得诺贝尔奖。

资料来源：人民日报出版社《功勋》。

问题：屠呦呦的故事对我们从事创新活动有什么启示？

三、实训建议

（一）阅读

1. ［美］克莱顿·克里斯坦森《创新者的窘境》。
2. 陈威如、余卓《平台战略——正在席卷全球的商业模式革命》。
3. ［英］维克托·迈尔·舍恩伯格《大数据时代——生活、工作与思维的大变革》。
4. ［美］比尔·弗拉斯科《底特律往事：汽车之城衰落史》。

（二）企业调查

选择一个你所熟悉的组织变革案例，分析变革过程中存在的动力与阻力，浅谈变革所带来的效果与存在的问题，并分析其原因。

（三）思维能力训练

五分钟做题：四个脚步快慢不同的人，黑夜里走过一条每次只能走两人的木桥，只有一支电筒，四个人全部安全走过的话，自然要先后分批使用电筒，其间要一个人传递电筒接应，已知，四人过桥所需时间分别为：A 需 1 分钟；B 需两分钟；C 需 5 分钟；D 需 10 分钟。又知，最省时的运筹组合只有 17 分钟。请问四人之间如何分组调配。

参考文献

[1] [美] C·巴纳德. 经理人员的职能 [M]. 北京：中国社会科学出版社，1998.

[2] [美] D·A·雷恩. 管理思想的演变 [M]. 北京：中国社会科学出版社，1995.

[3] [美] E·梅奥. 工业文明的人类问题 [M]. 北京：中国社会科学出版社，1994.

[4] [美] F·泰罗. 科学管理原理 [M]. 北京：中国社会科学出版社，1994.

[5] [美] M·哈默，J·钱皮. 改革公司：企业改革的宣言书 [M]. 上海：上海译文出版社，1998.

[6] [美] P·F·德鲁克. 管理实践 [M]. 北京：工人出版社，1989.

[7] [美] P·F·德鲁克. 有效的管理者 [M]. 北京：工人出版社，1989.

[8] 迈克尔·尤西姆. 领导者的备忘录 [M]. 王昭力，译. 北京：中信出版社，2013.

[9] 刘宁杰，莫柏预. 管理学 [M]. 北京：中国财政经济出版社，2005.

[10] [美] S·罗宾斯. 管理学 [M]. 4版. 北京：中国人民大学出版社，1997.

[11] 李传军，杜同爱. 管理学：理论与实践 [M]. 北京：北京大学出版社，2014.

[12] [美] 彼得·圣吉. 第五项修炼. 三联书店，1998.

[13] 中国企协古代管理思想研究会. 传统文化与现代管理 [M]. 北京：企业管理出版社，1994.

[14] 刘鑫，张书珩. 二十八位最伟大的现代管理学家 [M]. 北京：远方出版社，2004.

[15] 单凤儒. 管理学基础 [M]. 北京：高等教育出版社，2004.

[16] 朱占峰，陈德清. 管理学原理 [M]. 武汉：武汉理工大学出版社，2006.

[17] 周三多，等. 管理学 [M]. 7版. 上海：复旦大学出版社，2021.

[18] 朱秀文. 管理概论 [M]. 天津：天津大学出版社，2004.

[19] 李雪峰. 中国管理学 [M]. 北京：中国人民大学出版社，2005.

[20] 彭向刚. 领导科学 [M]. 长春：吉林大学出版社，2000.

[21] 张明玉. 管理学 [M]. 北京：科学出版社，2005.

[22] 李品媛. 管理学 [M]. 大连：东北财经大学出版社，2005.

[23] 汪应洛．管理学［M］．西安：陕西人民出版社，2004.

[24] 秦志华．首席运营官［M］．北京：中国人民大学出版社，2001.

[25] 王社民．管理基础与实务［M］．北京：北京理工大学出版社，2009.

[26] 学习强国、中国企业家、中欧国际工商学院等网络平台．

[27]［美］海因茨·韦里克，哈罗德·孔茨．管理学［M］．北京：经济科学出版社，2004.